CANRIF YR URDD

Myrddin ap Dafydd

CANRIF YR URDD

Myrddin ap Dafydd

Cyhoeddwyd gyntaf yng Nghymru gan Urdd Gobaith Cymru
Gwersyll Glanllyn, Llanuwchllyn, Bala, Gwynedd, LL23 7ST

Argraffiad cyntaf: 2023

ⓗ hawlfraint y gyfrol: Urdd Gobaith Cymru

Ysgrifennwyd gan Myrddin ap Dafydd

Golygwyd gan Sioned Lleinau

Dyluniad y clawr a thu mewn: Dylunio GraffEG

Cedwir pob hawl.

Ni chaniateir atgynhyrchu unrhyw ran o'r cyhoeddiad hwn,
na'i gadw mewn cyfundrefn adferadwy, na'i drosglwyddo
mewn unrhyw ddull na thrwy unrhyw gyfrwng, electronig, electrostatig,
tâp magnetig, mecanyddol, ffotogopïo, recordio, nac fel arall,
heb ganiatâd ymlaen llaw gan y cyhoeddwyr, Urdd Gobaith Cymru,
Gwersyll Glanllyn, Llanuwchllyn, Bala, Gwynedd, LL23 7ST

Rhif Llyfr Safonol Rhyngwladol: 978-1-73981-762-6

Cyhoeddwyd gyda chefnogaeth Cyngor Llyfrau Cymru
Argraffwyd a chyhoeddwyd yng Nghymru
Argraffwyd gan Wasg Gomer, Llandysul, Ceredigion

Canrif yr Urdd
1922-2022

Cynnwys

Rhagymadrodd

Rhagair

1.	Camau Bychain Cynnar	11
2.	Mudiad Newydd yr Urdd	15
3.	Codi Llais a Baner dros Gymru	22
4.	Heddwch ac Ewyllys Da	26
5.	Gwersylloedd Cynnar 1927–1940	36
6.	Yr Urdd Dros y Ffin a Thu Hwnt	44
7.	Eisteddfodau Cyntaf yr Urdd	47
8.	Chwaraeon a Champau	51
9.	Croesi Moroedd	54
10.	Aelwydydd Annibynnol 1930–1972	58
11.	Yr Ymgyrch Lyfrau	64
12.	Ar Sleid, ar Ffilm ac ar Deledu	67
13.	Ysgol Gymraeg yr Urdd	72
14.	Argyfwng yr Ail Ryfel Byd	79
15.	Gwersylloedd 1940–1967 – Colli ac Ennill	83
16.	Gwesty Pantyfedwen	89
17.	Dolenni â Gwledydd Eraill 1941–1960au	93
18.	Allan yn yr Awyr Agored	100

19.	Cwpanau Pantyfedwen	106
20.	Chwaraeon ac Antur	109
21.	'Mae pawb yn chwarae gitâr'	114
22.	Rhwysg a Rhwyg yr Arwisgo	124
23.	Dathliadau a Newidiadau	133
24.	Aelwydydd Yma o Hyd	137
25.	'Hei! Mistar Urdd!'	142
26.	Diwyg yr Urdd – Gwasg, Siop a Chylchgronau	149
27.	Datblygu'r Gwersylloedd	153
28.	Llwyfan i Ddrama	165
29.	Dysgwyr Rhugl	169
30.	Datblygu'r Eisteddfod yn Ŵyl	179
31.	Jamborî yr Urdd	188
32.	Urdd Gobaith Cymru a'r Byd	191
33.	Dyddiadur Corona a Dringo i'r Dathlu	199
34.	Edrych Ymlaen at Ail Ganrif yr Urdd	211
	Gair gan Siân Lewis	212
	Llinell amser	213
	Diolchiadau'r Awdur	223
	Cydnabyddiaethau Lluniau	223
	Ffynonellau	224

Rhagymadrodd

Prin fod neb sy'n dal yn fyw yn cofio dechrau mudiad Urdd Gobaith Cymru. Mae canrif yn amser hir, ac eto mae'r Urdd yn perthyn i gymaint o bobl oherwydd fod y mudiad wedi cyffwrdd â bywydau pobl ifanc ar hyd y degawdau, ac yn bwysicach na dim arall, yn dal i wneud hynny heddiw.

Mae eraill wedi cofnodi hanes yr Urdd a'r cerrig milltir penodol yn hanes y mudiad, ond bwriad y gyfrol hon yw defnyddio'r hanes cyfoethog hwnnw i'n gyrru ni ymlaen i'r ganrif nesaf. Pwy well i wneud hynny nag un o blant yr Urdd, sef Myrddin ap Dafydd. Can diolch iddo am fynd ati i groniclo, dadansoddi a rhoi cyd-destun i'r cyfan a hynny mewn modd mor hylaw. O fewn y cloriau yma mae cyfoeth, llawer o bethau yn cael eu cofnodi am y tro cyntaf. Cyfrol yw hi i'n sbarduno, i'n hysbrydoli ac i ddangos pa mor ddylanwadol yw'r Urdd yn hanes Cymru, a'i bod yn parhau i fod yr un mor berthnasol ac iddi rôl bwysig iawn ar gyfer y ganrif nesaf.

Mae'n fudiad sy'n gyfuniad arbennig o staff cyflogedig brwdfrydig ac ymroddiad y gwirfoddolwyr. O gael y cyfuniad yna'n gywir, mae modd cyflawni cymaint. Dyna yw'r stori a dyna yw'r her wrth symud ymlaen i'r ail ganrif. Oherwydd mai mudiad yr ifanc yw'r Urdd wedi bod erioed – dyna oedd gweledigaeth Syr Ifan, a dyna yw sylfaen ein gweledigaeth at y dyfodol – mae'r Urdd wedi cofleidio pob ffordd newydd ac arloesol o gyfathrebu gyda'n haelodau, o ddechreuadau'r radio, y di-wifr, i'r oes aml-blatfform, ddigidol hon. Mae'n gynhwysol ac yn croesawu pawb. Ond mae'n fudiad hefyd sydd wedi parchu traddodiad ac wedi cynnal gwerthoedd, ac mae'r weledigaeth i allu gwneud hynny wedi bod yn rhan o'r llwyddiant.

Er ein bod ni am glodfori a dathlu'r ganrif, mae'r gyfrol hon hefyd yn edrych ar rai cyfnodau trafferthus ac anodd, yn y modd y bu i densiwn rhwng yr hen a'r newydd, ffactorau gwleidyddol allanol a gorddibyniaeth ar un garfan o bobl beryglu'r dyfodol. Mae cloriannu hyn yn bwysig wrth i ni edrych tuag at y dyfodol.

Darllenwch, mwynhewch a theimlwch eich bod yn gallu perchnogi rhan o'ch hanes.

Diolch i bawb fu'n ymwneud â'r gyfrol am roi i ni ddarn arall yn jig-so ein hanes fel cenedl.

W. Dyfrig Davies
Cadeirydd yr Urdd

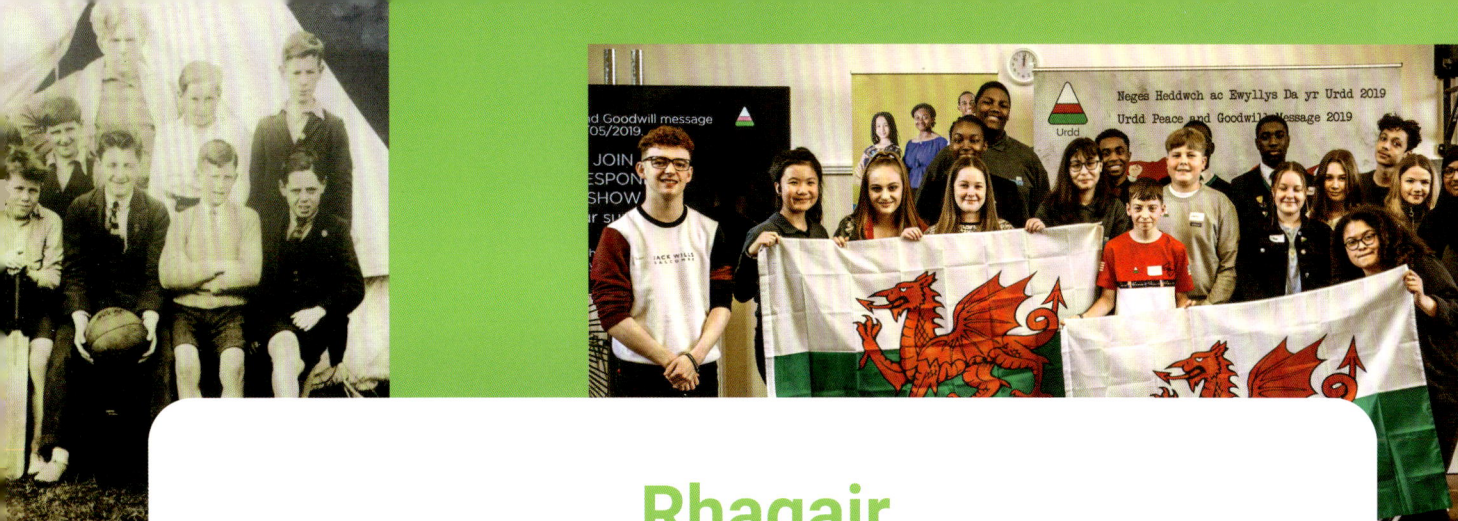

Rhagair

Blwyddyn y Canmlwyddiant

Nid ffordd o edrych yn ôl, ond ffordd o edrych ymlaen yw hanes. Cafodd Ifan ab Owen Edwards ei fagu ar gyfrolau a chylchgronau hanes Cymru ei dad. Dilynodd ei dad wedyn i astudio hanes yng Ngholeg Lincoln, Rhydychen. Darlithiodd ar hanes yng Ngholeg Prifysgol Aberystwyth ac mewn dosbarthiadau nos yng Ngheredigion. Ond wynebu'r dyfodol yr oedd bob amser.

Cyflwynodd hanes i blant er mwyn iddynt ddechrau cyfrannu at ddyfodol Cymru. Wrth adrodd hanes canrif gyntaf yr Urdd yn y gyfrol hon, yr un yw'r bwriad.

Cafwyd parti cofiadwy ar 25 Ionawr 2022. Y mudiad yn gant oed a rhan o'r gacen oedd 95,000 o blant ac oedolion o Gymru a thu hwnt yn canu cân Mistar Urdd. Torrwyd record byd. Llwyfannwyd 2,000 o ffilmiau ar y cyfryngau cymdeithasol mewn awr – a thorrwyd record byd arall.

Dathlodd y mudiad hefyd drwy gyhoeddi bod 4,000,000 o blant a phobl ifanc wedi bod yn rhan o'i weithgareddau yn ystod can mlynedd ei fodolaeth. Yn y gwersylloedd arloesol, cafwyd antur a hwyl awyr agored drwy'r Gymraeg. Cyhoeddwyd bod £10m yn rhagor yn cael eu gwario arnynt, gan gynnwys agor canolfan breswyl amgylcheddol newydd ym Mhentre Ifan.

Mae cyfran helaeth o'r 55,000 o aelodau presennol yn cymryd rhan yng ngweithgareddau diwylliannol yr Urdd, sy'n cynnwys eisteddfodau lleol a chenedlaethol ac amryfal gyrsiau theatrig, llenyddol, celfyddydol a cherddorol yn ogystal â chwaraeon. Mae gemau a chwaraeon y mudiad yn cynnig cyfleoedd ym myd y campau i bawb, heb wahaniaethu o ran gallu ac anabledd. Drwy waith dyngarol yr Urdd, mae pobl ifanc Cymru yn lledaenu ysbryd o rannu cyfrifoldeb ac anelu at gydraddoldeb ar draws ffiniau gwledydd y byd. Erbyn hyn, y mudiad yw'r darparwr prentisiaethau Cymraeg mwyaf yng Nghymru. Mae'n cynnig hyfforddiant a chymwysterau i bobl ifanc mewn galwedigaethau ym meysydd hyfforddiant chwaraeon, gweithgaredd awyr agored a gwaith ieuenctid.

Do, sefydlwyd Urdd Gobaith Cymru ganrif yn ôl – ond o ymgyrchoedd a gweithgaredd y mudiad hwnnw ymledodd ei ddylanwad i sawl maes a sefydliad arall. Ymgyrch lyfrau'r Urdd a esgorodd yn y diwedd ar sefydlu Cyngor Llyfrau Cymru. Ysgol yr Urdd roddodd sylfeini credadwy i addysg Gymraeg. A fyddai yna S4C oni bai am Ffilm a Sinema'r Urdd yn y 1930au? O ganu i gyfeiliant gitâr yn y gwersylloedd y deilliodd y canu pop a'r canu roc Cymraeg. Cyrsiau trochi Llangrannog a

Glan-llyn a roddodd fywyd newydd i'r gwaith o gael dysgwyr i groesi'r bont a dod yn rhan o fywyd Cymraeg Cymru. Mae'n bosib y byddai cwm arall yng Nghymru wedi'i foddi oni bai am ymyrraeth yr Urdd. Byddai'r Ddraig Goch wedi diflannu hefyd oni bai bod yr Urdd yno i'w chwifio ym mhob digwyddiad a gorymdaith o'r 1920au ymlaen.

Erbyn hyn, yr Urdd yw un o'r mudiadau ieuenctid gwirfoddol mwyaf yn Ewrop. Roedd trosiant y cwmni cyn Covid yn £10.5m y flwyddyn ond wrth i'r mudiad adennill tir wrth arwain i fyny at flwyddyn y canmlwyddiant, cododd hwnnw i £18m yn ystod y flwyddyn 2022-23. Disgyn wnaeth nifer y gweithlu yn ystod y pandemig hefyd o 324 i 180, ond codi wnaeth y ffigwr hwnnw i 311 erbyn dechrau 2023.

Daeth torfeydd hanesyddol i Eisteddfod y Canmlwyddiant yn sir Ddinbych. Bu hir ddisgwyl am hen gymdeithas y Maes, egni'r cystadlu a miri'r ffair a'r mân bebyll. Galluogwyd y mudiad i gynnig mynediad am ddim i bawb drwy gymhorthdal arbennig gan Lywodraeth Cymru. Tyrrodd teuluoedd, ysgolion a chefnogwyr lleol i annog y cystadleuwyr ac i fwynhau adloniant Gŵyl Triban a lwyfannwyd yn ystod tridiau olaf yr wythnos. Talodd penderfyniad dewr yr Urdd ar ei ganfed wrth i'r gweithlu ganfod llwybr i addasu trefn yr eisteddfodau cylch a sirol a gynhaliwyd dan reolau'r pandemig, gan alluogi'r enillwyr i gyrraedd y llwyfan cenedlaethol ddiwedd Mai. Dilëwyd rhagbrofion a chrëwyd tri phafiliwn. Roedd 'mynd drwodd i'r Eisteddfod' yn golygu'n llythrennol bod 'Llwyfan i Bawb'. Ychwanegwyd rhai o gystadlaethau hwyliog Eisteddfod T at y rhaglen a chodwyd pebyll agored ar y Maes ar gyfer cyhoeddi'r canlyniadau a chyflwyno'r prif wobrau. Dychwelodd yr Eisteddfod, dychwelodd y torfeydd – ond gan gymryd camau newydd ymlaen yr un pryd.

Sut yr esgorodd llythyr un dyn mewn cylchgrawn ar y fath fudiad cenedlaethol a dylanwadol? Stori'r can mlynedd prysur a fu sydd rhwng cloriau'r gyfrol hon, ond mae'r llygad ar y can mlynedd nesaf. Mae'n rhaid troi parti canmlwyddiant yr Urdd yn ysbrydoliaeth gyffrous i'r dyfodol.

Myrddin ap Dafydd

Camau Bychain Cynnar

ae Cymru mewn cymaint o berig heddyw ag y bu erioed. Mae cymaint o ddieithriaid o'n cwmpas fel y mae hyd yn oed ein hiaith, eich iaith chwi a minnau, iaith eich mam a'ch tad hefyd, mewn perig o ddiflannu oddi ar fryniau ac o ddolydd ein hannwyl wlad.

Beth a wnawn ni, Blant Cymru, i gadw'r iaith Gymraeg yn fyw?

Yn awr, mewn llawer pentre, a bron ymhob tref yng Nghymru, mae'r plant yn chware yn Saesneg, yn darllen llyfrau Saesneg, ac yn anghofio mai Cymry ydynt. Mae rhai yn gwneud hyn am y meddylient eu bod yn 'bobl fawr' os byddant yn Saeson; eraill yn gweled plant bach y Saeson yn dod ar eu gwyliau yn eu dillad goreu, a cheisiant fod yr un fath â hwy. Plant gwan a phlant sâl iawn yw y rhai hyn sydd yn anghofio eu gwlad eu hunain; yn wir, os na all Cymro fod yn driw i'w wlad, nid oes gobaith y bydd yn driw i neb arall ychwaith.

Beth a wnawn ni, Blant Cymru, sydd yn caru Cymru Fach, ein gwlad ein hunain? Rhaid i ni wneud rhywbeth, am mai ni yw gobaith ein gwlad. Beth pe baem yn uno gyda'n gilydd i benderfynu y gwnawn bopeth all helpu ein cenedl.

Dyma ran o erthygl allweddol a beiddgar Ifan ab Owen Edwards, sefydlydd yr Urdd, a gyhoeddwyd yng nghylchgrawn *Cymru'r Plant*, Gwanwyn 1922, yn mynegi'i ddymuniad cynnar i sefydlu mudiad ar gyfer ieuenctid Cymru. Wedi'i fagu yn ardal Llanuwchllyn, a'i addysgu yn Rhydychen, roedd yn ymwybodol fod ymdrechion blaenorol i sefydlu mudiad ieuenctid Cymraeg wedi methu cynnal y brwdfrydedd cychwynnol ac wedi methu denu niferoedd sylweddol o ieuenctid i'w rhengoedd. Ym Mai 1920, roedd Ifan ab Owen wedi colli'i dad, O.M.

Tudalennau agoriadol erthygl Ifan ab Owen Edwards, Urdd Gobaith Cymru Fach o *Cymru'r Plant*, Ionawr 1922.

Edwards, ychydig dros flwyddyn ar ôl colli Elin, ei fam. Wrth golli dau angor ei fywyd, daeth awydd angerddol drosto i barhau â gwaith arloesol ei dad a gwireddu breuddwyd o greu rhywbeth er lles plant Cymru.

O.M. Edwards a *Cymru'r Plant*

Sefydlwyd y cylchgrawn *Cymru'r Plant* gan O.M. Edwards yn Ionawr 1892, chwe mis ar ôl iddo sefydlu'r cylchgrawn *Cymru* gyda'r bwriad o 'godi'r hen wlad yn ei hôl'. Roedd sefydlu'r cylchgrawn yn garreg filltir bwysig o safbwynt y byd cyhoeddi i ieuenctid yng Nghymru – yn llais annibynnol er mwyn apelio'n uniongyrchol at ddarllenwyr ifanc: 'Cyfeillgar ac agos-atoch yw llais y golygydd o'r cychwyn cyntaf, ac addawodd i'w ddarllenwyr ifainc "ystraeon, difyrrwch a darluniau".'[2]

A dyna'n wir a gafwyd. Wedi degawdau'r Welsh Not ac addysg Brydeinig, cyflwynwyd ysgrifau ar fyd natur, gwyddoniaeth, celfyddyd, hanes Cymru, gwledydd a phobl y byd a phob math o straeon, barddoniaeth ysgafn, caneuon, chwaraeon, posau a difyrion Cymraeg a Chymreig yn *Cymru'r Plant*.

Cafodd O.M. Edwards ei blesio'n gynnar gan ymateb oedolion a phlant i *Cymru'r Plant*. 'Dechreuodd ysgolion dyddiol alw amdano, a defnyddir ef fel llyfr darllen mewn llaweroedd o ysgolion ... Ac nid ysgolion yn unig a'i croesawodd – y mae rhyw blentyn braidd ym mhob lle pwysig yng Nghymru yn disgwyl amdano fel y mae ... pob mis yn dod.'[3]

Yng nghylchgrawn *Baner ac Amserau Cymru*, Rhagfyr 1924, nododd E. Prosser Rhys yn ei olygyddol, 'Nid oes amheuaeth yn y byd nad yw'r cylchgrawn hwn [*Cymru'r Plant*] yn magu cenedlaetholwyr Cymreig, ac y mae'r bywyd sydd yn "Urdd Gobaith Cymru Fach" yn dra arwydd-lon.'

O'r ymateb cadarnhaol i ddelfrydau a syniadaeth y cylchgrawn, cododd ymdeimlad o'r angen am ryw fath o gymdeithas Gymraeg a Chymreig ar gyfer plant ac ieuenctid Cymru a fyddai'n estyniad o dudalennau *Cymru'r Plant*.

Paratoi'r llwybr

Ond nid mudiad yr Urdd fel a ddatblygwyd maes o law gan Ifan ab Owen oedd y mudiad cyntaf o'r fath i'w sefydlu yn sgil yr ymwybyddiaeth newydd yma o Gymreictod. Dylanwad O.M. Edwards a *Cymru'r Plant* arweiniodd at greu mudiad Urdd y Delyn (1895–1906) fel ffordd o ddyrchafu'r delyn – offeryn cerdd traddodiadol Cymru a ysgymunwyd gan grefyddwyr oedd yn ei chysylltu â miri gwerinol – a cyrraedd at Gymry ifanc oedd yn gweld eu cymdeithas Gymraeg yn dadfeilio, yn ogystal â Byddin Cymru (1911–19), oedd yn fudiad ar gyfer pob 'bachgen a geneth o wyth i ddeunaw oed'.

O.M. Edwards, sefydlydd cylchgrawn *Cymru'r Plant* a gyhoeddwyd gyntaf ym mis Ionawr 1892.

Rhai o aelodau cynnar mudiad Urdd y Delyn a sefydlwyd gyntaf yn 1895.

Yn rhifynnau *Cymru'r Plant*, adroddwyd am weithgareddau canghennau Urdd y Delyn ac awgrymwyd patrymau i'w dilyn. 'Dechreuir y cyfarfod trwy ganu alaw Gymreig neu dôn gynulleidfaol. Yna darllennir rhyw ddernyn o lenyddiaeth Gymraeg, megis pennod o'r Beibl, un o ganeuon Islwyn, neu ddernyn o *Fardd Cwsg*.' Byddai canu alawon, adrodd, areithio a darllen yn rhan o'r arlwy hefyd, yn cynnwys gofyn i bob aelod ddarllen cyfran o'r llyfr bach ceiniog *Hanes Cymru* neu ryw lyfr Cymraeg arall.

Ym Mhlas Gwynnon Dôl, Llanarthne wedyn roedd prif swyddfa Byddin Cymru, dan arweiniad gwraig ecsentrig o wladgarol o'r enw Mallt Williams, oedd â'r ffugenw 'Y Ddraig Goch'. Mae cyfnod Byddin Cymru'n cyd-fynd â chyfnod y syffragetiaid, y Rhyfel Mawr a Gwrthryfel Iwerddon – ac mae rhai elfennau beiddgar yn perthyn i freuddwyd Mallt. Cymru oedd yn hawlio teyrngarwch yr aelodau – nid coron Llundain. Cynlluniwyd gwisg swyddogol a chrëwyd rhengoedd a swyddogion – ond doedd hwn ddim mwy na mudiad drwy'r post yn y diwedd.

Ymysg rhestrau aelodau Byddin Cymru yn *Cymru'r Plant*, wrth rif 140 gwelir 'Ifan ab Owen, Bryn 'r Aber, Llanuwchllyn'. Ymhen llai nag ugain mlynedd, byddai'r mab wedi ysgwyddo mantell y tad, O.M. Edwards, nid yn unig fel golygydd *Cymru'r Plant* ond hefyd fel ysgogydd y syniad o fudiad blaengar i blant Cymru.

> Ganed Ifan ab Owen Edwards yn Tremaran, Llanuwchllyn yn 1895, pan oedd ei rieni, Owen Morgan ac Elin Edwards, yn aros yno ar wyliau haf o Rydychen. Bu farw yn ei gartre, Bryneithin, Aberystwyth yn 1970. Yn ystod y cyfnod hwn o dri chwarter canrif, bu newid er gwell yn hanes yr iaith Gymraeg. O fod yn bennaf yn iaith gwerin dlawd gyfyngedig i fwthyn a chapel, ffridd a ffair, daeth yn ogystal yn iaith rydd gwersyll a chae chwarae, gŵyl a mabolgampau, pererindod a mordaith, radio a theledu, ac addysg.[4]

Ifan ab Owen Edwards, sylfaenydd mudiad Urdd Gobaith Cymru.

Prif fynedfa yn y Dragon School, Rhydychen, lle bu Ifan ab Owen Edwards yn ddisgybl.

Dylanwadau cynnar

I'r Dragon School yn Rhydychen – ysgol breswyl oedd hefyd yn derbyn disgyblion dydd – yr aeth Ifan ab Owen Edwards yn 11 oed yn 1906–07. Roedd y teulu ar y pryd yn byw yn 3 Clarendon Villas, Park Town a'i dad, O.M. Edwards, yn gymrawd yng Ngholeg Lincoln yn y ddinas. Yn 1908, anerchodd C.C. Lynham, prifathro'r Dragon School, Gymdeithas Ysgolion Preifat Lloegr gan amlinellu'i weledigaeth wrth addysgu a datblygu cymeriad y plant. 'Rydym wedi methu,' meddai, 'os nad ydym wedi egluro wrthynt beth yw'r dioddefaint yn y byd a chael curiad eu calon i rythm calon dynoliaeth ... Rydym wedi methu os na welant mai ffug imperialaeth yw credu bod ein gwlad ni yn iawn bob amser a bod un Prydeiniwr yn werth dau dramorwr, dim ond oherwydd ei hil.'

Egwyddor ganolog y Dragon School ers ei sefydlu yn 1877 yw fod yn rhaid i arweinwyr yfory fod yn ddyfeisgar, dewr, cydymdeimladol a phenderfynol. Roedd hi'n sicr o flaen ei hoes ac roedd pwyslais mawr ar wrando ar blant, ac ar ddatblygu sgiliau arwain ymysg y to iau. Hyd heddiw, mae'r ysgol

Llyfr Cofnodion Cymdeithas Dafydd ap Gwilym yn nodi'r Rheol Gymraeg.

yn rhoi pwyslais cyfartal ar greadigrwydd yn ogystal ag ysgolheictod ffurfiol, ar chwaraeon yn ogystal â dysg, ar gyfeillgarwch a chymdeithas yn ogystal â champ yr unigolyn. Er mor Seisnig oedd yr ysgol yn ei hanfod, yno y dysgodd Ifan ab Owen lawer o'r egwyddorion a fyddai'n sylfeini ac yn ganllawiau ar gyfer mudiad yr Urdd am flynyddoedd lawer i ddod.

Cymdeithas Dafydd ap Gwilym

Er cymaint y gwyddai Ifan ab Owen am amcanion gwladgarol Cymdeithas Dafydd ap Gwilym (1886–) ym Mhrifysgol Rhydychen a'r 'ymddiddan' hwyliog, diwylliedig a thalentog oedd yno yng nghyfnod ei dad, siom oedd yn ei wynebu yn y cyfarfod cyntaf yr aeth iddo wedi mynd yn fyfyriwr o'r Rhyfel Mawr i Goleg Lincoln yn 1919. Roedd y Gymdeithas wedi troi'n gwbl Saesneg ei hiaith ers llunio'r cofnodion Cymraeg olaf yn 1915. Felly, aeth Ifan a rhai o'i gyfeillion ati i ailsefydlu'r Dafydd fel cymdeithas uniaith Gymraeg. Cofnododd y mwynhad a deimlodd wrth glywed 'gair gan yr oll oedd yn bresennol, iaith fain y De yn cymysgu'n hapus â iaith dewach gwŷr y Gogledd'.

Yn stafelloedd clyd colegau Rhydychen, o flaen tanau simneiau tal y cwodiau, roedd gwersylloedd ac eisteddfodau'r Urdd eisoes ar y gorwel.

Mudiad Newydd yr Urdd

> Mae'n anodd i ni, sydd wedi cael addysg Gymraeg, sianel Gymraeg, a statws i'r Gymraeg (er bod lle i wella ar hyn eto), amgyffred y dasg a oedd o flaen Syr Ifan wrth geisio sefydlu mudiad ieuenctid cwbl Gymreig i ieuenctid Cymru ei gyfnod.[5]

Ar ddechrau'r 1920au, teimlai Cymru – fel pob gwlad arall – bwysau ei cholledion yn y Rhyfel Byd Cyntaf. Roedd y Gymraeg hefyd yn colli tir a gwelai Ifan ab Owen ddihidrwydd a diffyg cyfeiriad yng Nghymru o gymharu â gwledydd bychain eraill oedd yn deffro i ddathlu a gwarchod eu hunaniaeth, ac wedi hen syrffedu ar imperialaeth a gormes filitaraidd.

Dyma'r meddyliau a fyddai'n poeni Ifan ab Owen yn Hydref 1921 wrth iddo baratoi'i erthygl allweddol ar gyfer rhifyn 361 *Cymru'r Plant* yn 1922, yn sôn am sefydlu mudiad ieuenctid newydd i Gymru. Erbyn hynny, cynhaliai ddosbarthiadau nos yng nghefn gwlad Ceredigion, gan letya mewn tŷ o'r enw'r Pandy, Llanarth. Yno, un noson, yr aeth ati i roi'i obeithion – a'i ofidiau – ar bapur. Cyfarch y plant – nid eu rhieni na'u hathrawon – oedd ei fwriad wrth drafod creu mudiad 'Urdd Gobaith Cymru Fach'.

Y Pandy, Llanarth, lle bu Syr Ifan ab Owen Edwards yn lletya am gyfnod yn 1922.

Ifan ab Owen Edwards ac Eirys Edwards ar lawnt Y Pandy gyda phlant yr ardal ar adeg dadorchuddio'r garreg goffa ym mis Hydref 1961.

CANRIF YR URDD 15

Fe sefydlwn Urdd newydd, a cheisiwn gael pob Cymro a Chymraes o dan ddeunaw oed i ymuno â hi, a galw ein hurdd yn 'URDD GOBAITH CYMRU FACH'; rhown yr enw yna arni am y gwyddom pe caem blant Cymru i wneud eu gorau dros eu gwlad, y byddai gennym ddigon o le i obeithio am ei dyfodol. Ni raid i mi ofyn i'r plant sydd yn caru Cymru ymuno, maent hwy yn sicr o wneud; ond y gamp fydd i'r plant sydd yn caru Cymru gael eu ffrindiau, nad ydynt eto wedi dod i garu eu gwlad, i ymuno, ac felly cyn hir i'w dwyn hwythau i garu Cymru Fach.

Urdd Gobaith Cymru Fach oedd enw'r mudiad newydd ar y dechrau, cyn i'r enw hwnnw gael ei addasu i fod yn Urdd Gobaith Cymru maes o law, ar argymhelliad y llenor Kate Roberts. Byddai pob un o dan ddeunaw oed a fyddai'n anfon swllt (5c) at gwmni Hughes a'i Fab, cyhoeddwyr *Cymru'r Plant*, yn derbyn aelodaeth o'r Urdd, tystysgrif a bathodyn. Eirys, gwraig Ifan ab Owen, oedd yn gyfrifol am ddylunio'r dystysgrif a'r bathodyn ac am eu harwyddo a'u hanfon allan i bob aelod yn eu tro. Lluniwyd rheolau pendant ar gyfer yr Urdd, er mwyn cyrraedd amcanion Ifan ab Owen ar gyfer y mudiad newydd:

1. Siarad Cymraeg gyda phob plentyn Cymreig: yn enwedig gyda phob un sydd yn perthyn i'r Urdd.

2. Darllen a phrynu llyfrau Cymraeg.

3. Canu caneuon Cymraeg.

4. Chwarae bob amser yn Gymraeg.

5. Peidio byth â gwadu mai Cymry ydym, na bradychu ein gwlad ar unrhyw amgylchiad.

6. Edrych ar bob Cymro a Chymraes, hyd yn oed pe baent dlawd ac yn eu carpiau, fel cyfeillion inni, a gwneud ein gorau trostynt.

7. Gwisgo'r bathodyn cyn amled ag y gallwn.

Y garreg goffa, yn Y Pandy, Llanarth, a osodwyd gan Bwyllgor yr Urdd Ceredigion yn cofnodi ysgrifennu erthygl hanesyddol Syr Ifan ab Owen Edwards ar yr aelwyd honno am ei syniad ar gyfer sefydlu mudiad Urdd Gobaith Cymru.

Er mwyn Cymru, ein gwlad fechan ni

Mae geiriad y llythyr a chynnwys y rheolau yn datgan yn glir mai pryder am y Gymraeg oedd yn cymell Ifan ab Owen. Mae pedair o'r saith rheol wreiddiol yn ymwneud â'r iaith. Dangosai'r Cyfrifiad a gynhaliwyd yn 1921 gwymp yng nghyfanswm siaradwyr y Gymraeg am y tro cyntaf. Yng Nghyfrifiad 1911 y cafwyd y nifer uchaf erioed o siaradwyr Cymraeg – 977,366. Cyhoeddodd Cyfrifiad 1921 mai ychydig dros 900,000 oedd nifer y siaradwyr Cymraeg. Roedd y cwymp o ran canrannau o'r boblogaeth yn adrodd stori debyg: disgynnodd y ganran oedd yn medru siarad yr iaith yng Nghymru o 61.9 y cant yn 1901 i 48.4 y cant yn 1921. Erbyn hynny, roedd llai na hanner poblogaeth Cymru yn medru siarad Cymraeg. Ychydig o newid a welwyd yn niferoedd siaradwyr yn y gorllewin a'r rhan fwyaf o'r Gymru wledig Gymraeg bryd hynny – roedd y colli tir mwyaf yn digwydd ym Morgannwg ac yn ardal ddiwydiannol y gogledd-ddwyrain. Mae'n ddadlennol felly fod hanes cynnar yr Urdd yn dangos mai ar hyd y ffin ddwyreiniol y bu'r ymchwydd gadarnhaol gyntaf o ran aelodaeth a gweithgaredd yr Urdd.

Aelod cyntaf yr Urdd

Ar ôl i Ifan ab Owen gyhoeddi sefydlu'r mudiad newydd, dechreuwyd cyhoeddi cannoedd ar gannoedd o enwau aelodau yn *Cymru'r Plant*. Enw'r aelod cyntaf ar y rhestr oedd Goronwy Wyn Rowlands, Penrhosllugwy, Ynys Môn. Pan oedd yr Urdd yn dathlu'r 75 oed, roedd Goronwy Rowlands yn rhan bwysig o'r dathliadau, ac roedd yn falch o'r ffaith mai ef oedd yr aelod cyntaf un.

Gweithgaredd cyntaf Urdd Gobaith Cymru Fach oedd cystadlaethau i ddarllenwyr *Cymru'r Plant* – tynnu llun o Ddewi Sant neu gyfansoddi stori'n seiliedig ar ddarlun o oen llywaeth a chath. Apeliodd Ifan ab Owen hefyd am gefnogaeth oedolion i ymuno i hyrwyddo'r mudiad a'i amcanion.

Wrth i'r aelodaeth gynyddu, gwobrwywyd aelodau am ddenu mwy o blant i'r mudiad. Yn y cyfnod hwnnw, roedd y termau milwrol yn ddigon derbyniol a chyfarwydd i bawb a byddai aelodau'n cael eu dyrchafu yn ôl y nifer o enwau y byddent wedi'u 'recriwtio' i rengoedd y 'Fyddin'. Doedd y syniad o wisg benodol i aelodau'r Urdd ddim yn chwithig chwaith. Meddai Iola Jones, un o swyddogion y mudiad adeg dathlu'r 75 mlwyddiant yn 1997: 'Atseiniwyd awyrgylch milwrol y Rhyfel Mawr yn hierarchaeth cynnar yr Urdd ...' [6]

> 6 aelod – Is-gapten
> 12 aelod – Uwch-gapten
> 24 aelod – Rhingyll
> 50 aelod – Cadfridog

'Listiwch er mwyn Cymru Fach' oedd y slogan! Mae dylanwad uniongyrchol y Rhyfel Byd Cyntaf ar eirfa a ffurf y mudiad yn y dyddiau cynnar. Yn ddiweddarach yn ei hanes y trodd yr Urdd i fod yn fudiad cadarn dros heddwch.

Ty'r Ysgol Penrhosllugwy, Ynys Môn, cartref aelod cyntaf yr Urdd.

Adran Treuddyn, sir y Fflint, adran gyntaf yr Urdd i'w sefydlu yn 1922.

Marian Williams, Treuddyn, a Jennie Jones, Penllwyn, Capel Bangor – aelod cyntaf yr Urdd yng Ngheredigion.

Adran gyntaf yr Urdd

Yn rhifyn Rhagfyr 1922 o *Cymru'r Plant*, cyhoeddwyd llun o Adran Treuddyn, sir y Fflint, Adran gyntaf Urdd Gobaith Cymru Fach drwy Gymru gyfan, ac ymhen blwyddyn arall, roedd yno 72 o aelodau – bron ddwywaith mwy nag unrhyw Adran arall. Festri Capel y Rhos oedd cartref Adran Treuddyn, lle cynhaliwyd ymarferion canu, dawnsio ac adrodd ar gyfer cyngherddau ac eisteddfodau, ymarferion drama a chyfarfodydd cymdeithasol yr Adran.

Uwch-gapten cyntaf yr Urdd oedd Marian Williams, Fferm y Llan, Treuddyn; dringodd wedyn i fod yn Rhingyll ac erbyn Ionawr 1923 roedd yn Gadfridog. Cofia hi am bentref Treuddyn cyn sefydlu'r Adran, a'r modd y cydiodd y syniad o fudiad yr Urdd yn nymchymyg yr ieuenctid yno fel tân gwyllt yn sgil hynny:

> Er ein bod ar y gororau, a'r ardaloedd agosaf atom eisoes yn drwm o dan y llanw Seisnig, yr oedd Treuddyn yn bur Gymreig ei ysbryd ar y pryd. Ond nid felly nyni'r plant. Wrth gwrs, roedd rhaid inni siarad Cymraeg ar yr aelwyd gartref, ond gofalem am droi i'r Saesneg cyn gynted ag y byddem drwy'r drws, ac yn enwedig yn yr ysgol ac ar yr heol. Rhyw syniad oedd gennym, neu gennyf, ein bod yn 'fwy o bobl' wrth siarad Saesneg, a bod pobl yn edrych i lawr arnom pe gwyddent mai Cymry oeddem. Druain ohonom!'[7]

Agwedd arall ar waith Adran Treuddyn – a'r Urdd – oedd wynebu'r golled y tro cyntaf y bu farw aelod. Collwyd Sarah Emily Owen (Sem) o'r Siop, Top y Rhos, Treuddyn yn 19 mlwydd oed ar 8 Ebrill 1924. Cydgerddodd aelodau'r Adran yn ei hangladd, bob un yn cario blodyn gwyn.

Yn dilyn hynny, dechreuwyd ymgyrchu i gael aelodau'r Urdd o bob cwr o Gymru i ddod i gysylltiad agosach â'i gilydd drwy ysgrifennu llythyrau at gyd-aelodau. Cyn hir, roedd ysgrifennu llythyrau cydymdeimlo rhwng Adrannau'n arfer cyffredin wrth golli plant a phobl ifanc.

Clod pellach i Adran Treuddyn, yn y 1930au, oedd trefnu dosbarth dysgwyr cyntaf yr Urdd yn y Free Trade Hall yn yr Wyddgrug. Mae'r pentref ei hun ar lwybr Clawdd Offa yn deyrnged i ddylanwad canrif o weithgarwch yr Urdd ar sawl cenhedlaeth o blant yno. Cynhelir Eisteddfod Treuddyn yn flynyddol bob mis Tachwedd, ac mae arddangosfa barhaol o hanes Adran Treuddyn yn y neuadd bentref. Mae'r cylch meithrin yn Ysgol Gymraeg Terrig yn y pentref yn dal i fynd o nerth i nerth, a cheir enwau Cymraeg ar y rhan fwyaf o'r strydoedd lleol – Maes Glyndŵr, Ffordd y Rhos, Ffordd y Llyn a Llys Degwm.

Marian Williams, Fferm y Llan, Treuddyn, oedd Uwch-gapten cyntaf mudiad yr Urdd.

Capel Ala Road, Pwllheli, lle cynhaliwyd Cyfarfod Arbennig i Blant Cymru ym mis Awst 1925.

Cyfarfod cenedlaethol cyntaf yr Urdd

Ymwelodd yr Eisteddfod Genedlaethol â Phwllheli yn Awst 1925 a phenderfynodd yr Urdd gynnal cyfarfod arbennig i'w haelodau. Dyma dorri tir newydd. Dyma'r cyfarfod cenedlaethol cyhoeddus cyntaf erioed i ieuenctid Cymru, ac roedd y lle'n orlawn.

**CYFARFOD ARBENNIG
I BLANT CYMRU**

(Tan nawdd Urdd Gobaith Cymru Fach)

Am hanner awr wedi dau y prynhawn yn ystafell Capel Ala Road, Pwllheli, ar ddydd Mercher Awst y pumed.

Cymerir rhan gan

Miss FANNY EDWARDS, Awdures Cit;

Parch. TEGLA DAVIES, Awdur Nedw;

Parch. G.A. EDWARDS, Awdur Straeon Hud a Hanes;

Mr J.T. Jones, Awdur Plant Bwthyn y Bryn

Yn rhifyn Medi 1925 o *Cymru'r Plant*, canmolwyd y siaradwyr a'r afiaith oedd i'w glywed yno:

> Cafodd Miss Fanny Edwards dderbyniad tywysogaidd. Yna daeth y Parch. G.A. Edwards, ac fe gofia pawb am ei stori am yr wy drwg! Dilynwyd ef gan Mr J.T. Jones a'i hanes am yr hen wits a'i "Golchi a Manglo". Yna cafwyd peth gorau y cyfarfod yn ôl llawer – adroddiad Ysgrifennydd Adran Abercynon o waith yr Urdd yno. Y mae dyfodol disglair yn siŵr i Master R. Emrys Griffith.
>
> Terfynwyd trwy i Emyr Roberts a'i chwaer o Lithfaen, ddarllen darn a ysgrifennwyd yn arbennig i'r cyfarfod yma. Hyderwn y cawn y darn, a'r storïau a adroddwyd hefyd, i'w cyhoeddi yn *Cymru'r Plant*. Canwyd 'Hen wlad fy nhadau', ac ail ganwyd wedi bron ddwyawr o gyfarfod nas gallesid ei well. Dywed llu o bobl mai efe ydoedd cyfarfod mwyaf llwyddiannus yr Eisteddfod …

Penderfynwyd cynnal cyfarfod tebyg pan ymwelodd yr Eisteddfod Genedlaethol ag Abertawe yn 1926. Daeth tyrfa o 500 i lenwi Capel Sant Paul y diwrnod hwnnw a dyna pryd y dangoswyd baner yr Urdd, a ddyluniwyd gan Eirys Edwards, yn gyhoeddus am y tro cyntaf. Y bwriad ar ôl hynny oedd bod pob Adran yn creu baner debyg eu hunain.

Aelodau cynnar Adran Abercynon.

Dyma rai o Adrannau cyntaf yr Urdd, a'u lliwiau:

Adran	Baner
1. ABERCYNON	1. Melyn; 2. Coch; 3. Gwyrdd.
2. DEINIOLEN	1. Coch; 2. Glas; 3. Melyn.
3. ABERGYNOLWYN	1. Gwyrdd; 2. Melyn; 3. Coch.
4. RHOSTRYFAN	1. Coch; 2. Melyn; 3. Gwyrdd.
5. LLANBERIS	1. Coch; 2. Glas Tywyll; 3. Gwyrdd.

Y twf cynnar

Chwyddo wnaeth aelodaeth yr Urdd rhwng 1922 ac 1926. Ym Mehefin 1923, cyhoeddwyd mai 1,000fed aelod yr Urdd oedd Davie Willws Roberts, Abergynolwyn; yn Chwefror 1925, enw'r 2,000fed aelod oedd Iona Jones Williams, Edern, Llŷn ac yn Ionawr 1926 cyhoeddwyd mai Florence Jones, Llangadfan oedd y 3,000fed aelod. Roedd y niferoedd yn Urdd Ifan ab Owen eisoes ddwbl y nifer a welwyd yn sgil ymdrechion Urdd y Delyn a Byddin Cymru i sefydlu mudiad ieuenctid Cymraeg.

R.E. Griffith

Cyfraniad 'gorau' cyfarfod cyhoeddus cyntaf yr Urdd ym Mhwllheli yn 1925 oedd un R.E. Griffith, llanc 15 oed ac ysgrifennydd Adran yr Urdd yn Abercynon. Gwnaeth argraff fawr ar y gynulleidfa ac ar Ifan ab Owen yn arbennig. 'Tyfodd yn yr Urdd', fel y dywedodd amdano yn ddiweddarach. Dechreuodd arni drwy anfon adroddiadau cyson am weithgareddau ei Adran i Swyddfa'r Urdd gan fynychu'r gwersyll cyntaf yn Llanuwchllyn. Yn 1932, cafodd ei benodi'n Drefnydd yr Urdd yn ne Cymru, cyn dod yn Brif Drefnydd a Chyfarwyddwr y mudiad yn ddiweddarach. Croniclodd hanes hanner can mlynedd cyntaf y mudiad mewn tair cyfrol swmpus dros gyfnod y dathliad hwnnw yn 1972. Fel y dywed J. Cyril Hughes amdano, 'Ei gryfder, a oedd hefyd yn wendid ar adegau, oedd mai lles a llwyddiant y mudiad y rhoddodd ddeugain mlynedd o wasanaeth ffyddlon iddo, oedd yr Alpha a'r Omega.'

Roedd yn Gymro i'r carn ond yn un hefyd a gofleidiodd y Sefydliad Prydeinig; derbyniodd yr

Y Fonesig Edwards

Priododd Ifan ab Owen gydag Eirys Mary Lloyd Phillips, un o Gymry ifanc, urddasol Lerpwl yng Ngorffennaf 1923. Wedi'i magu ar aelwyd ddi-Gymraeg yn y ddinas, dysgu Cymraeg wnaeth hi. Mae'n debyg i Ifan ab Owen ddweud wrthi cyn priodi na fyddai'r ddau'n cael plant nes y byddai hi wedi dysgu Cymraeg – a ddeng mlynedd yn ddiweddarach y ganwyd eu plentyn cyntaf. Ond, yn ôl Norah Isaac, 'Mewn ysbryd o falchder hapus, byddai Ifan ab Owen ac Eirys bob amser yn hoffi cydnabod mai'r Urdd oedd y plentyn cyntaf a gawsant.'

O'r dechrau un, rhannodd Eirys a'i gŵr eu cartref â 'swyddfa' mudiad yr Urdd yn y Neuadd Wen yn Llanuwchllyn ac wedi hynny ar ôl symud i Aberystwyth yn 1930. Hi, yn answyddogol, oedd ysgrifennydd cyntaf yr Urdd a bu wrth ochr Ifan ab Owen ar hyd y degawdau. Roedd hi'n ysbrydoliaeth. Yn wir, cyfaddefodd Ifan ab Owen ei hun na fyddai ef wedi ymrwymo i barhau â gwaith yr Urdd oni bai am Eirys. Priodi mudiad wnaeth hi, a chyfrannodd yn ddiflino i'w ddatblygiad.

Y Fonesig Eirys Edwards

OBE – er mai ar yr ail gynnig y gwnaeth hynny. Cefnogodd anfon cynrychiolaeth o'r Urdd i'r Arwisgo a derbyniodd swydd Dirprwy Lefftenant gan y frenhines cyn diwedd ei oes.

Dyma sut y cyfeiria R.E. Griffith ei hun at ei ymwneud â'r Urdd:

> Peth mawr oedd bod ynghlwm wrth rywbeth ar 'i ddechre, bod i mewn ynddo yn nydd y pethe bychain, bod ynglŷn â rhywbeth creadigol, rhywbeth byw yn tyfu o ddydd i ddydd ac yn datblygu'n barhaus. A'r fraint fwyaf oll – cael nabod Ifan ab Owen Edwards fel cyfaill a chydweithiwr – cael rhannu'i freuddwydion a'i bryderon fel ei gilydd, cael sefyll wrth ei ochor mewn llawer bwlch cyfyng, a thrwy hyn oll dod i'w ystyried yn un o gymwynaswyr pennaf ac un o gewri mwyaf ein cenedl ni.[8]

R.E. Griffith, un o gyfarwyddwyr cyntaf Urdd Gobaith Cymru.

Roedd wedi'i hyfforddi yn Ysgol Gelfyddyd Lerpwl a hi gynlluniodd faner, bathodyn a thystysgrif gyntaf y mudiad, gan arwyddo pob tystysgrif, a'i phecynnu gyda'r bathodyn i gannoedd o aelodau newydd bob mis. Hi hefyd ddyluniodd wisg swyddogol yr Urdd, gan roddi pwyslais arbennig ar greu beret, a ddeilliodd o symboliaeth y dilledyn hwnnw fel rhan o'r frwydr am annibyniaeth yng Ngwlad y Basg ar y pryd. Bu'n ddiwyd yn paratoi lluniau a chartwnau'n fisol hefyd i *Gymru'r Plant* ac i *Gymru'r Plant Bach*, y dechreuwyd ei gyhoeddi yn 1924. 'Roedd ganddi chwaeth eithriadol i adeiladu a chyfansoddi darlun gan arwain y llygaid i'r union fan ynddo oedd yn bwysig. Mae pob un o'i hanifeiliaid yn "gymêrs". Fel Walt Disney medrai roi popeth o gymeriad naturiol yr anifail yn ei bersonoliaeth.'[9]

Y tro cyntaf iddi orymdeithio gyda'i gŵr oedd yn Eisteddfod yr Urdd yng Nghorwen yn 1929. Gwyddai bellach ei bod yn berson 'cenedlaethol' ac o 1929 hyd 1981, mynychodd bob un o Eisteddfodau Cenedlaethol yr Urdd.

Cafodd Eirys ei hadnabod wrth ei theitl newydd Y Fonesig Edwards ar ôl i'w gŵr gael ei urddo'n Farchog yn 1947. Wedi marw ei gŵr yn 1970, hi oedd Llywydd Anrhydeddus yr Urdd yn ystod un o gyfnodau mwyaf cythryblus ac argyfyngus y mudiad yn dilyn yr Arwisgiad yn 1969, tan ei marwolaeth hithau yn 1981. Dyma'r deyrnged a dalwyd iddi gan Ainsleigh Davies, Cadeirydd yr Urdd ar y pryd, yn ei hanglladd: 'Mor hawdd fyddai iddi fod wedi colli diddordeb ac wedi troi ei chefn ar y mudiad wedi marw ei gŵr. Yn hytrach bu'r golled honno yn sbardun iddi hi ddod yn fwyfwy i'r amlwg ac i arwain yr Urdd.'

Does dim amheuaeth i'w chyfraniad hi fod yn gwbl allweddol i barhad a datblygiad y mudiad dros sawl cenhedlaeth. Roedd yr Urdd yn bopeth iddi.

Codi Llais a Baner dros Gymru

O'r cychwyn cyntaf yn 1922, fel 'mudiad iaith' yr ystyriwyd yr Urdd. Doedd yr un mudiad na sefydliad Cymreig mor bleidiol dros amddiffyn y Gymraeg a hunaniaeth Cymru. Roedd amcanion yr Urdd yn glir. Taniwyd plant a phobl ifanc i weithredu er mwyn rhoi bywyd newydd i'r wlad a'r iaith – a gwyddai Ifan ab Owen, o ennill y plant y dôi'r cenedlaethau hŷn i'w canlyn.

Yr Urdd yn newid agweddau

Newid agweddau a llywio arferion oedd rhai o amcanion pennaf Ifan ab Owen wrth gyfarch aelodau'r Urdd yn *Cymru'r Plant*. Gallai fod yn ddigon llym ei eiriau ar adegau wrth annog cymryd y camau bach hynny er mwyn sicrhau dyfodol yr iaith Gymraeg. Dyma ei sylwadau wrth y rhai oedd yn tueddu i ddefnyddio Saesneg i gofnodi'u cyfeiriadau. 'M. J. E. – Diar! Diar!! Ac o'r Borth, S. O., Cards., Wales, yr ydych chi'n dod. Nid wyf fi ychwaith yn byw ymhell, ond o Lanuwchllyn, Sir Feirionydd, Gogledd Cymru, yr wyf fi'n dod. Y tro nesaf y byddwch yn cystadlu, rhowch eich cyfeiriad yn Gymraeg … Yng Nghymru y mae'r Borth, ac nid yn "Wales" yntê?'

Byddai'n aml yn annog gwroldeb, nid taeogrwydd, ymysg aelodau cynnar yr Urdd:

> Y gaeaf yma penderfyned pob aelod wneud ei ran ac na fradyched ei wlad. Os oes Saeson, neu Dic Sion Dafyddion, yn eich erlid ac yn eich gwawdio, gan waeddi "Taffy" neu "Rebel", sefwch yn wrol yn eu hwyneb, ac na fradychwch eich gwlad; beth bynnag ydych, cofiwch eich bod yn Gymro, ac yn Gymro i'r carn. Gwell ydyw bod yn "rebel" dewr, nag yn gadno llwfr.

Hunanlywodraeth i Gymru

Cyd-ddigwyddiad oedd bod mudiad yr Urdd wedi'i sefydlu yr un flwyddyn â chreu gwladwriaeth Iwerddon Rydd yn 1922. Er bod galw cryf wedi bod am hunanlywodraeth i Gymru ac i'r Alban ers diwedd y bedwaredd ganrif ar bymtheg, ddaeth dim byd o hynny. Drwy dudalennau *Cymru'r Plant*, cafodd Ifan ab Owen gyfle i ailofyn y cwestiynau pwysig hynny i'w gynulleidfa ifanc:

> A ddylai Cymru gael hunan lywodraeth? A ddylai Cymru gael rheoli ei hun, ynte a yw hi'n iawn i Loegr ei rheoli? A ddylai Cymru gael annibyniaeth? Rhaid inni benderfynu'r cwestiwn fel Urdd cyn hir. Meddyliwch trosto yrwan, ond os penderfynwn y dylai Cymru reoli ei hun, rhaid inni sefyll yn gryf a di-ildio dros ein cred, a bod yn barod i aberthu.

Gydol ei oes, roedd Ifan ab Owen yn ffyddiog y byddai Cymru'n gweld y dydd pan fyddai ganddi hunanlywodraeth, ac yn y 1950au, gweithiodd yn galed gydag Ymgyrch Senedd i Gymru yn y gobaith o sicrhau hynny.

Ymgyrchu cynnar

Yn 1923, cyflwynodd tref Warrington gynlluniau i foddi dyffryn Glyn Ceiriog mewn pennod arall yn hanes meddiannu cymoedd Cymru i gyflenwi dŵr i drefi dros y ffin.

'Gwrthdystiwn ar unwaith!' oedd cri Ifan ab Owen yn *Cymru'r Plant*. Enwodd enwogion Glyn Ceiriog – Huw Morus, Ceiriog ac Alun Mabon – gan uniaethu â'i gynulleidfa ifanc a'i gynnwys ei hun yn un ohonynt fel arfer. 'Beth pe soniem ni am foddi Stratford-on-

Llun o Ddyffryn Ceiriog y gwnaed cais gan dref Warrington i'w foddi er mwyn sicrhau cyflenwad dŵr.

Avon, cartref Shakespeare?' Mae'i bregeth yn un rymus a di-flewyn-ar-dafod: 'A wnawn ni, blant Cymru, yn llwfr oddef hyn? A adawn ni i estroniaid foddi dyffrynnoedd ein gwlad un ar ôl y llall?'

Penderfynodd greu deiseb, gan alw ar Adrannau ac aelodau'r Urdd i gasglu enwau a'u hanfon ato er mwyn eu cyflwyno i'r Llywodraeth yn Llundain ar Ŵyl Ddewi. Dim ond enwau plant a phobl ifanc dan ddeunaw oed fyddai ar y ddeiseb.

Aeth 90 ardal ati i gasglu 7,000 o enwau drwy Gymru ac anfonwyd y ddeiseb at Alfred Davies yn y Llywodraeth. Cyn diwedd y flwyddyn, mae golygydd *Cymru'r Plant* yn dathlu:

> Mae nhw'n dweyd [sic] nad ydyw Glynceiriog i'w foddi. Go dda, yntê? Mae pobl Warrington yn ceisio rhoddi pob esgus, ond fy marn i ydyw iddynt weled fod holl blant Cymru yn eu herbyn, ac y buasai hi'n mynd yn o ddrwg arnynt pe bai ni i gyd yn gorymdeithio yno i'w rhwystro. Ni chant foddi dyffryn Ceiriog.

Baner Y Ddraig Goch

Roedd cyflwyno ac ymgyrchu dros faner y Ddraig Goch a threfnu gorymdeithiau'n rhan o weledigaeth yr Urdd i fynegi Cymreictod mewn ffordd weladwy a chlywadwy o'r cychwyn cyntaf. Er mor anodd dychmygu hynny heddiw efallai, roedd hi'n ddigon anghyffredin gweld y Ddraig Goch yn cael ei defnyddio'n gyhoeddus yng Nghymru ar ddechrau'r 1920au, oni bai am gadeiriau eisteddfodol a phenawdau elfennau o'r wasg Gymreig. Gwnaeth O.M. Edwards ac Ifan ab Owen fel ei gilydd ddefnydd helaeth o'r arwyddlun cenedlaethol ar eu cyhoeddiadau ac yn raddol, gwelwyd cyfle i ddefnyddio baner y Ddraig Goch yng ngweithgareddau cyhoeddus yr Urdd. Gwnaeth fwy na'r un mudiad arall i ledaenu'r defnydd o'r faner genedlaethol yn y 1920au a'r 1930au. Roedd draig ar fathodyn cyntaf yr Urdd, a defnyddiwyd baner y Ddraig Goch yn gyson ar lwyfannau digwyddiadau, ar deithiau ac yng ngwersylloedd yr Urdd.

Cynllun baner ddreigiog yr Urdd.

Cyfeiria Ifan ab Owen yn angerddol iawn at y defnydd o faner y Ddraig Goch yn un o rifynnau *Cymru'r Plant* yn y 1930au, gan dynnu sylw at gastell Harlech:

Adran Llansannan yn arddangos baner y Ddraig Goch.

> Perthyn i Gymru mae'r castell, – perthyn i werin Cymru; eto ni chânt chwifio'r Ddraig Goch ar ei ben. Yr unig faner a geir ei chwifio yw'r "Union Jack". Yn sicr, yr unig faner a ddylid ei chwifio yno yw Draig Goch Cymru. Mynned Cymru barch, mynned ei hawliau.

Gwrandawodd ei gynulleidfa ar ei neges. Ar Ddydd Gŵyl Dewi 1932, aeth dau griw o genedlaetholwyr – yn annibynnol ar ei gilydd, y naill yn y bore a'r llall yn y prynhawn – i dynnu baner yr Union Jack a chodi Draig Goch ar y polyn uchaf ar Dŵr yr Eryr yng nghastell Caernarfon. Y flwyddyn wedyn, roedd Draig Goch 'swyddogol' yn cyhwfan ar y tŵr hwnnw.

Stoc o Ddreigiau Cochion

Creodd eisteddfodau, gwersylloedd a gorymdeithiau'r Urdd alw cenedlaethol am faneri'r Ddraig Goch. Arweiniodd hynny at brinder baneri'r Ddraig Goch – ond aeth Ifan ab Owen ati i archebu stoc ganolog ohonyn nhw i swyddfa'r mudiad, gan hysbysebu hynny yn *Yr Aelwyd*, un o gylchgronau'r Urdd:

Llwyddwyd i gael cyflenwad newydd o faneri Draig Goch i'w gwerthu i Adrannau ac Aelwydydd. Y maent o lathen o led hyd at bedair llath. Ceir y Ddraig wedi ei stampio ar rai, ac wedi ei gwnïo ar y lleill. Gwnaed y cyfan o bunting ac mewn lliwiau da. Fel rheol, y mae cryn alw am y baneri hyn oddeutu adeg yr eisteddfodau cylch a sir, ac felly rhoddwn y manylion amdanynt isod. Gorau po gyntaf i anfon archeb i Swyddfa'r Urdd, Aberystwyth, gan amgau blaendal. Gan mai cyflenwad bychan sydd gennym, ni allwn sicrhau y pery rhagor na mis neu ddau.

PRISIAU

Wedi eu stampio		Wedi eu gwnïo	
1 llathen	9/6	2½ llathen	£2/10/0
1½ "	16/6	3 "	£3/7/6
2 "	£1/5/0	4 "	£5/2/6
3 "	£2/14/0		

Llwyddodd y mudiad i sicrhau cyflenwad o faneri i'w gosod ar feic, beic modur neu gar hefyd. Gellid archebu'r rhain yn faneri sidan neu frethyn, 9 modfedd wrth 4½ modfedd am 3/6, neu rai 6 modfedd wrth 3 modfedd am 2/6, wedi'u gwnïo wrth ffon ddur rhyw droedfedd o hyd.

Dathlu Gŵyl Ddewi

Tyfodd Gŵyl Ddewi i fod yn gyfle da i hyrwyddo amcanion yr Urdd drwy gyhoeddi deunydd gwladgarol yn *Cymru'r Plant* bob mis Mawrth. Cyhoeddwyd ysgrifau am Ddewi Sant ei hun, dyluniadau eiconig a hefyd gerddi a chaneuon gwladgarol wedi'u seilio ar ei fywyd a'r traddodiadau amdano, yn ogystal â phob agwedd ar hanes Cymru, ei henwogion a'i diwylliant.

Adran Llanystumdwy yn dathlu hanes Dewi Sant.

Gŵyl Ddewi yn ddiwrnod dathlu

Yn naturiol felly, mae arwyddocâd Gŵyl Ddewi yn dal i fod yn bwysig i'r mudiad hyd heddiw. Ddechrau 2019, cyhoeddodd yr Urdd y byddai Mawrth 1af yn ddiwrnod swyddogol o wyliau i bob aelod o'i staff o 2019 ymlaen – gyda'r nod o ddathlu'r hunaniaeth unigryw o fod yn Gymry. Prin iawn yw'r gwledydd ar draws y byd nad ydyn nhw'n dathlu diwrnodau cenedlaethol. Meddai Siân Lewis, Prif Weithredwr yr Urdd:

> Mae'r penderfyniad yn garreg filltir i ni. Fel mudiad cenedlaethol sy'n annog plant a phobl ifanc i gymryd balchder yn eu gwlad, eu hiaith a'u diwylliant, mae'n bwysig ein bod yn arwain drwy esiampl drwy arddel ein hunaniaeth a dathlu hynny … Drwy gael diwrnod yn rhydd o'r gwaith, mae'n gyfle i'n staff ddathlu'r achlysur gyda theulu a ffrindiau yn eu cymunedau lleol neu mewn digwyddiadau cenedlaethol.

Yr Urdd a'r *Western Mail*

Papur Torïaidd Caerdydd oedd y *Western Mail* ar ddechrau'r ugeinfed ganrif a chafodd arweinwyr cynnar yr Urdd eu dal mewn magl anodd dod allan ohoni. Erbyn 1933, roedd y *Western Mail* yn cyhoeddi colofn wythnosol (wedi'i hysgrifennu gan Ifan ab Owen neu R.E. Griffith) yn Saesneg am weithgareddau'r Urdd. Roedd tudalen gyfan yn Gymraeg yn *Y Cymro* hefyd. Gyda chefnogaeth y *Western Mail*, y gred oedd y gallai'r Urdd ennill cyhoeddusrwydd da yng nghymoedd glofaol de Cymru, lle roedd y bywyd Cymraeg ar drai.

Ond pennawd tudalen flaen *Y Ddraig Goch*, papur Plaid Genedlaethol Cymru, yn Rhagfyr 1933 oedd 'Aelodau'r Blaid yn Gadael yr Urdd?' Mae'r erthygl yn cyfeirio at un o erthyglau'r Urdd yn y *Western Mail* sy'n gofyn i aelodau'r mudiad roi gwybod i Swyddfa'r Urdd os oedd unrhyw un o arweinwyr lleol y mudiad yn trafod ei syniadau gwleidyddol ag aelod o'r Urdd. Roedd hynny'n groes i'r egwyddor o greu dinasyddion cyfrifol, meddai'r *Ddraig Goch*, gydag Ifan ab Owen yn mynnu, 'nid yw'r Urdd yn boliticaidd ac nid oes ganddi hyd yn oed dueddiadau gwleidyddol.'

Ond esgorodd y ffrae hon ar ddadrith ymysg Cymry tanbaid.

Senedd yr Urdd

Roedd penwythnos 14–16 Awst 1931 yn benwythnos arbennig yn hanes yr Urdd. Dyna pryd y daeth senedd ieuenctid gyntaf Cymru ynghyd yn Neuadd y Dref, Llangollen. Câi pob Cylch ac Adran yrru dau gynrychiolydd i'r Senedd, gydag un bleidlais i bob Adran a dwy i bob Cylch. Roedd gwersyll yr Urdd yn yr ardal yr un pryd a darparwyd lletty i'r bechgyn yno, a lletty i'r merched yng ngwestai'r dref. Cyhoeddwyd o flaen dau gant a hanner o gynrychiolwyr yn y Senedd gyntaf y byddai'r Urdd yn cael ei chofrestru'n gwmni cyhoeddus.

Cytunodd y Senedd hefyd y dylai'r Urdd brotestio yn erbyn polisi'r BBC o anwybyddu Cymru gan alw am gael:

1. Cynrychiolydd o Gymru ar y Bwrdd Llywodraethol.

2. Sicrhau darlledu Neges Plant Cymru i Blant y Byd o Daventry, gorsaf ddarlledu fwyaf Prydain.

Yn y Senedd hon hefyd y crëwyd rheng newydd o aelodaeth yr Urdd, sef Dysgwr.

Gadawyd y syniad o Senedd yr Urdd i gysgu wedyn nes i Bwyllgor Sirol Meirionnydd drefnu Senedd yr Aelwydydd yn 1943 dan arweiniad Margaret Parry. Cynhaliwyd cyfarfod o'r Senedd honno yn Neuadd y Dref, Dolgellau ar 29 Mai. Dewiswyd pum testun i'w trafod y tro hwnnw gan ofyn am ddau gynrychiolydd 16–21 oed o bob Aelwyd yn y sir. Roedd dau aelod yn agor y drafodaeth ar bob pwnc a hynny'n cael ei ddilyn gan siaradwyr o'r llawr. Cymerodd yr ieuenctid y tasgau o ddifri gan edrych ymlaen at weld siroedd eraill yn dilyn yr un patrwm a sefydlu Senedd yr Ifanc i Gymru gyfan yn 1955. Erbyn hynny roedd yr Urdd yn ddwy genhedlaeth oed ac roedd aeddfedrwydd y cyn-aelodau'n bwysig i ddatblygiad y gwasanaethau i'r to newydd.

Senedd yr Ifanc

Daeth 35 cynrychiolydd 17–25 oed Senedd yr Ifanc at ei gilydd am y tro cyntaf yng Ngwesty Pantyfedwen, y Borth, ger Aberystwyth ym Medi 1955. Rhyw fath o esblygiad oedd hwn ar Senedd yr Urdd, gyda'r bwriad o feithrin arweinwyr i'r dyfodol, a rhoi cyfle i'r aelodau ifanc fynegi barn yn agored. Penderfynwyd ar ddau gyfarfod y flwyddyn i feithrin syniadau newydd i'r Urdd ond ar ôl deng mlynedd, dangosodd yr aelodau fwy o ddiddordeb mewn ymgymryd â chyfrifoldebau llywodraethol yn y mudiad ac etholwyd cynrychiolwyr ar Gyngor yr Urdd.

Mae sicrhau bod lleisiau ieuenctid Cymru'n cael eu clywed ar bwyllgorau'r Urdd yn dal yn egwyddor ganolog i'r mudiad hyd heddiw.

Heddwch ac Ewyllys Da

Sefydlwyd yr Urdd wrth gwrs yn y blynyddoedd llawn galar, llanast a thristwch yn dilyn y Rhyfel Byd Cyntaf. Roedd yn gyfnod hefyd pan welwyd sawl ymgais i sicrhau na ddigwyddai'r fath erchylltra eto. Ffurfiwyd Cynghrair y Cenhedloedd, gyda'i phencadlys yng Ngenefa, yn 1920 i hyrwyddo cyd-ddeall a chydweithio rhwng cenhedloedd y byd. Roedd Cymru'n aelod ohoni, gyda David Davies, Llandinam yn gefnogwr brwd ac yn sylfaenydd Undeb Cymreig Cynghrair y Cenhedloedd. Cafwyd sawl ymgais yn ystod y cyfnod hwn i sicrhau heddwch hefyd, yn cynnwys llunio Deiseb Heddwch gan ferched Cymru, wedi'i harwyddo gan 60% o ferched y wlad, a'i hanfon i America yn 1923. Mae bwriad i ddychwelyd copi o'r ddeiseb honno'n ôl i Gymru i ddathlu'r canmlwyddiant yn 2023–24.

O safbwynt yr Urdd, un o'r datblygiadau mwyaf allweddol ar y pryd oedd awgrym y Parch. Gwilym Davies, Caerdydd, yn yr Ysgol Gymdeithasol dros Gymru yn 1922, mai gweithred ymarferol werth chweil i ieuenctid Cymru fyddai anfon neges heddwch ac ewyllys da at ieuenctid y byd. Cyn-weinidog gyda'r Bedyddwyr o Gwm Rhymni a chyn-fyfyriwr yng Ngholeg Iesu, Rhydychen oedd y Parch. Gwilym Davies a ddaeth yn Gyfarwyddwr Anrhydeddus Undeb Cymreig Cynghrair y Cenhedloedd. Derbyniwyd ei awgrym yn frwdfrydig a darlledwyd y Neges Heddwch ac Ewyllys Da gyntaf ar ran yr Undeb a'r Urdd ym Mehefin 1922. Erbyn 1923, penderfynwyd mai ar y 18fed o Fai y byddai'r Neges yn cael ei darlledu'n flynyddol, yn bennaf am mai ar y dyddiad hwnnw yn 1899 y cynhaliwyd y Gynhadledd Heddwch gyntaf ym Mhlas yr Hague yn yr Iseldiroedd. Awgrymodd gwraig o'r Almaen, Frau Selenka, bod y dydd arbennig hwnnw'n cael ei gadw'n Ddydd Gŵyl Heddwch y Byd.

Neges Ewyllys Da Plant Cymru a ddarlledwyd rhwng 1922 ac 1926.

Y Parch. Gwilym Davies, Caerdydd, a ddaeth yn Gyfarwyddwr Anrhydeddus Undeb Cymreig Cynghrair y Cenhedloedd.

Ond dechrau siomedig a gafwyd i'r syniad o Neges Heddwch ac Ewyllys Da. Doedd dim ymateb i'r Neges gyntaf. Roedd hyn wrth gwrs cyn defnyddio'r radio – roedd y Neges yn cael ei hanfon drwy delegraffi at blant y byd yn gyffredinol. Cysur efallai oedd i Gyfarwyddwr Gorsaf Tŵr Eiffel ym Mharis ei derbyn a'i danfon yn ei blaen yn Ffrangeg.

Eto, roedd Gwilym Davies yn ddyn o weledigaeth a dyfalbarhad. Er mai'r Undeb Cymreig wnaeth drefnu a hyrwyddo'r Neges Heddwch ac

Ewyllys Da am flynyddoedd, roedd yn cael cefnogaeth lwyr gan Urdd Gobaith Cymru a chyhoeddusrwydd llawn yng nghylchgronau'r mudiad. Yn 1924, wedi i'r BBC ddarlledu'r Neges ar y radio am y tro cyntaf, derbyniwyd dau ateb, y naill o Sweden a'r llall o Wlad Pwyl. Gwelwyd twf yn nifer yr ymatebion wedi hynny, ac yn 1927 nododd Dr Nansen, enillydd Gwobr Heddwch Nobel: 'Rwy'n argyhoeddedig mai angen dynol ryw yw'r ysbryd sydd yn Neges Plant Cymru.'

Cafwyd ymatebion gan 68 o wledydd o fewn degawd i anfon y Neges Heddwch ac Ewyllys Da gyntaf honno yn 1923. Derbynnid y Neges ar draws y byd bellach a phenderfynodd mwy a mwy o wledydd ei hategu gan ailddarlledu'r dyhead am heddwch a brawdgarwch.

Cyhoeddwyd rhestr o'r ymatebion i'r seithfed Neges yn *Cymru'r Plant*:

> **A wyddoch chwi fod ysgolion yn y gwledydd a ganlyn wedi ateb y Neges yn 1928 – Awstralia, Awstria, Gwlad Belg, Bwlgaria, Burma, Canada, Czechoslovakia, Denmarc, Lloegr, Estonia, Ffrainc, yr Almaen, Yr Iseldiroedd, Hwngari, Talaith Rydd yr Iwerddon, Yr Eidal, Japan, Seland Newydd, Norwy, Gwlad Pŵyl, Portiwgal, Dyffryn y Saar, Yr Alban, De Affrica, De America, Sbaen, Y Swisdir, Unol Daleithiau America, Iwgoslafia? Onid yw hyn yn dangos gwasanaeth mawr y Neges? Trwy'r Neges flynyddol hon, fe gysylltir Cymru bob blwyddyn gyda mwy a mwy o ysgolion y Cyfandir a'r Byd. Y mae'r Byd hefyd yn dod i feddwl mwy a mwy o Neges Cymru fel yr â'r blynyddoedd ymlaen.**[10]

Merch ifanc yn darllen ateb i Neges Heddwch ac Ewyllys Da Ieuenctid Cymru yng ngorsaf radio Barcelona, Catalwnia.

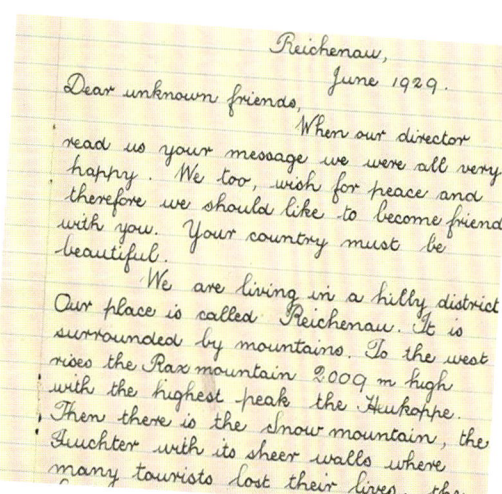

Dyma ddetholiad o'r ymatebion ar draws y byd yn dilyn darlledu'r Neges yn 1929:

Trwy orsaf Tokyo, Japan, Mai 18
Aeth blwyddyn arall heibio, a dwg Mai 18 eto i'n meddwl gyfeillgarwch byd-lydan. Yr ydym ni, blant Japan, yn datgan heddiw ein hewyllys da tuag at holl gyfeillion gwahanol barthau'r byd. Dysgwn bob dydd yn ein hysgolion ac yn ein cartrefi bod y byd yn mynd yn llai a bod ein cariad ninnau tuag at eraill yn cryfhau. Safwn yn ffyddlon i Gynghrair y Cenhedloedd …

Darllenwyd Neges Plant Cymru o orsaf Tokyo gan blentyn Cymraeg oedd yn byw yn Japan.

O orsaf Warsaw am 5.55 p.m., Mai 18
Y mae plant Gweriniaeth Poland, o lannau môr y Baltic i fynyddoedd Carpathia, o ddyffrynoedd afonydd y Vistula, y Warta, y Bug a'r Niemen, o bentrefi a threfi Poland, o ganolfannau bywyd economaidd Poland: Silesia Uchaf, Lodz a'r brif ddinas Warsaw, yn anfon eu cyfarchion twymgalon i blant Cymru deg …

O orsaf Radio-Genève am 8.30 p.m., Mai 18
'I chwi oll, blant Cymru, ein cyfeillion a'n caredigion anhysbys, dywedwn gyda theimlad "diolch". Y mae eich neges flynyddol yn cadarnhau ein ffydd yng ngwaith y Cynghrair, ac fel chwithau, yr ydym ninnau yn ddiolchgar i'r rhai sydd yn ceisio adeiladu rhagorach byd …'

Teithiau Genefa

Yn sgil cysylltiad Neges Heddwch ac Ewyllys Da yr Urdd â Chynghrair y Cenhedloedd, aeth Ifan ab Owen a'i wraig, Eirys, ati i drefnu ymweliadau tramor i gael cip ar waith y sefydliad hwnnw yng Ngenefa. Fis Gorffennaf 1930, aeth criw o fechgyn dros 17 oed yr Urdd i gynrychioli'r mudiad ym mhencadlys Cynghrair y Cenhedloedd dan arweiniad y Parch. Gwilym Davies. Yn ogystal â chael cyfle i weld rhai o ryfeddodau'r wlad – Llyn Genefa, Mont Blanc a'i rewlifoedd, Bwlch St Bernard, Montreux a chastell Chillon – ymweld â Chynghrair y Cenhedloedd a rhoi torch o flodau wrth gerflun Robert Owen yn Swyddfa Llafur Cydwladol oedd yr uchafbwyntiau. Ar gost o ddeg gini y pen, cafodd 23 o aelodau dreulio amser yn Llundain a Pharis ar ben hynny.

Cynghrair y Cenhedloedd

Disgrifiodd y Parch. Gwilym Davies waith Cynghrair y Cenhedloedd yn ei swyddfa yng Ngenefa yng nghylchgrawn yr Urdd:

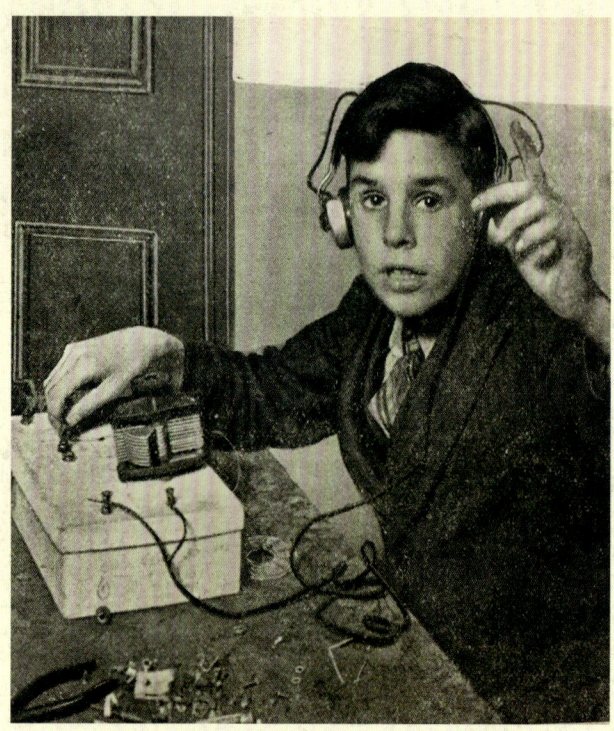

Un o aelodau'r Urdd wrthi'n darlledu Neges Heddwch ac Ewyllys Da yr Urdd ar y radio.

Daw arweinwyr y byd yn aml i'r swyddfa i ymgynghori ac i gyfarfod â'i gilydd, a gwna'r Seiat bopeth a all i helpu'r cydgyfarfyddiadau hyn.

A phan fydd un o'r teulu yn wael hyd at farwolaeth, fel y bu Awstria, er enghraifft, nyrsia y Seiat hi'n ôl i fywyd. A'r adeg ddifrifol hynny pan oedd ffoaduriaid o Rwsiaid a Groegwyr ar fin newynu, anfonodd y Seiat ddillad a bwyd.

Gweithia'n egnïol hefyd i roi pen ar heintiau, ar ysgymun bethau megis opium, ac i helpu gwledydd gweiniaid nad ŷnt eto yn gallu llywodraethu eu hunain. Ac ymdrecha, yn arbennig, i geisio sicrhau nad adewir i Ieuenctid unrhyw wlad orfod byw fel caethion.[11]

Aelodau Urdd Gobaith Cymru yng Ngenefa, Y Swistir, Gorffennaf 1931.

Yn 1931 tro'r merched oedd mynd ar y bererindod wyth noson i Genefa. Cafwyd ymateb ysgubol, ar bris o £12/3/0 i'r cyflogedig a £9/10/0 i'r rhai digyflog dros 16 oed. Y bwriad cyntaf oedd mynd â chriw o 26 ar y daith, ond yn sgil nifer y ceisiadau, cynyddwyd hynny i 82.

Mae'r adroddiad am y daith yn dal yr antur a'r asbri:

> Atgofion am barti hapus, heb un wyneb sur na chŵyn o ddechrau i ddiwedd. Parti hapus, parti ffyddlon; a dymuna Mr a Mrs Edwards ddiolch yn gynnes iawn iddynt am eu sirioldeb ar hyd y daith. Parti yr oedd yn bleser eu harwain.
>
> Y mae inni atgofion caredig hefyd am groeso'r Yswisiaid. Erbyn hyn, y maent yn dechrau dod i wybod am Gymru, ac i deimlo bod Cymru yn wlad a all helpu'r byd. Teimlwn ein bod yn gwneud ein rhan i ehangu gorwel Cymru, ac i ddod â hi i ganol y byd.[12]

CANRIF YR URDD 29

Sul yr Urdd

Yn 1931, cyhoeddwyd yn Vienna bod 48 o wledydd, yn cynnwys Awstria, wedi ymateb i neges ieuenctid Cymru at ieuenctid y byd. Y flwyddyn honno, datblygwyd darlledu'r Neges Heddwch ac Ewyllys Da yn wasanaeth Sul cyflawn yn Abertawe. Daeth cynnal digwyddiad o'r fath yn arfer ac yn ddarllediad blynyddol ar ôl hynny a daeth i gael ei adnabod fel Sul yr Urdd. Ond oherwydd cysgod yr Ail Ryfel Byd, rhoddwyd y gorau i gynnal y gwasanaeth heddwch hwnnw weddill cyfnod y rhyfel, yn dilyn Sul yr Urdd ym Methesda yn 1940, er i'r Neges Heddwch ac Ewyllys Da barhau i gael ei darlledu'n flynyddol gydol cyfnod y rhyfel.

Neges Heddwch ac Ewyllys Da

O 1946 ymlaen, yr Urdd oedd yn llwyr gyfrifol am y Neges Heddwch ac Ewyllys Da gan ysbrydoli ieuenctid i gymryd rhan, i'w sgriptio ac i drefnu ei chyfieithu i nifer fawr o ieithoedd. Rhoddwyd cyfle i griwiau o Aelwydydd neu Adrannau ysgolion lunio a chyflwyno'r Neges flynyddol, gyda'r defnydd o berfformiadau llwyfan, ffilmiau a chaneuon mewn gwahanol leoliadau drwy Gymru a thu hwnt. Yn 1946 hefyd, derbyniwyd ymateb i'r Neges gan bobl ifanc yr Almaen: 'Mae'n flynyddoedd ers inni glywed oddi wrth blant Cymru. Mae hi wedi mynd yn ddu arnom ni. Hoffem glywed oddi wrthych eto.'

Tudalen o *Cymru'r Plant* Cyfrol XL Mai 1931

Aelodau'r Urdd o Ysgol Daniel Owen yn barod i berfformio Dawns Heddwch yn Eisteddfod Genedlaethol yr Urdd yn yr Wyddgrug yn 1958.

Tangnefedd Sri Chinmoy a'r Urdd

Arweinydd ysbrydol o India oedd Sri Chinmoy (1931–2007) oedd yn dysgu ymarfer corff a myfyrdod fel cyfryngau i gyrraedd stad o dangnefedd mewnol. Trefnodd Gyngherddau Heddwch, sefydlwyd canolfannau astudio yn ei enw mewn dros 450 o ddinasoedd a threfnodd ddigwyddiadau Rhedeg dros Heddwch Byd ar draws ffiniau gwledydd. Cynorthwyodd yr Urdd i hybu Caerdydd fel 'Prifddinas Heddwch Sri Chinmoy' yn ystod yr unfed ganrif ar hugain.

Yn 2012 dadorchuddiwyd cofeb i Sri Chinmoy nid nepell o Ganolfan yr Urdd ym Mae Caerdydd. Mae neges y gŵr ysbrydol wrth droed y gofeb: 'Nid absenoldeb rhyfel yn unig yw heddwch. Heddwch yw presenoldeb grymus ac egnïol cariad, cytgord ac undod yn nheulu'r byd.' Mae arwyddlun yr Urdd ar y bwrdd gwybodaeth. Bob blwyddyn bydd fflam heddwch yn cael ei chludo ar achlysur Rhedeg dros Heddwch Byd o wlad i wlad ar draws sawl cyfandir. Dadorchuddiwyd y cerflun ar 11 Mawrth 2012 pan gychwynnodd aelodau'r Urdd gyda'r rhedwyr eraill ar gymal Cymru o'r daith y flwyddyn honno.

Heddwch a'r Urdd

Esblygu wnaeth ymdrechion ymarferol yr Urdd i hybu heddwch ac ewyllys da dros y blynyddoedd. Yn 1959, darlledwyd Gwasanaeth Heddwch yr Urdd ar fore'r Sulgwyn o gapel Bryn Mair, Aberporth. Y gweinidog, y Parch. Tegryn Davies, oedd yn traddodi'r anerchiad, a phenderfynodd criwiau'r Adran a'r Aelwyd leol arbrofi drwy ddwyn elfennau newydd megis canu'r delyn, canu penillion a chydadrodd i mewn i'r gwasanaeth. Cafwyd gweddi hefyd ar ffurf englynion o waith Dic Jones, Prifardd yr Urdd ar bump achlysur.

> Arglwydd daioni'r flwyddyn, – cymoda'r
> Cymydog â'i elyn;
> Di, Geidwad anghredadun,
> Atal Di wanc teulu dyn.

> Yn nyddiau'r drin bydd Di'n dŵr – i'th bobl,
> A'th Babell yn swcwr;
> Bydd loches rhag gormeswr,
> Dyro nawdd i druan ŵr.

> Rho o hyd i blant pryder – dy nodded
> Yn nydd eu cyfyngder;
> Ac yn ei ofn, plŷg, ein Nêr,
> Y byd i ddweud ei bader.

> Dig y byd, O! Dwg i ben, – dilea
> O'i deuluoedd angen,
> Dros ein gwlad rho dy aden,
> Er mwyn dy enw mawr. Amen

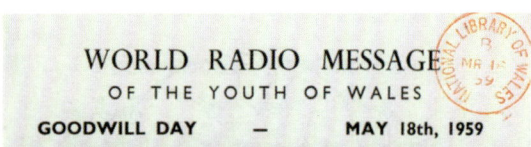

Neges Heddwch ac Ewyllys Da yr Urdd, 1959.

Yr Urdd yn codi llais

Parhaodd y Neges Heddwch ac Ewyllys Da flynyddol i chwilio am themâu cyfoes a diwyg a lleoliadau newydd i gyflwyno'r apêl daer oesol am heddwch. Fwy nag unwaith, arweiniodd hynny at estyn help llaw yn ymarferol.

Yn 1980, cyflwynwyd y Neges Heddwch ac Ewyllys Da i'r Cenhedloedd Unedig yn Efrog Newydd ar ôl mordaith ar draws Môr Iwerydd. Yn 1982, Aelwyd Aberhonddu oedd yn gyfrifol am ei chreu a'i chyflwyno, ac yn y flwyddyn honno cyhoeddodd Cyngor yr Urdd ei fod yn cefnogi'r Ymgyrch Ddiarfogi Niwclear yng Nghymru. Paratôdd Aelwyd Orllwyn Teifi, o bentref Penrhiw-llan ger Llandysul, Neges ar thema 'Dŵr ynteu Dagrau' yn 1984 a chodwyd £12,000 i UNICEF ar gyfer cloddio ffynhonnau yn Swdan. Yn 1988, dathlwyd pedwarcanmlwyddiant cyfieithu'r Beibl wrth i Ysgol Gyfun Llanhari baratoi Neges arbennig a theithiodd 23 o aelodau i'w chyflwyno i'r Cenhedloedd Unedig yng Ngenefa, yn atgof o daith arloesol y mudiad i'r ddinas honno yn 1930. 'Nabod ein Gilydd' oedd

Ym mis Mai 1961, aeth cynrychiolaeth o'r Urdd at y Friedenskreuz – y Groes Heddwch a wnaed o sborion byddinoedd yr Ail Ryfel Byd ar y ffin rhwng Ffrainc a'r Almaen ger Bühl – i gynnal gwasanaeth Dydd Ewyllys Da. O flaen tyrfa o gannoedd, darllenwyd Neges Ewyllys Da Cymru mewn amryw o ieithoedd a chanwyd 'Hen Wlad fy Nhadau' gan gôr plant lleol.

Clawr Neges Ewyllys Da 1961.

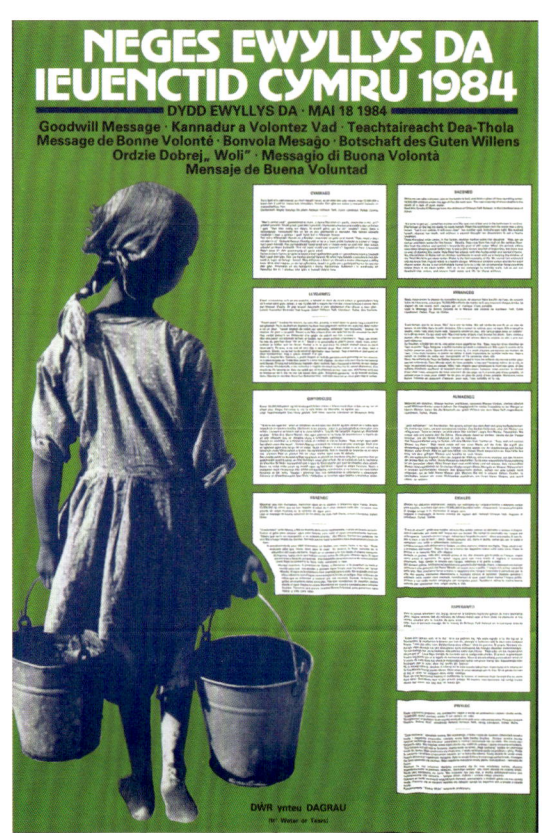

Neges Heddwch ac Ewyllys Da Aelwyd Orllwyn Teifi i'r byd yn 1984.

Cyhoeddi yn Llundain

Yn 2019, aeth criw o aelodau'r Urdd i'r East Side Academy yn Llundain i gyhoeddi'r Neges Heddwch ac Ewyllys Da y flwyddyn honno, oedd yn ymwneud â thema trais. Sefydliad yn gweithio yng nghymunedau amlddiwylliannol dwyrain Llundain yw hwnnw. Ychydig wythnosau'n ddiweddarach, daeth cynrychiolaeth o'r East Side ar wahoddiad yr Urdd i brofi awyrgylch a gweithgareddau Eisteddfod yr Urdd ym Mae Caerdydd. Roedd sylwadau un o'r cynrychiolwyr mewn cynhadledd i'r wasg ar ddiwedd y diwrnod hwnnw'n ddadlennol:

Criw'r East Side Academy yn 2019.

> Rydym yn rhyfeddu at y ffordd rydych yn gweithio ac yn hyrwyddo eich hunaniaeth mewn ffordd sy'n arwain at heddwch ac ewyllys da ymysg eich gilydd ond hefyd ar draws ffiniau i wledydd a diwylliannau eraill.

Y flwyddyn honno hefyd, derbyniwyd ymateb i'r Neges o Galifornia, UDA: 'Diolch am eich neges, sy'n dod â gobaith i ni. Mae gan bob person ifanc lais – diolch. Daliwch ati, ni yw'r genhedlaeth all sicrhau newid.'

thema'r Neges rhwng 1991 ac 1993 a threfnwyd ymweliadau gan ieuenctid o Lithwania a Belorwsia – o'r tu draw i'r Llen Haearn oedd newydd gael ei dymchwel yn Ewrop. Ysgol Gyfun Cymer yn y Porth, Cwm Rhondda a gyflwynodd y Neges yn 1993, oedd yn cyfeirio at y rhyfel erchyll yn yr hen Iwgoslafia. Arweiniodd y Neges at gasglu llond dwy lorri o nwyddau i Bosnia ac anfonwyd dau wirfoddolwr i weithio mewn gwersyll ffoaduriaid yn Slofenia am naw mis. Anfonwyd mwy o wirfoddolwyr i weithio yno y flwyddyn ganlynol hefyd a darlledwyd y Neges i Bosnia a Croatia yn eu hieithoedd eu hunain gan ddisgyblion Ysgol Eifionydd, Porthmadog.

Yng nghyfnod Llinos Roberts yn arwain adran cyd-ddyn yr Urdd (1993–2004), datblygwyd y Neges Ewyllys Da flynyddol i fod yn thema i'r flwyddyn gyfan, gan ychwanegu nifer o weithgareddau dyngarol ledled y flwyddyn. Erbyn 2006, cafwyd ychydig o arbrofi gyda Neges Heddwch ac Ewyllys Da yr Urdd drwy ddefnyddio cân Elin Fflur, 'Law yn Llaw', a chyflwyniad Ysgol Berfformio Dyffryn Tywi. Y gân 'Gwres dy Galon' gan Caryl Parry Jones a ddefnyddiwyd ar gyfer y Neges yn 2008 wedyn, pan ddaeth degau o ysgolion a channoedd o blant a phobl ifanc at ei gilydd i'w chydganu'n fyw ar Radio Cymru. Mae'n debyg y gellid cyfeirio at Neges Heddwch ac Ewyllys Da 2011 fel tipyn o uchafbwynt wrth i bron i 500 o aelodau'r Urdd o Eryri ei chyflwyno o gopa'r Wyddfa, yn y Senedd yng Nghaerdydd ac ar lwyfan yr Eisteddfod.

Neges Heddwch ac Ewyllys Da 2021

Hyd heddiw, Cymru yw'r unig wlad yn y byd sydd wedi sicrhau bod neges o'r fath yn cael ei darlledu'n flynyddol, a hynny'n ddi-dor ac yn ddi-ffael dros ganrif. Bellach, mae'r Neges yn cael ei darlledu ar ffurf fideo dros y cyfryngau cymdeithasol i gyrraedd cynulleidfa ryngwladol. Roedd Neges 2020 yn hynod lwyddiannus – cyrhaeddodd dros 37 miliwn o bobl mewn 40 o wledydd ledled y byd.

Criw Prifysgol Aberystwyth fu'n gyfrifol am lunio'r Neges Heddwch ac Ewyllys Da yn 2022.

Lluniwyd Neges Heddwch ac Ewyllys Da 2021 wedyn gan 21 myfyriwr o Brifysgol Abertawe gyda chefnogaeth y bardd a'r awdur Llio Maddocks, yn dilyn gweithdai 'Cydraddoldeb i Ferched' dan ofal Gwennan Mair, Cyfarwyddwr Ymgysylltu Creadigol Theatr Clwyd. Cyfieithwyd y Neges i dros 65 o ieithoedd, gan gyrraedd 84 miliwn o bobl – a dyna'r gynulleidfa fwyaf erioed yn hanes y Neges Heddwch ac Ewyllys Da. Mewn fideo pwerus, galwyd ar bobl ledled y byd i sicrhau bod cydraddoldeb i ferched yn 'fwy na hashnod'. Roedd Hillary Clinton, Prif Weinidog Cymru Mark Drakeford, Matthew Rhys, Cerys Matthews, Michael Sheen, Tanni Grey-Thompson, Jess Fishlock, Rhys Patchell, Llysgennad Prydain i UDA Karen Pierce, ac UN Women ymhlith y rheiny oedd yn dangos cefnogaeth iddi. Dan amgylchiadau anodd Covid, llwyddwyd i gyrraedd y gynulleidfa ehangaf erioed ar gyfer y Neges.

Yn ogystal â chreu'r Neges Heddwch ac Ewyllys Da, ymrwymodd yr Urdd i weithredu'n bwrpasol i wireddu nod y darllediad drwy:

- Helpu i daclo tlodi mislif drwy ddarparu cynnyrch hylendid am ddim yng ngwersylloedd yr Urdd, pob Eisteddfod Genedlaethol yr Urdd a digwyddiadau chwaraeon cenedlaethol y mudiad i'r dyfodol. Byddai hyn yn sicrhau bod cynnyrch mislif ar gael i dros 32,000 o ferched bob blwyddyn.
- Cynnig gwersylloedd yr Urdd Glan-llyn, Llangrannog a Chaerdydd fel lleoliadau i grwpiau o ferched bregus gael ymlacio.
- Sicrhau cydraddoldeb i ferched ar bob un o Fyrddau canolog yr Urdd.
- Sicrhau cefnogaeth barhaus i ferched ym myd hyfforddiant ac arweinyddiaeth, yn enwedig felly ym maes chwaraeon.

Neges Heddwch ac Ewyllys Da 2022

Galwad ar y byd i weithredu yw hanfod Neges Heddwch ac Ewyllys Da yr Urdd yn 2022, gan ddefnyddio pwysigrwydd a phŵer llais ieuenctid Cymru i erfyn ar lywodraethau a chorfforaethau mawr i weithredu ar frys er mwyn atal newid hinsawdd. Ym mlwyddyn y canmlwyddiant, y nod gyda Neges 2022 oedd cyrraedd cant o wledydd mewn cant o ieithoedd gan ddefnyddio'r hashnod #Heddwch100. Cafodd y Neges hon ei chreu mewn cydweithrediad â myfyrwyr Prifysgol Aberystwyth a phrifysgol yn Oslo a'i chyhoeddi am y tro cyntaf yng Nghanolfan Nobel yn Norwy.

Neges Heddwch ac Ewyllys Da
Peace and Goodwill Message

હવામાન કટોકટી

ઘડિયાળ ટિક કરી રહી છે
અને આપણું વિશ્વ આગની જ્વાળા પર છે.
જાગવાનો સમય છે.

પૂર, આગ, ભૂખમરો અને ગરીબી,
આ આપણી વાસ્તવિકતા છે.

સ્થળાંતર, સંઘર્ષ અને વિસ્થાપન,
શું આ જ આપણું ભવિષ્ય છે?

શા માટે આપણે હજી પણ સત્તામાં
રહેલા વાહિયાત વાતો સાંભળીએ છીએ?

શા માટે આપણે હજી પણ માનીએ છીએ
કે આપણે પૈસાથી અમુક સમસ્યાઓ ટાળી શકીએ છીએ?

જાગવાનો સમય છે.
પરિવર્તન લાવવાનો સમય છે.

આપણે આમ આગળ ન વધી શકીએ.
આપણી પાસે પસંદગીનો,
ગતિ ધીમી કરવાનો, આપણો વપરાશ ઓછો કરવાનો,
વિચારવાનો, અતિશય વપરાશ
બંધ કરવાનો વિશેષાધિકાર છે.

કેમ કે આપણે જ પ્રથમ નહીં હોઈએ કે જે સહન કરશે.

અને તેથી આપણે જે રીતે જીવીએ છીએ
તેમાં પરિવર્તન લાવવાનું અને ગ્લોબલ
સાઉથના લોકો માટે પ્રણાલીગત પરિવર્તનની
હકલ કરવાનું અમારું વચન છે.
ભવિષ્ય માટે.

અમે નાના ફેરફારો કરીને પોતાની
જાતથી શરૂઆત કરીશું
અને મોટા ફેરફારો કરવા માટે કોર્પોરેશનો અને
રાજકારણીઓ પર દબાણ લાવીશું.

આ અમારું વચન છે.
તમારું શું છે?

Yr Argyfwng Hinsawdd

Mae'r cloc yn ticio
Ac mae'n byd ni ar dân.
Mae'n amser deffro.

Llifogydd, tanau, newyn, a thlodi,
dyma ein realiti ni.

Mudo, gwrthdaro, dadleoli,
ai dyma ein dyfodol ni?
Pam ein bod ni'n dal i wrando
ar bla bla bla'r rhai mewn pŵer?
Pam ein bod ni'n dal i gredu
y gallwn brynu ein ffordd allan?

Mae'n amser deffro.
Mae'n amser addo i newid.

Fedrwn ni ddim cario 'mlaen fel hyn.
Mae gennym ni'r fraint i arafu,
i leihau ein defnydd,
i feddwl.
i stopio'r cynnydd.

Achos nid ni fydd yn dioddef yn gyntaf.
Felly dyma ein haddewid
i newid ein ffordd o fyw
a galw am newid systemig
er mwyn y rheiny yng ngwledydd y De Byd-eang.
Er mwyn dyfodol ein cartref.

Dechreuwn wrth ein traed
gan wneud y pethau bychain
A rhown bwysau ar gwmnïau a gwleidyddion
i wneud y pethau mawr.

Dyma'n haddewid ni.
Beth yw dy addewid di?
Mae'n amser deffro.

વધુ કંઈક કરવા માંગો છો:

આ સંદેશ તમારી ભાષામાં વાંચતી વખતે તમે અને તમારા મિત્રનો અવાજ રેકોર્ડ કરો અને તમારા મિત્રોને રેકોર્ડ કરો અને 18 મેના રોજ શેર કરો - #Heddwch100 #Gujarati #India સાથે @Urdd ને ટેગ કરો

તમારા ક્વોટ રી-ટ્વીટ માટે સૂચવેલ લખાણ:

@Urdd તરફથી આ મહત્વપૂર્ણ શાંતિ અને સદભાવના સંદેશ પર એક નજર નાખો. અહીં #Gujarati માં ઉપલબ્ધ છે. #Heddwch100 #Gujarati #India

તમારા સહકાર બદલ આભાર.

- Twitter: @Urdd
- Facebook: Urdd Gobaith Cymru
- Instagram: @urddgobaithcymru

#Heddwch100

heddwch@urdd.org
www.urdd.cymru/heddwch

WOLFESTONE

બ્રિટીશ કાઉન્સિલ અને વેલ્સ સરકારના સહયોગથી.

Neges Heddwch ac Ewyllys Da yr Urdd 2022 yn Gymraeg a Gwjwrati.

5

Gwersylloedd Cynnar

1927–1940

Roedd cynnal gwersylloedd er mwyn i aelodau'r Urdd allu dod at ei gilydd a chymdeithasu'n un o amcanion cynnar ac uchelgeisiol Ifan ab Owen ar gyfer y mudiad. Yn 1927, roedd cryn anogaeth i aelodau ac Adrannau'r Urdd gynnal gweithgareddau cymdeithasol a diwylliannol, megis dramâu, cyngherddau ac ati.[13] Roedd hynny'n cyfoethogi eu profiadau ac yn lles i fywyd eu hardaloedd, wrth gwrs. Ond roedd diben arall i'r gweithgareddau. Gwneud elw. Doedd yr Urdd ddim yn brin o noddwyr er gwaethaf cyni ariannol y 1920au a'r 1930au. Roedd caredigion eraill yn noddi'r cyfarfodydd cenedlaethol ac yn noddi tâl mynediad i'r aelodau i'r Eisteddfod. Ond credwyd nad oedd dim o'i le ar godi arian i'r aelodau, gan y byddai'n rhaid cyfrannu at gostau teithio a chostau eraill er mwyn i'r aelodau gael mynychu a manteisio ar ddigwyddiadau newydd a chyffrous y mudiad.

Gwersyll Haf Llanuwchllyn 1928

Yn *Cymru'r Plant*, rhifyn Hydref 1927, cyhoeddwyd rhag-hysbysiad gan Ifan ab Owen am wersyll haf dros dro i fechgyn yn Llanuwchllyn yn 1928, er ei bod hi'n fwriad i gynnal gwersylloedd 'ar wahân' i ferched hefyd. 'Yn fuan byddaf yn gofyn am enwau rhai sydd am ddod. Mae boneddiges garedig wedi cynnig canpunt eisoes tuag at gael pebyll, felly bydd y gwersyll yn rhad iawn, ond ni chaf roddi ei henw i chwi. Chwarae teg iddi, yntê?' Eglurwyd nod y gwersyll yn glir:

Pebyll wedi'u gosod ar ffurf hanner cylch yn y gwersyll cyntaf yn Llanuwchllyn.

Mae gan blant pob gwlad eu gwersylloedd eu hunain ond plant Cymru ... Mae'r Urdd am gychwyn gwersylloedd i fechgyn ac i ferched Cymru yn drwyadl Gymreig, yn cael eu llywodraethu yn unig gan Gymry, a gwersyll lle bo'r rheol hon y reol gyntaf un:-

Iaith y gwersyll a fydd y Gymraeg. Bydd gan y Golygydd hawl i droi unrhyw wersyllydd a ddefnyddia iaith arall adref gyda'r trên nesaf ... Gwersyll y Bechgyn – Mewn pabelli y gwersyllir y bechgyn. Byddant tan ofal gwŷr profiadol mewn gwersyllfa, a bydd meddyg yn y gwersyll.

Y ddraig goch yn cyhwfan yn falch o flaen y pebyll yn y gwersyll.

Rhai o'r gwersyllwyr cynnar y tu allan i'w pebyll.

Un o aelodau cyntaf yr Urdd ac un o gadfridogion y mudiad oedd yr actor byd enwog, Huw Griffith. Roedd hefyd yn un o'r gwersyllwyr yn Llanuwchllyn yn 1928.

Bydd y gwersyll tan ofal personol Golygydd *Cymru'r Plant*. Yn Llanuwchllyn y cynhelir ef, am ddeng niwrnod, oddeutu'r ail wythnos ym mis Awst nesaf. Fe redir y gwersyll rated fyth ag y bydd posib, a chredwn y bydd o fewn cyrraedd pob aelod o'r Urdd ... Darogenir mai hwyl mwyaf bechgyn Cymru a fydd y gwersyll hwn, ac ni ddylai neb a all ddod iddo, rywsut, ei fethu. Cofiwch hyn, ac arhoswch am fanylion pellach:- *Gwersyll i fechgyn rhwng 12 a 18 yn Llanuwchllyn ym mis Awst nesaf.*[14]

Daeth digon o enwau i law o bob rhan o Gymru a Lloegr i lenwi dau wersyll erbyn Chwefror 1928. Cyhoeddwyd braslun o rai gweithgareddau (oedd yn cynnwys teithiau i weld cartrefi enwogion Meirionnydd) ac apeliwyd am swyddogion i ofalu am y gwersyllwyr a'r adloniant.

Cynhaliwyd y ddau wersyll rhwng 9 a 18 Awst a rhwng 20 a 29 Awst 1928, gyda thua chant ym mhob un. Swllt y dydd oedd y pris am fwyd yn y gwersylloedd cyntaf hynny – decswllt y pen am y cyfnod. Gosodwyd y pebyll mewn hanner cylch mewn pantle cysgodol ar gae fferm Gwesty'r Bwch, yn Llanuwchllyn, gydag wyth yn cysgu ym mhob un. 'Cysgai rhai â'u traed i'r canol a'u pennau at allan, nes cwyno bod y gwlith ar eu gwalltiau yn y bore; newid wedyn a chysgu â'r pen at y polyn a'r traed allan, a rhai ohonom yn deffro â'r gwartheg yn llyfu ein traed oedd wedi ymwthio rywfodd dan ymyl y babell.'[15] Yn ôl Huw Antur Edwards, Pennaeth presennol Gwersyll Glan-llyn ac un sydd â'i wreiddiau'n ddwfn yn yr ardal: 'Y Bwch ydi hen dafarn y Goat i ni yn y Llan. Mae'r maes rhwng afon Twrch a gorsaf reilffordd trên bach Llyn Tegid bellach – ond bryd hynny, roedd hon yn orsaf ar lein brysur Rhiwabon i'r Bermo. Dim ond canllath go dda dros yr afon yr oedd Neuadd Wen, cartref Ifan ab Owen.'

Gyda'i gysylltiadau arferol, aeth Ifan ab Owen ati i geisio tocynnau trên rhad i'r gwersyllwyr, gan fod y gwersyll mor gyfleus i orsaf reilffordd Llanuwchllyn. Yn ystod y 1920au, prin y câi plant gyfle i deithio o'u cynefin, felly roedd dod i'r gwersyll cyntaf hwnnw'n antur fawr. Roedd disgwyl i bob gwersyllwr ddod â chyllell, fforc, llwy, dau blât a mŵg gyda nhw. Dyma ran o hanes y gwersyll cyntaf hwnnw:

Treuliwyd yr amser i chwaraeon, ymdrochi a'r cyffelyb. Aed am lawer tro hefyd ... Nodweddwyd y Gwersyll â'r ysbryd gorau, ac ni bu cymaint ag un cweryl nac anhawster o unrhyw fath. Ni allasai gwersyll wrth well gwersyllwyr a swyddogion ... Daeth bechgyn o bob parth o Gymru, ac ni all neb brisio gwerth y cydgyfarfod yma o fechgyn gwahanol rannau Cymru, y naill yn dod i ddeall y llall, a rhaniad y Gogledd a'r De yn diflannu. Fe ddengys un stori werth hyn. Chwaraeodd bechgyn y Gogledd fechgyn y De mewn ymryson pêl-droed gron, ac enillodd y Gogledd.

Yna gwahoddodd bechgyn y De fechgyn y Gogledd i chwarae'r bêl-droed hirgron. Ond ni wyddai bechgyn y Gogledd ddim am y chwarae. 'Tyrd, Huw,' meddai un o fechgyn y Gogledd wrth y llall, gan geisio darbwyllo ei ffrind i chwarae, 'tyrd, er mwyn bois y Sowth, wyst ti.' A allesid ysbryd gwell? Y mae'r syniad o fechgyn yn chwarae gêm wyddent ddim amdano er mwyn plesio eraill yn un perffaith.[16]

Y gwersyllwyr gyda'i gilydd.

Wrth baratoi i gasglu bwydydd ar gyfer gwersyll cyntaf yr Urdd, sicrhawyd sacheidiau o flawd, tatws, reis a siwgr. Roedd wyau, llefrith a menyn yn y pantri – a hefyd dwy ddafad! Câi'r cyfan ei goginio uwch tân coed a daniwyd mewn ffos ddofn yng nghysgod clawdd.

Uwd ac wy wedi'i ferwi oedd i frecwast fel arfer. Sigledig fyddai'r gair i ddisgrifio safonau'r coginio, gyda gwahanol swyddogion yn cael y cyfrifoldeb o godi'n gynnar i baratoi'r brecwast. Mae'n wir fod Ifan ab Owen wedi bod yn gogydd gwersyll yn ystod ei gyfnod yn y fyddin – ond dim ond am bythefnos y parodd hynny. Serch hynny, roedd rhai o brofiadau bywyd milwr yn y Rhyfel Mawr yn ddefnyddiol wrth wneud y paratoadau hyn. Mae'n debyg nad oedd fawr o ots gan neb os oedd blas uwd ar y lobsgows, a blas lobsgows ar y pwdin reis, gan mai'r un offer cegin oedd yn cael eu defnyddio. Roedd un cogydd dibrofiad wedi holi'r noson cynt pa mor hir oedd angen berwi'r wyau ac wedi cael yr ateb: tri munud. Roedd 80 o wyau i'w berwi. Roedd mathemateg y swyddog yn gadarnach na'i reddf yn y gegin. Cododd am bedwar o'r gloch y bore er mwyn berwi'r wyau i gyd gyda'i gilydd am 240 o funudau. Pan gododd

Criw o fechgyn yn barod i fwynhau chwarae pêl a chwarae criced yn y gwersyll.

y gwersyll i fwynhau pryd cyntaf y dydd ar ganiad y gloch fwyd am wyth, dyna'r wyau caletaf a brofodd neb erioed!

Roedd dylanwad y gwersyll cyntaf yn argoeli'n dda ar gyfer yr hyn oedd i ddilyn. Magwyd cariad yno, meddai un o'r gwersyllwyr cynnar,

Y trên ar ei ffordd ar hyd Llyn Tegid i gyfeiriad Gwersyll Glan-llyn.

Yr un oedd cyffro'r gwersyllwyr yn yr orsaf yn Llanuwchllyn yn y llun hwn o'r 1950au.

Hiraeth

Bu'n rhaid danfon un bachgen o Gorwen adref o'r gwersyll cyntaf gan fod hiraeth wedi'i lethu – er mai dim ond 17 milltir oedd rhwng y ddau le!

Addunedwyd i gynnal gwersylloedd blynyddol – a hynny i ferched yn ogystal â bechgyn o hynny ymlaen. Ffurfiwyd Pwyllgor Gwersyll oedd yn cynnwys y swyddogion cyntaf a gwnaed apêl am gyfranwyr i gronfa er mwyn sicrhau adnoddau i wersylloedd y dyfodol. Erbyn Rhagfyr 1928, roedd £383/3/5 yn y gronfa honno – digon i godi caban enfawr ar safle parhaol a fyddai'n lle bwyta i'r bechgyn a chysgod ar dywydd gwlyb, ac yn lletŷ i'r merched, gan nad oedd disgwyl iddyn nhw gysgu dan gynfas. Yn Ionawr 1929, y freuddwyd oedd cael cronfa gwerth £1,000 y flwyddyn yn gefn i'r gwersylloedd ac i gyfrannu at ymweliadau tramor i bobl ifanc Cymru.

Gwersyll Plas Ty'n Dŵr, Llangollen 1930–31

Saif Plas Ty'n Dŵr ryw filltir i'r de-ddwyrain o orsaf Llangollen ac yno y sefydlwyd ail wersyll haf yr Urdd. Bryd hynny, roedd y plasty'n eiddo i Hywel Hughes a'i wraig – cenedlaetholwr a miliwnydd oedd yn berchen ransh enfawr yn Colombia, De America. Bu'n gefnogwr ariannol i nifer o fudiadau Cymreig a châi ei adnabod yn annwyl iawn fel Hywel Hughes, Bogotá.

Erbyn Gwersyll Llangollen yn 1931, roedd pris bwyd wedi codi'r tâl gwersylla i 15 swllt y pen. Cogyddes Ysgol Sir Llangollen oedd yn paratoi'r prydau bwyd ac roedd yno nyrsys dan oruchwyliaeth meddyg lleol. Erbyn hynny, roedd gwelyau haearn i bob gwersyllwr – 200 mewn pebyll (8 ymhob pabell!) a 100 mewn stafell fawr yn y plas, a phawb i ddod

> ... at harddwch gwlad Cymru ac at ei hanes a'i thraddodiadau trwy deithiau mynych i fannau o bwys hanesyddol; yr apêl at antur a'r magu cyfrifoldeb ynom. Ond yn ddiamau, un o gyfraniadau mawr y gwersylloedd i Gymru oedd yr undod Cymreig a grëwyd trwyddynt. Yn Llanuwchllyn ... am y tro cyntaf erioed, cafodd ieuenctid De Cymru, y Canolbarth, a'r Gogledd, gyfarfod am y tro cyntaf. Cofiaf y trên yn cyrraedd gyda hogiau'r De, y noson gyntaf, – bechgyn Llanelli a Chwm Tawe a'r Rhondda, meibion gweithwyr alcam, dur, a glowyr, a'r Gogleddwyr yn eu cyfarfod ar y stesion, – meibion chwarelwyr a ffermwyr a thyddynwyr. Yr oedd yr iaith yn chwithig, y dafodiaith yn ddieithr, ond buan y pontiwyd pob gwahaniaeth.[17]

Criw Gwersyll y Bechgyn, Plas Ty'n Dŵr, Llangollen yn 1930.

CANRIF YR URDD

Merched yn mwynhau yng Ngwersyll Llangollen yn 1931.

â phedair neu bum blanced gyda nhw. Ar wahân i ddillad chwaraeon, neu ddillad i newid iddynt wedi gwlychu, gwisg yr Urdd oedd i'w gwisgo bob amser. Daeth cant o ferched a dau gant o fechgyn i'r gwersylloedd yn Awst 1931, er mor anffafriol y tywydd, mae'n debyg. Er gwaethaf llwyddiant y gwersyll yn Llangollen, bu tro chwithig yn Ionawr 1932 – cafodd yr Urdd rybudd bod yn rhaid i bawb adael ar unwaith a chlirio'r safle gan fod y plas i'w atafaelu am fod Hywel Hughes wedi mynd i drybini ariannol ac yn methu talu'i forgais.

Ond wedi gwersylloedd yng nghefn gwlad Llanuwchllyn a Llangollen, cododd dyhead am gael mynd i lan y môr.

Gwersyll Llangrannog o 1932 ymlaen

Gan mai cytundebau byr a sicrhaodd yr Urdd ar gyfer gwersylloedd Llanuwchllyn a Llangollen, roedd Ifan ab Owen wedi dal ati i chwilio am safle parhaol i wersylloedd haf y mudiad. Ei obaith erbyn 1932 oedd sicrhau caeau Fferm Cefn Cwrt, Llangrannog. Roedd gobaith am brydles estynedig yno. Pan ddaeth y rhybudd i adael Plas Ty'n Dŵr, Llangollen, symudwyd yr holl offer gwersyll ar y trên i'w storio mewn dwy garej yn Llangrannog yn barod at yr haf. Morris ap Morris Jones, crefftwr o Lanuwchllyn, oedd yn gyfrifol am y gwaith hwnnw a bu'n cynorthwyo'n ddiweddarach i baratoi a chodi cabanau Gwersyll Llangrannog.[18]

Cyhoeddwyd yn *Cymru'r Plant* mai hanner milltir o Draeth yr Ynys yn Llangrannog oedd lleoliad gwersylloedd 1932. Trên i Aberystwyth neu i Landysul ac yna bws i'r gwersyll oedd y cyfarwyddiadau teithio (4/6 am docyn dychwelyd o Aber a 3/- am yr un peth o Landysul). Byddai'n rhaid symud ac ailgodi cabanau i'r lleoliad newydd – cost o £300 ynddo'i hun. Ond roedd Ifan ab Owen yn optimistaidd: 'Yn awr, wersyllwyr, edrychwn ymlaen at yr amser hapus a gawn gyda'n gilydd, a'r haul di-dor uwch bae Aberteifi!'

Y pebyll yn y gwersyll yn 1931.

Criw o wersyllwyr yn paratoi i fynd i'r môr ar draeth Lochtyn, Llangrannog.

Eglurwyd y byddai trefn lem yn cael ei sefydlu ar gyfer ymdrochi diogel, gyda chwch swyddogion yn gosod ffin bendant i ba mor bell y câi'r gwersyllwyr fentro i'r tonnau. Yn amlwg, prin oedd y plant a allai nofio yn y cyfnod hwnnw.

Cam anferth ymlaen y flwyddyn honno hefyd oedd gwahodd Almaenwyr ifanc i ymuno â'r Cymry yng Ngwersyll Llangrannog. Daeth pedwar ar bymtheg o Almaenwyr ar ymweliad, gan dderbyn croeso cynnes a gadael argraff fawr ar bawb.

Cynhaliwyd dau wersyll bob un i'r bechgyn a'r merched, gyda 150 ymhob gwersyll, a gostyngwyd yr oedran i ferched ymuno â'r gwersyll o 14 i 12.

Derbyniwyd llythyr gan un o'r merched o'r Almaen ar ôl y gwyliau, oedd yn cynnwys ymweliad â Thyddewi.

Awst 30ain, 1932
Johanniterstrasse 32
Rottweil a/N,
Württemberg,
Germany
Annwyl Mr Edwards, –

Prin y gallem sylweddoli ar y cyntaf ein bod adref unwaith eto. Bu ein taith megis breuddwyd. Nid anghofiwn fyth yr amser penigamp a dreuliasom yng Ngwersyll yr Urdd. Yr oedd yn galed iawn i ni adael Cymru, y gwersyll, a phob un ohonoch chwi, bobl garedig. Am y tro cyntaf mewn bywyd, cawsom gymaint o garedigrwydd. Carwn Gymru a'r Cymry …

Dywed eich mynyddoedd a'ch môr heddwch, heddwch ymhobman. Melodi ddiddiwedd y môr yw heddwch.

Gan gofio hynyna, hawdd imi yw deall mai i un o'ch pobl chwi y daeth y syniad o sefydlu Cynghrair y Cenhedloedd.

Y mae'r byw gyda'n gilydd mewn gwersyll yn ddull penigamp o ddod â'r cenhedloedd i ddeall ei gilydd. Rhyfeddol o hapus ydoedd cerdded o un babell i'r llall a siarad gyda'r preswylwyr ac yna gwneud cyfeillion ohonynt.

Cofiwch fi, os gwelwch yn dda, at bawb yr oeddwn yn eu hadnabod.

Gyda dymuniadau gorau a chofion cynnes,

Yn gywir iawn,

MARGA KLAEGER

Rhai o'r Almaenwyr ifanc ar ymweliad â Gwersyll Llangrannog yn 1939.

Cymal dadlennol yn y llythyr oedd bod Marga wedi cael argraff ddofn yn y ffordd roedd y Gymraeg a'r Almaeneg yn cael eu defnyddio'n naturiol, ochr yn ochr, gan siaradwyr y ddwy iaith wrth gydadrodd Gweddi'r Arglwydd, gyda'r ddwy garfan yn unedig wrth ynganu'r 'Amen'.

Yn Hydref 1932, wedi profiadau braf yr haf hwnnw – gan gynnwys 'heulwen di-dor' – cyhoeddwyd bod Senedd yr Urdd yn mynd i fuddsoddi ymhellach yn yr adnoddau a 'bod y gwersyll i aros am bum mlynedd yn Llangrannog'.

Gwersyll Porth Dinllaen 1934-38

Sylweddolwyd yn gyflym iawn fod safle Gwersyll Llangrannog yn rhy fach i'r galw cynyddol am le. Dim ond lle i gant a hanner ar y tro oedd yn Llangrannog – ond roedd y dynfa at y môr yn golygu ei fod yn hynod boblogaidd. Penderfynwyd sefydlu gwersyll arall ym Mhorth Dinllaen, Llŷn, a'r cynllun ar y dechrau oedd anfon y bechgyn i ogledd Cymru a'r merched i'r de. Codwyd cabanau pren a phebyll ym Mhorth Dinllaen ond methwyd â sefydlu prydles i'w ddatblygu'n safle parhaol. Anfanteision eraill oedd nad oedd y trên yn cyrraedd ymhellach na Phwllheli a bod yn rhaid dibynnu ar ganiatâd y clwb golff lleol i groesi'r tir i gyrraedd y gwersyll.

Ehangu Gwersyll Llangrannog

Yn 1939, canolwyd gweithgareddau'r gwersyll haf yn Llangrannog gan anelu i ddarparu lle yno i 300 o wersyllwyr gan gartrefu'r bechgyn mewn pebyll a'r merched mewn cabanau. Morris ap Morris eto a ysgwyddodd y cyfrifoldeb o arolygu'r gwaith o symud yr offer o Borth Dinllaen i Langrannog y flwyddyn honno. Y gobaith oedd gweld y gwersyll yn mynd o nerth i nerth wedi hynny.

Poster yn hysbysebu gwersylloedd amrywiol yr Urdd yn 1938.

Morris ap Morris

Roedd cyfraniad y crefftwr o Lanuwchllyn yn hollbwysig i ddatblygiad gwersylloedd yr Urdd yn ystod y 1930au. Dyma'r deyrnged a dalwyd gan R.E. Griffith iddo yng nghronicl hanes yr Urdd:

> Yn ystod gwersylloedd 1930 y daeth 'Ap' i fywyd llawer ohonom am y tro cyntaf. Gŵr ifanc tawel, diymhongar a chwbl ddiwylliedig oedd Ap Morris Jones o Lanuwchllyn. Ef a ofalai am y pebyll a'r offer i gyd, ac roedd ganddo ryw lun o weithdy yn bencadlys iddo'i hun, a hwnnw'n llawn o arfau saer, lampau oel, tuniau paraffin, canhwyllau – a llyfrau o farddoniaeth Gymraeg. Ym mhob rhyw helynt a phrofedigaeth, at Ap y rhedai hen ac ifanc, ac ni fu erioed swyddog addfwynach a pharotach ei gymwynas. Ond roedd yn 'dynnwr coes' peryglus ar adegau, ac aeth un ferch fach adref i'r De yn credu mai Gwyddel wedi dysgu Cymraeg oedd Ap wedi iddo ef ei sicrhau y trigai yn y Werddon – enw ei dyddyn ar lan Llyn Tegid.[19]

Merched yn gwersylla yn y cabanau pren newydd yng Ngwersyll Llangrannog yn y 1960au.

Yr Urdd Dros y Ffin a Thu Hwnt

Ers y cychwyn cyntaf, roedd gan yr Urdd apêl eang ymysg Cymry alltud ledled Prydain ac ar hyd a lled y byd. Unwaith eto, roedd dylanwad cylchgrawn *Cymru'r Plant* yn allweddol wrth danio dychymyg yr ifanc a'u brwdfrydedd at y Gymru Gymraeg a phopeth oedd yn gysylltiedig â hi.

Adrannau Patagonia

Yn y 1920au, roedd nifer o ddarllenwyr *Cymru'r Plant* yng nghartrefi Cymraeg Patagonia. Dechreuodd amryw o'r plant ymuno â'r Urdd ac, ar anogaeth y golygydd, dechreuwyd sefydlu Adrannau yno – Adran Moreia, Pont-yr-Hendre; Adran Bryn Gwyn Uchaf; Adran Trelew; Adran Bro Hydref ac amryw eraill. Ffurfiwyd 'Cylch Patagonia' a chafwyd newyddion am eisteddfodau, cyngherddau ac ambell wibdaith ar gefn merlod. Trefnwyd gorymdaith i'r Adrannau i ddathlu Gŵyl Ddewi – pob un â'i baner. Irma Hughes o'r Gaiman oedd y ddolen a'r prif ohebydd. Fred Green oedd cadfridog cyntaf Dyffryn Camwy a Mair Griffiths oedd cadfridog cyntaf Cwm Hyfryd. Yn 1929, anfonodd aelodau Cylch Patagonia gyfraniad i Gronfa'r Gwersylloedd – er nad oedd yr un aelod yno'n debyg o weld yr un o'r gwersylloedd hynny. Yna yn 1932, daeth newyddion i Gymru am lifogydd erchyll yng Nghwm Hyfryd yng nghysgod mynyddoedd yr Andes – ysgubwyd llawer o ffermdai a chapeli gan y lli. Cafodd Cymru – drwy'r Urdd – gyfle i godi cronfa i leddfu rhywfaint ar y dioddefaint hwnnw. Cuchiodd awdurdodau'r Ariannin ar y gorymdeithiau a gweithgareddau'r 'mudiad Prydeinig' yn ystod y tridegau ac erbyn yr Ail Ryfel Byd, collwyd cysylltiad rhwng Adrannau Patagonia a'r Urdd yng Nghymru.

Yr Urdd a dinasoedd Lloegr

Agwedd arall ar apêl eang yr Urdd oedd sefydlu canghennau o'r mudiad ychydig yn agosach adref ymysg Cymry alltud yn ninasoedd Lloegr. Gogledd-ddwyrain Cymru oedd cadarnle'r Urdd ar y dechrau, ac roedd gweld y brwdfrydedd hwnnw'n ymestyn dros y ffin i ganolfannau'r diwylliant Cymreig yn swyddi Caer a Chaerhirfryn yn ddatblygiad naturiol. Roedd degau ar ddegau o filoedd o Gymry a dwsinau o gapeli Cymraeg yng Nghaer, Lerpwl, Glannau Merswy a Manceinion. Yno, gwelwyd ar unwaith y byddai mudiad newydd yr Urdd yn gymorth i drosglwyddo'r iaith a'r diwylliant Cymraeg i ail genhedlaeth y Cymry alltud. Yn 1924, sefydlwyd Adran yng Nghaer – yr Adran gyntaf y tu hwnt i ffiniau Cymru.

Mair, Vera ac Ann Griffiths, rhai o aelodau cyntaf Urdd Gobaith Cymru ym Mhatagonia. Mair oedd Cadfridog cyntaf y mudiad yng Nghwm Hyfryd.

Ym Medi 1928 wedyn, cynhaliwyd cyfarfod Cylch yn Lerpwl. Tynnai'r cyfarfodydd Cylch oedolion yr ardaloedd i ganol y gweithgareddau drwy orymdeithio a chynnal cyngerdd a thraddodi areithiau. Byddai'r oedolion hyn wedyn yn gefnogwyr ymarferol – a noddwyr – i Adrannau lleol yr Urdd. Cynhaliwyd Cyfarfod Blynyddol yr Urdd yn Lerpwl yn Awst 1929, adeg yr Eisteddfod Genedlaethol. Gorymdeithiwyd y tu ôl i seindorf leol ar hyd strydoedd y ddinas ac yna i mewn i'r Pafiliwn i groeso gwresog. Daeth y glaw fel dilyw o rywle gan wneud sŵn dychrynllyd ar do sinc y Pafiliwn. Galwyd ar blant yr Urdd i ganu, 'a chanu a wnaethant hyd nes peidiodd y glaw'.

Aelodau Adran yr Urdd Lerpwl yn 1930.

Gwasg y Brython

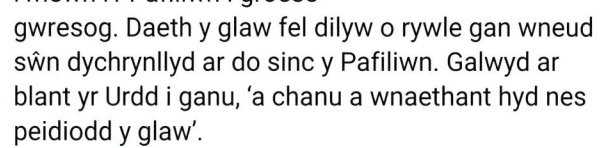

Yn 1929, mentrodd Gwasg y Brython, Lerpwl gyhoeddi cerdyn Nadolig a chalendr yn enw'r Urdd. Antur fasnachol gan y cyhoeddwyr oedd hon, yn gwerthu cardiau am ddwy geiniog yr un a chalendr am dair. Roedd bathodyn yr Urdd ar y ddau. Bu gwerthiant da a chafodd y mudiad gyhoeddusrwydd gwerthfawr.

Erbyn 1934 roedd gan yr Urdd 15 Adran a dau Gylch yn Lerpwl a hefyd un Cylch a 12 Adran yn Llundain. Aelwyd y De, Anfield, Bootle, Penbedw a Wallasey oedd Aelwydydd mwyaf prysur Glannau Merswy. Roedd pobl ifanc o bedwar neu bump o wahanol gapeli ym mhob Aelwyd, felly bu'n ffordd o asio a chryfhau cymdeithas y Cymry ifanc yn y ddinas. Agorwyd Aelwyd Crewe, Aelwyd Caer, Aelwyd Birmingham ac Aelwyd Croesoswallt yn y cyfnod hwn.

Gwerth yr Aelwydydd

Gwelodd Hywel Heulyn Roberts, un a fagwyd ar Lannau Merswy, werth mawr yn yr Aelwydydd yno pan dorrodd yr Ail Ryfel Byd. Roedd yn ffyrnig iawn ei wrthwynebiad i'r syniad gan rai o aelodau hŷn y pedair Aelwyd ar gyfer pobl ifanc ar y Glannau y dylid cau dros gyfnod y rhyfel, yn enwedig Clwb y De lle roedd yn aelod:

Gwrthwynebwyd hyn yn ffyrnig gan y to ifanc. Cafodd y gwrthwynebwyr bob cymorth gan Idris Foster, a ddarlithiai mewn Astudiaethau Celtaidd yn y Brifysgol. Fy ffrind Pierce Roberts a fi oedd i arwain y gad ar ran y gwrthdystwyr. Gofynnodd Idris Foster i ni fynd i Derby Hall, llety newydd myfyrwyr y Brifysgol, lle roedd yn warden, i drafod tacteg ar gyfer y cyfarfod cyffredinol arbennig a alwyd i drafod dyfodol y Clwb. Dywedodd Idris ei fod wedi cael addewid o gefnogaeth gan amryw o feddygon o Rodney Street i gadw drysau'r Clwb ar agor. Pan ddaeth y noson dyngedfennol, cynigiais welliant, gyda Pierce yn eilio, 'y dylsid cadw drysau'r Clwb ar agor ar waetha'r bomio, er mwyn i Gymry ifanc gael y sicrwydd o fan cyfarfod a fyddai at eu gwasanaeth bob amser'.[20]

Yn dilyn dadlau brwd y noswaith honno cytunwyd i gadw'r drysau ar agor, a daeth Aelwydydd Glannau Merswy'n ganolfannau croeso twymgalon i gannoedd o aelodau'r lluoedd arfog a'r morwyr yn ystod y rhyfel.

CANRIF YR URDD

Aelodau Aelwyd Llundain wedi bod yn cystadlu yn Eisteddfod yr Urdd yn 2016.

Aelwyd Llundain

Yn y 1960au, roedd 70% o athrawon Llundain yn hanu o Gymru ac roedd y gymdeithas Gymraeg yn y ddinas yn llawn bywyd ar y pryd. Un o'r rhai aeth yno yn 1959 oedd y diddanwr amryddawn Ryan Davies o Lanaman. Wedi cyfnod yn y coleg drama, dechreuodd ar yrfa fel athro yn Croydon. Daeth yn gyfaill agos i'r dramodydd a'r cynhyrchydd teledu Rhydderch Jones, a'r dramodydd Gwenlyn Parry, gan gydberfformio yng nghynyrchiadau buddugol rheolaidd Cymdeithas Ddrama Cymry Llundain yn Eisteddfodau Cenedlaethol y cyfnod. Roedd gan y Cymry eu rhaglen lawn o adloniant a chyfarfodydd cymdeithasol yn eu clwb yn Gray's Inn Road. Nodwedd amlwg yn Eisteddfodau Cenedlaethol y chwedegau oedd noson lawen Cymry Llundain, oedd yn rhagflas o lawer o gynyrchiadau cynnar adloniant ysgafn Cymraeg ar y teledu. Aeth yr Urdd i'r Albert Hall yn Llundain fel rhan o ddathliadau deugeinmlwyddiant y mudiad yn 1962, ac roedd gan Aelwyd y ddinas ran amlwg yn y gweithgareddau.

Gwelwyd ailsefydlu Aelwydydd yr Urdd ym mhrifddinas Lloegr yn ystod yr unfed ganrif ar hugain hefyd ac mae Aelwyd Llundain wedi bod yn cystadlu'n gyson ar lwyfan Eisteddfod Genedlaethol yr Urdd yn ystod y blynyddoedd diwethaf, gan bwysleisio apêl arhosol y mudiad i Gymry alltud.

Eisteddfodau Cyntaf yr Urdd

Datblygu'n raddol a digon naturiol wnaeth y syniad o eisteddfod wedi sefydlu mudiad yr Urdd. Elfen bwysig o weithgareddau aelodau'r Urdd o'r dechrau un oedd perfformio a chynnal nosweithiau o adloniant a dramâu i godi arian i goffrau'r Adrannau a'r mudiad. Roedd pwyslais hefyd ar greu diddanwch yn y gwersylloedd. Yn dilyn gorymdaith lwyddiannus drwy'r dref gyda chyfarfod yn dilyn ym Mhafiliwn Corwen yn 1928, roedd Trefnydd yr Urdd ar y pryd – y Parch. T. Arthur Jones – ar dân dros gynnal Eisteddfod Genedlaethol i ieuenctid. Yn fuan ar ôl hynny, cyhoeddwyd bod yr Eisteddfod gyntaf i'w chynnal ym Mhafiliwn Corwen, rhwng 31 Mai a 1 Mehefin 1929.

O'i chymharu ag Eisteddfod Genedlaethol yr Urdd rydyn ni'n gyfarwydd â hi bellach, eisteddfod ar raddfa dipyn yn llai oedd un Corwen, er mor uchelgeisiol oedd hi. Cynhaliwyd cystadleuaeth ddrama ar y nos Wener, a gorymdaith o'r maes chwaraeon i'r Pafiliwn y tu ôl i Seindorf Coedpoeth ac eisteddfod drannoeth. Llyfr Cymraeg, seren ar faner Adran a thystysgrif anrhydedd oedd y gwobrau i bob enillydd. Rhoddwyd y Gadair i'r gorau mewn arholiad ysgrifenedig ar farddoniaeth, rhyddiaith a gwybodaeth elfennol o'r cynganeddion, a chyflwynwyd y Goron am gyfansoddiad llenyddol gwreiddiol – awdl, pryddest, cân, drama neu stori. Cyhoeddwyd 89 o gystadlaethau ar wyth tudalen o'r cylchgrawn *Cymru'r Plant* a threfnwyd gostyngiadau ar docynnau trên o bob cyfeiriad. Roedd aelodau'r Urdd oedd yn gwisgo bathodyn y mudiad yn cael mynediad am ddim i'r Pafiliwn.

Doedd dim rhagbrofion cylch na sir ar gyfer yr Eisteddfod gyntaf honno a daeth 563 o gystadleuwyr o 42 o wahanol Adrannau (30 o'r gogledd, 8 o Lannau Merswy a 4 o'r de). Byddai pob enillydd yn derbyn marciau i'w Adran a rhoddwyd dwy Darian i'w cadw am flwyddyn – i Adran Fawr (30 neu ragor o aelodau) ac Adran Fach (dan 30 o aelodau).

Cafwyd cystadlu brwd, wrth gwrs. Adran Brynsiencyn enillodd y gystadleuaeth ddrama, gydag Adran Betws Gwerful Goch yn ail ac Adran y Sarnau yn drydydd. Huw John Hughes o Ben-y-groes, Arfon oedd yn fuddugol o'r ugain a arholwyd am y Gadair a Megan Morgan o Aberystwyth a gipiodd y Goron. Enillwyd Tarian yr Adran Fach gan Adran Garndolbenmaen a Tharian yr Adran Fawr gan Adran Corwen, ond Côr Merched Llanelli a gipiodd y brif wobr yng nghystadleuaeth Côr yr Adran Fawr. Roedd hi'n bump o'r gloch ar fore Sul ar y côr hwnnw'n cyrraedd 'nôl i Lanelli ar y trên. Costau cynnal yr Eisteddfod oedd £226/3/7 a gwnaed elw o £54/9/7.

Plac i gofnodi ymweliad Eisteddfod gyntaf yr Urdd â Chorwen yn 1929.

Atgofion Eisteddfod Corwen

Un a oedd yn bresennol yn yr Eisteddfod Genedlaethol gyntaf honno yng Nghorwen oedd Emrys Jones – y cerdd dantiwr a'r canwr gwerin o Langwm. Alaw Mai Edwards, ei wyres, sy'n crynhoi'r hanes:

> Wyth oed oedd fy nhaid pan gynhaliwyd Eisteddfod yr Urdd gyntaf un yng Nghorwen yn 1929. Aeth yno gyda'i rieni, Kate a David Jones, Penybont, Llangwm a'i chwaer fawr, Eirys, ar ddiwedd mis Mai, 1929, am y ddau ddiwrnod. Rhyfeddodd at ehangder a rhamant yr holl ddigwyddiad a oedd yn cael ei gynnal mewn tref weddol fechan. Roedd cof y plant hŷn a'r straeon am y miloedd a heidiodd i Gorwen i'r Eisteddfod Genedlaethol a gynhaliwyd yno ddegawd ynghynt wedi cyfrannu'n helaeth at ei ddisgwyliadau. Ac ni chafodd ei siomi. Ond ni chafodd gyfle i gystadlu'r tro cyntaf hwnnw pan oedd yn wyth oed, dim ond gwirioni ar Gymreictod a doniau arbennig yr holl ieuenctid oedd yno – o'r gorymdeithio a'r bwrlwm i'r cystadlu a'r cymdeithasu – a'r hen Bafiliwn enwog dan ei sang. Plant lleol oedd nifer o'r cystadleuwyr ac yn rhyfedd iawn, roedd fy nain, a oedd yn byw yng Nglanyrafon, Corwen ac yn mynd i Ysgol Llawrybetws, yno hefyd ac yn cymryd rhan yn y dawnsio! Ei dad a fy hen daid, David Jones, wnaeth ymddiddori yn yr Urdd ei hun yn Llangwm, a'i weledigaeth ef oedd sefydlu Aelwyd yr Urdd yn Llangwm yn 1941. Bu fy nhaid yn Arweinydd Adran yr Urdd am dros ddeugain mlynedd, tua'r cyfnod 1948–88. Bu hefyd yn dysgu corau, partïon ac unigolion ardal Llangwm a thu hwnt am flynyddoedd maith ac yn carafanio am yr wythnos ym mhob Eisteddfod yr Urdd yn flynyddol wedi iddo briodi â fy nain, Anwen. Erbyn diwedd ei oes roedd wedi mynychu bron bedwar ugain o Eisteddfodau Cenedlaethol yr Urdd.[21]

Dyna'r gwreiddyn cyntaf i Eisteddfod flynyddol yr Urdd sydd bellach â'i gweithgareddau'n ymestyn dros wythnos gyfan, yn cynnig Maes o atyniadau lliwgar ac amrywiol ac yn denu tyrfa o 100,000 a mwy, gydag Eisteddfod y Canmlwyddiant yn 2022 yn torri pob record gyda 118,000 o ymwelwyr. Llwyddiant yr Eisteddfod gyntaf honno a wnaeth hynny i gyd yn bosib.

Cynhaliwyd ail Eisteddfod Genedlaethol yn 1930. Caernarfon oedd cartref honno a denwyd tyrfa o 18,000 i'r dref ar ddydd Sadwrn y cystadlu. Roedd cymaint â 200 yn rhoi cynnig ar ambell gystadleuaeth. Yn Abertawe wedyn y cynhaliwyd y drydedd Eisteddfod, a sefydlwyd patrwm o ymweld â'r gogledd a'r de bob yn ail o hynny ymlaen.

Chafodd yr un Eisteddfod ei chynnal yn ystod yr Ail Ryfel Byd, ond dychwelwyd i Gorwen yn 1946 i ailsefydlu'r Eisteddfod flynyddol. Yn yr eisteddfod honno yng Nghorwen, datblygwyd cystadlaethau gwahanol oedd yn creu brwdfrydedd a hwyl.

Aelodau'r Urdd Penygroes yn gorymdeithio i Eisteddfod Caernarfon yn 1930.

Ffefryn mawr oedd y caneuon actol. Gwaddol yr eisteddfodau cynnar oedd cyhoeddi casgliad o 17 o ganeuon actol yr Urdd yn 1946.

Pwy na chofia am y caneuon actol perffaith a welwyd ar lwyfan Eisteddfod Genedlaethol Corwen eleni? Gwefreiddiwyd torf o bedair mil am hanner awr o amser, a gallech glywed pin yn disgyn ar lawr y pafiliwn. Wel, y mae rhai o'r caneuon actol hynny yn

Coron Gyntaf y De

Pan gynhaliwyd Eisteddfod yr Urdd yn y de am y tro cyntaf, a hynny yn Abertawe yn 1931, enillydd y Goron oedd Rhiannon Collins, disgybl yn Ysgol Ramadeg y Merched, Llanelli. Un o'r Tymbl oedd hi'n wreiddiol, a threuliodd gyfnod yn Abertawe ac Aberystwyth. Wrth symud tŷ, fe aeth y goron ar goll, ond daeth Mallt Anderson o hyd iddi mewn siop elusen yn Abertawe dros 70 mlynedd yn ddiweddarach. Bellach mae'r Goron wedi cael ei chyflwyno'n barhaol i Ysgol Gyfun y Strade yn Llanelli.

Coron Rhiannon Collins o Eisteddfod yr Urdd, Abertawe yn 1931.

Noddwyr nodedig

Mae oriel noddwyr yr Urdd yn cynnwys ambell dderyn brith. Gŵr hynod iawn oedd y Brigadydd Syr E. O. Skaife, fel y câi'i adnabod erbyn iddo farw yn 1956. Fe'i ganwyd yn ne Lloegr yn 1884. Ymunodd â'r Ffiwsilwyr Cymreig yn 1903 a bu yn Ffrainc adeg y Rhyfel Mawr. Tra oedd yn garcharor yn yr Almaen, dechreuodd ddysgu Cymraeg a gwella'i Rwseg. Bu'n gynrychiolydd yn Llysgenhadaeth Prydain ym Moscow (1934–37) ac ymunodd â'r Swyddfa Dramor adeg yr Ail Ryfel Byd. Ymddeolodd gan symud i fyw i blas Crogen, Llandderfel. Daeth yn eisteddfodwr selog, casglodd lyfrgell helaeth o lyfrau a chylchgronau Cymraeg a chymerodd ddiddordeb dwfn yn yr Urdd a sefydliadau diwylliannol Cymru. Yn 1946 rhoddodd bum telyn yn rhodd i'r Urdd – aeth un i Aelwyd y Bala, un i Aelwyd Llandderfel a chyflwynid y tair arall fel gwobrau 'cadw am flwyddyn' parhaol yn Eisteddfodau Cenedlaethol yr Urdd i hybu enillwyr i ddatblygu'u crefft. Roedd 'telynau Crogen' yn wobrau uchel eu bri a gwerth eu cael am flynyddoedd.

Syr E. O. Skaife yn ei lifrai milwrol.

Un o delynau Skaife ar lwyfan Eisteddfod yr Urdd.

CANRIF YR URDD

y gyfrol hon, ac y mae'r ffordd yn rhydd bellach i unrhyw gangen o'r Urdd neu unrhyw ysgol eu meistroli.[22]

Uno a datblygu

Wrth adfer Eisteddfod yr Urdd yn y 1940au, gwelwyd cyfle i ailadrodd camp y gwersylloedd a defnyddio'r Eisteddfod yn gyfrwng i ddod â ieuenctid de a gogledd Cymru at ei gilydd. Dechreuodd cystadleuwyr deithio a lletya dros nos gyda theuluoedd croesawgar yn ardal yr Eisteddfod – gan greu ffrindiau newydd, a magu adnabyddiaeth o ardaloedd gwahanol a chefndiroedd ac acenion amrywiol.

Cadeirio Dic Jones yn Brifardd Eisteddfod Genedlaethol yr Urdd yn Llanbedr Pont Steffan, 1959 – y pedwerydd tro iddo gyflawni'r gamp honno.

Rhoddion gwahanol

Roedd hi'n arferiad i'r plant roi rhoddion i'r lletywyr – a hefyd i fynd ag anrheg o ardal yr Eisteddfod yn ôl adref i'w rhieni. Yn 1948, roedd Eisteddfod yr Urdd yn Llangefni. Aeth plant Llanbrynmair i'r farchnad yn y dref i brynu anrheg cyn mynd adref. Prynodd un bachgen chwe chyw bach mewn bocs. Bu'r bocs wrth wresogydd yn Swyddfa'r Eisteddfod drwy'r dydd ac yna cafwyd potel ddŵr poeth i'w cadw'n fyw ar y bws gan gyrraedd y Llan yn hwyr y nos. Ond roedd y chwe chyw yn fyw ac ar ddiwedd y cyfnod pesgi, cafodd y teulu geiliog ardderchog i ginio Sul am chwe wythnos yn olynol. Y plentyn bach hwnnw oedd y saer maen a'r bardd o Lanbrynmair, Hedd Bleddyn.

Erbyn y 1950au, roedd gogwydd Eisteddfod yr Urdd wedi newid. Roedd mwy o bwyslais ar ansawdd y cystadlu nag ar orymdeithio a dathlu. Yn Eisteddfod Genedlaethol Machynlleth 1952, canmolwyd safon yr adran lenyddiaeth yn arbennig. Y flwyddyn honno dychwelodd seremonïau'r Gadair a'r Goron i lwyfan yr Urdd, a chrëwyd y teitlau Prifardd a Phrif Lenor i'r Urdd am y tro cyntaf. Creu cyfansoddiadau gwreiddiol dan 25 oed oedd y gamp ar gyfer y ddwy brif seremoni. Yn anffodus, 'neb yn deilwng' oedd hi yn hanes y Gadair ond Catrin Puw Morgan oedd yn fuddugol o blith 17 o gystadleuwyr am y Goron. Cafodd y Dic Jones ifanc wobr gyntaf hefyd – am gasgliad o straeon ysbryd ei fro.

Roedd Dic Jones yn aelod o Aelwyd Aberporth a than arweiniad y Parch. a Mrs Tegryn Davies, roedd honno'n Aelwyd gystadleuol a llwyddiannus. Cydnabu'r ffermwr o Geredigion ei ddyled fel bardd am gael cyfle i ddysgu darnau cerdd dant at eisteddfodau'r Urdd: 'Roeddwn mewn parti o fechgyn a ganai ddetholiad o Awdl y Glöwr ar y pryd, ac wedi sylwi (a phwy fedrai lai) ar sain ambell linell fel: "Erwau'r glo dan loriau'r glyn" ac "A mwstwr astrus meistri estron".'[23]

Aeth Dic Jones ymlaen i gipio Cadair yr Urdd yn y Bala yn 1954 – a phedair arall wedyn erbyn 1959 – camp na ellir ei hailadrodd am nad oes hawl ennill prif wobrau Eisteddfod yr Urdd bellach fwy na theirgwaith. Mae sawl Prifardd a Phrif Lenor cenedlaethol wedi talu teyrnged i'r hwb a'r hyder a gawsant drwy ennill un o brif wobrau Eisteddfod yr Urdd.

Yn sgil y fath fwrlwm, datblygu ymhellach wnaeth y cystadlu gydol y 1950au wedyn. Gwelwyd arddangosfa gelf a chrefft am y tro cyntaf yn Abertridwr (1955) ac arddangosfa wyddoniaeth yn Nolgellau (1960) – elfennau sy'n dal yn rhan hanfodol o faes Eisteddfod yr Urdd hyd heddiw. O un flwyddyn i'r llall felly, tyfodd i fod yn un o binaclau'r calendr i ieuenctid Cymru.

Chwaraeon a Champau

Ein bwriad yw codi to yng Nghymru o Ieuenctid cryf eu meddyliau a chryf eu cyrff. A bwriadwn i Ieuenctid Cymru gystadlu ag Ieuenctid y Byd, nid yn unig mewn materion dysg, ond hefyd ym materion corff. Pa nifer o flynyddoedd a â heibio cyn y bydd Cymru yn mynd â thîm o Ieuenctid i Fabolgampau Olympaidd y Byd?

Dyna sut y cyflwynir nod uchelgeisiol yr Urdd ym maes y campau corfforol yng nghylchgrawn *Y Cronicl*, rhifyn Mawrth 1931. Y flwyddyn honno, daeth criw o ddynion ifanc o sir Gaernarfon at ei gilydd i drefnu gemau pêl-droed rhwng Adrannau lleol y mudiad a'i gilydd. Gwelodd Ifan ab Owen ei gyfle i hyrwyddo'r math o frwdfrydedd at chwaraeon roedd wedi'i brofi yn y Dragon School yn Rhydychen ac yng ngwersylloedd cynnar yr Urdd. Pwyswyd ar bob Adran i godi tîm ac ar bob Cylch i ffurfio cynghrair. Byddai cystadleuaeth genedlaethol wedyn rhwng Cylchoedd gyda'r bwriad o ddewis tîm cenedlaethol o blith bechgyn yr Urdd i chwarae yn erbyn timau o wledydd tramor.

Ffurfiwyd Cymdeithas Genedlaethol Pêl-droed Urdd Gobaith Cymru gyda Glyn Jones, Llandudno yn ysgrifennydd bywiog a gweithgar. Cyhoeddwyd rheolau a chyfansoddiad y gymdeithas mewn llyfryn – rhywbeth hollol newydd yn hanes y Gymraeg. Ffrwydrodd y syniad ar draws gogledd Cymru a chyn pen dim, roedd Adrannau wedi sicrhau offer, dillad addas a chaeau chwarae. Maes o law, daeth timau o'r de i chwarae hefyd. Bu'r cynghreiriau hyn mewn

Enillwyr Cystadleuaeth Bêl-droed yr Urdd yn 1932, Tîm Pêl-droed Bangor, gyda noddwyr y gystadleuaeth, swyddogion y Gymdeithas Bêl-droed ac Eirys Edwards yn eistedd yr ail o'r chwith.

Rhai o'r cystadleuwyr cyntaf ym Mabolgampau'r Urdd yn Llanelli ym Mehefin 1932.

bri drwy'r tridegau ac yn 1936, cododd y Gymdeithas dîm cenedlaethol o fechgyn yr Urdd ac ymweld â Ffrainc i chwarae yn erbyn timau ieuenctid yno. Ffurfiwyd Cymdeithas Genedlaethol Rygbi Urdd Gobaith Cymru yn y 1930au hefyd.

Mabolgampau

Yn ystod yr adeg hon hefyd, roedd Adrannau'n cael eu hannog i gynnal mabolgampau bob haf, gan ddefnyddio'r achlysur i godi arian i'w canghennau. Gyda'i awydd i weld yr Urdd yn camu'n fras a chynnal digwyddiadau cenedlaethol trawiadol, aeth Ifan ab Owen ati i sefydlu Mabolgampau Cenedlaethol. Cysylltodd â Tom Davies, gŵr ifanc oedd yn drefnydd addysg gorfforol yn ardal Llanelli. Penderfynwyd cynnal Mabolgampau cyntaf yr Urdd yn Llanelli ym Mehefin 1932. Cyhoeddwyd rhaglen o weithgareddau – y campau arferol ond hefyd arddangosfeydd ystwythder a gymnasteg, cystadlaethau ambiwlans, dawnsio gwerin, chwaraeon cerdd, pyramidiau ac 'ymdeithiau ffigurol'. Dilynwyd trefn yr Eisteddfod o gynnal cystadlaethau Adran a Chylch a chafodd y cystadlaethau eu cyfyngu i fechgyn a merched dan 18. Enillent farciau i'w Hadran, sêr i'w baneri a chyflwynid 'Baner y Mabolgampau' i'r Cylch buddugol, i'w chadw am flwyddyn. Roedd y cyfan yn digwydd yn gyfan gwbl drwy'r Gymraeg.

Rhai o'r campau amrywiol a gynhaliwyd yn y Mabolgampau Cenedlaethol yng Nghaerdydd yn 1936, a gynhaliwyd ym Mharc yr Arfau.

52   CANRIF YR URDD

Cafwyd ymateb da gan yr Adrannau i syniad oedd mor newydd a gwahanol. Cynhaliwyd y Mabolgampau Cenedlaethol yn flynyddol ar ôl hynny gan ychwanegu adran nofio i Fabolgampau Cenedlaethol 1933 (Abertawe a Chwm Nedd). Ond ddaeth yr un Adran o'r gogledd i gystadlu tan 1937 pan gynhaliwyd un cyfarfod mabolgampau ym Mhen-y-bont ar Ogwr ac un arall ym Mangor – y tro cyntaf i'r math hwn o ddigwyddiad gael ei gynnal yng ngogledd Cymru. Daeth miloedd i wylio'r campau ac yn ôl yr hanes yng nghylchgrawn *Y Cronicl*, roedd rhai o'r golygfeydd yn drawiadol iawn:

> ... pan ddygwyd y cannoedd – ie, y miloedd plant – ynghyd i un maes mawr, a phawb mewn gwisg unffurf, a'u cael i berfformio'r cyd-ymarferion i sain alawon Cymreig gan dair neu bedair seindorf – pan ddigwyddodd hyn heb i neb ei ddisgwyl, roedd yn brofiad gwefreiddiol i'r gwylwyr. Ni welsant erioed olygfa debyg i hon: y maes enfawr wedi ei farcio yn ei hyd a'i led â llinellau gwynion yn croesi ei gilydd, a phlentyn yn sefyll ar bob croesfan; y seindyrf yn taro'r dôn a'r plant – pedair mil ohonynt – yn dechrau ar y symudiadau ac yn cydweithio a chydsymud yn berffaith er na chawsant gymaint ag un ymarfer gyda'i gilydd ymlaen llaw. 'Palla geiriau â disgrifio'r olygfa,' ebe'r Sylfaenydd wrth adolygu. 'Daeth lwmp i'n gyddfau a dagrau i'n llygaid wrth weld rhyw Gymru Fydd newydd yn codi o'n blaen.' Roedd trydan trwy'r lle, a'r bobl yno'n teimlo'n falch eu bod yn Gymry. Yn sicr, dyma doriad dydd.

Rhan o gynhysgaeth Mabolgampau Cenedlaethol Llanelli oedd cyhoeddi *Dawnsiau i Fechgyn a Merched Cymru* gan Gwmni'r Urdd. Roedd y llawlyfr yn cynnwys 16 dawns, cyfarwyddiadau, cyfeiliant a darluniau. Cyhoeddwyd dau lawlyfr dawns i blant iau yn 1936. Ers hyn, mae'r Urdd wedi gwneud cyfraniad anferth i hanes y ddawns yng Nghymru – yn gystadlaethau traddodiadol, twmpathau, dawnsio disgo a chreu ambell ddawns newydd fel Dawns Glan-llyn.

Roedd gweithgarwch yr Urdd yn cydweddu â rhaglen National Fitness Council y Llywodraeth (enw'r Urdd arno oedd Y Cyngor Iechyd a Hoen) yn 1938, a sefydlwyd pwyllgor cenedlaethol o arbenigwyr i arolygu a chynllunio gwaith corfforol y mudiad – ac i gynnig am grantiau. Penodwyd dau drefnydd i fod yn gyfrifol am y datblygiad hwn.

Arbrofi ac atgyfodi

Ar ddechrau haf 1939, cynhaliwyd cwrs addysgol arbrofol yng Ngwersyll Llangrannog. Roedd campfa wedi'i chodi yno a honno wedi'i llenwi â chyflenwad da o offer chwaraeon ac ymarfer corff gyda chymhorthdal y Cyngor Iechyd a Hoen. Ar y cyd ag awdurdodau addysg siroedd Ceredigion a Chaerfyrddin, trefnwyd 'gwersyll ysgol' i 166 o fechgyn o ardaloedd gwledig. Byddent yn derbyn gwersi ffurfiol dan do yn y bore ac yna, yn y prynhawn – crwydro'r wlad, astudio natur, chwaraeon ac ymdrochi. Cynhelid sinema'r Urdd a chyngherddau gyda'r nos. Yn ddiweddarach, ymunodd sir Benfro yn y cynllun gan dynnu athrawon a disgyblion y siroedd at ei gilydd a chynnal gemau a thimau, rhywbeth nad oedd yn bosib mewn ysgolion bychain. Parhaodd Ceredigion i gefnogi cwrs o'r fath hyd y 1960au, ac ymledodd y syniad i siroedd eraill hefyd wrth i sawl awdurdod addysg sicrhau canolfannau awyr agored i ysgolion eu siroedd.

Cafodd Cystadleuaeth Cwpan Cenedlaethol Amatur Pêl-droed yr Urdd ei hadfer yn 1949, wedi'r Ail Ryfel Byd. Lluniwyd cyfansoddiad a gafodd ei dderbyn gan Gymdeithas Pêl-droed Cymru, a chafwyd caniatâd i gynnal y gystadleuaeth.

Atgyfodwyd y Mabolgampau Cenedlaethol wedyn yn Stadiwm y Maendy, Caerdydd yn 1951. Teifryn Michael, Trefnydd Adloniant Corfforol yr Urdd, oedd bellach yn cydlynu'r cystadlaethau hyn rhwng yr Aelwydydd a'r Cylchoedd. Ailddechreuwyd y Mabolgampau Sirol yn fuan ar ôl diwedd yr Ail Ryfel Byd, ond bellach dyma ddiwrnod cenedlaethol i'r campau. Yr un flwyddyn, tanlinellwyd pwysigrwydd y byd chwaraeon a champau i'r Urdd yn *Yr Aelwyd*:

> Wele gychwyn o ddifrif i roddi sylw priodol i adloniant corfforol o fewn yr Urdd, gan wneuthur yr agwedd honno mor bwysig ac mor ddeniadol â'r ochr ddiwylliannol. I'r beirniaid hynny a ddywed nad yw'r Urdd yn ddim ond mudiad i gynnal eisteddfod, y mae gennym o leiaf dri ateb o faes yr awyr-agored, – y gwersylloedd, y mabolgampau, a'r bêl-droed.

Croesi Moroedd

Does dim amheuaeth bod teithiau cynnar O.M. Edwards ar y Cyfandir, drwy'r Iseldiroedd, yr Almaen a'r Swistir ac ymlaen i Lydaw a Normandi, a'r llyfrau taith a ddeilliodd o'r rheiny, wedi ysbrydoli ei fab, Ifan ab Owen, i arwain teithiau'r Urdd i Ewrop. Prin oedd y Cymry oedd yn mynd ar daith i unman yn ystod Oes Fictoria a dieithr iawn oedd y Cyfandir i lawer o'r Cymry yn y 1920au a'r 1930au hefyd, ar wahân i atgofion erchyll y rhai a aeth i'r Rhyfel Mawr.

Y fordaith gyntaf: Norwy 1933

Roedd naws ryngwladol i'r Urdd ers y blynyddoedd cynnar. Yn 1928, roedd erthyglau ar draddodiadau, hanes a diwylliant plant o dramor i'w gweld yn *Cymru'r Plant*: y Swistir, 'Plant yr Escimo', China, yr Eidal, Japan, Affrica, yr Iseldiroedd, Awstralia, India, Ffrainc, Llychlyn a'r Almaen. Ar sail y gwersylloedd haf a'r pererindodau i bencadlys Cynghrair y Cenhedloedd yng Ngenefa, roedd gan y mudiad ddigon o hyder i logi llong bleser yr *Orduña* – 15,507 o dunelli o'r Pacific Steam Navigation Company – yn 1933 i gynnig y 'Fordaith Bleser Gymraeg' gyntaf erioed, a hynny i ffiordau Norwy. Dyma sylwadau Ifan ab Owen am y syniad uchelgeisiol o fordaith:

Un o ddatblygiadau mwyaf poblogaidd y dyddiau hyn yw *cruising*, a daeth i feddwl rhai ohonom, "Pam lai na mordaith bleser Gymraeg?"

Aethom i holi am long; ond, er bod Cwmnïoedd Llongau Prydain yn garedig iawn wrthym, amlwg na fentrai yr un ohonynt gwch rhwyfau ar yr antur. Ond daeth y diweddar Mr William Lewis, prif reolwr y Pacific Steam Navigation Company, i'r adwy; addawodd y llong *Orduña* inni, a dyna'r waith gyntaf erioed y gwelwyd Baner yr Urdd yn cyhwfan oddi ar fast llong.[24]

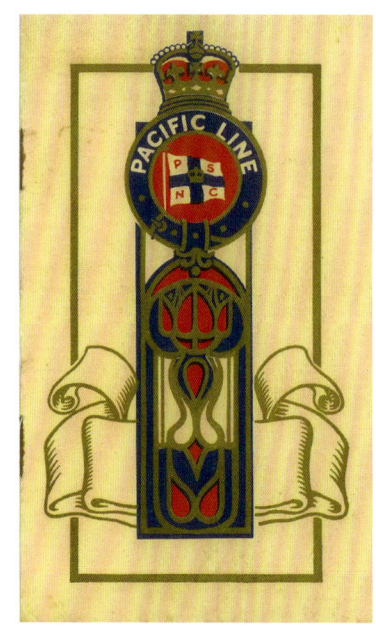

Arwyddlun y cwmni mordeithio y Pacific Line.

Bathodyn mordaith yr Urdd ar y llong bleser yr Orduña.

A dyma'r telerau:

Hwylia'r llong o Lerpwl ddydd Sadwrn, Awst 12, am ddeuddeng niwrnod, a bydd y llong yn un dosbarth, eithr bydd y cabinau, o ran eu cysur, yn dri math:

9. Rhai oddeutu £14 10 0 o ran pris berth.
1. Rhai oddeutu £18 7 6 o ran pris berth.
2. Rhai oddeutu £22 10 0 o ran pris berth.

Y mae hyn yn syndod o rad pan ystyrir yr hyn a geir.

Ni allwch aros ar ôl. Anfonwch ar unwaith am y manylion i Swyddfa'r Urdd.

Ac un gair eto. Os oes rhyw Adran o'r Urdd a ddymunai ddod, yn cynnwys oddeutu 6 neu 10 o aelodau o dan 18 oed, fe'r ydym yn fodlon ceisio cael telerau arbennig iawn iddynt gan Gwmni'r Llong.[25]

Y Ford Gron 201

Y Bleserdaith Gymraeg Gyntaf

Dyma rai o'r golygfeydd y bydd llong fawr yr Urdd yn ymweld a hwy fis Awst nesaf yn Norwy, ar y fordaith bleser gyntaf i Gymry'n unig a fu erioed.

TREF BERGEN, Y MAN CYNTAF Y CYRHAEDDIR Y TIR.

LLYN LOEN.

Y MAE Mordaith yr Urdd yn debyg o fod yn bleserdaith i'w chofio.

Dyna gwmni dedwydd fydd ar y bleserdaith hon, y bleserdaith Gymreig gyntaf y mae gennym hanes amdani.

Bydd yr "Orduna," llong yr Urdd, sy'n pwyso 15,507 o dunelli, yn mynd heibio i rannau mwyaf arddunol gogledd Ewrob. Paratoir y bwydydd yn ôl traddodiad gorau

Ceir yn Norwy bron yn union yr un faint o bobl ag yng Nghymru. Bydd teithwyr yn cyrchu i'r wlad hon o bob rhan o'r byd i weld y ffiordiau—a achoswyd gan dalpiau o rew yn cafnu hafnau o ben y mynyddoedd i ddyfnder y môr.

Y lle cyntaf i'r llong lanio ynddo fydd Bergen—ail dref Norwy. Y mae'r rhan fwyaf o'r adeiladau o bren, ac y mae'n lle hardd a diddorol, fel y gwelir yn y darlun.

uno â'r fordaith. Nid oes ond llai na 150 o gabanau eto i'w llenwi ar y llong. Y mae rhagolygon y llenwir y gweddill o'r lleoedd ar yr "Orduna" yn fuan iawn.

Cynghorwn bawb sy'n dymuno ymuno â'r fordaith i anfon yn ddioedi i Swyddfa'r Urdd, Heol Caradog, Aberystwyth, am brisiau'r cabanau, etc.

Y mae'r trefnwyr yn gofyn i bob teithiwr a fyn ymdrochi ddyfod â'i siwt ymdrochi gydag ef.

Y mae'r fordaith yn nodedig nid yn unig am dlysni'r broydd y cyffyrdda â hwy ond hefyd am ei chymreictod.

Dyma sut y cyflwynwyd y fordaith ar dudalennau cylchgrawn *Y Ford Gron* yn 1933.

Cafwyd 800 o ymholiadau erbyn Chwefror 1933. Roedd y cyhoeddusrwydd i annog teuluoedd i ymuno â'r daith yn effeithiol iawn, gydag ysgrifau, a lluniau o'r llong a'r golygfeydd yn *Y Cymro* a'r *Ford Gron.* Cyhoeddwyd y darlun braf yma yng nghylchgrawn *Y Ford Gron*:

Y mae Mordaith yr Urdd yn debyg o fod yn bleserdaith i'w chofio.

Paratoir y bwydydd yn ôl traddodiad gorau llongau o groesawu ymwelwyr. Bydd dwy delyn ar y llong o bryd i bryd yn rhygyngu miwsig Cymru.

Bwriedir cael eisteddfod un noson, a chymanfa ganu noson arall, pan lenwir creigiau Llychlyn â chân. Y mae'r culforoedd mor dawel yn agenau'r mynyddoedd a'r hinsawdd mor gynnes fin nos, nes ei fod yn lle delfrydol i'w cynnal...

Nid oes amheuaeth nad dyma'r fordaith bleser fwyaf diddorol o safbwynt Cymru a fu erioed. Oherwydd bydd y llong yn fan cyfarfod i bob peth nodweddiadol Gymreig, yn reddf gymdeithasol, yn gerddoriaeth, ac yn iaith; heb anghofio'r hyder hwnnw a gwyd yn ein mysg ar yr adegau dedwydd a phrin pan yw bywyd ym mhob agwedd arno yn unol â'n delfrydau cenedlaethol.

Cyflwynodd Ifan ab Owen adroddiad am y fordaith hanesyddol honno sy'n cynnwys portread digon byw o'r capten hapus a diddan, sef Ellis Roberts o Borthmadog, a oedd wedi bod yn forwr ers chwe blynedd a deugain ac a greodd argraff gref ar y 400 o deithwyr:

> Tua'r Gogledd, i Bergen, yr hwyliem gyntaf, a gwelsom ar unwaith pa fath gapten oedd gennym. Os oedd golygfa i'w gweld yn rhywle, aethai'r capten â'i long o'i llwybr i'w gweld; os oedd cysgod rhyw ynys i'w gael, yr oedd y capten yn siŵr ohono, rhag ofn bod rhywun yn teimlo clwyf y don. Daethom i deimlo'n berffaith dawel, ac ni chlywais am neb yn colli eiliad o gwsg o bryder, hyd yn oed yng nghulforoedd anodd Norwy, canys gwyddem fod Capten Roberts wrth y llyw.
>
> Wrth ddod ar draws y môr daeth yntau i'n plith, a dechreuwyd tynnu ei lun.
>
> Gwelais rai cannoedd o snaps ohono, ond rhaid i mi gyfaddef na welais un ohono eto rhwng dau ddyn![26]

Dilynwyd mordaith Norwy 1933 gan fordaith 1934 (Llydaw, Galisia, Portiwgal, Moroco, Sbaen) a chyhoeddwyd *Awelon yr Heli*, llyfryn o ganeuon i'w canu ar y fordaith. Yn 1935 trefnwyd mordaith i Ffrainc a Gwlad Belg (lle'r arweiniwyd y teithwyr i gyflwyno torch ar fedd y bardd Hedd Wyn, gan y Parch. T. Eirug Davies) ac ymlaen i Amsterdam, Oslo a Copenhagen. Môr y Canoldir oedd lleoliad y daith bleser yn 1936 – trefnwyd i alw yn Gibraltar, Palma, Barcelona a Coruña. Dair wythnos cyn hwylio, dechreuodd Rhyfel Cartref gwaedlyd Sbaen a newidiwyd llwybr y fordaith ar y funud olaf, gan ymweld â Madeira, Casablanca, Lisbon a La Rochelle. Aeth tair taith i'r Swistir yn 1937 a chroesawyd criwiau o Norwy a Gwlad Belg i'r gwersylloedd yng Nghymru. Cael a chael oedd hi ar y mordeithwyr olaf yn 1939 – ar ôl ymweld â Fenis, Athen, Pompeii, Rhufain a Monte Carlo – gan ddychwelyd adref ar drên drwy Paris gan gyrraedd Llundain saith niwrnod union cyn i'r Ail Ryfel Byd daro'i ddyrnau dur ar draws y Cyfandir.

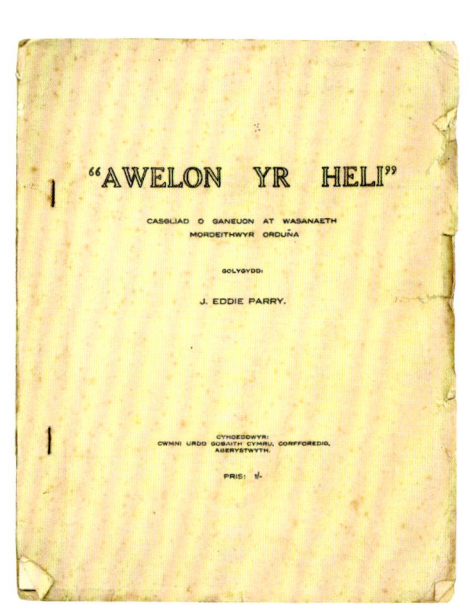

Copi o glawr *Awelon yr Heli*, y llyfryn o ganeuon i'w canu ar y fordaith a gyhoeddwyd gan yr Urdd.

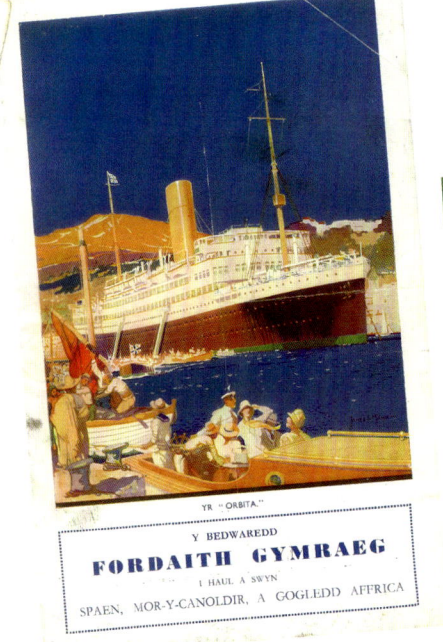

Rhai o'r hysbysebion ar gyfer mordeithiau amrywiol yr Urdd yn ystod y 1930au.

Mordeithio mwy

Roedd adeiladwr o'r enw John Williams, Ithelfryn, Eglwys-bach, Dyffryn Conwy ar bedwaredd a phumed fordaith yr Urdd, a chadwodd lyfrau nodiadau amdanynt. Hwyliodd ar yr *Orbita* o Lerpwl yn 1936 (6–22 Awst). Chwalwyd y trefniadau gwreiddiol pan dorrodd Rhyfel Cartref Sbaen – ond dangosodd y trefnwyr a'r teithwyr eu dygnwch drwy newid porthladdoedd a chadw at y bwriad i fwynhau eu hunain yn Gymraeg. Roedd 100 o staff ar y llong a 450 o deithwyr, a'r rheiny'n cynnwys 11 o weinidogion a Thelynores Dwyryd a'i chwaer. Ymysg y rhyfeddodau a nodir am y daith o amgylch Casablanca a'r fro roedd gweld aredig gydag ychen, cnwd o felonau'n tyfu, sychu dail tybaco ar y tir a chamelod gwaith.

Gan fod pumed fordaith yr Urdd – y fordaith olaf – yn hwylio o Fenis, dal trên ar draws Ewrop o Lundain oedd y drefn yn 1939. Cododd John Williams docyn iddo'i hun o Dal-y-cafn i Basel yn y Swistir. Pan gyrhaeddodd y llong lannau Dalmatia, roedd yn gweld yr olygfa o'r môr 'yn debyg i fynyddoedd Arfon'. Wrth gyfarfod trigolion lleol ar y lan, 'Hitler a Mussolini no good' oedd y farn – roedd hi'n amlwg fod storm y rhyfel ar dorri, gyda llongau rhyfel yn rhannu'r harbwr gyda nhw yn Palermo a Bae Napoli.

Er gwaethaf brwdfrydedd parhaus yr Urdd am deithiau tramor, ni chafwyd mordeithiau pellach wedi hynny.

Criw yn mwynhau yn y pwll nofio ar fordaith yr Urdd 1935.

Eirys Edwards yng ngwisg yr Urdd ar fwrdd yr Orduna 1933.

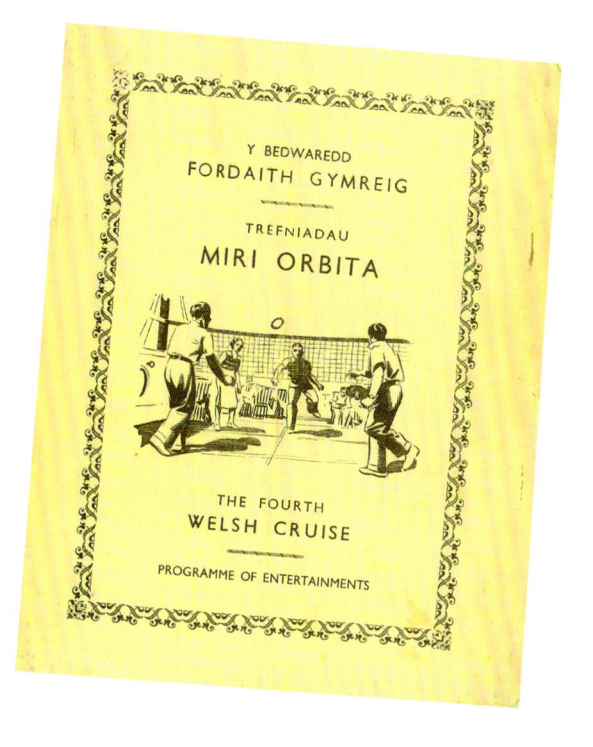

Llong bleser yr Orbita.

Aelwydydd Annibynnol

1930–1972

Yn ystod y 1930au a'r 1940au y datblygiad cenedlaethol mwyaf yn hanes yr Urdd oedd meddiannu adeiladau mewn trefi a phentrefi a'u haddasu'n ganolfannau prysur, amlbwrpas i weithgareddau amrywiol a chyson. Dyma'r 'Aelwydydd' cyntaf. Enw ar ganghennau'r Urdd, ie – ond hefyd enw oedd yn llythrennol gywir, yn dynodi bod to a waliau oedd dan reolaeth ac at ddefnydd y gangen. Wrth ffurfio Adrannau gwreiddiol yr Urdd, y drefn fel arfer fyddai i'r mudiad ddod i ddealltwriaeth a benthyca adeiladau addas mewn ardaloedd penodol i gynnal gweithgareddau. Defnyddiai rhai Adrannau ysgolion lleol a chydweithiai eraill â phwyllgorau'r llu o neuaddau coffa a godwyd ar ôl y Rhyfel Mawr. Gan fod angen oriau gwahanol a nosweithiau gwahanol ar gyfer y gwahanol griwiau o blant a phobl ifanc, amlygodd hyn yr angen am fwy o adeiladau annibynnol.

Adran Deudraeth a'r Ystafell Glwb

Doedd hi ddim yn hawdd cael 'noson i'r Urdd' ym mhob ardal gan fod llawer o weithgareddau'n cael eu cynnal a phrinder adnoddau. Torrwyd tir newydd ym mhentref Penrhyndeudraeth ger Porthmadog yn 1929, pan agorwyd 'Ystafell Glwb' i'r Adran leol yng nghefn y Stryd Fawr – y gyntaf drwy Gymru. Roedd hon yn ganolfan barhaol i'r Adran ei defnyddio fel y mynnai, pryd y mynnai. Doedd dim rhaid ildio i anghenion mudiadau a chymdeithasau eraill. 'Dyma, yn sicr, hedyn yr 'Aelwydydd' a oedd i godi o'r tri-degau ymlaen,'[27] meddai R.E. Griffith wrth nodi pwysigrwydd y garreg filltir hon. Cyhoeddwyd llun yn *Cymru'r Plant* o Ystafell Glwb Adran Deudraeth, sy'n dangos llwyfan ym mhen pella'r adeilad a phiano arno. O flaen y llwyfan, gwelir naw o feinciau hirion i'r aelodau a cheir 'lluniau arwyr' ar y waliau.

John H. Griffiths, un o arweinwyr cyntaf Adran Deudraeth, cyn cael ei benodi'n Drefnydd llawn-amser cyntaf yr Urdd yn 1931.

Roedd dros 80 o aelodau yn Adran Deudraeth yn 1929 a chafodd un o'r arweinwyr, John H. Griffiths, ei benodi'n Drefnydd llawn-amser cyntaf i'r Urdd yn Chwefror 1931. Erbyn diwedd y 1930au, roedd dros 200 o aelodau yn yr Adran. Yna, yn Ionawr 1944, prynodd Cwmni'r Urdd dŷ helaeth – Bron Meirion ar ffordd Harlech ym Mhenrhyndeudraeth – am £900 a'i gyflwyno'n gartref newydd i'r gangen. Yn 1967, prynwyd adeilad arall ym Minffordd i gartrefu'r Adran.[28]

Aelwyd

Bathwyd yr enw 'Aelwyd' pan sefydlwyd Ystafell Glwb debyg yn Aberystwyth. Yn ystod gwanwyn 1933, symudodd mudiad yr Urdd ei swyddfeydd o hen ysgol gwfaint roedd wedi'i phrynu a'i defnyddio yn Ffordd Llanbadarn i gartref helaeth newydd Ifan ab Owen a'i deulu, Neuadd Wen. Rhyddhaodd hynny'r hen adeilad ac erbyn y gaeaf canlynol addaswyd y swyddfeydd yn 'Glwb Cymraeg' a'i alw – ar awgrym y sylfaenydd – yn 'Aelwyd'. Dyma'r Aelwyd gyntaf, oedd nid yn unig yn ganolfan gymdeithasol i blant, ond yn darparu'n llawn ar gyfer pobl ifanc a phobl hŷn hefyd.

Cyflwynodd sefydlu'r Aelwyd sialens newydd i'r Urdd. Dyma anelu'n awr at lenwi oriau hamdden bechgyn a merched hŷn oedd y tu allan i'r gyfundrefn addysg. Sefydlwyd Uwch-adrannau i ddechrau, ac yn ddiweddarach Aelwydydd. Bu'n rhaid meithrin arweinwyr, a sefydlodd y mudiad adran hyfforddi gan drefnu cyrsiau i ysbrydoli arweinwyr addawol.

Cyhoeddi *Yr Aelwyd*

Gwyddai Ifan ab Owen fod angen hwb o'r canol i gadw'r Aelwydydd yn fyw yn ystod cyfnod yr Ail Ryfel Byd. Esgorodd hynny ar gyhoeddiad *Yr Aelwyd*, bwletin misol o Hydref 1940 ymlaen yn rhannu gwybodaeth am y gwahanol weithgareddau ledled Cymru. Er mor anodd oedd teithio a chyfarfod ar lefel ranbarthol a chenedlaethol yn ystod y blynyddoedd hynny, gwreiddiodd y mudiad yn yr ardaloedd lleol drwy gynnal amrediad eang o weithgareddau. Daeth y bwletin misol â'r clybiau unigol yn un gadwyn, gan eu closio at ei gilydd ac at y swyddfa ganolog. Roedd hanes a newyddion yr Aelwydydd yn ysbrydoli'i gilydd. Cylchgrawn wedi'i ddyblygu oedd y bwletin am y flwyddyn gyntaf o'i oes – deuddeg tudalen ffwlsgap yn cael eu hanfon yn rhad ac am ddim i'r Aelwydydd, y swyddfeydd addysg ac arolygu ac aelodau Cyngor yr Urdd. Yna, cafodd ei argraffu'n broffesiynol.

Copïau o rifynnau cynnar *Yr Aelwyd*.

Cyhoeddwyd cyfres o bedair erthygl yn rhifynnau Medi–Rhagfyr 1941 o gylchgrawn *Yr Aelwyd* yn cynnig cyngor wrth ddewis ac addasu adeiladau ar gyfer aelodau'r Urdd. Cyn gaeaf 1940, 11 adeilad annibynnol oedd gan Aelwydydd yr Urdd. Mewn blwyddyn, cynyddodd y nifer i 83. Yna yn Chwefror 1942, cyhoeddodd y Bwrdd Addysg yn Llundain Gylchlythyr 1577 oedd yn cynnig grantiau i fudiadau er mwyn meddiannu ac addasu adeiladau i greu gweithgarwch i'w hieuenctid. Manteisiodd yr Urdd yn llawn ar y cynnig hwnnw a sefydlwyd 159 Aelwyd, gan roi cyfanswm o 268 o Aelwydydd (gan gynnwys 5 yn Lloegr). O Lyn Ceiriog i Lyn-nedd, cafodd adeiladau segur eu troi'n Aelwydydd.

Roedd sicrhau adeiladau'n anodd mewn cyfnod o ryfel gan fod y Weinyddiaeth Ryfel, elusennau ifaciwîs a ffoaduriaid a phob math o gyrff eraill am eu defnyddio. Prin oedd deunyddiau adeiladu hefyd. Disgrifiwyd adeilad delfrydol ac amlinellwyd yr amrywiaeth o ddefnydd a fyddai yno yn erthygl gyntaf *Yr Aelwyd*:

> Y mae dau brif anhepgor i adeilad Aelwyd, – y ddau'n cynrychioli dwy agwedd bwysicaf y gwaith. Yr anhepgor cyntaf ydyw ystafell weddol ei maint, neuadd fechan oddeutu hanner can troedfedd o hyd wrth hanner hynny o led. Yn un pen iddi bydd llwyfan theatr lle cynhyrchir dramâu, operâu a phasiannau. Defnyddir y neuadd hefyd i gynnal Eisteddfod, cyngerdd, noson lawen a dawns. Gweithreda yn ogystal fel *gymnasium* ac ystafell chwarae. Hon fydd prif ystafell gymdeithasol yr Aelwyd, canolfan yr holl weithgarwch, a phrif ffynhonnell ariannol y gymdeithas. Nid neuadd bentref enfawr yn wag chwe diwrnod allan o'r saith, ond cartref prysur a gweithgar i ieuenctid y fro. Yr ail anhepgor ydyw nifer o ystafelloedd bychain yn gysylltiedig â'r ystafell fawr. Yn yr ystafelloedd hyn, fe gasgl grwpiau bychain o aelodau i wneud pob math o waith, canys gwaith unigol, personol, anffurfiol y mân grwpiau hyn ydyw sylfaen holl weithgarwch yr Aelwyd … Bydd angen llyfrgell, ystafell ddistaw. Hoffem hefyd weld capel bychan yn agored bob amser, a chynnal gwasanaethau min nos ynddo. Yna, bydd eisiau ystafell ddosbarth. Ac yn olaf, rhaid cael ystafell bwyllgor, canys ar bwyllgorau y mae Aelwyd yn byw!

CANRIF YR URDD 59

Prin oedd yr 'adeilad perffaith' ar gyfer unrhyw Aelwyd. Y prif nod oedd sicrhau stafell ar gyfer prif weithgareddau'r Aelwyd a bod lle i adeiladu adnoddau pellach ati'n ddiweddarach pan ddôi cyllid a chyfle. Yng nghylchgrawn *Yr Aelwyd* eto, ceir sôn am sut y byddai criwiau'n mynd ati:

> Yng Nghricieth bu'r Cyngor Tref yn garedig iawn yn rhoddi rhes o fythynnod condemniedig i wneud Aelwyd. Ar gost fechan iawn fe'u trosir i fod yn ganolfan ieuenctid. Ar y llaw dde gwelir drws yn arwain i'r ysgol elfennol. Y mae agosrwydd yr ysgol yn gymorth mawr, canys gellir defnyddio neuadd yr ysgol yn neuadd yr Aelwyd hefyd. Cynllun dros gyfnod y rhyfel ydyw hwn, ond pan ddaw heddwch bydd gan Gricieth bob mantais i gychwyn ar waith ieuenctid o ddifrif.

Mae'r ysgrifau'n dangos cymaint gwell yw'r Aelwydydd annibynnol na mannau cyfarfod eraill; er enghraifft, stafelloedd mewn ysgol oedd yn gaeth i amserlen ysgol a gormod o awyrgylch addysg i gynnal adloniant yno ar gyfer rhai a adawodd yn 14 oed; festri capel, oedd â'r perygl o awgrymu ffafriaeth at un enwad, ac yn cynnig naws anaddas i chwaraeon neu ddawns neu os 'dymuna'r bechgyn smocio o gylch y tân'!; neuadd bentref – rai ohonynt yn faich ar eu pentrefi ac yn codi crocbris am eu defnyddio; eraill yn fwy o neuaddau snwcer na dim arall a byddai'r Aelwyd yn tarfu ar y defnydd presennol; eraill wedyn yn rhy llawn o ran rhaglen gymdeithasol i allu cynnwys rhaglen amrywiol yr Aelwyd.

Gyda'i statws newydd yn 1940 fel un o'r tri mudiad ieuenctid ar ddeg cydnabyddedig drwy wledydd Prydain, gwelodd y swyddogion mai dyna'r amser i daro i ffurfio cadwyn fawr o Aelwydydd drwy Gymru. Anogwyd a chefnogwyd cynlluniau i gyrraedd y nod o gael Aelwyd ym mhob llan a thref drwy'r wlad.

Aelwyd Brynaman

Agorwyd Aelwyd Brynaman – Aelwyd Amanw – yn swyddogol ar 6 Mai 1939. Dyma'r Aelwyd gyntaf i sicrhau grant gan Gyngor Iechyd a Hoen y Llywodraeth i gynorthwyo'r mudiad i brynu ac addasu adeilad i'w droi'n glwb i'r Urdd. Cafodd llawer o'r gwaith addasu ei wneud yn wirfoddol gan fechgyn yr Aelwyd fin nos ac ar ddyddiau Sadwrn.[29]

Adeilad Aelwyd Amanw ym Mrynaman tua 1955.

Roedd llanw a thrai yn perthyn i Aelwydydd wrth gwrs, fel y mae i sawl cymdeithas a chlwb ieuenctid arall. Ar ôl cyfnod o ddirywiad, tystia'r diddanwr Glan Davies a'i gyfoedion i'w balchder yn adnoddau Aelwyd Brynaman pan gafwyd adfywiad yn ystod y 1960au. Mae'n eithriadol o falch o benderfyniad nifer yn y pentref 'i fuddsoddi yn yr ifanc, i adfywio Aelwyd yr Urdd a chynnig cyfleoedd i ieuenctid yr ardal gymryd rhan mewn nosweithiau llawen, dawnsio gwerin, perfformio ar lafar ac ar gân, gan ddifyrru cynulleidfaoedd ymhell ac agos'.[30] Trefnwyd twmpathau dawns yn gyson yng Ngorllewin Morgannwg ac roedd yr ymateb yn syfrdanol – a hynny yn y degawd pan oedd y jeif yn denu lluoedd o ddawnswyr ifanc i'r Palais yn y Garnant a'r Regal yn Rhydaman. Roedd Aelwyd Amanw Brynaman yn trefnu bws ddwywaith y mis i Gwmafan, Felin-foel, Caerfyrddin, Llandysul a Threforys i stepio'r hen ddawnsfeydd gwerin traddodiadol.

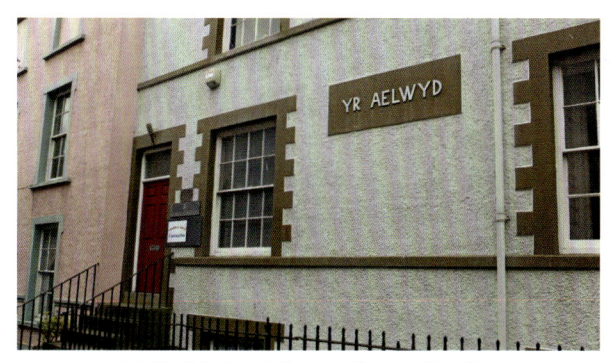

Adeilad Aelwyd Caernarfon yn Stryd yr Eglwys yng nghanol y dref.

Aelwyd Caernarfon

Yn 1939, prynodd yr Urdd ddau dŷ pum llawr, 30 stafell, yn Stryd yr Eglwys, Caernarfon yn gartref i'r Aelwyd leol. Cafwyd cymhorthdal i'r pryniant a daeth noddwyr lleol i helpu gyda'r addasu a'r dodrefnu. Roedd yn gynllun digon buddiol ond bychain oedd y deg ar hugain a mwy o stafelloedd oedd yno – digon da i bwyllgorau, ymarferion grwpiau, cylchoedd trafod a dosbarthiadau, ond heb un stafell ddigon mawr ar gyfer chwaraeon, cyngherddau neu ddramâu. Gwelwyd gwir werth y ganolfan yn 1943 pan gafodd Aelwyd Caernarfon ei throi'n 'wersyll' i aelodau'r gogledd am fod Gwersyll Llangrannog wedi'i gau. Gydol mis Awst, agorwyd y drysau a bu dros gant o aelodau'r Urdd yn aros yno. Ymhen degawd, cynlluniwyd gwelliannau – ond roedd y gost yn £4,000. Daeth Llywydd yr Aelwyd, y Dr Griffith Evans (oedd hefyd yn un o Is-lywyddion Cwmni'r Urdd) i'r adwy. Anfonodd y swm i'r Urdd i dalu am y gwaith a wnaed rhwng Mai 1949 a Mai 1950. Cyfrannodd y Weinyddiaeth Addysg £1,000 arall ar gyfer dodrefn ac offer a chafodd prifathro lleol, Hywel D. Roberts, ei gyflogi'n warden amser llawn am gyfnod o flwyddyn. Drwy'r ymdrech a'r haelioni hwn, crëwyd un o'r clybiau ieuenctid gorau yng ngogledd Cymru, a oedd yn canolbwyntio ar ennill aelodau rhwng 15 ac 20 oed.

Aelwyd Corwen

Stori debyg oedd hanes adeilad Aelwyd Corwen – hen Neuadd y Farchnad ger sgwâr y dref. Gwariodd y pwyllgor lleol £4,000 ac er iddo gael nawdd gan y Weinyddiaeth Addysg ac Awdurdod Addysg Meirionnydd, bu'r Aelwyd ei hun yn gyfrifol am godi swm sylweddol o arian ac am beth wmbredd o lafur gwirfoddol. Roedd y neuadd yno'n dal 400 o bobl, gyda llwyfan, llenni a goleuadau. O dan y neuadd roedd stafell chwaraeon helaeth, llyfrgell, stafell ddarllen, cegin a chaffi.

Aelwyd Blaenau Ffestiniog

Roedd Cymru'n ferw o frwdfrydedd tebyg. Mae enghraifft Aelwyd Blaenau Ffestiniog yn nodweddiadol o'r gweithgareddau oedd yn yr Aelwydydd hynny yn y 1940au.

Wedi dod yn aelod, bydd hawl gan yr aelod i gymryd rhan ymhob agwedd ar fywyd yr Aelwyd. Er mwyn sicrhau chwarae teg â phob oed, trefnwyd oriau arbennig ar gyfer y gwahanol oedrannau. Er enghraifft, am dair noson bob wythnos, rhwng 5 a 7 o'r gloch, rhai dan 14 oed a ganiateir ar yr Aelwyd. Am y tair noson arall, rhwng 5 a 7 o'r gloch cedwir y lle i rai rhwng 14 ac 18 oed. Am noson neu ddwy bob wythnos neilltuir y lle iddynt hefyd tan 9 o'r gloch, yn ogystal ag ar brynhawn Sadwrn o 1 tan 4 o'r gloch. Ac eithrio hyn, ar ôl 7 o'r gloch bob nos, eiddo aelodau *dros* 18 oed a fydd Yr Aelwyd. Ond rhag bod terfyn rhy gaeth rhwng y ddau oedran uchaf, rhoddir caniatâd i rai dros 16 oed (mewn amgylchiadau arbennig) i fynychu cyfarfodydd yr oedran uwch.[31]

Gallai aelodau Aelwyd Blaenau Ffestiniog ymaelodi â'r Clwb Badminton, Clwb Tennis Tŷ, Clwb Dawnsio, Clwb Hoen ac Iechyd, a chymryd rhan mewn pob math o chwaraeon yn cynnwys Dartiau, Drafftiau, Cylchio, Liwdo, Tennis Bwrdd, Tennis Tŷ ac yn y blaen.

Aelwyd Blaenau Ffestiniog. Bellach mae'r adeilad yn lety gwyliau ar gyfer ymwelwyr.

Ehangu gorwelion

Yn 1940–41, llwyddwyd i agor nifer o Aelwydydd annibynnol eraill yn y dull hwn – Llanelli, Dinmael, Harlech, Hen Golwyn, Llawr-y-betws, Dinbych, Llanrwst, Machynlleth, Betws Gwerful Goch, Llandrillo, Fforest-fach, Cas-lai, Dolgellau, Rhosllannerchrugog, Glyndyfrdwy, Pennal, Abergynolwyn, Llanfachraeth, Gwalchmai, y Rhyl, Pontarddulais, yr Hendy, y Tymbl a Phontyberem. Roedd yr Ymgyrch Aelwydydd wedi tanio'r wlad. Yn ôl R.E. Griffith, 'prin yr âi wythnos heibio heb i ni orfod llunio tri neu bedwar o geisiadau am grantiau ar gyfer Aelwydydd newydd.'

Ymddangosodd 'Cystadlaethau i Aelwydydd' am y tro cyntaf yn rhaglen Eisteddfod Genedlaethol Corwen 1942. Methu â'i chynnal oherwydd amgylchiadau'r rhyfel fu hanes yr eisteddfod honno, ond roedd y mudiad wedi cydnabod pwysigrwydd yr oedran hŷn a'r aelodau y tu allan i fyd addysg bellach, ac ni fyddai troi'n ôl oddi wrth hynny.

Yn Rhagfyr 1941, deddfodd llywodraeth Llundain fod yn rhaid i bob mab a merch rhwng 16 a 18 oed gofrestru gyda'r awdurdodau a'u hannog i ymuno â mudiad gwirfoddol cydnabyddedig neu un o esgyll ieuenctid y lluoedd arfog. Roedd yr Urdd ar y rhestr gydnabyddedig honno. Manteisiodd y mudiad ar hynny drwy lunio datganiad clir yn nodi amcanion a gweithgareddau'r mudiad a'i anfon at awdurdodau addysg, eglwysi a chapeli, ysgolion uwchradd a'r wasg genedlaethol a lleol yng Nghymru. Erbyn diwedd Mawrth 1942, gwelwyd cyffro cenedlaethol o ran ymaelodi â'r Urdd. Cynyddodd yr Aelwydydd o 109 i 362 mewn tri mis. Yng Nghymru, roedd gan yr Urdd fwy o aelodau na'r holl fudiadau gwirfoddol eraill gyda'i gilydd.

Aelwyd Treforys

Mewn rhai mannau, trowyd rhan o gapel yn Aelwyd. Daeth y Parch. Trebor Lloyd Evans yn weinidog newydd i gapel y Tabernacl, Treforys yn 1945 a sefydlodd Aelwyd ar gyfer ieuenctid yr ardal i gyd. Enillodd corau Aelwyd Treforys gryn dipyn o fri mewn eisteddfodau gan drefnu teithiau i gynnal cyngherddau yn Perth, Callander ac Aberfeldy yn yr Alban yn 1968 ac 1970. Erbyn hynny roedd tua chant o aelodau gan yr Aelwyd, gyda bywyd cymdeithasol llawer ohonynt yn troi

Aelwyd Aber-porth

Wrth gofnodi hanes cyfnod ychydig yn ddiweddarach, mae'r diweddar Brifardd Dic Jones yn rhannu atgofion am y caban oedd yn 'Glwb yr Urdd' i Aelwyd Aber-porth, ac yno y cafodd y cyfleoedd cyntaf i gyfansoddi ambell bennill at ddiben cymdeithas y clwb:

> Cynhelid rhyw fath o sosials yn y Clwb bryd hynny, a'r rhan fwyaf o bawb yn cymryd rhan yn yr hwyl. Fel ym mhob cymdeithas o'r fath 'roedd yno gyfle i wamalu a thynnu coes – dim byd oedd yn debyg o ysgwyd seiliau'r cread, ond rhywbeth digon diddrwg-didda a oedd â'i apêl yn gyfyngedig i'r adeg a'r gymdeithas arbennig honno. Rhyw dro neilltuol lluniais ryw fath o bennill neu ddau, digon prentisaidd mae'n siŵr, i gyfrannu at y noson. Er mawr syndod i mi, a mwy o foddhad, cafodd y peth dderbyniad gwresog ...'[32]

Yng nghaban Aelwyd Aber-porth y clywodd Dic Jones gynghanedd ar ei glust wrth ganu cerdd dant dan hyfforddiant y Parch. Tegryn Davies a'i wraig. Rhestr testunau Eisteddfod yr Urdd am y flwyddyn fyddai maes llafur yr Aelwyd yn Aber-porth yn gyfan gwbl. Dyma ddarlun byw ganddo o hanner cant o bobl ifanc yn hel at ei gilydd yng Nghlwb yr Urdd i ymarfer ac i gymdeithasu:

o'i amgylch. Enillwyd Tarian yr Aelwydydd am y marciau uchaf ar y llwyfan yn Eisteddfodau'r Urdd yn 1969 ac 1970.

Yn 1972 daeth y Parch. John Watkin i weinidogaethu yn y Tabernacl. Roedd ei wraig, Catherine Watkin, yn adnabyddus ym maes Cerdd Dant a ffurfiwyd Parti Cerdd Dant Aelwyd

Adran ac Aelwyd Aber-porth 1951.

> Tua dechrau Medi yma âi'r si ar led fod yr Aelwyd yn cwrdd ar nos Wener yn y caban pren hwnnw y tu cefn i'r neuadd yn Aber-porth. Dim hysbysiad swyddogol yn y papur, dim ond rhyw sôn cyffredinol o ben i ben, a dyna gychwyn gaeaf arall o sol-ffeio, ymarfer, steddfota, cyngherdda, a chael hwyl – a gwastrodi hefyd weithiau. Cyrhaeddem fel gwylanod yn cyrraedd tir coch o bob cyfeiriad yn un a dwy ar y tro, yna pump neu chwech gyda'i gilydd, a chyda llawn cymaint o sŵn hefyd, rywle rhwng saith a naw o'r gloch. Wyth oedd yr amser swyddogol ... Tua hanner y ffordd drwy weithgareddau'r noson barnai rhywun ei bod yn bryd cael cwpanaid o de a bynnen ... Comiwtio wedyn â'r te a'r byns o'r caban i'r neuadd gefn ac o'r fan honno i'r neuadd fawr, a thua hanner cant o bobol ifanc yn gweu drwy'i gilydd. Pa ryfedd i ambell anffawd ddigwydd?[33]

Y Prifardd Dic Jones yn ei gadair yn Cario Tarian Aelwydydd yr Urdd a enillwyd gan Aelwyd Aber-porth.

Yng nghaban yr Aelwyd y cyfarfu Dic â Jean, a ddaeth yn wraig iddo yn nes ymlaen – un o amryw briodasau a eginwyd yn yr Aelwydydd. Yn ei gywydd i'r ddau arweinydd, mae profiad personol, siŵr o fod, y tu ôl i'w ddiolch iddynt am fod yn ddigon hirben i gau eu llygaid ambell dro:

> Ffugient mewn bws gwsg yn gall,
> Ar hwyr awr troi'r ffor' arall
> O seti'r gwt a stŵr gwyllt
> Awr garu'r adar gorwyllt,
> Yna gweld yn un ac un
> Priodi'r parau wedyn.

Treforys dan ei hyfforddiant. Daeth oes aur yr Aelwyd i ben tua 1975 gyda newidiadau yn oedran y cystadleuwyr, ond erbyn hynny roedd wedi rhoi'r cyfleon cyntaf i lawer o sêr y dyfodol, yn cynnwys Dafydd Idris (Y Derwyddon), Dewi Pws, Gaynor John (Y Diliau), Geraint Davies (Hergest, Mynediad am Ddim) a'r actorion Victoria Plucknett, Hannah Roberts a Steffan Rhodri.

Dawnswyr o Aelwyd Treforys

CANRIF YR URDD 63

Yr Ymgyrch Lyfrau

Ar ôl sefydlu'r Urdd, arweiniodd Ifan ab Owen y mudiad i feddwl am weithgareddau cadarnhaol i hybu Cymreictod, yn enwedig ar Ddydd Gŵyl Dewi. Yn gyhoeddwr, fel ei dad, sefydlodd gwmni cyhoeddi – Ab Owen – gan fynnu na fyddai pob menter ganddo'n llethu coffrau'r Urdd a wynebu rhai colledion o'i boced ei hun. Gwyddai o brofiad am broblemau ymarferol ac ariannol cyhoeddi mewn iaith leiafrifol fel y Gymraeg – cylchrediad bychan ond yr angen am gynnal yr un safon â chyhoeddiadau Saesneg; dosbarthu a hyrwyddo mewn siopau llyfrau.

Cymerer enghraifft *Cymru'r Plant*.

> Cyst i'w argraffu ⅞d. – yn agos i geiniog. Gwerthir ef am ddwy geiniog. A dimai yn elw i'r llyfrwerthwr, a dimai arall yn gludiad. Gedy hyn ⅛d. o weddill ar bob copi a werthir tuag at dalu costau darluniau, blociau, etc., ac i wneud i fyny am y rhifynnau a ddychwelir heb eu gwerthu. Wrth gwrs, colled noeth ydyw.[34]

Roedd y byd cyhoeddi a llyfrau Cymraeg wedi bod ar feddwl Ifan ab Owen ers sawl blwyddyn. Yn bump ar hugain oed yn 1920, roedd hi'n amlwg ei fod yn bryderus am y farchnad llyfrau Cymraeg ac mewn llythyr at yr Athro T. Gwynn Jones, roedd yn breuddwydio am wneud rhywbeth ymarferol i hyrwyddo gwerthiant:

> Mae gennyf un cynllun bach arall ar droed, er nas gwn eto a allaf ei gario allan. Fel y gwyddoch, anhawdd iawn yw cael llyfrwerthwyr i stocio llyfrau Cymraeg, ac felly, er na welant hwy, tuedd y werin yw peidio prynu'r llyfrau a ddarperir ar eu cyfer. Cyn bo hir fe ddaw pethau i'r fath sefyllfa na fydd yn bosib cyhoeddi llyfr Cymraeg. Nid yw'n ddim da siarad, nac ysgrifennu – rhaid gwneud. Dyma fy nghynllun: prynu *motor van* fechan, gydag un ochr yn agor allan. Yna, mynd â hi i'r ffeiriau ledled y wlad i werthu llyfrau Cymraeg a chodi stondin o lyfrau yng nghanol y stondinau eraill. Bwriadaf – gyda chaniatâd Rhagluniaeth ac os gallaf gael llyfrau yn o rad – wneud pethau'n barod y gwyliau hyn. Yr wyf ar hyn o bryd yn athro mewn ysgol gerllaw i'm cartref. Mae prynhawniau Mercher a Sadwrn yn rhydd gennyf, a buaswn yn mynd i'r ffeiriau y dyddiau hynny.[35]

Erbyn canol y 1930au, roedd ymwybyddiaeth gyffredinol yng Nghymru bod yn rhaid gwneud mwy i hyrwyddo gwerthiant llyfrau Cymraeg ac annog y gweisg i ddal i'w cyhoeddi. Cyn Nadolig 1936, roedd golygyddol y cylchgrawn *Heddiw* yn annog ei ddarllenwyr gyda'r pennawd 'Rhowch lyfr Cymraeg yn anrheg Nadolig eleni', cyn mynd ymlaen gyda'r geiriau, 'Yr ydych drwy hynny'n rhoddi pleser i'r derbyniwr, ac ar yr un pryd yn rhoi cymorth i gadw'r Wasg Gymraeg yn fyw. Hefyd, geill eich bod yn ennyn diddordeb newydd yng nghalon un a esgeulusodd lyfrau Cymraeg.'[36]

Câi darllenwyr *Cymru'r Plant*, wrth gwrs, eu hatgoffa o reolau'r Urdd yn gyson ar dudalennau'r cylchgrawn – a oedd yn cynnwys darllen a phrynu llyfrau Cymraeg. Pan ddechreuwyd cynnal Eisteddfod Genedlaethol yr Urdd, llyfrau nid gwobrau ariannol a roddid i'r enillwyr, a thocynnau llyfrau mewn cyfnod diweddarach.

Clawr catalog Ymgyrch Lyfrau'r Urdd yn 1937.

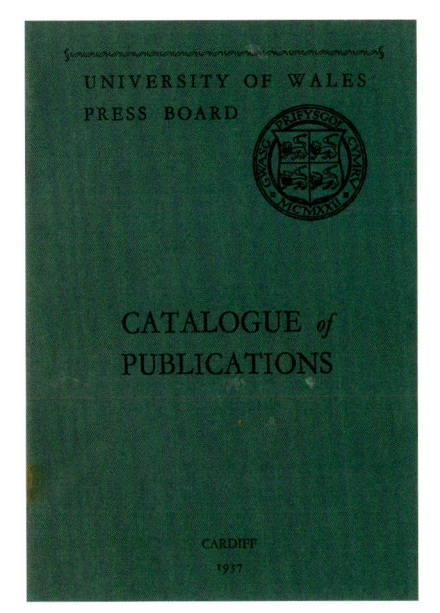

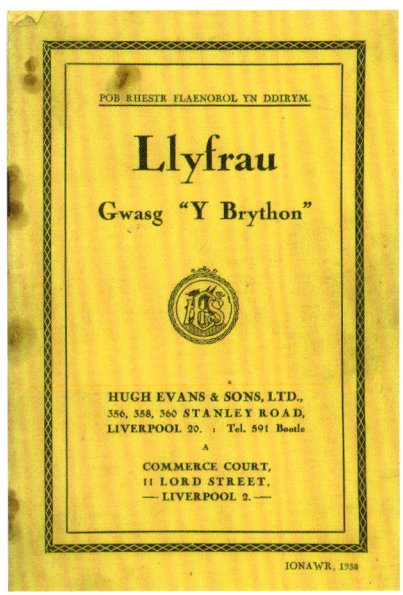

Clawr y catalog ar gyfer 1938.

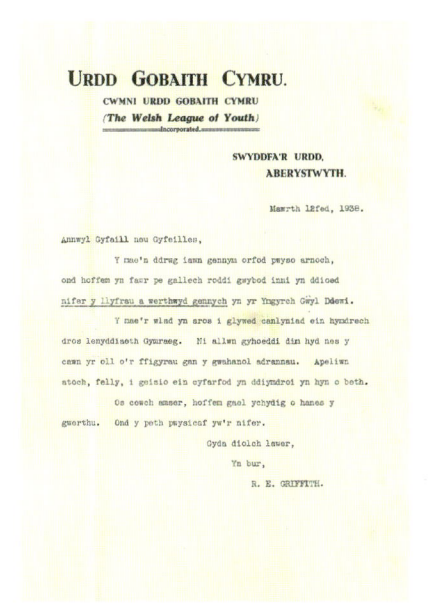

Llythyr yn annog yr Adrannau i ddarparu rhifau gwerthiant llyfrau.

Dechrau'r Ymgyrch Lyfrau

Yn 1937, lansiodd yr Urdd ei 'Ymgyrch Lyfrau' gyntaf, yn dilyn ymdrechion gan Gwilym Davies i sefydlu Gŵyl Lyfrau yng Nghymru yn 1930 ar sail gŵyl lyfrau Fflorens, y Festa del Libro. Arweiniodd hyn at ymgyrch ryfeddol y mudiad i werthu llyfrau Cymraeg o ddrws i ddrws. Am bron i hanner can mlynedd, byddai gweld aelodau'r Urdd yn mynd o gwmpas y lle'n gwerthu llyfrau ym mis Mawrth wedi bod yn olygfa gyffredin ledled Cymru, diolch i Ymgyrch Lyfrau'r Urdd. Syniad gwreiddiol swyddogion y mudiad oedd cynnal digwyddiad i roi hwb i bapurau newydd, ond wedi cyfarfod ym Mangor yn 1936 pan na chafwyd fawr o ddiddordeb gan olygyddion y papurau, penderfynwyd canolbwyntio ar y farchnad lyfrau. Roedd y diwydiant llyfrau yng Nghymru mewn tipyn o argyfwng ar y pryd, a theimlai'r Urdd y byddai o gymorth defnyddio Dydd Gŵyl Dewi i roi hwb i werthiant.

Dathlu Gŵyl y Nawddsant

Dewisodd yr Urdd 14 o'i Adrannau gweithgar i gynnal yr arbrawf am y tro cyntaf dros Ŵyl Ddewi 1937. Hysbysebwyd hyn fel ffordd ymarferol o ddathlu gŵyl y nawddsant, a oedd 'cymaint gwell nag areithio ar lwyfan, gwisgo cenhinen a chiniawa'! Defnyddiwyd amryw o dechnegau gwerthu gan yr Adrannau – penderfynodd un Adran logi siop wag, llenwi'r ffenest â llyfrau a chael aelodau yng ngwisg yr Urdd i werthu i'r cyhoedd, tra aeth Adran arall â stondin i eisteddfod Gŵyl Ddewi eu hardal a gwerthu llyfrau wrth y drws. Ar y llaw arall, ymweld â thai yn eu hardaloedd wnaeth y mwyafrif, gan fynd â'u pentyrrau llyfrau gyda nhw. Manteisiwyd ar bob cyngerdd ac eisteddfod a chinio Gŵyl Ddewi yn yr ardaloedd. Aeth y gwerthwyr yno'n gynnar a gosod bwrdd yn llawn llyfrau mewn man amlwg. Prin y byddai neb yn mynd o'r cyfarfod heb lyfr dan ei gesail. Roedd rhai'n ddigon ffodus i gael arweinydd mewn car i'w helpu, eraill yn mynd ar gefn beic, ac mae hanes am un Adran wledig yn cael benthyg cert a cheffyl!

Llwyddodd yr Urdd i werthu 1,025 o lyfrau yn y flwyddyn gyntaf, a phenderfynu ehangu'r ymgyrch ar gyfer 1938. Erbyn hynny, roedd tri deg o Adrannau'n cymryd rhan, a gwerthwyd 3,535 o lyfrau, ac yn 1939 llwyddodd 35 Adran i werthu 3,063. Roedd dwy ran o dair o'r Adrannau yma yn ne Cymru, efallai oherwydd bod llai o siopau llyfrau yn yr ardaloedd hynny na'r gogledd ar y pryd. Roedd ambell lyfrwerthwr yn anhapus am golli rhai cwsmeriaid ffyddlon, ond ar y cyfan roedd yr ymgyrch yn cael ei gweld fel ffordd ymarferol a thrawiadol o ddathlu Gŵyl Ddewi a hefyd o gydweithio â'r siopau llyfrau annibynnol, fel y dangosodd un Adran benodol:

Llanwyd y ffenestr â llyfrau o bob math, addurnwyd hi â rhubanau coch a gwyrdd a Draig Goch fawr, a gosodwyd posteri y tu allan i hysbysebu'r ymgyrch tra safai bachgen a merch yng Ngwisg yr Urdd ar garreg y drws a chymell pawb i mewn. Gwnaed busnes rhyfeddol yn y siop honno! Nid yn unig fe werthwyd pob llyfr a gawsai'r adran gan y cyhoeddwyr, ond derbyniwyd archebion am lawer o lyfrau eraill. Trosglwyddodd yr adran yr archebion hynny i'r llyfrwerthwr yn gyfnewid am ei garedigrwydd.[37]

CANRIF YR URDD 65

Cynhadledd ac Undeb

Ond erbyn 1943, roedd swyddogion yr Urdd yn sylweddoli fod saith mlynedd o Ymgyrch Lyfrau wedi tyfu i fod yn fusnes mawr ac roedd mân broblemau'n codi'n gyson rhwng dosbarthwyr, llyfrwerthwyr a chyhoeddwyr. Cynhaliwyd 'Cynhadledd Ymgyrch Lyfrau' yng nghastell Amwythig ar 30 Mehefin 1943 i drafod yr ymgyrch a gwerthiant llyfrau Cymraeg yn gyffredinol. Roedd saith cwmni cyhoeddi yno – Hughes a'i Fab, Gee, Gwasg Aberystwyth, Y Brython, Gwasg Prifysgol Cymru, Gwasg Gomer a Llyfrau'r Dryw. Rhannwyd profiad, awgrymwyd gwelliannau, ond y weledigaeth fawr oedd trafod sefydlu canolfan genedlaethol i gasglu a dosbarthu llyfrau Cymraeg. Roedd Ifan ab Owen wedi'i ysbrydoli'n arw gan y cyfarfod gan ddweud yn y car ar y ffordd adref, 'Ryden ni wedi cychwyn rhywbeth pwysig heddiw. Mi gymer flynyddoedd – ond ryden ni wedi dechre.'[38]

Penderfynwyd galw cyfarfod arall yn Amwythig dair wythnos yn ddiweddarach gan wahodd deugain o siopau llyfrau atynt. Saith siopwr ddaeth i'r gynhadledd honno ond trafodwyd datblygu'r cyfarfod yn 'Undeb' ffurfiol rhwng yr Urdd, y siopau a'r gweisg. Byddai'r tri phartner yn trefnu'r ymgyrch werthu o hynny ymlaen. Erbyn haf 1945 roedd Undeb Cyhoeddwyr a Llyfrwerthwyr Cymreig wedi'i sefydlu â'i gyfansoddiad ei hun. Dechreuodd yr Undeb ag un ar ddeg o gyhoeddwyr a phedair ar ddeg o siopau llyfrau, ac Ifan ab Owen yn gadeirydd arno. Byddai'r Undeb yn cynorthwyo'r Urdd â threfniadau'r Ymgyrch Lyfrau wedi hynny.

Cymdeithasau Llyfrau Cymraeg

Parhaodd yr Undeb hyd ddechrau'r 1980au ond yn ystod y 1950au sefydlwyd pedair ar ddeg o Gymdeithasau Llyfrau Cymraeg ledled Cymru, ac un yn Llundain. Cydiodd Undeb Cymdeithasau Llyfrau Cymraeg yn awenau'r Ymgyrch Lyfrau, gan ehangu'r gweithgaredd i wobrwyo'r plant a'r ysgolion oedd yn gwerthu'r nifer fwyaf o lyfrau (tocynnau llyfrau ac yn ddiweddarach, teithiau tramor), comisiynu a gwobrwyo awduron, cynnal pabell ar faes yr Eisteddfod Genedlaethol a chyhoeddi rhai cyfrolau. Parhâi'r Urdd i wneud gwaith gwirfoddol i hyrwyddo'r farchnad lyfrau, ond roedd y gwaith o ganfod bwlch, gweithredu ar weledigaeth a dangos potensial y byd llyfrau Cymraeg bellach wedi'i wneud. Etifeddwyd yr Ymgyrch Lyfrau gan Gyngor Llyfrau Cymru, a

Gwobrwyo'r adran â'r gwerthiant gorau ar gyfer y flwyddyn ar lwyfan Eisteddfod yr Urdd.

sefydlwyd gan yr Undeb Cymdeithasau Llyfrau Cymraeg yn 1961, ac roedd yn dal yn llewyrchus iawn hyd ganol y 1980au. Ond daeth i ben yn sgil ystyriaethau diogelwch plant pan benderfynodd prifathrawon nad oedd yn briodol i blant fynd o ddrws i ddrws i gasglu archebion, ac roedd hynny'n golled fawr i'r diwydiant llyfrau Cymraeg. Dyna pryd y dechreuwyd meddwl am gynlluniau eraill, yn cynnwys sefydlu clwb llyfrau i blant.

Ar y pryd, roedd yr Urdd wedi cyflawni gwaith na allai neb arall ei wneud – pontio rhwng gweisg, siopau a darllenwyr. Gwagiwyd stordai'r cyhoeddwyr o stociau helaeth o hen lyfrau. Llwyddwyd i werthu dros 400,000 o lyfrau Cymraeg mewn 30 o ymgyrchoedd Gŵyl Ddewi. Roedd cangen newydd o economi Cymru wedi ymddangos. O hadau mân canghennau gwirfoddol yr Urdd y tyfodd y diwydiant cyhoeddi, aceri ffrwythlon y byd llyfrau Cymraeg sydd ohoni heddiw.

Mae Gwerfyl Pierce Jones, cyn-bennaeth Cyngor Llyfrau Cymru, yn sicr bod gwaith ac ysbrydoliaeth R.E. Griffith wedi bod yn hanfodol i lwyddiant yr ymgyrch werthu ac wrth ffurfio corff cenedlaethol i barhau a datblygu'r gwaith. 'Mae R.E. yn rhan bwysig iawn o'r stori ac roedd ei gefnogaeth i fyd llyfrau yn allweddol. Y cof sydd gen i yw mai ef a gynigiodd yn ffurfiol y dylid sefydlu cymdeithasau llyfrau yn y gwahanol siroedd.'[39]

> Erbyn heddiw, mae Cyngor Llyfrau Cymru'n gyfrifol am ddosbarthu dros 1,300 o deitlau Cymraeg gwahanol bob blwyddyn – ond mae'r cerbydau dosbarthu fymryn yn fwy modern na cheffyl a throl aelodau cynnar yr Urdd!

Ar Sleid, ar Ffilm ac ar Deledu

Yn ei gartref yn Llanuwchllyn, roedd gan O.M. Edwards declyn *magic lantern* cyntefig yn goleuo lluniau o Ryfel y Böer drwy losgi olew. Dangosodd Ifan ddiddordeb mawr yn y teclyn yn ifanc a llwyddodd i gael llusern ddiweddarach oedd yn llosgi *methylated spirits*. Aeth ati wedyn i dynnu lluniau a gwneud sleidiau ohonynt, a chyn hir roedd ganddo'i sioe ei hun ar yr aelwyd. Yn ddiweddarach, pan godwyd eu cartref newydd, y Neuadd Wen, yn y pentref, roedd gan O.M. Edwards ei stafell dywyll ei hun, a dilynai Ifan ei dad yno i ddysgu trin yr offer camera a sut i drosglwyddo ffotograffau ar bapur.

Yn Awst 1931, trefnodd Ifan ab Owen 'bererindod' dridiau mewn pedwar car i dywys criw o fechgyn a dynion o amgylch cartrefi Cymru. Yn ystod y daith, bu'n brysur â'i gamera, yn ogystal ag adrodd am hanes Cymru a hynt a helynt yr enwogion oedd yn gysylltiedig â'r lleoedd dan sylw. Erbyn y gaeaf roedd ganddo sioe sleidiau – 'darluniau hud-lusern' oedd ei derm – yn ymwneud â hanes ac enwogion Cymru. Roedd y set – a'r sgript – ar gael i'w benthyca i Adrannau'r Urdd. Felly hefyd sioeau sleidiau o'r gwersylloedd a'r pererindodau i Genefa a ddangoswyd gannoedd o weithiau i filoedd ar filoedd o bobl ledled Cymru.

Y magic lantern cyntefig gwreiddiol a ddefnyddiwyd gan O.M. Edwards i ddangos ei luniau.

Cartref newydd O.M. Edwards a'i deulu – y Neuadd Wen, Llanuwchllyn.

Syr Ifan yn brysur â'i gamera.

Syr Ifan a Lady Edwards a'r camera a ddefnyddiwyd i groniclo cymaint o hanes Cymru.

Disgrifiodd yr awdur a'r ymgyrchydd Norah Isaac y tro cyntaf iddi weld Ifan ab Owen a'r math o adloniant a oedd yn cael ei gynnig ar y teithiau hyn yn ei theyrnged yn ei angladd:

> Croten yn yr Ysgol Ramadeg ym Maesteg own i, ac roe'n ni'n cael ein galw at ein gilydd i gapel Canaan i gael gweld – o bopeth cyfoes – magic lantern, a dyn tal, urddasol o Aberystwyth yn dod i lawr atom ni yn ei fere gwyrdd a'i flaser werdd, yn dod allan o'r car a thaclau diri gydag e, i'w gosod i fyny yn festri'r capel! ... Roedd e wrth ei fodd yn eu gosod nhw i fyny, roedd e'n fwy wrth ei fodd yn cyflwyno i ni – blant ardaloedd dirwasgedig y De bryd hwnnw – ogoniannau golygfeydd Cymru ... Wyddoch chi, mi dorrodd y peiriant i lawr fwy nag unwaith. Wrth ei fodd eto, ond yn dal i siarad, yn gwneud y ddau beth yn ymarferol.

Cafodd ffilm fer Ifan ab Owen o orymdaith Eisteddfod Genedlaethol yr Urdd Machynlleth 1932 ei dangos mewn sinemâu drwy Gymru. Gan fod Mabolgampau'r Urdd yn ystod y blynyddoedd cyntaf wedi'u cynnal yn ne Cymru, perswadiodd Gyngor yr Urdd yn 1933 i brynu camera a pheiriant sinema 'ac ymddiried y gweddill iddo ef'. Y flwyddyn honno, roedd i'w weld yn gwibio o gwmpas y lle yn ystod diwrnod y Mabolgampau ar gae'r Vetch, Abertawe a'i gamera yn ei law. Erbyn diwedd y prynhawn, roedd y gweithgareddau'n ddiogel ganddo ar ffilm. Wedi golygu'r cyfan yn ystod yr haf ac ychwanegu labeli teitlau, roedd y ffilm yn barod i R.E. Griffith fynd â hi a'r peiriant o gwmpas canolbarth a gogledd Cymru i ennyn mwy o ddiddordeb ym Mabolgampau'r Urdd yno.

Y tu ôl i adeilad Aelwyd Aberystwyth roedd yna gaban pren lle cadwai tua saith mil o flociau lluniau a ddefnyddiwyd gan Ifan ab Owen a'i dad ar gyfer argraffu *Cymru'r Plant*. Does ryfedd i W.J. Williams, un o benaethiaid cwmni Kodak, gael ei ddenu ganddo yn 1930 i fod yn Drysorydd ac yn noddwr da i'r Urdd.

Golygfa o'r orymdaith drwy strydoedd Machynlleth adeg Eisteddfod Genedlaethol yr Urdd 1932.

Sinema Gymraeg yr Urdd

Y flwyddyn ganlynol, cafodd y Sinema Gymraeg gyntaf ei chreu, cynyddwyd gweithlu'r mudiad, a chafodd Ifan ab Owen offer gwell:

> Mynnodd beiriant mwy a gwell er mwyn dangos ffilm y Mabolgampau yn breifat i Bwyllgorau Cylch. O weld honno'n cael cystal derbyniad, fe'i symbylwyd i dynnu ffilmiau o'r Eisteddfod, y Gwersylloedd a'r Mordeithiau, gyda'r canlyniad fod ganddo erbyn 1934 ddeunydd noson gyfan o ffilmiau ar weithgareddau'r Urdd.[40]

'Propaganda' oedd ei air mawr yn y cyfnod hwn, ac fel bob amser gwelodd ei gyfle i boblogeiddio ymdrechion y mudiad trwy'r cyfrwng newydd hwn.

> 'Mi alwn ni hon yn Sinema Gymraeg ... ac mi brynwn fan a chyflogi peiriannydd i fynd â'r rhaglen o gwmpas Cymru i gyd. Mi ddangoswn hi ym mhob tref a phentref – cyfarfod cyhoeddus, a chodi am fynd i mewn. Trefnwch chi'r daith o sir i sir ac mi ofala i am y gweddill.[41]

Prynwyd fan a recordiau i gael miwsig cefndir i'r ffilmiau hefyd, trefnwyd cadwyn o nosweithiau ac argraffu posteri a thocynnau. Byddai'r neuaddau'n llawn bob nos a'r adroddiadau yn y wasg leol yn rhai cyffrous. Heb os, roedd y syniad o 'Sinema Gymraeg' wedi cydio.

Y ffilm Gymraeg gyntaf

Ond roedd gan Ifan ab Owen nod uchelgeisiol arall o safbwynt ei ffilmiau. Roedd am ddatblygu'i ffilmiau mud yn ffilmiau sain, '*talkies* Cymraeg'. A dyna gloi ei hun mewn stafell yng nghanol toreth o lyfrau a chylchgronau er mwyn dysgu holl ddirgelion creu ffilmiau llafar. 'Wrth weld y fath benderfyniad di-ildio, gwyddwn yn iawn beth i'w ddisgwyl ymhen blwyddyn arall,'[42] meddai R.E. Griffith.

Cyn cael y ffilm sain gyntaf yn y Gymraeg, roedd yn rhaid cael sgript wrth gwrs. Aeth at arbenigwr ym myd y ddrama amatur yng Nghymru ar y pryd, oedd yn gwbl broffesiynol ac ymarferol ei agwedd at y grefft – J. Ellis Williams, Blaenau Ffestiniog. Dyma'r dramodydd yn sôn am y profiad o wneud y ffilm gydag Ifan ab Owen:

> Anfonodd ataf i ofyn a wnawn i a'm cwmni drama ei helpu i wneud llun llafar Cymraeg, y cyntaf o'i fath yn yr iaith. 'Roedd arno eisiau llun a oedd hefyd yn ddrama, a honno yn ddrama hir, i barhau am o leiaf awr a chwarter. Ni wyddwn i ddim o gwbl am dechneg cyfansoddi drama ar gyfer ffilm; doedd gan neb o'm cwmni drama brofiad o actio mewn ffilm; nid oedd gennyf y syniad lleiaf faint a gostiai'r anturiaeth, mewn arian na llafur; ond atebais Syr Ifan gyda'r troad i ddweud y byddem wrth ein bodd yn cyd-weithio ag ef ... Prynais ddau lawlyfr ar y grefft o lunio llun llafar, a bûm wrthi ddydd a nos yn eu hastudio'n fanwl. Y braw cyntaf a gefais o'u darllen oedd y costiai ffilm a gymerai awr i'w dangos dros ddwy fil o bunnau i'w gwneud. Dwy fil o bunnau![43]

Wedi holi Ifan ab Owen am y sefyllfa ariannol, cafwyd cadarnhad y byddai J.M. Howell, Aberdyfi, noddwr hael i'r Urdd ar y pryd, yn cyfrannu pum can punt er mwyn gallu creu'r ffilm. Gwariwyd ar offer hefyd, yn cynnwys camera newydd sbon am ddau gant a hanner, a gwerth canpunt o ffilm. Roedd angen dau daflunydd i ddangos y ffilmiau, a fan ail-law a generadur ar gyfer dangos y ffilm yn y neuaddau pentref hynny ledled Cymru oedd heb drydan.

> 'Llafur cariad oedd y gwaith, ac ni bu'n rhaid talu ychwaith am lunio na hurio golygfeydd. 'Roedd Syr Ifan a minnau wedi penderfynu mai *Y Chwarelwr* fyddai teitl y ffilm, a phedwar pegwn bywyd chwarelwr yw'r aelwyd, y capel, y gwaith, a'r ysgol. Cawsom fenthyg y cwbl ohonynt yn rhad ac am ddim.'[44]

Dysgu'r grefft o greu ffilm ar eu traed fu hanes awdur y sgript, yr actorion a'r cynhyrchydd yn 1935. Anodd dychmygu mor newydd oedd y cyfan i gymdeithas Gymraeg y cyfnod. Dangoswyd y ffilm o Gaergybi i Gaerdydd. Roedd y profiad o glywed cymeriadau'n siarad Cymraeg yn fyw ar ffilm yn rhyfeddod, fel y dengys stori J. Ellis Williams:

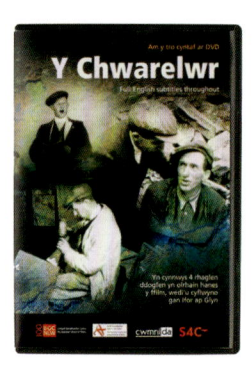

Cafodd y ffilm wreiddiol Y Chwarelwr ei hadfer gan Archif Genedlaethol Sgrin a Sain Cymru a'i rhyddhau ar ffurf DVD.

> Pan ddangoswyd y ffilm ym Mhenmachno, daeth Elizabeth Williams, cyfnither i'm tad, i'w gweld. Nid oedd hi cyn hynny wedi gweld darluniau byw, chwaethach luniau llafar. Cafodd fraw enbyd pan welodd lun ysgol ar ddechrau'r ffilm, y drws yn agor, a minnau'n dod allan drwyddo. A phan agorais fy ngenau a siarad, syrthiodd yr hen wraig oddi ar ei sedd mewn llewyg.

Does dim cyfrifon manwl o gostau gwneud y ffilm ond mae'n debyg fod y £500 o nawdd a dderbyniwyd wedi'i wario cyn dechrau ffilmio. Yn Adroddiad Blynyddol yr Urdd ar gyfer 1938, nodir fod dangosiadau'r ffilm o fewn chwe phunt i glirio'r holl gostau. O feddwl mai swllt y pen (5c) oedd pris mynediad i gael ei gweld, roedd hynny ynddo'i hun yn dipyn o gamp.

Gan mai hon oedd y ffilm gyntaf, does dim amheuaeth am werth hanesyddol *Y Chwarelwr*. Yn anffodus, dim ond y tair ril gyntaf o'r ffilm sydd wedi goroesi – ac oherwydd hynny mae'r deng munud olaf ar goll. Yn 2006, cynigiodd y cynhyrchydd teledu Ifor ap Glyn ail-greu lluniau'r rhan olaf o'r ffilm, gan fod y sgript gyfan ar gael o hyd. Penderfynwyd recordio trac sain newydd a chomisiynu'r cyfansoddwr Pwyll ap Siôn i ychwanegu cerddoriaeth ati. Anrhydeddu bwriad ac uchelgais Ifan ab Owen oedd y nod. Dyma sut mae Ifor ap Glyn yn pwyso a mesur y ffilm:

> Mae'r *Chwarelwr* yn gyfuniad o ddulliau drama a dogfen. Actorion amatur oedd y cast – ond pan welwn ni nhw yn y chwarel, nid actorion ydyn nhw yn fanno ond pobl yn eu cynefin, wrth eu gwaith bob dydd. Mae'r elfennau dramatig yn ymddangos yn ddigon amaturaidd heddiw – roedd y cast wedi arfer â pherfformio ar lwyfan yn hytrach nag arddull mwy cynnil y sgrin; ac mae 'synch-io' llais i symudiad ceg ar ôl y ffilmio gwreiddiol yn gamp yn ei hun. Ond mae'r elfennau dogfennol yn hudo heddiw gymaint ag y gwnaent yn ôl yn 1935. Mae'r ffilm yn gofnod gwerthfawr o gymdeithas sydd wedi diflannu fwy neu lai. Ond yn anad dim, mae'r Chwarelwr yn haeddu ein parch fel ffilm arloesol ac mae modd olrhain S4C a'n holl ddiwylliant ffilm a theledu Cymraeg yn ôl i'r ffilm gyntaf hon.[45]

Taith Sinema'r Urdd

Teithiodd Sinema'r Urdd rhwng mis Hydref a mis Ebrill tan ddiwedd 1939 gyda rheolau blacowt y rhyfel yn dod â'r cyfan i ben yn 1940. Erbyn gaeaf 1938–39, ychwanegwyd nifer o ffilmiau eraill i'r Sinema Gymraeg a dyma deitlau'r rhai mwyaf poblogaidd – *Taith trwy Amgueddfa Genedlaethol Cymru, Bywyd Cymru Ddiarffordd, Ieuenctid ein Gwlad, Y Glöwr – ei Fywyd a'i Wasanaeth, Ehedeg tros Everest, Cyfrinion Holland, Tyfiant Planhigyn, Pranciau Mickey Mouse* a *Ffelics y Gath yn Affrica*. Roedd noson o ffilmiau'n para rhyw ddwy awr ac roedd y galwadau'n niferus – yn ystod gaeaf 1937–38 ymwelwyd â 121 canolfan wahanol, gan gyflwyno dangosiad yn y prynhawn a'r nos mewn nifer ohonynt.

Roedd angen tîm ymarferol ar gyfer fan Sinema'r Urdd i deithio Cymru, sicrhau neuaddau a festrïoedd a threfnu i osod a chlirio'r offer bob nos. Tom Morgan oedd prif swyddog y fenter hon a'i gynorthwyydd oedd Morris ap Morris Jones. Gwnâi waith y sinema deithiol dros y gaeaf pan nad oedd llawer o alw am ei dalentau yn y gwersylloedd. Yn ystod y rhyfel, bu'n rhaid i Tom Morgan fynd i weithio ar y tir gan ei fod yn wrthwynebydd cydwybodol ac ysgwyddwyd holl

Owen Edwards, a ddilynodd ôl traed ei dad a dod yn arweinydd ym maes darlledu yng Nghymru.

gyfrifoldebau'r sinema gan ei gynorthwyydd, Morris ap Morris. Ond wrth i'r rhyfel fynd rhagddo, cyfyngwyd ar betrol a daeth pen ar y teithio.

Ddechrau'r 1950au, daeth stribedi ffilm yn boblogaidd mewn ysgolion a darlithoedd – roedd addysgwyr yn dadlau eu bod yn rhagori ar ffilmiau symudol. Dyma gyndeidiau'r PowerPoint ond hefyd dyma blant y sioe sleidiau. Aeth Ifan ab Owen ati i lunio dwy stribed ffilm ar hanes y mudiad yn haf 1953, gyda sgript i'w darllen ar 120 o luniau. O ddefnyddio'r rhain, gallai unrhyw un draddodi darlith ar weithgareddau'r Urdd dros y 30 mlynedd cyntaf o'i hanes. Gwerthwyd copïau am £1.

Teledu Cymraeg

Pan gyrhaeddodd y teledu, gwelai Ifan ab Owen y perygl – a'r cyfle – i'r Gymraeg. Bu'n gyfarwyddwr y cwmni teledu annibynnol Television Wales and the West ac ymgyrchodd dros y Gymraeg ar y sianeli. Dyma ddyfyniad dadlennol o un o'i lythyrau yn y 1960au:

> Bûm innau yn Board Meeting T.W.W. yr wythnos ddiwethaf yng Nghaerdydd. Af i Lundain yfory yn erbyn cyngor y doctor ar yr un neges i weld beth allaf ei wneud. Y mae tynged diwylliant Cymru yn dibynnu ar beth a wneir ym myd TV yn ystod y chwe mis nesaf yma. Mae'n gas gen i deledu masnachol ond rhaid i rywun fynd i'w ganol i geisio defnyddio hyd yn oed y gelyn hwn.[46]

Yn Eisteddfod yr Urdd Aberdâr 1961 roedd Owen Edwards, mab Ifan ab Owen ac Eirys, yn swyddog cyhoeddusrwydd gwirfoddol i'r mudiad ac ymddangosodd ar raglen deledu Gymraeg newydd y BBC, sef *Heddiw*. O fewn wythnos roedd wedi cael cynnig gan Nan Davies y cynhyrchydd i fod yn holwr ar ddwy eitem yr wythnos ar y rhaglen. Bythefnos yn ddiweddarach, roedd yn gyflwynydd y rhaglen ac arhosodd wrth y gwaith hwnnw hyd ddiwedd 1966. Golygodd hynny symud y teulu o Aberystwyth i Gaerdydd. Mae R.E. Griffith yn talu teyrnged i Owen Edwards a'r olyniaeth:

> Gwasanaethu Cymru oedd ei nod yntau, eithr mewn dull gwahanol. Yr hyn a wnaeth ei dad yn 1921 oedd cydio mewn cylchgrawn a defnyddio hwnnw; yr hyn a wnaeth Owen Edwards yn 1961 oedd cydio mewn teledu, gan ragweld yr elai'r cyfrwng modern a deniadol hwnnw i mewn i fwy o gartrefi Cymraeg nag unrhyw gylchgrawn.[47]

Maes o law, Owen Edwards fyddai Trefnydd Rhaglenni BBC Cymru yn 1967 a Phrif Weithredwr cyntaf S4C yn 1981. Bu farw yn 2010. Gwnaeth y tad a'r mab gyfraniad sylweddol i ddod â'r Gymraeg i fyd ffilm a theledu.

Ysgol Gymraeg yr Urdd

Addysg gynnar

Dechreuodd Ifan ab Owen ei yrfa addysgol yn ysgolion meithrin ac ysgolion preifat Rhydychen cyn mynychu Ysgol Ramadeg y Bala pan symudodd y teulu'n ôl i Lanuwchllyn yn 1907. Y flwyddyn gynt, penodwyd ei dad yn Brif Arolygydd Ysgolion Cymru. Ond cafodd Ifan ei siomi yn y Bala – roedd hyd yn oed y pwnc Cymraeg yn cael ei ddysgu drwy gyfrwng y Saesneg. Saesneg a Seisnig oedd maes llafur pob pwnc yno. Dyna oedd y patrwm drwy Gymru ar y pryd.

Yn 1912, roedd Ifan ab Owen ar drothwy ei gyfnod yng Ngholeg y Brifysgol, Aberystwyth. Un o gynghorion prin ei dad iddo yn y byd addysgol oedd hwn: 'Rydw i am iti garu'r iaith Gymraeg a hoffi ei llenyddiaeth hi, ac felly dydw i ddim am iti astudio Cymraeg yn y coleg.' Dyna grynhoi'r ysgolheictod lychlyd a'r diflastod yn y darlithoedd Saesneg ar lenyddiaeth Gymraeg a gynigiai Prifysgol Cymru ar y pryd.

Fel amryw o wŷr ifanc eraill ei genhedlaeth a oroesodd Ryfel Mawr 1914–18, dychwelodd Ifan ab Owen o'r ffosydd yn genedlaetholwr Cymreig. Doedd derbyn y drefn na gweithio o fewn y drefn ddim yn rhywbeth roedd yn barod i'w ystyried. Ceir sôn am ei ymateb fel milwr i dderbyn gorchymyn gan swyddog uwch ei ben i ysgrifennu ei lythyrau at ei deulu yn Saesneg yn unig:

> Twymodd gwaed y Cymro a gwrthododd ufuddhau. Gwylltiodd y swyddog a'i alw'n "stubborn Welsh pig". Galwodd yntau'r swyddog yn rhywbeth gwaeth, ac nid rhyfedd iddo orfod treulio'r noson honno yn y ddalfa.[48]

Ifan ab Owen Edwards ifanc ac uchelgeisiol.

Dechrau cyflwyno addysg drwy'r Gymraeg

Ond roedd cyfnod newydd a phenderfyniad newydd ar y gorwel. Dechreuodd yr Athro T. Gwynn Jones ddarlithio yn Gymraeg yng Ngholeg y Brifysgol, Aberystwyth – a gwneud hynny gyda thân a llawenydd. Cododd do o ysgolfeistri ifanc yn y 1920au oedd yn rhoi cyd-destun Cymreig a chyfrwng Cymraeg i'w haddysg.

Y genhedlaeth nesaf

Yn Ionawr 1939, dechreuodd Owen, mab Ifan ac Eirys, ei addysg gynradd yn ffrwd Gymraeg y babanod yn Ysgol Gynradd Heol Alecsandra, Aberystwyth. Roedd yr addysg Gymraeg a Chymreig yno'n plesio'r teulu. Ond roedd y ris nesaf ar ysgol addysg yn ofid. Eisoes, dechreuodd Ifan ac Eirys gynllunio sut addysg a dderbyniai'u plant ar ôl cyfnod y babanod ac wedi hynny yn yr ysgol uwchradd. Eu bwriad gwreiddiol oedd anfon y plant o ysgol drefol Aberystwyth i ysgol Gymreiciach, wledig Llanilar oedd ryw chwe milltir y tu allan i'r dref.

Ond digwyddodd dau beth i amharu ar hynny. Gwnaeth Owen gyfeillion da gyda'i gyfoedion yn Adran y Babanod. Byddai'n anodd i'r rhieni dorri'r clymau cynnar hynny. Yn ail, yn sgil cyhoeddi'r Ail Ryfel Byd, daeth cannoedd o blant ardal Lerpwl yn ifaciwîs i Aberystwyth. Daethant â'u Saesneg i'r ysgolion cynradd ac oherwydd eu niferoedd, boddwyd rhai dosbarthiadau Cymraeg yn llwyr gan chwalu'r gyfundrefn addysg. Dyblwyd niferoedd y plant a'r athrawon a bu'n rhaid cynnal rhai dosbarthiadau mewn adeiladau eraill yn y dref.

Ysgol Gymraeg yr Urdd

Heb oedi, cynigiodd Ifan ab Owen stafelloedd yng Nghanolfan yr Urdd yn Ffordd Llanbadarn yn rhad ac am ddim i'r Pwyllgor Addysg er mwyn gallu symud Adran Gymraeg y Babanod yno. Dyna ddigwyddodd, gan gadw'r awyrgylch a'r addysg yn gyflawn Gymraeg. Ond ymhen rhyw bythefnos, dychwelodd yr adran gyfan i Ysgol Heol Alecsandra oherwydd problemau ymarferol. Ond wnaeth Ifan ab Owen ddim gadael i'w siom ei drechu. Gyda chefnogaeth yr Urdd a dyrnaid o rieni, ymgyrchodd i sefydlu dosbarth preifat i fabanod Cymraeg yng Nghanolfan yr Urdd, gydag ef ei hun yn ysgwyddo'r cyfrifoldeb. Hysbysodd y Cyfarwyddwr Addysg na fyddai pum disgybl yn dod i Ysgol Heol Alecsandra o'r dydd Llun canlynol ymlaen gan y byddent yn derbyn addysg gyflawn Gymraeg dan nawdd yr Urdd. Mae'r ôl-nodyn i'r llythyr yn nodweddiadol ohono: 'Disgwyliwn y bydd eraill yn dilyn.'

Mewn cyfnod byr iawn o amser, roedd wedi penodi athrawes – Norah Isaac, a dreuliodd bedair blynedd eisoes ar staff yr Urdd. Yn ugain oed, derbyniodd lythyr oddi wrth Ifan ab Owen yn ei gwahodd i ymuno â'r Urdd yn Aberystwyth a chael cyfle 'i wneud gwasanaeth o ddifri i Gymru' a manteisio ar hynny i ddatblygu'i phersonoliaeth ei hun. Hyfforddwyd hi'n athrawes ac fel y tystia nifer o'i disgyblion a'i myfyrwyr, roedd yn athrawes wrth reddf. Heb betruso, derbyniodd y swydd a'r her:

Yr athrawes Norah Isaac yng nghwmni Owen Edwards.

> Yn y cyfnod hwnnw, mi luniodd Syr Ifan ddiffiniad o addysg Gymraeg yr ydw i yn teimlo, yn oes y gofod yn 1970, sy'n gyfwerth, gyfled, gystal ag unrhyw ddiffiniad o addysg yn unrhyw le. 'Meithrin dinasyddiaeth, bywyd Cristnogol, a chariad at brydferthwch ydyw uchelgais ysgol, a hynny ar sail diwylliant Cymru'. Dyma i chi her i'r gyfundrefn addysg, her i ni weithredu yr hyn a osododd e fel nod i ni.[49]

Rhai o ddisgyblion cynharaf Ysgol Gymraeg yr Urdd yn Aberystwyth.

Ifan ab Owen ei hun fu'n gyfrifol am glirio a glanhau stafell yn y Ganolfan a'i haddasu'n stafell ddosbarth. Cludodd offer, teganau, lluniau a llyfrau yno a gwnaed pob math o waith ymarferol, yn cynnwys adeiladu theatr bypedau, a honno hefyd wedi'i pheintio'n goch, gwyn a gwyrdd. Yna, ar 25 Medi 1939, agorwyd Ysgol Gymraeg yr Urdd. Ymhen tair wythnos, roedd mwy o blant yn gofyn am gael dod yno. Pasiwyd i roi cyflog o £160 y flwyddyn yn dâl i'r athrawes a bod rhieni'n cyfrannu at y gost honno. Fyddai'r Urdd ddim yn codi ceiniog o rent am gael defnyddio'r adeilad.

Wrth edrych yn ôl ar yr arloesi hwn, digon gwylaidd oedd Ifan ab Owen, gan bwysleisio nad oedd dim yn hanfodol newydd yn y syniad o 'Ysgolion Cymraeg':

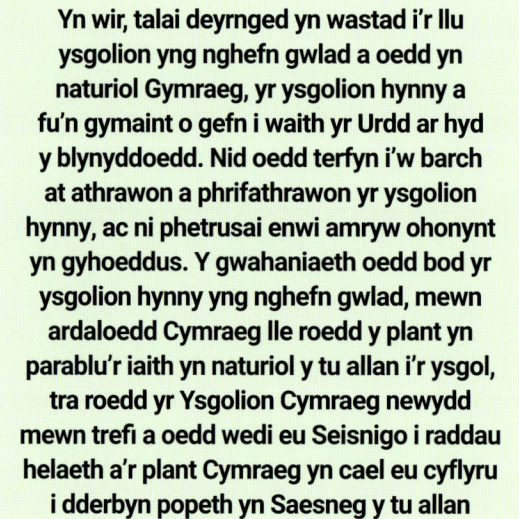

> Yn wir, talai deyrnged yn wastad i'r llu ysgolion yng nghefn gwlad a oedd yn naturiol Gymraeg, yr ysgolion hynny a fu'n gymaint o gefn i waith yr Urdd ar hyd y blynyddoedd. Nid oedd terfyn i'w barch at athrawon a phrifathrawon yr ysgolion hynny, ac ni phetrusai enwi amryw ohonynt yn gyhoeddus. Y gwahaniaeth oedd bod yr ysgolion hynny yng nghefn gwlad, mewn ardaloedd Cymraeg lle roedd y plant yn parablu'r iaith yn naturiol y tu allan i'r ysgol, tra roedd yr Ysgolion Cymraeg newydd mewn trefi a oedd wedi eu Seisnigo i raddau helaeth a'r plant Cymraeg yn cael eu cyflyru i dderbyn popeth yn Saesneg y tu allan i gartref a chapel, ac yn tueddu i siarad Saesneg â'i gilydd.[50]

Disgyblion cynnar yr Ysgol Gymraeg.

Canolfan yr Urdd, Aberystwyth.

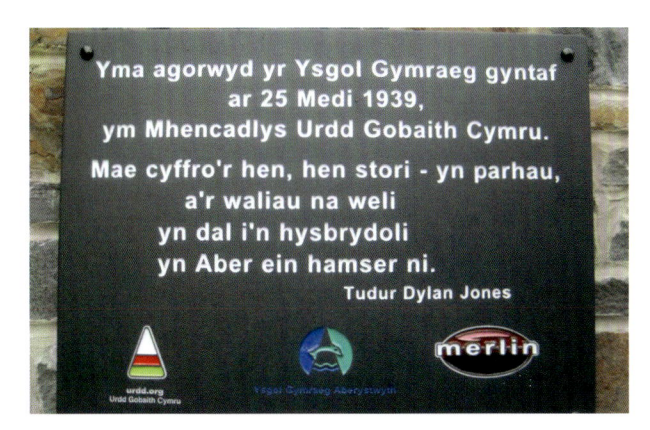

Llechen a phlac a osodwyd i gofnodi lleoliad Ysgol Gymraeg yr Urdd yn Aberystwyth.

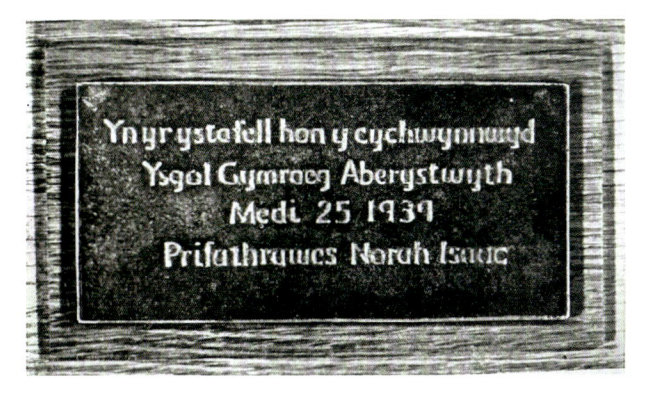

Yr Ysgol Gymraeg a'r Swyddfa Ryfel

Roedd y grym gan awdurdodau'r Llywodraeth i gipio a meddiannu adeiladau heb ofyn a heb rybudd yn ystod argyfwng y rhyfel. Digwyddodd hyn i Ganolfan yr Urdd yn Aberystwyth ddiwedd 1939. Roedd angen yr adeilad helaeth a'i adnoddau ardderchog ar y Swyddfa Ryfel i letya, bwydo a hyfforddi milwyr. Cnociwyd ar ddrws y cartref a dywedodd swyddog â rhes o fedalau ar draws ei frest wrth Eirys Edwards ei fod yn bwriadu meddiannu'r adeilad. Ei chwestiwn cyntaf hithau oedd, 'But what about the little Welsh School?' Roedd ei ymateb yn nodweddiadol: 'Little Welsh School be damned! Don't you know there's a war on?'

Rywsut neu'i gilydd, llwyddwyd i achub dosbarth yr ysgol yng Nghanolfan yr Urdd a stafell y swyddfa o grafangau'r fyddin, ond collodd Aelwyd yr Urdd Aberystwyth ei chartref. Erbyn 1941, roedd 19 o blant yn yr Ysgol Gymraeg. Penodwyd ail athrawes, Margaret Morris Williams o Forfa Nefyn, ym mis Ebrill a pharhaodd yr Urdd i noddi'r ysgol yn ariannol. Gofynnwyd i dri 'arolygydd' ymweld â'r ysgol a rhoi eu barn ar yr addysg oedd yn cael ei chyflwyno yno, gan dderbyn eu cefnogaeth ddylanwadol. Yr Athro T. Gwynn Jones oedd un o'r arolygwyr hynny:

Y mae Ysgol Gymraeg yr Urdd yn Aberystwyth yn un o'r profion gorau a wnaed erioed ar ddysgu plant yng Nghymru. Y mae'r dulliau a gymerir yn rhai deniadol, y disgyblion yn rhywiog a dirodres, a'r canlyniadau yn effeithiol dros ben. Hyfryd clywed y plant yn llefaru'n groyw a glân, yn adrodd stori fach neu'n canu gyda hyder, diddordeb a dawn naturiol, a ddatblygir drwy ddulliau deallus a gwyddorus. Dylai fod ysgolion cyffelyb ym mhob man drwy'r wlad.

Y brifathrawes Ellen Evans o Goleg y Barri oedd un arall:

> Dyma o'r diwedd freuddwyd yn ffaith – plant Cymru yn cael addysg mewn awyrgylch trwyadl Gymreig yng ngofal athrawes o ddawn eithriadol.

A'r Athro R.T. Jenkins oedd y trydydd:

> Hyderaf y bydd yr ysgol hon yn batrwm a ddilynir mewn llawer man yng Nghymru, i aros y dydd pan fydd pob un o'n Hawdurdodau Lleol wedi deffro i'w dyletswydd, a gweld oddi wrth lwyddiant Ysgol Gymraeg Aberystwyth fod addysg drwyadl Gymreig a Chymraeg yn bosib heb esgeuluso Saesneg, ac felly heb aberthu dim o'r 'manteision', sydd ysywaeth yn bwysicach yng ngolwg llawer Cymro na chadw a meithrin ei famiaith.

Ymgyrchu

Trodd y fenter yn ymgyrch. Yn Awst 1941, daeth Undeb Cenedlaethol y Cymdeithasau Cymraeg a'r Gynhadledd Genedlaethol er Diogelu Diwylliant Cymru at ei gilydd a chreu Undeb Cymru Fydd dan arweiniad T. I. Ellis. Rhoddodd y mudiad newydd hwn ei gefnogaeth i dair ymgyrch fawr yr Urdd bryd hynny – gwerthu llyfrau, sefydlu Aelwydydd a chreu ysgolion Cymraeg.

Gyda thwf cynnar yr Ysgol Gymraeg yn Aberystwyth, daeth mwy o blant yn ddisgyblion yno. Gwelir Norah Isaac yn eistedd yng nghanol y plant.

Yn 1942, cynyddodd nifer y disgyblion yn yr Ysgol Gymraeg i 32 yn dilyn cyhoeddusrwydd da a brwdfrydedd y plant. Diflannodd amheuon ynghylch dysgu rhifyddeg a Saesneg drwy'r Gymraeg. Arbrofwyd â dysgu Ffrangeg i blant oedran cynradd a gwelwyd bod y plant yn ymateb yn dda i addysg mewn tair iaith. Cynigiwyd gwersi telyn, sefydlwyd cylchgrawn yn yr ysgol, *Dail Gwanwyn*, a chynhaliwyd cyngerdd cyhoeddus cyntaf yr ysgol y Nadolig hwnnw. Yn 1943, cafodd nifer fechan o Saeson eu derbyn i'r ysgol a gwelwyd cynnydd cyflym yn eu gallu i ddysgu Cymraeg. Y Medi hwnnw, daeth Mary Vaughan Jones – awdur *Sali Mali* yn ddiweddarach – o Faenan, Llanrwst yno'n athrawes a daeth stafell arall yn rhydd gan fod y fyddin bellach wedi gadael Canolfan yr Urdd. Roedd 45 o ddisgyblion yno erbyn hynny.

Yn 1944, safodd y disgybl cyntaf ei arholiadau Ysgol Sir a phasio'n rhwydd. Roedd yn fuddugoliaeth i'r egwyddor o addysg Gymraeg. Cafodd damcaniaeth ei throi'n ganlyniad a llongyfarchwyd Norah Isaac yn arbennig ar ei champ. Daeth yr awdur, y Parch. E. Tegla Davies yn ŵr gwadd i'r cyfarfod dathlu. Pan ddaeth yn amser iddo siarad â'r plant, dechreuodd mewn ffordd a swniai'n od i bawb. 'Rydw i am i chi, blant yr Ysgol Gymraeg, fod yn debyg i'r Saeson!' Syllodd y plant hynaf arno mewn syndod, a throi eu golygon wedyn at y brifathrawes. 'Faint ohonoch chi sy'n fodlon addo y gwnewch chi efelychu'r Saeson?'

Neb yn ateb, a dim un llaw yn codi yn unman. Felly aeth Tegla yn ei flaen:

> Mae'r Saeson yn falch o'u gwlad, ac yn ei chanmol bob amser. Mae nhw'n falch o'u hiaith, ac yn ei siarad bob amser. Dyw'r Saeson byth yn bradychu eu gwlad, byth yn gwadu eu hiaith. Dyna pam rydw i am i chi fod yn debyg iddyn nhw – am i chi garu Cymru eich gwlad, ac am i chi siarad Cymraeg bob amser. Rwan 'te, pwy sy'n addo?[51]

76 CANRIF YR URDD

Ehangu pellach

Ymysg y 56 disgybl yn yr Ysgol Gymraeg y flwyddyn honno roedd Ifan Prys, ail fab Ifan ac Eirys, a Cath a ddaeth yn wraig iddo flynyddoedd yn ddiweddarach. Pasiwyd i sefydlu dosbarth ychwanegol arall. Erbyn 1945, roedd y mudiad yn trafod ehangu'r Ysgol Gymraeg i fod yn ysgol breswyl. Daeth Lluest, plasty ar gwr tref Aberystwyth, ar y farchnad a heb oedi, prynodd Ifan ab Owen yr eiddo â £3,000 o'i arian ei hun. Sefydlwyd cronfa genedlaethol ac ymhen ychydig fisoedd, codwyd digon o arian i'w ad-dalu. Y bwriad oedd gwario £4,000 arall ar addasu'r tŷ yn llety i bymtheg o blant a chynnal ysgol ddyddiol ac ysgol breswyl Gymraeg yno.

Erbyn hyn roedd 71 o ddisgyblion yn yr Ysgol Gymraeg. Safodd chwech o'r plant hynaf eu harholiadau mynediad i'r Ysgol Sir yn llwyddiannus a derbyniodd dau arall ysgoloriaethau i ysgolion preswyl. Trefnai athrawon, prifathrawon, cyfarwyddwyr addysg a darlithwyr colegau hyfforddi ymweliadau â'r ysgol. Braint i rai myfyrwyr oedd cael cyfle i wneud eu hymarfer dysgu yno. Dangosodd addysgwyr o Loegr a thramorwyr oedd yn astudio dulliau o ddysgu ail iaith ddiddordeb ynddi – Saesneg oedd yr ail iaith honno, wrth gwrs.

Ond yn wahanol i ymgyrch yr Aelwydydd, doedd annog trefi eraill i wirfoddoli i sefydlu eu hysgolion Cymraeg eu hunain ddim yn fwriad gan Ifan ab Owen. Pwysleisiai mai nawdd yr Urdd, mewn sawl dull a modd, oedd wedi'i gwneud hi'n bosib i Ysgol Gymraeg Aberystwyth lwyddo. Gwir fwriad yr arbrawf oedd ysgogi awdurdodau addysg Cymru i sefydlu ysgolion Cymraeg gydag arian y wladwriaeth. Daeth grwpiau o rieni ynghyd yn Llanelli, Caerdydd a Wrecsam i roi pwysau ar yr awdurdodau lleol yno. Yn sgil y pwysau hwnnw, agorodd Ysgol Gymraeg Dewi Sant, yr ysgol Gymraeg gyntaf dan nawdd awdurdod lleol, yn Llanelli ar Ddydd Gŵyl Dewi 1947.

Er mai yn Llanelli y sefydlwyd yr Ysgol Gymraeg gyntaf dan awdurdod lleol roedd yr Urdd yn ymfalchïo yn hynny ar ddau gyfri – bod y gwaith a wnaed yn eu hysgol yn Aberystwyth ers 1939 yn dwyn ffrwyth, a bod Olwen Williams o Lanelli, 'un o ferched yr Urdd', wedi'i phenodi'n brifathrawes yno:

> Megis y mae Ysgol Gymraeg Aberystwyth yn ddiogel yn nwylo Miss Norah Isaac, felly hefyd Ysgol Gymraeg Llanelli yn nwylo Miss Olwen Williams. Rhaid sicrhau mai merched o'r stamp yma a benodir i fod yng ngofal yr Ysgolion Cymraeg a sefydlir eto yng Nghaerfyrddin, Maesteg, Llandudno, Bae Colwyn, Wrecsam a mannau eraill.[52]

Erbyn 1953, roedd dros ddwy fil o blant yn derbyn addysg mewn chwech ar hugain o ysgolion Cymraeg.

Dathlu addysg Gymraeg

Ym Medi 2014, dathlwyd 75 mlynedd o addysg Gymraeg yn Aberystwyth a chyfeiriodd Clive Williams, Pennaeth yr Ysgol Gymraeg ar y pryd, at 'ddechrau chwyldroadol yr ysgol yn 1939' cyn i'r Cyngor Sir gymryd yr awenau. Roedd 415 o ddisgyblion yn yr ysgol erbyn 2014. Yn ei anerchiad yn y dathliad, crynhodd Prys Edwards, ail fab Ifan ac Eirys, ei deimladau fel hyn:

Prys a Cath Edwards yn dadorchuddio llun o Syr Ifan ab Owen Edwards yn Ysgol Gymraeg Aberystwyth yn 2014.

CANRIF YR URDD 77

Prys Edwards

Un a oedd yn gefn mawr i'r Urdd oedd Prys Edwards. Yn fab i Ifan ab Owen ac Eirys Edwards, roedd yn ŵr busnes craff ac yn bensaer wrth ei alwedigaeth. Bu'n rhan o bwyllgorau a threfniadaeth yr Urdd am dros 60 o flynyddoedd, ac roedd yn arbennig o falch o'r gwersylloedd ac o weld y datblygiadau newydd a chyffrous oedd ynddynt fesul degawd. Roedd yn un o Lywyddion Anrhydeddus y mudiad, ac yn arweinydd brwd a chadarn. Bu farw ym mis Mawrth 2020.

Yn yr un dathliad, dywedodd David Meredith – cyn-ddisgybl cynnar arall – fod yr Ysgol Gymraeg yn rhan ganolog o'i fagwraeth. Roedd ei frawd a'i chwaer hŷn ymysg y saith disgybl cyntaf; roedd ei dad, y Parch. J. E. Meredith, yn gadeirydd yr ysgol a'i fam, yn gyn-athrawes, yn un o'r rhieni brwd oedd yn fodlon cyfrannu'n ariannol at addysg eu plant. Dyma, efallai, waddol pwysicaf yr ysgol – 'pan aeth yr ysgol yn drech na'r Urdd, yn ariannol felly, bu brwydr benderfynol gan y rhieni i sicrhau ei pharhad gan fynnu fod yr ysgol yn dod o dan awdurdod y Pwyllgor Addysg, y Cyngor Sir, ac addysg Gymraeg yn ddi-dâl i bawb.'

Erbyn heddiw mae tua 65,000 o blant cynradd yn derbyn addysg yn ysgolion Cymraeg yr awdurdodau lleol yng Nghymru. Dyna'r twf a ysbrydolwyd gan yr un ysgol fach honno yn Aberystwyth yn 1939.

Prys Edwards, a ddaeth yn Llywydd Anrhydeddus i'r mudiad, ar ymweliad â Gwersyll yr Urdd, Llangrannog.

> Pleser i Cath a minnau yw i Lisa a Siôn fynd i Ysgol Gymraeg Aberystwyth a bod ein hwyrion hefyd mewn ysgolion Cymraeg, gan gynnwys Ysgol Gymraeg Aberystwyth. Ysgwn i sut siâp fyddai ar yr iaith Gymraeg heddiw petae fy nhad heb sefydlu'r ysgol Gymraeg gyntaf? Onid y nod erbyn hyn yw sicrhau y bydd pob ysgol gynradd yng Nghymru yn ysgol Gymraeg, gan gynnig yr un safon uchel o addysg a gyflwynwyd yn 1939 yn yr ysgol Gymraeg gyntaf? Gweithiwn tuag at y nod hwn.[53]

Norah Isaac (1914–2003)

Un o ardal Maesteg oedd Norah Isaac. Astudiodd yng Ngholeg Hyfforddi Morgannwg, y Barri ac yn 1935 cafodd ei phenodi yn Drefnydd y De i fudiad yr Urdd. Hi, ym Medi 1939, oedd prifathrawes yr ysgol Gymraeg gyntaf a gweithiodd yno tan 1949, gan godi nifer y disgyblion o 7 i 24. Treuliodd gyfnod yn ddarlithydd yng Ngholeg y Barri (1950–58) cyn symud i fod yn Brif Ddarlithydd Drama a'r Gymraeg yng Ngholeg y Drindod, Caerfyrddin gan ddylanwadu ar sawl cenhedlaeth o fyfyrwyr. Yno, sefydlodd yr Adran Ddrama Gymraeg gyntaf erioed mewn coleg. Daeth yn Gymrawd yr Eisteddfod Genedlaethol – y fenyw gyntaf i dderbyn yr anrhydedd.

Llun Geoff Charles: Dathlu 21 mlynedd o addysg Gymraeg ar lwyfan Eisteddfod yr Urdd 1960 – enwau'r ysgolion.

78 CANRIF YR URDD

Argyfwng yr Ail Ryfel Byd

Taith braf i unrhyw fudiad yw'r un sy'n dringo o un llwyddiant i lwyddiant arall. Erbyn 1938, roedd gwaith yr Urdd wedi cael cydnabyddiaeth swyddogol gan lywodraeth Llundain ac roedd y mudiad wedi'i dderbyn yn aelod o'r Standing Conference of National Voluntary Youth Organisations. Llwyddodd y mudiad i ennill nawdd blynyddol o goffrau Ymddiriedolaeth Jiwbilî y brenin hefyd. Yn sgil statws swyddogol yr Urdd bellach, daeth grantiau i gynnal swyddi ac ariannu digwyddiadau.

Ond mesur o haearn mudiad yw sut mae'n dygymod â chyfnod anodd, argyfyngus. Yn ystod ei chanrif gyntaf, cafodd yr Urdd sawl cyfnod o'r fath a digwyddodd y cyntaf ym Medi 1939 pan gyhoeddwyd stad o ryfel yn Llundain. Galwyd miloedd o ieuenctid Cymru i'r lluoedd arfog drwy orfodaeth filwrol. Collodd y bröydd frwdfrydedd ac arweiniad eu to ifanc.

Heb ymdroi, aeth y peiriant propaganda Prydeinig ati i danseilio popeth Cymraeg a Chymreig. Rhoddwyd taw ar raglenni Cymraeg ar y radio. Wedi rhyw chwe blynedd o dwf, roedd newyddion ac adloniant Cymraeg ar y radio wedi rhoi hyder a bywyd newydd i'r iaith. Crëwyd cynulleidfa annibynnol ac roedd staff a thalentau rhagorol wedi'u meithrin. Ond wedi cyhoeddi rhyfel yn erbyn yr Almaen, roedd yr awdurdodau canolog yn ffromi at arlliw o ddiwylliant gwahanol.

Dylifodd miloedd o blant o ddinasoedd mawr Lloegr i Gymru fel ifaciwîs. Doedd neb yn gwrthwynebu cynnig lloches i blant rhag y bomiau, wrth gwrs, ond roedd cryn ddyfalu beth fyddai effaith y mewnlifiad anferth hwn ar aelwydydd, ysgolion ac ardaloedd Cymraeg. Dysgodd amryw o'r plant yma Gymraeg yn rhugl, ond doedd dim paratoadau na chefnogaeth wedi'i threfnu i gyflawni hynny.

Llun o rai o'r ifaciwîs cyntaf i gyrraedd Cymru.

Yr Urdd dan gwmwl

Yn sgil y rhyfel, daeth cyfyngiadau a thoriadau i wynebu'r Urdd. Bu'n rhaid rhoi'r gorau i'r trefniadau i gynnal eisteddfodau a mabolgampau cenedlaethol. Caewyd Gwersyll Llangrannog – roedd teithio'n anodd ac roedd y gwersyll ar lwybr awyrennau'r Luftwaffe ar eu ffordd i Lannau Merswy. Hawdd fyddai amau mai gwersyll milwrol oedd y gwersyll plant ar yr arfordir. Unwaith eto, dim ond gorymdeithiau milwrol oedd ar strydoedd Cymru. Yn fuan wedyn, cafodd adeilad yr Urdd yn Ffordd Llanbadarn, Aberystwyth ei feddiannu gan y Swyddfa Ryfel.

Gorymdaith Gwarchodlu Cartref y Trallwng drwy strydoedd y dref adeg yr Ail Ryfel Byd.

'Dyma'r diwedd'

'Mae hi ar ben – dyma'r diwedd,' meddai Ifan ab Owen wrth R.E. Griffith, Prif Drefnydd yr Urdd, yn Hydref 1939. Roedd llythyr oddi wrth lywodraeth Llundain newydd gyrraedd y swyddfa. Hysbyswyd yr Urdd y byddai pob cymorth ariannol yn dod i ben o fewn y mis gan annog y mudiad i leihau nifer y staff a gwneud toriadau helaeth ar unwaith.

Dyn optimistaidd, gobeithiol oedd Ifan ab Owen wrth natur – goroptimistaidd weithiau, yng ngolwg ambell un. Ond cafodd ei ysgwyd i'w sodlau gan y llythyr. Meddai R.E. Griffith:

> Ni welswn mohono erioed mor benisel, mor wirioneddol dorcalonnus â'r bore hwnnw ... Nid ymddangosai y bore hwnnw fod unrhyw ddyfodol i'r Urdd. Gwelai'r Sylfaenydd waith ei fywyd yn dymchwel am ei ben, gwelai ei fudiad yn deilchion wrth ei draed, a theimlai iddo lafurio'n ofer am ddeunaw mlynedd ... Llythyr y Llywodraeth oedd y gair olaf.[54]

Erbyn y noson honno roedd Ifan ab Owen wedi anfon llythyr at bob un o staff yr Urdd – ar wahân i R.E. Griffith ac Elsi Williams, y clerc yn y swyddfa ganolog – yn eu diswyddo a'u hannog i chwilio am waith arall yn ddiymdroi. Gyda dim ond dau aelod o staff ar ôl rhwng 1942 ac 1943, roedd y swyddfa'n teimlo'n wag a'r gwaith yn ddiffaith. Roedd dyfodol yr Urdd yn y fantol.

Haul ar fryn

Ond ymhen pythefnos daeth llythyr arall o Lundain. Roedd y llywodraeth yno wedi ailfeddwl ac wedi sylweddoli y byddai mwy o angen am wasanaeth mudiadau ieuenctid nag erioed o'r blaen. Adferwyd y grantiau ac aeth yr Urdd ati i geisio denu'r cyn-staff yn eu holau. Llwyddwyd i wneud hynny bron yn gyfan gwbl a phenderfynwyd cysylltu â'r Adrannau a'r Aelwydydd i'w hannog i ddal ati. Mabwysiadwyd 'Rhaid i Gymru fyw!' fel arwyddair dros gyfnod yr Ail Ryfel Byd.

Roedd hi'n amlwg na fyddai'r un math o weithgareddau ag arfer yn bosib i'r Urdd yn ystod y blynyddoedd hynny. Datblygodd y mudiad i ddau gyfeiriad newydd allweddol – canolbwyntio ar Aelwydydd lleol i'r aelodau hynaf a mentro i fyd addysg, gan arwain at sefydlu'r ysgol Gymraeg gyntaf yng Nghymru, wrth gwrs. Ond cyn hynny cymerodd aelodau'r mudiad gamau cadarnhaol dros ddwy o'u hegwyddorion sylfaenol – Cymreictod a heddwch.

A'r ymgyrch ryfel yn ddim ond ychydig wythnosau oed, roedd hi'n amlwg i nifer o Gymry pybyr y byddai bywyd y genedl Gymreig dan warchae gan Brydeindod Llundain. Galwodd Plaid Genedlaethol Cymru a Chyngor yr Eisteddfod Genedlaethol am gynhadledd genedlaethol o'r mudiadau. Ar 1 Rhagfyr 1939, daeth rhyw saith deg o Gymry ynghyd yn Amwythig dan lywyddiaeth yr Athro W.J. Gruffydd, gan gynrychioli nifer helaeth o fudiadau a chymdeithasau Cymraeg, sefydliadau cenedlaethol, enwadau ac awdurdodau addysg a llywodraeth leol. Roedd yn Gynulliad Cenedlaethol. Penderfynwyd creu Pwyllgor Gwaith o ddeuddeg o arweinwyr y genedl i ddiogelu diwylliant a dyfodol Cymru dros gyfnod y rhyfel. Roedd Ifan ab Owen yn un o'r deuddeg. Dyna arwydd o safle'r Urdd bellach yng ngolwg arweinwyr y genedl.

Safiad dros heddwch

Ar sail heddychiaeth, gwrthwynebodd R.E. Griffith ymuno â'r lluoedd arfog. Derbyniodd gefnogaeth Ifan ab Owen a swyddogion yr Urdd. Yn y tribiwnlys yng Nghaernarfon yng Ngorffennaf 1940, derbyniodd y Barnwr dystlythyr gan Ifan ab Owen cyn cyhoeddi, 'Mae'r achos ar ben.' Talodd deyrnged i waith y mudiad gan gydio yn yr arwyddair newydd, 'Rhaid i Gymru fyw!' Meddai, 'ac os felly, rhaid i Urdd Gobaith Cymru fyw, a chan hynny rydym yn eich rhyddhau o wasanaeth yn y lluoedd ar un amod, sef eich bod yn para i wasanaethu'r mudiad hwnnw ochr-yn-ochr ag Ifan ab Owen Edwards.'

Ieuenctid yr Urdd a'r lluoedd arfog

Roedd profiad y Cymry ifanc yn y lluoedd arfog yn ystod yr Ail Ryfel Byd yn esmwythach o safbwynt cymdeithas Gymraeg nag y bu yn y Rhyfel Byd Cyntaf. Er efallai fod siaradwyr Cymraeg yn cael eu gwawdio a'u hiselhau o hyd, roedd ganddynt hyder

Llun o griw o filwyr o Gymru o ardal Llandeilo yn ystod yr Ail Ryfel Byd.

newydd i ddelio â hynny. Does dim dwywaith nad yr Urdd oedd yn gyfrifol am yr hyder hwnnw, gan eu galluogi i oroesi a dal ati i gynnal eu cyfarfodydd cymdeithasol fel petaent yn ôl adref yng Nghymru. Sefydlwyd Aelwyd o'r Urdd gan aelodau Cymraeg o'r lluoedd arfog yn Gibraltar, fel y disgrifiwyd yng nghylchgrawn *Yr Aelwyd*:

> Yn ddiweddar, sefydlwyd Aelwyd yn Gibraltar gan y gymdeithas Gymraeg o filwyr sydd yno ac a elwir wrth yr enw 'Brythoniaid y Graig'. Cyfeiriad yr Aelwyd yw 64, Engineers' Lane, Gibraltar, ac y mae ar agor o 6 o'r gloch ymlaen bob nos. Estynnir croeso cynnes i unrhyw Gymry a ddigwydd fynd i Gibraltar. Y swyddogion yw: Cadeirydd – Mr Wynne Williams, Llangollen; warden – Mr J. Lloyd Hughes, Maentwrog; ysgrifennydd – Mr Ivor G. Roberts, Aberystwyth.

Cymdeithas Gymraeg Ynys yr Iâ

Aeth criw arall ati i sefydlu Cymdeithas Gymraeg ymysg y morwyr a'r awyrenwyr oedd yn rhan o frwydr Gogledd yr Iwerydd. Reykjavik oedd eu canolfan ac mae'n ddiddorol gweld mai drwy gylchgrawn *Yr Aelwyd* y gohebwyd er mwyn tynnu sylw Cymry eraill at y gymdeithas honno. Mae'n amlwg hefyd fod egwyddorion sylfaenol yr Urdd yn fyw iawn yn eu meddyliau o hyd, fel y gwelir mewn llythyr o Wlad yr Iâ at olygydd *Yr Aelwyd* oddi wrth y Ft/Lt E.H. Williams, Hen Golwyn:

> Ffurfiwyd Cymdeithas Gymraeg yn Reykjavik ar Ddydd Gŵyl Dewi eleni, er dwyn i gyfathrach agosach y Cymry gwasgaredig a wasanaetha yn y parthau gogleddol hyn. Credwn y deilliaw lles mawr o'r gyfathrach hon, a bydd trwy hynny yn gyfraniad effeithiol i'r achos cynghreiriol trwy ein selio'n gryfach yn rhwymyn gwir wladgarwch a gwasanaeth. Yr ydym mewn cysylltiad â'r cymrodyr o Gymru ar y gwahanol feysydd rhyfel, a thrwy'r ddolen newydd hon ceisiwn gryfhau'r gadwyn aur sy'n uno ein cydwladwyr dros y byd cyfan. Cofiwn hefyd am y gwaith mawr a'n herys wedi'r drin, a pharhawn mewn ymdrech ac aberth i ailadeiladu ein teyrnas i heddwch y byd.

Seren y Gogledd a *Seren y Dwyrain*

Aeth y Cymry yng Ngogledd yr Iwerydd ati i sefydlu cyfnodolyn *Seren y Gogledd* i gadw cysylltiad â'i gilydd. Yn Cairo yn yr Aifft, roedd criw arall o Gymry'n cyhoeddi misolyn *Seren y Dwyrain* rhwng 1944 ac 1945 i adrodd hanes cymdeithasau Cymraeg y bechgyn yn y Dwyrain Canol – Alecsandria, Caersalem, Algiers, Beirut, Cairo, Casffarit, Sarafand, Haifa, Sisili a'r Eidal. Yn Awst 1944, mae *Yr Aelwyd* yn apelio am danysgrifwyr adref yng Nghymru i hyrwyddo gwerthiant *Seren y Dwyrain* ac am gyfranwyr i gronfa er mwyn i'r Urdd helpu â'r costau argraffu. Mae'n sôn hefyd am gefnogaeth ymarferol arall y mudiad i'r bechgyn yn y gwledydd tramor. Roedd y cysylltiad â'r mudiad yn un agos.

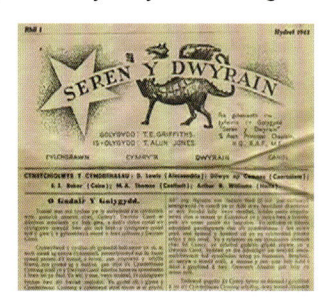

Wrth i'r Ail Ryfel Byd ddirwyn i ben, cafwyd adlais o'r hyn ddigwyddodd yng Nghymru ar ddiwedd y Rhyfel Byd Cyntaf yn yr ysgrif 'Yr Hogiau' gan Ifan ab Owen yn *Yr Aelwyd*. Cynhwysodd y stori hon yn yr ysgrif:

> **Ychydig wythnosau'n ôl, cerddwn allan o dŷ bwyta yn Aberystwyth pan glywn lais yn galw arnaf. Wedi troi'n ôl fe'm wynebwyd gan ddyn ifanc yng ngwisg swyddog y Llu Awyr. Adnabûm ef ar unwaith fel hen aelod a hen weithiwr o'r Urdd. Yr oedd rhagor na chwe blynedd ers pan welais ef o'r blaen, ac yn awr yr oedd ar fin cael ei ryddhau. A dyma ei eiriau: 'Mi fydda' i'n setlo i lawr yn Llan–, Rhywbeth fedra i wneud dros yr Urdd, dim ond anfon gair. Mi fydda' i'n barod i wneud unrhyw beth neu i fynd i unrhyw fan. Mi fues i'n selog dros yr Urdd bob amser, ond mi 'rydw i'n ganwaith mwy selog rŵan ar ôl pedair blynedd yn India.'**

Estyn help llaw

Wrth i adroddiadau llygad-dystion gyrraedd Cymru am lanast erchyll cyrchoedd bomio'r Cynghreiriaid ar blant a phobl gyffredin yr Almaen, teimlai'r Urdd bod yn rhaid estyn help llaw. Yn ogystal â lladd 600,000 o bobl a phlant (o'i gymharu â 40,000 o dan fomiau'r Almaen yn ninasoedd gwledydd Prydain), roedd digartrefedd, tlodi a newyn yn rhemp yn y wlad ar ôl i'r brwydro ddod i ben. Sefydlodd yr Urdd 'Gronfa Achub y Plant' gan godi bron i £4,000 a thalu am y costau gweinyddol eu hunain. Gyda'r arian, cyfrannwyd at brynu bwyd a dillad ac angenrheidiau eraill i blant anghenus gwahanol wledydd Ewrop. Ar ben hynny, prynwyd cerbydau mawr i'w defnyddio fel cerbydau ambiwlans a chantîn, a'u cyflenwi ag offer a chyffuriau meddygol. Aeth y cerbyd cyntaf i Wlad Pwyl, yr ail i Wlad Belg, un arall i Hwngari a dau i Iwgoslafia.

Er mwyn cofnodi ymdrech Cymru, rhoddwyd Draig Goch ar bob cerbyd a geiriau fel hyn: 'Rhodd Cymru i Blant Poland trwy Urdd Gobaith Cymru mewn cydweithrediad â Chronfa Achub y Plant' – yn Gymraeg ac yn iaith y wlad. Nodwyd yn *Yr Aelwyd*:

> *'Y mae nifer o fechgyn ieuainc o Gymru yn gweithio yn y gwledydd hyn gyda Chronfa Achub y Plant, Uned Ambiwlans y Crynwyr, a mudiadau dyngarol eraill; ac y mae amryw ohonynt yn hen aelodau o'r Urdd. Gallwn ddychmygu'r wefr a deimlant hwy wrth weld y cerbyd o Gymru, y Ddraig Goch, a'r hysbysiad Cymraeg.'*

Yn 1944, anerchodd Ifan ab Owen y Cymry ifanc a alltudiwyd i'r Dwyrain Canol gan yr Ail Ryfel Byd.[55] Addawodd y byddai drysau Aelwydydd yr Urdd 'yn agored led y pen' pan fyddent yn dychwelyd. Roedd eu sefyllfa, meddai, yn debyg i'r un wynebodd yntau ar derfyn Rhyfel 1914–18 pan oedd yntau'n 'filwr cyffredin, heb na "seren" na streipen, yn tanio howitzers o gunpits lleidiog Ffrainc. Am Gymru y dyhëwn, amdani y breuddwydiwn, a'i dyfodol hi a gynlluniwn.' Esboniodd ei ddyhead i uno Cymru, uwch pob enwad a phlaid, a hefyd i fod yn gydwladol yn ogystal â chenedlaethol. Ar gyfer aelodau hŷn y mudiad y ffurfiwyd yr Aelwydydd, a dyma'i nod:

> **Erbyn diwedd y rhyfel gobeithiwn fod ag un "Aelwyd" ym mhob pentref yng Nghymru ... Rhaid ichwi gael gwell croeso adref nag a gawsom ni pan ddychwelsom ar ddiwedd y rhyfel diwethaf.**

Gwersylloedd 1940–1967
Colli ac Ennill

Y gwersylloedd oedd canhwyllau llygaid Ifan ab Owen. Yn y blynyddoedd cynnar, roedd ef ac Eirys ei wraig yn trefnu ac arwain y gwersylloedd bob haf. Roedd ei ofal dros yr adnoddau'n fawr – flynyddoedd yn ddiweddarach, yn dilyn ambell storm aeafol ar lannau Ceredigion, byddai'n mynd i lawr i Wersyll Llangrannog yn y bore a rhoi diwrnod o lafur trwm i glirio'r llanast a diogelu'r adeiladau. Cafodd fyw i weld gwres canolog mewn rhannau o hen blasty Glan-llyn a breuddwydiai am weld 'pentref arddegau' yno'n cael ei ddefnyddio ddeuddeg mis y flwyddyn.

Llwyddodd yr Urdd i gynnal gwersylloedd yn Llangrannog drwy ymdrech galed a chryn bryder yn 1940 ac 1941. Ond o 1942 ymlaen, roedd yr awdurdodau milwrol yn gwrthwynebu casglu criwiau o ieuenctid i wersylloedd anghysbell. Oherwydd prinder bwyd, diffyg cyflenwad o betrol a phrinder swyddogion, roedd hi'n argyfwng ar y mudiad. Credid, wrth gwrs, bod Llangrannog yn eithriadol o beryglus, gan y gallai gael ei gamgymryd am wersyll milwrol gan awyrennau ar gyrchoedd i fomio Glannau Merswy. Felly, cyhoeddwyd yng nghylchgrawn *Yr Aelwyd* na fyddai gwersylloedd yr Urdd yn cael eu cynnal yn ystod haf 1942:

> **Trwy ymdrech galed a chyda phryder mawr y llwyddwyd i gynnal gwersylloedd 1940 a 1941. Rhaid i haf 1942 fod yn haf heb wersyll. Bydd Llangrannog yn ddistaw, a bydd hiraeth yng nghalonnau llu o hen wersyllwyr. Brysied y dydd y cawn eto gyrchu "y llwybrau gynt lle bu'r gân".**

Gwersylloedd Llanmadog, Caernarfon a Dolgellau, 1943

Erbyn 1943, roedd gan yr Urdd ateb dros dro i'r problemau yn sgil yr Ail Ryfel Byd – gwersylloedd bychain i Aelwydydd lleol. Cynhaliwyd gwersyll i ryw 50–60 o fechgyn a merched mewn 'llecyn hyfryd ar benrhyn Gŵyr' yn Llanmadog. Defnyddiwyd adeilad Caernarfon fel 'gwersyll' drwy fis Awst a pharhawyd i gynnal llety i 30 o aelodau 16–30 oed yno hyd 1947. 'Darperir gwely, swper a brecwast am 30/- yr wythnos'.

Cynhaliwyd pythefnos o gwrs i ferched yn unig i arweinwyr Aelwydydd ac Uwch-adrannau ac aelodau dros 18 oed. Defnyddiwyd adeilad oedd yn eiddo i Ysgol Dr Williams, Dolgellau gan gynnig lle i 40 bob wythnos. 'Canolbwyntir ar grefftau, dawnsio gwerin, cerdd dant, alawon gwerin a thrafodaethau.'

Gwersyll Lluest, Aberystwyth, 1947–49

Am ychydig flynyddoedd ar ôl yr Ail Ryfel Byd, cynhaliwyd gwersyll Lluest yng Nghanolfan yr Urdd, Aberystwyth. Mae'r broliant yn *Yr Aelwyd* yn 1949 yn sôn fod lle i chwe deg yno ac yn canmol y gampfa fodern a'r stafelloedd hamdden – ac mae hyn yn ddadlennol iawn: 'Gyda golau trydan ym mhob ystafell, digonedd o ddŵr poeth ...' Gwersyll trefol oedd hwn ac roedd yn rhaid addasu'r adloniant:

> **Saif yr adeilad ar y ffordd i Lanbadarn gyda lawnt rhyngddo a'r ffordd, lle gellir chwarae neu borthi diogi fel y mynner heb aflonyddu yn ormodol ar neb. Cafwyd hwyl y llynedd ar deithiau aml i Glarach a'r Borth, ac anaml y troid i'r gwely heb fynd yn rhes i weld y môr a chicio'r bar. Hyfryd iawn yw mynd am brynhawn i Bontarfynach a dod yn ôl i swper a Noson Lawen neu Eisteddfod hyd oni ddaw awr noswylio a gwasanaeth Gosper.**

Roedd hi'n fwriad agor y gwersyll hwn yn 1946, ond cafodd y dref ei tharo gan y dwymyn teiffoid a bu'n rhaid ail-leoli'r gwersyllwyr i Gricieth.

Hostel Cricieth 1946–49

Yn 1946, daeth tŷ trillawr sylweddol yng Nghricieth yn eiddo i'r Urdd – rhodd er cof am ei wraig gan yr Henadur William George a'i fab W.R.P. George. Prynwyd dau dŷ arall yn unswydd i'w huno a'u cyflwyno fel cartref i Aelwyd Cricieth a hostel i Aelwydydd lleol eraill a gwersyll haf i'r mudiad. Safai'r hostel ar gyfer 45 o wersyllwyr uwch y traeth yng nghysgod castell y dref 'o fewn cyrraedd i dywod y Graig Ddu, ac yn ganolfan i'r Wyddfa a mynyddoedd y Gogledd. Ac yno, o fewn ergyd carreg i'r môr ac yng ngolwg y castell, fe geir yr hapusrwydd agos-atoch na cheir mohono hyd yn oed yn Llangrannog gyda'i gant a hanner o wersyllwyr.'[56]

Fel gwersyll Aberystwyth, roedd hostel Cricieth yn orlif i Wersyll Llangrannog gan fod cymaint yn methu â chael lle yno. Pan ailagorwyd Gwersyll Llangrannog wedi i'r perygl o fomio ddod i ben, roedd y galw am le yn y gwersyll mor drwm fel y daliwyd i ddefnyddio hostel Cricieth a gwersyll Aberystwyth (60 ar y tro) am rai blynyddoedd eto.

Gwersyll Glan-llyn

Yn fachgen o'r pentref, roedd llygad Ifan ab Owen wedi'i dynnu gan blasty Glan-llyn erioed. Roedd yr hen blasty – cartref haf i deulu Watcyn Wyn o Wynnstay, Rhiwabon – yn bresenoldeb deniadol yn y gymdeithas leol yn Llanuwchllyn ei blentyndod. Mae'n safle urddasol ar fryncyn uwch golygfa'r llyn, gyda mawredd yr Aran y tu cefn iddo. Cynigiai ei hun ar gyfer gweithgareddau yn y dŵr ac ar y tir a hynny mewn ardal lle roedd yr Urdd yn rhan fyw o'i diwylliant, ac yno yn y Neuadd Wen, Llanuwchllyn roedd cartref y teulu pan sefydlwyd yr Urdd yn 1922.

Llun cynnar o Blasty Glan-llyn ar lan llyn Tegid ger y Bala.

Ailagor Gwersyll Llangrannog

Ailagorodd Gwersyll Llangrannog yn 1946 a chynhaliwyd Gwersyll Cydwladol yno, gan groesawu ymwelwyr o wledydd ar draws Ewrop ac Affrica hefyd. Yn ystod 1949, llwyddodd yr Urdd i gynnig gwersyll i 2,500 o blant a phobl ifanc rhwng 10 a 25 oed, gan gynnwys y Gwersyll Cydwladol hwn.

Criw yn mwynhau noson gymdeithasol yn ystod un o Wersylloedd Cydwladol yr Urdd.

I.D. Hooson, Rhosllannerchrugog, y bardd-gyfreithiwr a fu'n un o brif noddwyr datblygiad Gwersyll Glan-llyn.

Noddi

Un o brif noddwyr datblygiad Gwersyll Glan-llyn oedd I.D. Hooson, y bardd-gyfreithiwr o Rosllannerchrugog. Bu farw yn Hydref 1948 ond roedd yn gefnogwr brwd ac ymarferol i gynlluniau Ifan ab Owen. Gadawodd swm sylweddol o arian i'r Urdd a defnyddiwyd hwnnw i ddodrefnu a darparu offer i Wersyll Glan-llyn.

Roedd Ifan ab Owen wedi rhoi'i fryd ar greu gwersyll parhaol yng Nglan-llyn ers 1938. Mae'n siŵr ei fod wedi clywed gan ei dad am ei ymweliadau yno pan gawsai wahoddiadau i ymuno â phartïon a gwleddoedd y bonedd. Edrychai arno wrth basio yn ei gar weithiau a breuddwydio am weld aelodau'r Urdd yn mwynhau eu hunain yno. Holodd Syr Watcyn, y perchennog, a oedd modd rhentu'r plas a'r tir cyn hynny ar gyfer gwersyll 1928. Yr ateb a gafwyd oedd y byddai croeso i Ifan ab Owen ei rentu ar gyfer y teulu, ond doedden nhw ddim am weld plant yn defnyddio'r lle (er ei fod yn wag ar y pryd).

Ymyrraeth

Yn ôl y si oedd ar led yn Llanuwchllyn, mae'n bosib fod Syr Watcyn wedi ymyrryd ar ôl gwersyll cyntaf yr Urdd ar gae'r Bwch – tenantiaid i'r stad oedd teulu'r Goat, wrth gwrs. Mae'n bosib mai oherwydd gwrthwynebiad y stad y gorfu i'r Urdd chwilio am gartref newydd i wersylloedd 1929–31 yn Llangollen.

Ond yn 1944, bu farw Syr Watcyn ac yn 1948 cyhoeddwyd y byddai stad Glan-llyn yn cael ei gwerthu er mwyn i'w deulu allu talu toll farwolaeth o £400,000. Yn lle pwyso am yr arian, cymerwyd perchnogaeth o'r stad gan lywodraeth Lafur y dydd a rhoddwyd y cyfrifoldeb o'i gweinyddu i Is-gomisiwn Tir Cymru. Gwelodd Ifan ab Owen ei gyfle gan sicrhau'r plas a'r tir o'i gwmpas ar rent blwyddyn yn y lle cyntaf. Ddiwedd 1949, dechreuwyd ar y gwaith enfawr o baratoi'r plas ar gyfer gwersyll haf 1950. Yn nes ymlaen yn ei hanes, llwyddwyd i sicrhau'r brydles a phrynu'r lle – gan gynnwys Glan-llyn Isa', cyn-gartref y Stiward – pan ddaeth y stad ar y farchnad ar ddechrau'r 1960au.

Adfer ac adnewyddu

Adferodd Ifan ab Owen ei hen berthynas â Morris ap Morris Jones i arolygu'r gwaith anferth o gael trefn ar adeiladau oedd wedi mynd rhwng y cŵn a'r brain. Roedd drysau'r tai allan wedi pydru a defaid wedi'u defnyddio fel llochesi. Roedd y coed a'r gerddi'n ddryswig o lwyni, mieri a rhododendron. Roedd y system ddŵr wedi tagu, pibellau wedi rhydu ac roedd angen adeiladu carthbwll. Cyfarwyddwr yr Urdd o'i swyddfa yn Aberystwyth oedd yn rheoli'r gwaith, ond Ap Morris oedd y gweithredwr, gan anfon adroddiad manwl wythnosol ar ffurf llythyr o'r hyn a gyflawnodd ef a dau neu dri o weithwyr ers y llythyr diwethaf. Doedd dim ffôn ar y stad bryd hynny!

Roedd Ifan ab Owen wedyn yn disgrifio yng nghylchgronau'r Urdd lle mor braf fyddai yno erbyn yr haf, gan annog yr aelodau i dalu'u blaendaliadau a sicrhau eu hwythnos ym mharadwys.

Erbyn haf 1950, wrth gwrs, cafwyd y maen i'r wal – er y bu'n rhaid i'r Cyfarwyddwr a'r adeiladwyr feddwl yn greadigol i drechu'r anawsterau. Doedd dim stafell fwyta, felly codwyd pabell fawr ar slab o goncrid o flaen drws y gegin. Hen rênj fawr ddu yn llosgi glo a golosg oedd ar gyfer coginio. Cynhaliwyd sawl Gwersyll Gwaith ymarferol gan fanteisio ar barodrwydd aelodau hŷn yr Urdd i ddod am wythnos neu ddwy ar y tro i glirio, peintio stafelloedd a chael trefn ar y lle. Parhaodd y Gwersylloedd Gwaith tan ganol y chwedegau.

Gwersyll newydd Glan-llyn

Erbyn haf 1950, agorwyd y gwersyll newydd gan wireddu breuddwyd fawr Ifan ab Owen. Roedd hi'n oes lein y trên o hyd pan agorodd Glan-llyn a gwelwyd cyfle i'w defnyddio i drefnu cludiant yno o bob rhan o Gymru. Yn nyddiau Syr Watcyn a'r plas, roedd gorsaf bersonol gan yr uchelwyr, sef Flag Station, ar y lan yr ochr draw i Lyn Tegid. Wrth i'r boneddigion ddod oddi ar drên yno, byddai baner yn cael ei chodi ar bolyn i alw cwch ager y plas draw i'w cludo. Darbwyllodd Ifan ab Owen British Railways i ailenwi'r man aros hwnnw maes o law yn Glan-llyn.

Bu'n rhaid atgyweirio glanfa Glan-llyn ac ailadeiladu glanfa ar gae Pentrepiod ger gorsaf y trên. Saer gwlad o Lanuwchllyn – Tomi Gittins Owen – fu wrth y gwaith hwnnw. Ond mae brwdfrydedd y gwersyllwyr cynnar yn cadarnhau bod cyrraedd a gadael Gwersyll Glan-llyn yn rhan gofiadwy o'r profiad am flynyddoedd.

Eisoes, roedd darluniau llawn rhamant o bosibiliadau'r gwersyll wedi sicrhau y byddai haf 1950 yn un prysur a chofiadwy.

Glanfa Pentrepiod ar lan Llyn Tegid a Gwersyll Glan-llyn.

> Meddyliwch am ein braint, – cael codi gwersyll ar lan Llyn Tegid, llyn mwyaf Cymru. Yn naturiol, fe ganolbwyntia llawer o fywyd y gwersyll o gwmpas y llyn. Bydd gennym ganŵ a dau gwch rasio, ond rhaid i'r sawl a ddefnyddia'r rheini fod yn nofwyr profiadol, ac ar adegau penodedig a than gyfarwyddyd yn unig yr eir allan. Ond na ddigalonned yr amaturiaid, – bydd yno gwch rhwyfo cadarn at eu gwasanaeth hwy. Pwrpas y cychod ysgafn fydd dysgu ac ymarfer rhwyfo o ddifrif. Math o gwch hir, main ydyw, y dec wedi ei gwneud o fahogani a'r cilbren o binwydden, a cheir ynddo bedair sedd symudol. O gael rhwyfwyr medrus, gall y cychod hyn symud yn gyflym, a dychmygwn weld y criw gwersyllwyr ar y lan yn bloeddio eu cefnogaeth i'w hoff dîm yn y ras fawr ar ddiwedd y gwersyll. Ond ar wahân i'r cychod bychain ysgafn hyn, bydd gennym 'stemar fawr' hefyd. Fe ddeil hon hanner cant o deithwyr ar y tro. Ei phrif waith fydd cludo gwersyllwyr ôl a blaen ar draws y llyn rhwng y gwersyll a'r orsaf, oherwydd y mae'r gwersyll ar un ochr a'r orsaf ar yr ochr arall. Ni ddaw'r fraint hon i ran y gwersyllwyr hynny a deithia i Lanllyn gyda bws neu gar, – felly, trên amdani, a gorffen y daith mewn rhamant trwy gyrraedd y gwersyll yn y stemar! Bydd y cwch mawr ar gael hefyd i fynd am deithiau o gylch y llyn. Dychmygwch daith felly fin nos yng ngolau lleuad ...[57]

Criw o wersyllwyr ar daith yn y bryniau gerllaw Gwersyll Glan-llyn.

Ifan ab Owen Edwards a chriw yn mwynhau eu hunain ar gychod ar Lyn Tegid.

Yn yr awyr agored

Roedd yr holl sôn am weithgareddau awyr agored o'r fath yng Ngwersyll Glan-llyn yn torri tir newydd i'r Urdd. Daeth cerdded llwybrau'r ardal a mynydda'n rhan o amserlen y gwersyllwyr o'r dechrau. Felly hefyd saethyddiaeth a thrin cychod rhwyfo, sgiffs a chanŵ brodorion Gogledd America. Bedyddiwyd y cychod ag enwau chwedlonol fel y *Brenin Arthur*, *Syr Owain* a *Syr Bedwyr*. Hen gwch achub a brynwyd o iard longau yn Birkenhead oedd y *Brenin Arthur* cyntaf. Daeth ar y trên i'r Bala ac yna cafwyd craen i'w gario a'i osod ar wyneb y llyn o dan Frynhynod. Ond methwyd â thanio'r peiriant. Cafwyd mecanics draw o garej Jones Bros y Bala i gael golwg ar y peiriant – ond yn ofer. Ar daith gyntaf y *Brenin Arthur* i Lan-llyn bu'n rhaid ei rwyfo yr holl ffordd. Yn ôl yr hanes, roedd yn ddiwrnod tawel ac roedd digon o ddwylo at y gwaith. W.O. Jones o Gaergybi a benodwyd yn gapten cyntaf y *Brenin*.

Y Ddraig Goch yng Ngwersyll Glan-llyn

Wrth geisio sicrhau defnydd gydol y flwyddyn i Wersyll Glan-llyn, câi digwyddiadau amrywiol eu cynnal yno. Ond roedd egwyddorion ac amcanion Ifan ab Owen yn dal yn gadarn.

Ar achlysur ymweliad 250 o bwysigion i gael te prynhawn yng Ngwersyll Glan-llyn yn 1951, fel rhan o ddathliad Gŵyl Prydain ymhen ychydig wythnosau, roedd Ifan ab Owen yn benderfynol o'i nod: 'mi gânt weld y Ddraig Goch fwyaf y gallaf i gael gafael arni yn chwifio' a hynny o'r polyn oedd i'w godi o flaen y plasty. Dyma'r adeg roedd yr awdurdodau'n ceisio hybu'r defnydd o lun bychan o ddraig dila ar y cefndir gwyrdd a gwyn ar ein baner genedlaethol – polisi amhoblogaidd iawn ymysg y Cymry!

Roedd y polyn 30–40 troedfedd o hyd ar ei ffordd ar gefn lorri o Lynllifon, ac yn rhodd gan David Tudor, Trawsfynydd. Roedd y polyn i gael o leiaf dwy gôt o baent, cap o blwm ar ei ben, creosot o gwmpas ei fôn a chwe 'stanchion' i'w sicrhau rhag y gwynt: 'a chofio rhoi pwli ar ei flaen i gymryd y rhaff – a bydd yn rhaid gofalu am adnewyddu'r rhaff yn rheolaidd bob blwyddyn o leiaf neu rhaid cadw mwnci i fynd i ben y polyn bob tro y tyr y rhaff!' Erbyn y 'Festival' roedd Draig Goch bedair neu bum llath o hyd ar y polyn.

Criw o wersyllwyr yn cyrraedd Gwersyll Glan-llyn.

Does dim amheuaeth fod Gwersyll Glan-llyn wedi'i leoli yn un o lecynnau hyfrytaf Cymru. Fel Syr Watcyn a'i blasty haf, roedd gan Ifan ab Owen lygad da yn ei ben hefyd.

Dim trydan

Ddechrau'r 1960au y daeth trydan MANWEB i ardal Llanuwchllyn am y tro cyntaf. Er bod cyflenwad cynnar annibynnol yn y pentref, lampau stabal (a pharaffîn) a lampau paraffîn Tilley oedd yn goleuo'r adeiladau yng Nglan-llyn a thân oedd yn cynhesu'r boiler dŵr poeth. Ffynnon ar lechwedd Coed y Lôn uwch y ffordd fawr oedd yn cyflenwi dŵr i'r plas yn wreiddiol ond roedd y bibell haearn oedd yn cario'r dŵr ohoni i'r plas wedi rhydu. Ni ddaeth dŵr glân Cyngor Dosbarth Penllyn o Lyn Arenig hyd 1953, ond cyngor Cyfarwyddwr yr Urdd i Ap Morris oedd pwmpio dŵr gyda pheiriant petrol o Lyn Tegid i danciau wedi'u galfaneiddio ar bolion uwchlaw'r plas ar gyfer y gwaith adeiladu a'r gwersyllwyr.

Golygfa o lyn Tegid a'r lanfa yng Ngwersyll Glan-llyn yn 1956.

Gwesty Pantyfedwen

Yn 1882, symudodd gŵr a gwraig ifanc oedd newydd briodi o Geredigion i ddechrau gwerthu llaeth a nwyddau eraill yn nwyrain Llundain. Roedd y ddau'n fentrus ac yn weithwyr caled a daeth llwyddiant i'w rhan. David John James oedd eu plentyn cyntaf. Yn 1897, prynodd y rhieni blasty a 900 erw o dir yn ardal Pontrhydfendigaid, sef cyfran o stad Pantyfedwen. Wedi derbyn ei addysg, dychwelodd David James i Lundain a newidiwyd pwyslais y busnes teuluol i gario a gwerthu grawn i fragdai.

David John James, Pantyfedwen.

Yn 1920, prynodd David James ei sinema gyntaf yn Llundain. Dros y pymtheng mlynedd nesaf, prynodd bymtheg sinema arall. Dim ond am gyfnodau byr roedd y sinemâu yn nwylo'i gwmni – moderneiddiai'r adeilad, gosod cyfarpar ar gyfer ffilmiau sain yn ei le, ehangu i greu mwy o seddau ac yna gwerthu gan wneud elw. 'Rhoddwyd yr enw "super cinema" iddynt',[58] meddai Richard Morgan, cofiannydd David James. Golygai hyn fod arian parod gan y cwmni, yn hytrach na bod y cyfoeth ynghlwm mewn cyfalaf.

Agor drysau

Yng nghanol y 1940au, aeth Ifan ab Owen i weld David James yn ei swyddfa yn Llundain. Erbyn hynny, roedd y gŵr hwnnw'n filiwnydd, ond yn noddwr hael nad oedd wedi anghofio'i wreiddiau ym Mhontrhydfendigaid. Cyflwynwyd egwyddorion a gweithgareddau'r Urdd iddo ac er mawr syndod, roedd y cyfan yn newydd i David James. Methai â deall sut roedd cymaint – ac Ifan ab Owen yn fwy na neb – yn rhoi eu hamser a'u harian yn wirfoddol i redeg mudiad o'r fath er mwyn plant a phobl ifanc Cymru. Cafodd ei lorio'n llwyr: 'I just couldn't resist the man,' cyfaddefodd David James yn ddiweddarach. Fe'i penodwyd yn un o is-lywyddion yr Urdd mor gynnar ag 1948.

Yn dilyn eu cyfarfod yn Llundain, rhoddodd David James addewid yn y fan a'r lle y byddai'n prynu canolfan newydd i'r Urdd. Aeth y ddau ar daith drwy ganolbarth Cymru i chwilio am adeilad addas. Daethant i'r Borth ger Aberystwyth a gweld bod y Grand Hotel ar y farchnad. Roedd y gwesty hwn wedi'i godi yn 1870 ar ôl i agor Rheilffordd y Cambrian greu twf yn nifer yr ymwelwyr oedd am dreulio'u gwyliau ar lannau Bae Ceredigion. Roedd wedi'i leoli'n gyfleus yn y canolbarth, gyda gorsaf rheilffordd y Cambrian o fewn tafliad carreg. Mae milltiroedd o draeth braf yn y Borth ac Ynys-las ac roedd o fewn cyrraedd hwylus i brif swyddfa'r Urdd yn Aberystwyth.

Roedd llety yno i gant o westeion, gyda'r môr wrth law a nifer o gyrtiau tennis ar ei dir. Yn Ebrill 1946, talodd David James £16,000 am yr adeilad a'i roi i'r Urdd. Talodd y mudiad wedyn am ei ddodrefnu ac am rai eitemau eraill – cost o £5,000. Sicrhaodd Ifan

Gwesty Pantyfedwen, Borth, Ceredigion o'r blaen a'r cefn.

ab Owen grant o £3,500 gan y Weinyddiaeth Addysg ar gyfer hynny, felly cafwyd canolfan newydd am bris bargen. Ailenwyd y gwesty yn Pantyfedwen, i dalu teyrnged i hen aelwyd David James.

Gwesty Cymraeg yn y Borth

Dathlwyd agor y gwesty Cymraeg cyntaf hwn ar 19 Gorffennaf 1947 – rhan o ŵyl 25 oed y mudiad. Trosglwyddwyd y gweithredoedd i ddwylo Ifan ab Owen a chynhaliwyd Ffair Fawr y Borth ar gyfer yr agoriad swyddogol. Roedd cyfle i bob Adran ac Aelwyd oedd yn dymuno gwneud hynny lenwi stondinau â gwaith crefft, lluniau, gwaith coed a metel, teganau, llyfrau, nwyddau gwnïo a gwau, ffrwythau, blodau a llysiau gyda'r nod o godi £1,000 i'r Urdd. Codwyd £1886/18/6 yn y Ffair Fawr i Gronfa Jiwbilî yr Urdd a diolchwyd i'r ddau gant o wirfoddolwyr fu'n gweithio ar y stondinau yno.

Am saith wythnos yn haf 1947, cynigiai'r Urdd adnoddau Gwesty Pantyfedwen ar gyfer gwyliau teuluol ac i Gymry mewn oed a hyd yn oed cyn yr agoriad swyddogol, cyhoeddwyd bod y gwesty'n llawn ar gyfer y cyfnod hwnnw. Sicrhawyd y cyhoedd y byddai yno hwyl Cymreig yn ogystal â phopeth arall y gellid ei ddisgwyl ar wyliau ar lan y môr – gan gynnwys eisteddfodau, cyngherddau, nosweithiau llawen a dawnsfeydd. Dyma'r prisiau yn 1947:

> Ystafell i un: £6 yr wythnos.
> Ystafell i ddau: £5 yr un yr wythnos.
> Ystafell i dri: £4 yr un yr wythnos.
> Er mwyn osgoi 'tipio' yn yr hen ddull, codir 10 y cant ar ben y prisiau uchod fel cildwrn i'w rannu'n deg rhwng y staff.

Cafwyd adroddiadau canmoliaethus am Westy Pantyfedwen yng nghylchgrawn *Yr Aelwyd*:

> Yr oedd y trefniadau'n berffaith, y syndod oedd bod y trefnwyr wedi medru cyrraedd y fath berffeithrwydd mewn cyn lleied o amser. Un o egwyddorion y tŷ oedd mai'r plant yw'r bobl bwysicaf, ac mai eu cysur hwy sy'n haeddu'r gofal mwyaf. Fe neilltuesid ystafell arbennig iddynt i chwarae ynddi ac yr oedd hefyd ystafell fwyta ar wahân iddynt; a hyfryd oedd gweled fel y mwynhaent eu byd. Mewn gair, y mae'r gwesty yn ychwanegiad pwysig at fywyd Cymru Gymraeg. Fe fu'r wythnos a gawsom ni yno yn ysbrydiaeth i ni, a chredaf y bydd cannoedd yn gadarnach a ffyddlonach Cymry ar ôl ymdrochi yn nyfroedd hyfryd Pantyfedwen.[59]

Gwersylloedd Pantyfedwen, 1947 ymlaen

Am gyfnod o rai blynyddoedd, roedd Gwesty Pantyfedwen yn lle hynod a phrysur. Neilltuwyd pythefnos cyntaf mis Gorffennaf bob blwyddyn i Wersyll Cydwladol yr Urdd ac wedyn ei agor yn westy arferol hyd ddiwedd Awst. Cynhaliwyd y Gwersyll Cydwladol yno am ddeuddeng mlynedd o 1949 i 1961, gan roi cyfle i ddod â phobl ifanc o wledydd tramor at ei gilydd. Bu hefyd yn gartref i'r Gwersyll Celtaidd am rai blynyddoedd, a châi ei ddefnyddio yn ogystal fel man cynnal aduniadau ar gyfer pobl oedd wedi derbyn manteision o berthyn i'r Urdd pan oeddynt yn ifanc.

Rhai o'r plant a'r oedolion fu'n aros yng Ngwesty Pantyfedwen yn ystod yr haf.

Am dair wythnos rhwng diwedd Awst a chanol Medi bob blwyddyn wedyn, cynigiwyd y gwesty'n hostel i rai 18–30 oed. Defnyddiwyd Gwesty Pantyfedwen hefyd ar gyfer rhai o bwyllgorau'r Urdd a dyma lle cynhaliwyd Cyngor Preswyl cyntaf yr Urdd rhwng 2 a 4 Ionawr 1951.

Atgofion Pantyfedwen

Un sydd ag atgofion braf am wersylloedd arbennig Gwesty Pantyfedwen yw'r mynyddwr brwd Iolo ap Gwynn:

> 'Dyna lle bu gwersyll Nadolig a Chalan Yr Urdd am flynyddoedd. Roedd hwn fel aduniad i'r gwersyllwyr hŷn a "Swogs" bob blwyddyn. Cafwyd llawer o hwyl yno yn cynllunio ar gyfer yr haf.'

Un arall sy'n cofio treulio gwyliau teuluol yng Ngwesty Pantyfedwen yn ystod haf 1947 yw Elenid Jones o Gaerfyrddin:

> Roedd rhyw ugain o blant yn y gwesty bryd hynny – haf heulog a'r plant yn byw a bod ar y traeth gyda gwirfoddolwyr yr Urdd yn edrych ar eu hôl yn ystod y dydd ac yn eu paratoi i gyflwyno adloniant i'r teuluoedd fin nos. Cafwyd hwyl fawr un noson – roedd un o'r gofalwyr ifanc wedi rhoi ebol asyn bach glan môr yng ngwely un o'r teuluoedd. Y noson honno cafodd y plant fwynhau ffug achos llys yn y gwesty wrth i 'gyfraith a threfn' Pantyfedwen alw a chroesholi tystion i geisio mynd at wraidd y drwg.

Tro ar fyd

Serch hynny, mor fuan ag 1947, sylweddolwyd mai rhywbeth ymylol o fewn gwaith yr Urdd oedd Gwesty Pantyfedwen. Yn sicr, doedd y lle ddim yn ganolfan i'r ifanc fel roedd gwersylloedd Llangrannog a Glan-llyn. Erbyn 1960 roedd y penderfyniad wedi'i wneud i gau am chwe mis y flwyddyn (misoedd y gaeaf) ond sylweddolwyd yn fuan ei bod yn anodd, os nad amhosib, talu costau blwyddyn lawn ar dderbyniadau'r chwe mis arall. Teimlai Cyngor yr Urdd fwyfwy nad oedd Gwesty Pantyfedwen bellach, os bu erioed, yn ffitio'n hwylus i batrwm gwaith y mudiad. Roedd teimlad hefyd bod yna dalp sylweddol o gyfalaf segur ym Mhantyfedwen y gellid ei ddefnyddio i well pwrpas yn y gwersyll newydd yn Llangrannog.

Ond cafwyd tro ar fyd yn 1964 pan gytunwyd i Westy Pantyfedwen letya myfyrwyr o'r coleg newydd a sefydlwyd yn Aberystwyth – Coleg y Llyfrgellwyr. Byddai'r ffynhonnell incwm gyson hon am wyth mis y flwyddyn yn gyfrwng i wella llawer ar gyflwr a golwg y gwesty. Mantais hyn hefyd oedd y byddai'r gwesty'n parhau at wasanaeth ymwelwyr yn ystod misoedd yr haf. Daeth y trefniant gyda'r Coleg Llyfrgellwyr i ben ym mis Mehefin 1971 gan fod llety ar gael ar gampws Llanbadarn erbyn hynny.

Wedi i'r criw olaf o fyfyrwyr Coleg y Llyfrgellwyr adael yn 1971 penderfynodd Cyngor yr Urdd osod Gwesty Pantyfedwen ar y farchnad. Penderfynwyd gwneud hyn ar ôl ystyried cynllun gan Prys Edwards, trysorydd y mudiad ar y pryd, i weddnewid yr adeilad trwy droi dau lawr yn ddwsin o fflatiau a rhoi lle amlwg i grefftau a bwydydd Cymreig, ynghyd â chreu lle bwyta mewn rhan arall o'r adeilad. Ond wedi derbyn costau manwl am y gwaith, gwelwyd y byddai angen i'r Urdd ddod o hyd i dros £90,000. Daethpwyd i'r casgliad nad oedd hyn yn ymarferol yn wyneb sefyllfa ariannol fregus y mudiad. Bu'r adeilad ar y farchnad wedyn am ryw ddwy flynedd. Cafwyd sawl cynnig i'w brynu a chaniatâd cynllunio i greu fflatiau – ond chafodd yr un o'r cynigion yma eu gwireddu. Roedd hwn yn gyfnod o ddirwasgiad economaidd ac o wasgfa ariannol a hynny'n effeithio ar y farchnad eiddo. Ar ddiwedd 1974 gwerthwyd yr adeilad a'r tir cyfagos am ryw £34,000. Dymchwelwyd yr hen westy yn 1978.[60]

Dolenni â Gwledydd Eraill

1941–1960au

'Cymru a'r Byd' oedd pennawd colofn gyson yng nghylchgrawn *Yr Aelwyd* ar gyfer aelodau hŷn yr Urdd o 1941 ymlaen, gan danlinellu'r pwysigrwydd roedd yr Urdd yn ei roi ar gysylltiadau tramor. Roedd y golofn i ddechrau'n rhoi sylw i wledydd a diwylliannau tramor – a'r rheiny'n aml yn wledydd bychain di-sôn-amdanynt. Aeth yr Urdd ati hefyd i leddfu clwyfau'r rhyfel drwy lythyru, a threfnu gwersylloedd cydwladol a theithiau tramor.

Yn *Yr Aelwyd* yn 1946, cyhoeddwyd cyfieithiad Cymraeg o lythyr a dderbyniwyd gan Liselotte Mayer o Württemberg yn yr Almaen. Roedd hi'n un o'r criw o bedair ar bymtheg o ferched o'r Almaen a ymwelodd â Gwersyll Llangrannog yn 1932. Bu rhai'n dal i ohebu â ffrindiau yng Nghymru hyd 1939. Ond yna ar derfyn yr Ail Ryfel Byd, ailgydiwyd yn y cysylltiad ar y ddwy ochr. Gwnaeth hynny argraff ddofn ar yr Almaenes ifanc, oedd bellach yn athrawes:

> F'Annwyl Gwyneth,
>
> Roeddwn yn falch iawn o dderbyn eich llythyr ac o glywed ichwi fod yn meddwl amdanaf trwy gydol y blynyddoedd. Wedi'r cyfan a ddigwyddodd yn yr Almaen yn ystod y blynyddoedd diwethaf nid oeddwn yn gobeithio cael unrhyw arwyddion pellach o gyfeillgarwch oddi wrth eich pobl chwi …

Adfer cysylltiadau

Ailddechreuwyd gwahodd criwiau tramor i wersylloedd yr Urdd wedi'r Ail Ryfel Byd hefyd. Yn 1947, daeth deg o bobl ifanc o Tsiecoslofacia i Gymru gan dreulio pythefnos yng Ngwersyll Cricieth, wythnos yn Llangrannog ac wythnos arall ym Mae Colwyn. Anfonodd un ohonynt – Emanuel Kobosil – lythyr a gyfieithwyd i'r *Aelwyd* gan bwysleisio gwerth mudiad fel yr Urdd oedd yn annibynnol ar wleidyddiaeth Llundain:

> I'm tyb i, y syniad hwn o frawdgarwch cydwladol yw'r pwysicaf o ddelfrydau'r Urdd. Y mae'n eithriadol brin ym mudiadau ieuenctid y byd heddiw sy'n bodloni ar genedlaetholdeb yn unig. Y mae'n wir fod yna sefydliadau eraill a'u geilw eu hunain yn gydgenedlaethol, ond mewn gwirionedd nid yw hynny ond clogyn i gryfhau a chasglu nerth gwleidyddol i'r sefydliadau a'r pleidiau politicaidd sydd y tu ôl iddynt. Oherwydd hynny y gwerthfawrogwn gymaint natur wir anwleidyddol yr Urdd.
>
> Ond uwchlaw popeth, – a dof yn ôl at hyn o hyd, – hoffwn y cenedlaetholdeb iach a geir yno, yn arbennig ym mudiad yr Urdd, – cenedlaetholdeb a gyfyd o gariad at y famwlad a'r famiaith, ac sy'n anelu at wella safle a bywyd y genedl heb mewn unrhyw ffordd eiddigeddu na bygwth cenedl arall, – fel y cafwyd mor aml ar y cyfandir ar hyd y blynyddoedd.

Gwennant Davies (dde) gyda'i ffrind, Alwena Williams, ar drothwy un o eisteddfodau'r Urdd.

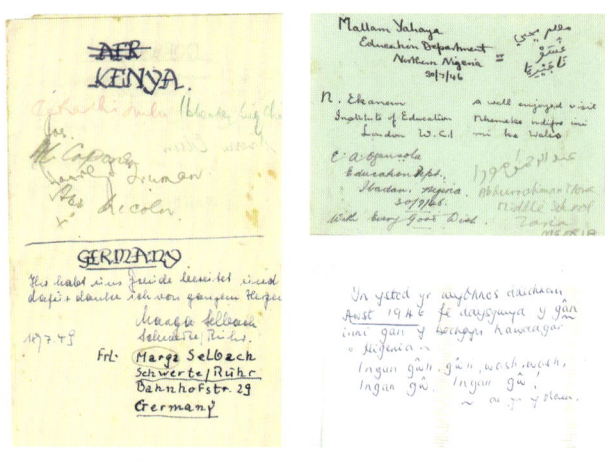

Llofnodion a sylwadau rhai o'r ymwelwyr tramor.

Criw ar wibdaith i Bontarfynach, ger Aberystwyth, yn 1947.

Rhai o fynychwyr tramor Gwersyll Cydwladol ar ymweliad â Phistyll Rhaeadr.

Gwersyll Cydwladol

Sylweddolodd yr Urdd mor bwysig oedd y teithiau ymweld hyn ac erbyn 1948 roedd y mudiad yn trefnu Gwersyll Cydwladol yn rheolaidd. Am flynyddoedd lawer, Gwennant Davies oedd asgwrn cefn y gwersylloedd hynny ar ran yr Urdd. Daeth grwpiau o'r Almaen i'r gwersylloedd, a'r rheiny ar y dechrau'n ofnus iawn o'r croeso a fyddai'n eu disgwyl ar ôl y rhyfel. Disgrifia'r adroddiadau yn *Yr Aelwyd* y teimlad o euogrwydd oedd yn eu llethu, ond credwyd 'i wersyll Aberystwyth wneud gwaith da iawn i ddileu hwn, ac i wneud iddynt deimlo fod iddynt hwythau eu lle a'u gwaith yn y byd ochr yn ochr ag ieuenctid o wledydd eraill'.[61]

Ymwelai pobl ifanc o'r Iseldiroedd, Denmarc, Gorllewin Affrica, Sweden, Lloegr, Ffrainc, Tsiecoslofacia, Java yn ogystal â Chymru a'r Almaen â'r Gwersyll Cydwladol. Roedd ysbryd hwyliog aelodau'r Urdd yn hybu'r berthynas rhwng y gwledydd: 'Roedd yr ymdeimlad o frawdgarwch, ac o gyfeillgarwch rhydd a rhwydd, dirodres a chywir, yn effeithio ar y Gwersyll i gyd.' Mae un arall o'r Almaen yn dweud, 'Yr ydych chwi mor hapus yma, yn canu ac yn chwerthin o hyd. Fedrwn ni ddim peidio â bod yn hapus yma hefyd.'

Ieuenctid yr Almaen

Cafwyd profiadau arbennig adeg Gwersyll Cydwladol 1948 ac un o'r rheiny oedd llwyddo i adfer cysylltiad â hen gyfaill Gwersyll Llangrannog – Dr Rudolf Hermann o Bielefeld yng ngogledd-orllewin yr Almaen, a oedd wedi dod â chriw o ferched ar

Dr Rudolf Hermann, Bielefeld, arweinydd y criw o'r Almaen yn 1932 a 1948.

Côr Merched Bielefeld yn perfformio yn ystod un o'u hymweliadau â Chymru

ymweliad yno yn 1932. Athro ieithoedd modern oedd ei alwedigaeth; roedd yn heddychwr ac wedi ffoli ar yr Urdd a'i haelodau. Roedd wedi dioddef dan y Natsïaid oherwydd ei egwyddorion a'i safiad fel heddychwr, ond roedd ei egwyddorion yn gryf. 'Nid edrych i'r gorffennol yw ein gwaith ni,' meddai, 'ond cynllunio gwell byd i bobl ifanc at y dyfodol.'

Daeth yr Almaenwyr a'r Cymry at ei gilydd yn y Gwersyll Cydwladol hwnnw cyn y cynrychiolwyr o'r gwledydd eraill. Pan ddaeth yr Almaenwyr ifanc blinedig oddi ar y trên yn Aberystwyth, rhuthrodd y Cymry amdanynt, cydio ynddynt fel hen ffrindiau, ysgwyd eu dwylo a chario'u bagiau dan ganu cân y gwersyll. Roedd y croeso'n un emosiynol i'r ddwy ochr, fel y nododd un o'r Almaenwyr mewn llythyr yn ddiweddarach:

> Fe'n dysgwyd ni i gasáu cenhedloedd eraill. Collasom y rhyfel, a buom yn credu fod pawb yn ein casáu ni mwyach. Daethom yma yn ofni'r casineb hwnnw. Ond nid yw'n bod yng Nghymru. Nid malais sydd yma, ond caredigrwydd; nid dialedd, ond cymwynasgarwch; nid casineb, ond cariad. Dyma ni yn profi hapusrwydd perffaith am y tro cyntaf erioed.

Gwnaeth Theresia Rettler o'r Almaen ddau bwynt gwerthfawr yn ei herthygl yn *Yr Aelwyd* wedi mynychu'r Gwersyll Cydwladol yn 1948:

> Yr hyn a wna ein sefyllfa ni yn y Gwersyll Cydwladol yn wahanol i'r lleill yw'r ffaith mai derbyn yn unig a wnaem ni, heb obaith o gwbl am fedru rhoi dim yn ôl oddieithr yr ewyllys i gydweithredu. Dwy gelfyddyd ddigon anodd yw *rhoddi* a *derbyn*, ond y mae'r Cymry sydd yma wedi meistroli'r gyntaf i'r fath raddau nes ei gwneud yn llawer haws i ninnau *dderbyn* a theimlo'n hapus yr un pryd.

> Cawsom yma gyfle i adnabod Cymru, ei phobl, ei diwylliant a'i bywyd, a gweld hefyd … Gwyddom hefyd mai trwy wybod y gwahaniaeth rhwng eich cenedl eich hun a chenhedloedd eraill yn unig y gellwch ddeall a gwerthfawrogi eu ffordd o fyw.

Un broblem y cyfeiriodd Gwennant Davies ati yn dilyn ymweliad criw o Almaenwyr â Gwersyll Cydwladol 1949 oedd prinder arian poced. Yn union wedi iddynt gyrraedd y gwersyll, awgrymwyd y dylid cychwyn cronfa i helpu'r sefyllfa. Roedd y gwersyllwyr eraill yn fwy na pharod i gyfrannu. Penderfynwyd cynnal cyngerdd yn y Borth y nos Sadwrn ganlynol i helpu i godi arian, a phrynodd ambell gyfrannwr ddillad a sgidiau newydd i'r Almaenwyr tlawd. Ond fel yr eglurodd R.E. Griffith, 'gwyddent yn iawn nad cardod oedd hyn, ond cariad.'[62]

CANRIF YR URDD 95

Côr Bielefeld yn Eisteddfod yr Urdd ym mis Awst, 1949.

Cerdyn post o dref Bielefeld yng ngogledd-orllewin yr Almaen.

Ymweld ag Aelwyd Bielefeld

Arweiniodd Gwersylloedd Cydwladol yr Urdd yn 1948 ac 1949 at wahoddiad i griw o ieuenctid Cymru ymweld â'r Almaen. Roedd Dr Rudolf Hermann yn daer bod y Cymry'n gwneud y daith ac aeth criw o ddau ar hugain dan arweiniad R.E. Griffith i ardal Bielefeld yn 1949. Roedd rhai o aelodau'r Urdd yn bryderus ynghylch sut y byddai'r Almaenwyr yn ymateb iddynt fel 'plant y gelyn'. Ond doedd dim angen poeni; cawsant groeso cynnes, gan aros mewn cartrefi a theithio o gwmpas y lle gyda'r Almaenwyr ifanc am bythefnos. Gan eu bod yn Gymry, roedd disgwyl iddynt ganu ym mhob man. Arwydd arall o'r cyfnod oedd iddynt gael gwahoddiad i fynd i Glwb Eingl-Almaenaidd un noson, gan roi syrpréis pleserus i nifer o filwyr Cymreig oedd yn perthyn i Gomisiwn Rheoli'r ardal yno.

Roedd hi'n amlwg o'r dechrau fod y berthynas rhwng y Cymry a'r Almaenwyr ifanc drwy'r Urdd yn un agos:

> Buan y sylwodd yr Almaenwyr bod rhywbeth cudd yn clymu'r parti o Gymru gyda'i gilydd. Gwelsant wedyn mai ein perthynas â mudiad arbennig – ein haelodaeth o'r Urdd – oedd y cwlwm hwnnw. Manteisiem ninnau ar bob cyfle i sôn wrthynt am Gymru ac i esbonio beth yn hollol oedd ein mudiad ieuenctid ni. Gwnaeth hyn argraff fawr ar yr Almaenwyr ieuainc.[63]

Gweld drostynt eu hunain oedd nod y daith i'r Almaen, yn cynnwys gweld gwir effaith cyrchoedd bomio'r Cynghreiriaid ar drefi'r wlad yn ystod yr Ail Ryfel Byd. Ychydig iawn o adeiladau oedd yn dal i sefyll ers y bomio dychrynllyd a fu ar ddinas Osnabrück yn ystod y rhyfel, fel y nodedd Eirlys Tudno yn ei hadroddiad hi ar y daith:

> 'Gwelsom nifer o gragenni gweigion oedd wedi'u llosgi'n ulw a fu unwaith yn siopau a chartrefi. Cafodd Osnabrück ei bomio'n ddrwg. Yn ystod yr amser a gawsom yno, ni welsom un person oedd yn chwerthin nac yn gwenu.'

Roedd olion bomio lluoedd y Cynghreiriaid yn Bielefeld hefyd ac un arall o effeithiau'r rhyfel oedd mai teulu Ursúla Körte, ffoaduriaid o Ddwyrain yr Almaen, oedd yn croesawu Eirlys Tudno i'w cartref. Gwelsant bethau dychrynllyd ac roedd brawd bach Ursúla'n dal i gael ei darfu gan hunllefau. Roedd y tad wedi bod yn uwch-gadfridog ym myddin yr Almaen ac yna yn garcharor rhyfel yng Ngwlad Belg. Ychydig dros chwe stôn a hanner oedd ei bwysau pan gafodd ei ryddhau. Bu farw ychydig wedi hynny a chafodd mam Ursúla waith fel teipydd llaw fer mewn ffatri grysau. Gan mai dim ond ychydig o ysgolion oedd wedi goroesi'r bomiau, roedd prinder lle i ddysgu'r plant. Âi dau frawd Ursúla i'r ysgol yn y bore a hithau a gweddill merched y dref yn y prynhawn.

Y diwrnod cyn i'r Cymry adael, daeth dau Almaenwr ifanc atynt a gofyn am ganiatâd i sefydlu Aelwyd o'r Urdd yn Bielefeld. Pwysleisiwyd eu bod yn rhannu'r un egwyddorion a'r un dyheadau:

CANRIF YR URDD

Y noson honno, yn ein cyfarfod ffarwél, rhoddodd y Cymry sêl eu bendith ar yr Aelwyd newydd. Cawsom gyfle i ymhelaethu ar ddelfrydau'r Urdd ac i gynnig cyfarwyddyd ymarferol ynglŷn â threfniant a gwaith y clwb. Gadawsom faner y Ddraig Goch ar ôl yn anrheg i'r Aelwyd, a gorffennodd y cyfarfod trwy i ni gyd-ganu 'Hen Wlad Fy Nhadau'. Daethom o'r Almaen trannoeth wedi llwyddo yn ein cenhadaeth y tu hwnt i bob disgwyl. Wrth groesi'n ôl i Gymru yn y llong, dyfalai rhai ohonom am ba hyd y parhâi brwdfrydedd yr Almaenwyr ieuainc. A oedd rhywbeth arhosol ynddo, ynteu dim ond 'tân shafins'? Cyn gynted â'n bod yn ôl yng Nghymru, dyma'r llythyrau yn dechrau ein cyrraedd. Yr oedd yr Aelwyd wedi cyfarfod, a swyddogion a phwyllgor wedi eu hethol. Yr oedd rhaglen waith wedi ei pharatoi, a bwriedid cyfarfod yn gyson. Rhoddid un noson bob mis i wneud dim ond sôn am Gymru, – darllen ein llythyrau ni, adrodd hanes diweddaraf yr Urdd, a threfnu i anfon hanes yr Aelwyd atom. Na, nid 'tân shafins' mo hwn.[64]

Eirlys Tudno gyda'i ffrind o'r Almaen, Ursúla Körte.

Mis yng Nghymru

Yn 1950, daeth côr o 30 o ferched o'r Almaen am fis i Gymru rhwng 15 Ebrill a 15 Mai, gan ymweld â Llanelli, Aberystwyth, Caernarfon a Chorwen. Trefnwyd llety rhad a chyngerdd ymhob Cylch er mwyn talu costau'r daith. Dr Rudolf Hermann oedd y cyswllt â'r côr hwn eto. Ymysg yr ymwelwyr roedd Ursúla Körte a gafodd groeso gan deulu Eirlys Tudno ar eu haelwyd hwythau yn Llandudno.

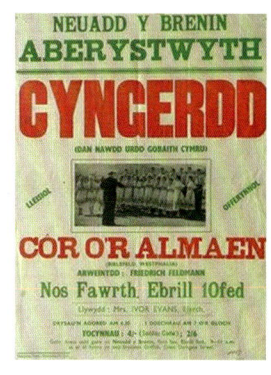

Poster cyngerdd Côr Bielefeld yn Neuadd y Brenin, Aberystwyth.

Trefnwyd cyfarfod ffarwél ar y noson olaf, a baner y Ddraig Goch ar flaen y bwrdd ar y llwyfan. Erbyn hynny, roedd dau Almaenwr ifanc wedi cynllunio baner a bathodyn ar gyfer eu cangen nhw o'r Urdd. Roedd y cynllun ar ffurf tarian ac yn cynnwys arfbais Westphalia, y dalaith y mae tref Bielefeld ynddi, Draig Goch Cymru a bathodyn yr Urdd. Yr un delfrydau oedd gan yr Aelwyd yn yr Almaen ag Aelwyd o'r Urdd yng Nghymru, a dim ond un gair yn wahanol oedd yn llw o ffyddlondeb eu cangen:

> Byddaf ffyddlon, –
>
> I'r Almaen, a theilwng ohoni;
>
> I'm cyd-ddyn, pwy bynnag a fo;
>
> I Grist a'i Gariad Ef.

Cododd merch o'r Almaen i siarad yn y cyfarfod ffarwél, gan fethu â deall pam na ellid codi clybiau tebyg, mewn cysylltiad â'r Urdd, ym mhob gwlad yn Ewrop ac yn y byd. Gallai pob mab a merch, o bob cenedl dan haul, dderbyn Addewid yr Urdd: 'dyma gyfle,' meddai hi, 'i sefydlu clybiau ieuenctid Cristionogol gyda gogwydd gydwladol gref, ac eto y rheini'n fudiadau cenedlaethol iach.' Diweddwyd y cyfarfod dwys hwnnw trwy gydganu 'Rwy'n gweld o bell y dydd yn dod'.

Parhaodd Aelwyd Bielefeld mewn bri am flynyddoedd. Cynyddodd ei haelodaeth a chynhaliwyd cyfarfodydd rheolaidd o Fedi 1950 ymlaen. Dychwelodd Côr Bielefeld ar deithiau eraill i Gymru yn 1951 ac 1956. Erbyn hynny roedd Dr Hermann ymhell dros ei bedwar ugain ond yn dal i lythyru ac yn hiraethu am weld Cymru a'i phobl yn gyson.

Pennod olau iawn yn hanes yr Urdd oedd y cysylltiadau cydwladol hyn mewn cyfnod lle roedd cymaint o ragfarnau a chasineb yn dal i fodoli. Roedd y gwaith dros Gronfa Achub y Plant yn troi Neges Ewyllys Da yr Urdd yn gymwynas ymarferol. Ond yr uchafbwynt oedd ailgysylltu'n uniongyrchol ag ieuenctid yr Almaen mor fuan ag 1948.

Ailddechrau teithio dramor

Yn ystod 1950, trefnodd yr Urdd deithiau i aelodau i nifer o wledydd gwahanol ledled Ewrop. Aeth 22 aelod rhwng 18 a 30 oed i'r Almaen (i gyffiniau Bodensee ac Oberammergau); aeth eraill i Norwy (Bergen a llong ar hyd yr arfordir); Iwerddon (Dulyn, Galway a Killarney) a'r Alban (taith i gefnogwyr dros 35 oed).

Y gwledydd Celtaidd

Arbrofodd y mudiad gyda gwersylloedd Celtaidd yn niwedd y 1940au. Cynhaliwyd y cyntaf yng Ngwesty Pantyfedwen, y Borth, dros y Pasg, 1949 gyda'r bwriad o ddathlu'r cysylltiad diwylliannol arbennig sydd rhwng y gwledydd Celtaidd a'i gilydd. Gwennant Davies oedd yn gyfrifol am drefnu'r rhain eto, a chafwyd sesiynau dawnsio traddodiadol, ffilmiau am y gwledydd a chyfle i ddysgu geiriau yn ieithoedd ei gilydd. Un o uchafbwyntiau'r Gwersyll Celtaidd bob tro oedd chwarae gêm o *hurley* ar draeth y Borth. Cynhaliwyd diwrnod o Ŵyl Geltaidd yn Neuadd y Brenin, Aberystwyth hefyd. Bu'r profiad o ddysgu, rhannu a chymdeithasu'n werthfawr i'r Cymry ond hefyd i'r rhai a ddaeth yno o Ynys Manaw, Iwerddon, Llydaw, yr Alban a Chernyw. A dyna delegram Micheal a Padraig wedi i'r parti gyrraedd Dulyn:

> All arrived safely. Suffering from an acute attack of Hiraeth. We shall forever cherish the glorious experience of Welsh and of Urdd hospitality. Cymru am byth. Hawdd ei charu hi.
>
> On behalf of Ireland,
>
> Micheal ó Riain
>
> Padraig ó Broin.[65]

Ar dudalennau'r *Aelwyd*, dathlwyd canmlwyddiant Mudiad y Gwyddelod Ifanc, Gluaislacht na n-Éireannach óg a sefydlwyd gan Thomas Davis. Aeth taith o aelodau'r mudiad i Ddulyn a Galway yn haf 1949 a chael cyfle i ddysgu tipyn am hen gysylltiadau hanesyddol rhwng Cymru ac Iwerddon. Trefnwyd teithiau i leoedd o ddiddordeb hanesyddol a diwylliannol – megis y daith drwy Swords, lle ganed y Cymro, Gruffydd ap Cynan, i Drogheda a dyffryn Boyne, gan alw ar y ffordd mewn mynachlogydd fel Monasterboice i weld enghreifftiau gwych o'r croesau Celtaidd, ac ymlaen i Tara, cartref hen frenhinoedd Iwerddon. Ymwelwyd hefyd â gwersyll i blant lle nad oedd dim ond y Wyddeleg yn cael ei siarad.[66]

Argraffiadau taith Iwerddon

Yr hyn a wnaeth argraff ar Lora Jones Williams, Caernarfon oedd sut y gallai diwylliant y Cymry a'r Gwyddelod ddysgu oddi wrth ei gilydd wrth ymdrechu i sicrhau dyfodol i'w pobl, eu gwlad a'u hiaith:

> Weithiau, byddwn yn fwy myfyriol, a chofiwn ymdrech ein brodyr Gwyddelig tros eu hiaith a'u diwylliant. Mor gryf yw eu sêl a'u brwdfrydedd! Mor fyw iddynt yw helyntion Iwerddon "at the time of the trouble", fel y dywedent, tua 1916–1922. Nid cenedl wasaidd, ddi-asgwrn-cefn mo hon! Do, cawsant ymdrech galed, a theimlaf weithiau fel gostwng pen a chywilyddio o gymharu'n difaterwch ni'n aml. Ond, daw llais O'Maille (dyna fo eto!) i'm clust, yn dweud rhywbeth tebyg i hyn amdanom y noson olaf, – "They have taught us many things. We have met a people just like ourselves and with similar problems, who *prefer* to speak their own language" – ac fe godaf fy mhen ac ymsythu eilwaith.[67]

Ond yn ogystal â mynd ar ymweliadau, wynebodd aelodau'r Urdd yr her o wneud gwaith ymarferol mewn rhai gwledydd hefyd, gan danlinellu'r agwedd ddyngarol ar waith y mudiad ymhellach.

Gwersylloedd gwaith cydwladol yr Almaen 1965

Roedd yr Almaen yn atyniad unwaith eto yn 1965 pan gafodd criw o aelodau'r Urdd gyfle i ymweld ag ardaloedd Engelbach a Marburg ar afon Lahn ar gyfer gwersyll gwaith cydwladol. Mudiad yr Aufbauwerk der Jugend oedd yn gyfrifol am drefnu'r gwersylloedd yma ac fel arfer roedd aelodau o tua chwe gwlad wahanol yn eu mynychu, gan gael cyfle i ymgymryd â gweithgareddau'n cynnwys adeiladu llwybrau mewn coedwigoedd, clirio mynwentydd, codi tai dan gynllun arbennig Llywodraeth yr Almaen i ddarparu cartrefi wedi'r difrod mawr yn ystod yr Ail Ryfel Byd ac ati.

Rhai o fynychwyr y gwersyll cydwladol.

Atgofion o Wersyll Marburg

Rhys Davies o Langefni, yr ieuengaf o'r criw a fynychodd y gwersyll hwnnw yn 1965, sy'n cofio'r antur a ddechreuodd o wersyll Glan-llyn:

> Ym Marburg roedd pedwar – Androw Bennett, Llangennech, Megan Hughes Jones, Corwen, Ethni Daniel, Caerdydd a Rhys – yn gweithio yn yr ysbyty leol. Cysgu ar welyau canfas mewn stafelloedd dosbarth ysgol leol gan ddechrau gweithio am saith o'r gloch y bore wedi cawod oer a brecwast sydyn. Yna caem y prynhawn i rodianna drwy'r coedydd. Unwaith y cyrhaeddodd Ethni ddeuddydd yn hwyr, dechrau canu caneuon y gwersyll megis 'Y Gwcw' ac 'Awn am Dro i Frest Pen Coed' pan gaem seibiant am ddiod mewn rhyw gaffi a dysgu'r criw yr holl ystumiau i'w gwneud yn lle'r geiriau coll. Athrawes Almaeneg oedd Ethni ond mwy na hynny un o arweinyddion Uwch-adran yr Urdd yng Nghaerdydd. Er bod dau arweinydd penodedig, hi gyda'i hasbri anghyffredin oedd gwir arweinydd y gwersyll yn Marburg. Dysgodd yr Almaenwyr ddawns y Leskis inni a dychwelodd Ethni i Gymru gyda'r ddawns a ledodd yn heintus drwy Gymru i'r nosweithiau dawnsio gwerin yn ogystal ag i'r ddau wersyll.[68]

Yn ffodus iawn, mae'r un egwyddor o ewyllys da at wledydd eraill yn parhau o fewn mudiad yr Urdd hyd heddiw, gyda chysylltiadau â nifer fawr o wledydd eraill ledled y byd yn mynd o nerth i nerth ac yn addasu yn ôl y gofyn.

Allan yn yr Awyr Agored

Yn 1941, sefydlwyd yr ysgol Outward Bound gyntaf yma yng Nghymru, yn Aberdyfi. Y bwriad oedd meithrin morwyr ifanc drwy eu haddysgu a rhoi profiadau iddynt oedd yn eu creu'n bobl ifanc hyderus, fentrus ond hefyd yn rhai oedd yn ymwybodol o grefft a gofal.

Daeth cael antur wrth fwynhau natur wyllt yn uchelgais i'r Urdd hefyd. Roedd hi'n amlwg oddi wrth y gweithgareddau a drefnwyd gan Aelwydydd yr Urdd bod diddordeb mawr mewn teithiau cerdded a mynydda. Yn haf 1943, trefnodd nifer o Aelwydydd deithiau cerdded i fynyddoedd Cymru ac roedd yr Urdd yn falch o'r datblygiad hwn, gan danio rhyw ysbryd newydd ymysg yr aelodau a'r Gymru ehangach:

> Eleni, am y tro cyntaf erioed, bu cannoedd o ieuenctid Cymru yn dringo mynyddoedd eu gwlad eu hunain. Dyma ddeffroad yn wir. Buom ni yng Nghymru yn llawer rhy ddifater ynghylch ein mynyddoedd, gan adael i estroniaid eu mwynhau a'u meddiannu. Fel rheol, Saeson sy'n dringo'r Wyddfa, a ninnau Gymry yn gwastraffu'n hamser i werthu poteli pop iddynt ar y gwaelod.[69]

Dringodd 27 o bobl ifanc o Aelwyd Penfforddelen, Eryri, i gopa niwlog yr Wyddfa ar fore'r Llungwyn – i fyny llwybr Rhyd-ddu ac i lawr i Lanberis. Dyma ran o'r hanes:

> O'n cwmpas yr oedd Cymry, – yn Aelwydydd ac yn unigolion, Saeson, Albanwyr, Ffrancwyr, ac un Norwyiad o leiaf. Ac yna daeth fy awr fawr i, – cefais y fraint o fod, am ychydig eiliadau y dyn uchaf yng Nghymru gyfan.[70]

Yr un bore, mentrodd 67 o fechgyn a merched i gopa Cader Idris. Dechreuodd Aelwydydd Meirion o Ddolgellau ac Aelwydydd Maldwyn o Dal-y-llyn gan fwriadu cyfarfod ar y copa:

> Yr oedd Sir Feirionnydd i gyd megis wrth ein traed, ac yn y pellter gwelem fynyddoedd mawreddog Arfon, ac Ynys Enlli unig 'draw dros y don'. Ni bu'r niwl a'r oerfel ar y brig yn rhwystr i neb fwynhau'r picnic a'r gwmniaeth lawen. Canwyd alawon gwerin lawer, ac enwyd y mynyddoedd a'r dyffrynnoedd o gylch y Gader. Yr anffawd fwyaf oedd na chyfarfu Meirion a Maldwyn![71]

Meirion gyrhaeddodd y copa gyntaf ac wedi aros am hydoedd, doedd dim sôn am griw Maldwyn. Penderfynwyd bod y niwl yn drech na nhw – eu bod wedi mynd ar goll neu wedi torri'u calonnau, felly dechreuodd criw Meirion gerdded 'nôl am Ddolgellau. Ond wrth gyrraedd troed y Gader, daeth sŵn gweiddi a chanu o'r copa – roedd criw sir Drefaldwyn wedi cyrraedd pen y daith.

Ar 3 Gorffennaf 1943, roedd ymhell dros gant o aelodau Aelwydydd Meirion, Maldwyn a Dinbych yn dringo'r Berwyn – rhai o Landderfel ac eraill o Langynog. Cafwyd darllen englynion a chanu penillion a phicnic mawr ar y copa – a chwmni'r ffermwr o eisteddfodwr Llwyd o'r Bryn ar ben hynny.

Mentro i dir uwch

Erbyn cyfnod Teifryn G. Michael fel Trefnydd Adloniant Corfforol yr Urdd, roedd y mynydda'n heriol iawn a'r grefft yn codi i dir uwch, yn llythrennol. Mae'n disgrifio taith ar y Grib Goch, Carnedd Ugain a'r Wyddfa mewn tywydd rhewllyd ddechrau Ebrill. Manyla mewn erthyglau yn *Yr Aelwyd* ar offer priodol a dillad ac esgidiau addas. Mae'n annog, ond gyda gofal:

> Os yw'r awydd a'r diddordeb gennych, fe fedrwch chwithau wneud ymgyrch o'r fath mewn byr amser. Ond yn gyntaf, rhaid i chwi gynefino â bod ar fynydd, a gwybod sut i ddod o hyd i'ch ffordd mewn niwl, ac yn sicr, ni fydd hyn yn anodd iawn yng Nghymru. Yna, rhaid i chwi ddysgu bod yn gartrefol ar graig yn ogystal ag ar borfa. Unwaith y meistrolir hyn, fe egyr byd newydd o'ch blaen … Bydd rhai ohonoch heb gael y fraint o grwydro ar fynydd o gwbl ac yn llawn brwdfrydedd am ddechrau. Rhaid cofio mai'r mynyddwr gorau yw'r sawl a ddechreuodd gyda'r pethau hawdd. Anghofio hyn sy'n cyfrif am fwyafrif y damweiniau y clywn amdanynt. Rhaid dod i adnabod y mynydd yn ei holl dymherau. Yna, yn raddol, gellir datblygu i fod yn greigiwr da, a bod yn gwbl gartrefol ar graig neu grib.[72]

Yn haf 1943, aeth Aelwyd Llawr-y-betws, Meirionnydd, gam ymhellach gan drefnu taith fynydda i'r Alban. Wedi cyrraedd, dechreuodd y criw ar eu taith o Kirriemuir i Glen Clova, dros fynyddoedd y Grampian, ac ymlaen i Ballater, Corgarff, Tomintoul, Nethy Bridge ac Aviemore, cyn dringo mynyddoedd sgythrog y Cairngorms hyd at 4,000 o droedfeddi o uchder a phlannu baner Cymru

Dringwyr yr Urdd wedi cyrraedd copa Ben Nevis.

ar y copa. Cerddwyd ugain milltir y dydd a chysgu'r nos mewn hosteli ieuenctid. Cafwyd cwmni R. Islwyn Pritchard, Cymro ifanc o Fangor a oedd yn arweinydd clwb ieuenctid yn Dundee.[73]

Taith go wahanol gafodd ei threfnu gan griw o aelodau Aelwyd Pen-uwch, Ceredigion wrth fachu nifer o ferlod mynydd a'u marchogaeth i Ogof Twm Siôn Cati ac i gapel Soar-y-mynydd. Aeth saith o fechgyn ifanc ar daith gerdded hir drwy unigeddau Ceredigion un haf hefyd gan brofi cyfaredd y mannau gwyllt a moel, a chyfarfod cymeriadau yr hen gymoedd yr un pryd. Denwyd degau o fechgyn a merched i grwydro fel hyn, gan anelu am Langrannog neu Lan-llyn ar gyfer y noson olaf.

Gwersylla 'go-iawn'

Gofynnodd Senedd yr Ifanc yn 1957 am gefnogaeth yr Urdd i sefydlu gwersylloedd 'go-iawn' ar gyfer mynyddwyr a cherddwyr, gan fod gwersylloedd

Canolfan fynydda Sgubor Bwlch, Nant Gwynant.

Glan-llyn a Llangrannog wedi gwella cymaint ar eu hadnoddau yn ystod y 1950au. Cefnogodd y mudiad y cais. Sicrhaodd yr Urdd hen sgubor yn Nant Gwynant yn 1963 a'i haddasu'n ganolfan ddringo. Deuai criwiau o Aelwydydd ac Adrannau ysgolion uwchradd i Sgubor Bwlch i ddefnyddio'r adnoddau ac i aros yno ar gyfer cerdded a dringo yn Eryri.

Hybu antur awyr agored

Hybu'r fath antur awyr agored oedd un o fwriadau'r gwersylloedd cyntaf un, ac yn sicr wrth agor Gwersyll Glan-llyn yn 1950 a'i neilltuo ar gyfer rhai dros 14 oed o 1960 ymlaen. Roedd cerdded mynyddoedd yn rhan o brofiad Gwersyll Glan-llyn o'r dechrau: 'Aran Benllyn ac Aran Fawddwy, Arenig, mynyddoedd y Berwyn a Chader Idris – cânt gyfle i dramwyo a dringo llwybrau rhai o'r mynyddoedd hyn, eithr gofelir mai dringwyr profiadol yn unig a fentra tua'r pinaclau.'[74]

Mae'r pwyslais ar ofal a phrofiad yn y frawddeg olaf yn nodweddiadol o agwedd swyddogion yr Urdd. Mae'r mynyddwr arloesol o Gymro, Ioan Bowen Rees, yn nodi'r stori fach hon:

> Yr wythnos yr agorodd Gwersyll Glan-llyn am y tro cyntaf erioed, a'r Pennaeth, Teifryn Michael, mor falch o'r rhaffau newydd sbon a brynodd ar gyfer creigiau rhwydd yr Aran, derbyniwyd – yn ôl un deryn bach – y brysneges a ganlyn oddi wrth Syr Ifan: 'Mamau Cymru mewn pryder. Enw da'r Urdd yn y fantol. Dim dringo creigiau ar unrhyw gyfrif.'[75]

Un o'r rhesymau am y fath bryder, mae'n debyg, oedd bod Humphrey Owen Jones – dringwr medrus ac enwog o Gymru – a'i wraig wedi disgyn i'w marwolaeth wrth ddringo un o gribau heriol Mont Blanc ar eu mis mêl yn 1912. 'Roedd yn wyddonydd ifanc disglair ... a bu'i farwolaeth yn sioc i'r sefydliad Cymreig.'[76]

Teithiau cerdded Glan-llyn

Roedd teithiau cerdded yn nodwedd o bob ymweliad â Gwersyll Glan-llyn, wrth gwrs, gyda rhyw hanner dwsin o lwybrau y gellid eu cerdded o'r gwersyll. Y daith hwyaf oedd yr un o Bont Blaenlliw i Langywer, gyda cherbyd y gwersyll yn dod i gasglu pawb ar ddiwedd y prynhawn.

Rhai o deithiau cerdded cynnar yr Urdd o wersyll Glan-llyn.

Glan-llyn fel canolfan awyr agored

Arwydd o lwyddiant Gwersyll Glan-llyn ym maes gweithgareddau awyr agored oedd bod newid wedi digwydd yn agwedd rhai o'r hen swyddogion. Erbyn dechrau'r 1960au, roedd cenhedlaeth ifanc newydd yn mynychu Gwersyll Glan-llyn a llawer o aelodau o staff y mudiad yn fodlon herio'r drefn drwy ysgogi'r diddordeb cynyddol mewn cerdded, mynydda a gweithgareddau awyr agored eraill.

Roedd cyfraniad Elwyn Huws, Trefnydd Chwaraeon yr Urdd a Phennaeth Glan-llyn ddechrau'r 1960au, yn allweddol i'r datblygiad yma. Dilynwyd ef gan Bennaeth Preswyl llawn-amser cyntaf Glan-llyn – John Eric Williams. Gwnaeth y ddau gyfraniad mawr drwy hybu trefnu gweithgareddau awyr agored mentrus. Yn ystod y cyfnod hwn dim ond ychydig o staff amser llawn yr Urdd oedd ar gael yn y gwersylloedd. 'Swogs', sef aelodau hŷn – athrawon ifanc a myfyrwyr oedd y rhan fwyaf – fyddai yno'n gwirfoddoli i arolygu ac arwain y rhai iau. Roedd llawer yn hwylwyr, cerddwyr, canŵ-wyr a mynyddwyr profiadol, ond roedd ambell dro trwstan yn gallu digwydd o hyd.

Antur annisgwyl

Roedd deg o wersyllwyr yn cael eu harwain gan rai o 'Swogs' profiadol y gwersyll un tro, yn cynnwys yr actor, Huw Ceredig a Hedd Bleddyn. Dyma atgof Hedd am yr antur:

> Ar y mynydd daeth niwl a doedden ni ddim yn medru gweld dim. Colli ein ffordd yn llwyr. Dim ffonau symudol wrth gwrs ar y pryd, a Huw yn llwyddo i gadw'r plant yn hapus er y panic. Dod ar draws nant, a phenderfynu y bydden ni'n dilyn hon ac mi ddown i lawr i rywle. Wedi tua awr a hanner o gerdded dod i fuarth tyddyn. Curo drws y tŷ a mam oedrannus a'i merch yno a chael gwybod ein bod yn Hendre Blaenlliw. Yr unig beth oedd yn bwysig oedd ein bod yn cael cynhesu a chael bwyd. Darn o gig moch oedd yn hongian dan y llofft yn dod lawr ac yn cael ei goginio ar y tân mawn a'i fwyta gyda bara cartref. Ninnau'n pryderu y byddai Glan-llyn yn poeni. Erbyn hyn roedd John y mab wedi dod o rywle a'i Ffyrgi Bach a threilyr wrth y drws. Pawb ar y treilyr ac yn mynd â ni yn ôl i'r gwersyll. Dyna berthynas y gymuned a Glan-llyn a pherthynas Glan-llyn a'r gymuned.[77]

Datblygu sgiliau

Dechreuwyd sefydlu cyrsiau penwythnos yng Nglan-llyn yn ystod yr hydref, y gaeaf a'r gwanwyn yn ogystal â'r gwersylloedd haf. Daeth Cyrsiau Calan Gwersyll Glan-llyn yn ystod y 1970au'n fan cyfarfod allweddol i fwynhau a datblygu'r grefft o fynydda, gan gynnwys achub mynydd a darllen map a chwmpawd dan hyfforddiant John Ellis Roberts, arweinydd mynydd trwyddedig, a Phrif Warden Parc Cenedlaethol Eryri. Roedd Gareth Pierce, un o'r mynychwyr, yn cofio bod criw o'r cwrs hwnnw wedi mentro ar daith fynydda i Ardal y Llynnoedd yn Chwefror 1978, gyda 'cheibiau iâ pren' o Lan-llyn! Byddai teithiau cerdded wythnos o hyd yn cael eu cynnal hefyd ym mynyddoedd Meirionnydd, Elenydd ac Eryri, gyda'r cerddwyr yn cario'r cyfan – yn fwyd, dillad, offer coginio, pebyll – ar eu cefnau. Trefnwyd taith fynydda i'r Alban hefyd a theithiau answyddogol i'r Alpau, gan ddringo nifer o'r copaon uchaf yno. Yn ystod y 1970au, sicrhaodd yr Urdd hen bwerdy yng Nghwm Croesor a'i addasu'n ganolfan ddringo yn 1973 drwy gyfraniad ymarferol aelodau brwdfrydig y Gwersylloedd Gwaith ar y penwythnos. Gallai gynnig llety i ddau ddwsin o bobl ifanc ar y tro, a châi ei reoli drwy Wersyll Glan-llyn a'i gynnig i grwpiau o wahanol ganghennau. Agorwyd ym Medi 1975 a threfnwyd cyrsiau wythnos yno yn yr haf hefyd gan yr Urdd yn ganolog.

Erbyn hynny, meddai'r mynyddwr blaenllaw Iolo ap Gwynn, roedd y diddordeb mewn mynydda ymysg Cymry Cymraeg – llawer ohonynt yn gyn-aelodau o'r Urdd bellach – wedi hen sefydlu'i hun. Yn Eisteddfod Genedlaethol Cymru, Caernarfon 1979, arweiniodd hynny at sefydlu Clwb Mynydda Cymru sydd wedi tynnu'r cerddwyr Cymraeg at ei gilydd i ddysgu am y grefft ac i deithio ar hyd a lled y byd i arfer y grefft honno.

Dringo ar Ben Mynydd Du

Rhai o ddringwyr cynnar mwy mentrus yr Urdd.

Criw o gerddwyr yr Urdd yn mwynhau
golygfa o'r copa.

Hwylio a rhwyfo ar lyn Tegid yn y 1960au.

Hwylio a chanŵio a champau eraill

Yn ogystal â mynydda, cyflwynwyd cyrsiau canŵio a hwylio yng Ngwersyll Glan-llyn hefyd – ac yn ddiweddarach cyrsiau gwylio adar a natur, yn bennaf dan arweiniad y naturiaethwr blaenllaw Ted Breeze Jones. Cafwyd hyfforddiant proffesiynol mewn canŵio gan Oliver Cock, prif hyfforddwr Undeb Canŵio Prydain, a graddiodd nifer o unigolion i fod yn hyfforddwyr canŵio trwyddedig. Drwy'r cyrsiau yma, meithrinwyd llu o hyfforddwyr a 'Swogs' profiadol ar gyfer arwain yn y gwersylloedd haf.

Golygai hyn y gallai Gwersyll Glan-llyn ganolbwyntio ar anturiaethau aeddfetach i'r gwersyllwyr, wrth i wersyllwyr iau'r Urdd gael eu hanfon i Langrannog. Mantais arall Gwersyll Glan-llyn oedd nad heulwen haf oedd yr unig atyniad. Roedd modd cynnig gweithgareddau awyr agored yno gydol y flwyddyn. Ar ôl yr haf cyntaf o groesawu gwersyllwyr i Lan-llyn, cafwyd adroddiad yng nghylchgrawn *Yr Aelwyd* yn mesur y llwyddiant, gan ganmol y plas a Llyn Tegid yn enwedig:

> Chwery'r llyn ran amlwg iawn ym mywyd y gwersyll. Y mae nofio, wrth gwrs, yn boblogaidd bob amser, a gwneir darpariaethau digonol a diogel ar gyfer nofwyr o bob gradd. Ond dichon mai prif atyniad y llyn yw'r cyfle a geir i rwyfo arno. Darperir cychod bychain (*dinghies*) i ddysgu rhwyfo, ac yna fe geir dau gwch rasio, gyda lle i bedwar rhwyfwr a llywiwr ym mhob un. Dysgir celfyddyd rhwyfo'n ofalus, ac y mae'n syn pa mor boblogaidd yw'r gelfyddyd hon, hyd yn oed ymhlith rhai na chydiodd mewn rhwyf erioed o'r blaen.[78]

Dyma gyfnod y Penwythnosau Gwaith yng Ngwersyll Glan-llyn, pan fyddai criwiau ymarferol a glew â'u dwylo'n dod at ei gilydd yn achlysurol dros gyfnod y gaeaf er mwyn cael mwy o adnoddau i wersyllwyr fynd ar y llyn. Dim ond dau gwch sgiff tebyg i gychod colegau Rhydychen a Chaergrawnt oedd yng Ngwersyll Glan-llyn ganol y 1950au. Felly archebwyd cit canŵ gyda'r bwriad i griw'r Gwersylloedd Gwaith ei ludo at ei gilydd a'i beintio, dan arweiniad y saer, Bob Sir Fôn, a Tecs Morris, yr adeiladydd o Ddinas Mawddwy.

Y cit

Roedd Tecs Birkenhead yn dod i'r Gwersylloedd Gwaith ar y penwythnos o ardal Cilgwri ar ei foto-beic tŵ-strôc ond aeth y tywydd yn drech nag ef y gaeaf hwnnw. Penderfynodd fynd â'r cit canŵ i ddosbarth nos yn Lerpwl a gwneud y gwaith yno. Pan oedd y canŵ yn barod, strapiodd hwnnw ar ei gefn a dod â fo ar y tŵ-strôc drwy Dwnnel Merswy. Ond profodd y gwynt yn dipyn o fwgan ar y briffordd. Dyma adael y moto-beic, dechrau bodio a chael lifft mewn lorri i Gaer. Yno, llwythodd y canŵ ar y trên a chyrraedd y Bala ymhen hir a hwyr. Cerddodd i lawr y Stryd Fawr gyda'r canŵ ar ei gefn, ei lansio yn y llyn a phadlo i Wersyll Glan-llyn. A dyna sut y cyrhaeddodd un canŵ ben ei daith.

Cyrsiau a champau

Tyfodd cyrsiau hyfforddi canŵio Gwersyll Glan-llyn i fod yn hynod boblogaidd. Arweiniodd y cyrsiau hynny at deithiau canŵ i lawr afonydd Dyfrdwy, Dwyryd, Mawddach, ac afon Gwy sawl gwaith – o Lanelwedd i Abaty Tyndyrn. Yna teithiau canŵ i Ffrainc, ar yr afon Seine, Ardèche, a chyda chriw ffilmio TWW i ardal y Tarn yn 1961 ar gyfer y rhaglen deledu *Ar y Tarn*.

Un o deithiau canŵio'r Urdd drwy geunant Ardèche yn Ffrainc.

Clawr fideo o'r daith i ardal Y Tarn dan arweiniad Elwyn Williams, Glan-llyn.

Trafferth *Ar y Tarn*

Mae gan Hedd Bleddyn atgof digon gogleisiol am ffilmio'r rhaglen *Ar y Tarn* honno oedd yn dilyn antur criw'r Urdd:

> Aethom allan i westy un noson ac Elwyn wedi trefnu fod grŵp o fudiad ieuenctid lleol yn ymuno â ni yn y gwesty. TWW am ffilmio'r amgylchiad. Problem fawr beth a wnawn? Doedd pobol ifanc yr Urdd ddim yn yfed gwin a chwrw yn y cyfnod yna. Beth ddywedai Ifan ab Owen, a beth ddywedai ein rhieni pan fyddai rhaglen TWW ar y teledu? Cafwyd ateb gan Tom, gyrrwr y bws. Gweini'r gwin mewn jygiau a chwpanau a soseri ar y bwrdd.[79]

Her y teithiau canŵio

Cafodd yr actor a'r 'Swog', Huw Ceredig, gyfle i fynd ar sawl taith ganŵio'r Urdd i Ffrainc a Sbaen, dan arweiniad Elwyn Hughes. Ond doedd pethau ddim yn fêl i gyd bob tro. Er gwneud y gwaith ymchwil priodol cyn mynd ar y daith, doedd neb ymysg y criw wedi sylweddoli fod y system raddio afonydd ar y Cyfandir yn wahanol i system Prydain. Cafwyd problem felly ar afon Noguera Pallaresa:

> Roedden ni i gyd o dan yr argraff fod y Noguera Pallaresa yn ganolig o ran llif a chyflymder y dŵr. Yr hyn na wydden ni oedd fod cynllun hydro-electrig i fyny yn y mynyddoedd yn rhywle a'u bod nhw'n gollwng galwyni o ddŵr i mewn i'r afon bob chwe awr – digon i chwyddo'r llif yn ddramatig a'i throi'n afon beryglus iawn. Tra oedden ni arni, newidiodd yr afon o lifeiriant pur ddof a dymunol i anghenfil ffyrnig oddi tanom, wrth i lefel y dŵr godi bum neu chwe troedfedd. Chwalwyd ein canŵs yn deilchion. Fe fues i'n lwcus – fe lwyddais i gadw 'nghanŵ i mewn un darn. Ond ar ôl y diwrnod cyntaf hwnnw, dim ond pedwar cwch oedd 'da ni ar ôl o'r deuddeg gwreiddiol aethon ni mas 'da ni. Roedd y lleill yn rhacs jibidêrs a dim gobaith eu trwsio.[80]

Penderfynwyd felly anghofio am y canŵio a threulio gweddill yr amser yn ninas Barcelona wedi hynny!

Dros y blynyddoedd, wrth i fwy o adnoddau gael eu cyflwyno yn y gwersylloedd, mae'r cyfleoedd am antur ymysg aelodau'r Urdd wedi mynd o nerth i nerth.

19

Cwpanau Pantyfedwen

Cafodd David James a'i deulu gryn ddylanwad ar fudiad yr Urdd o safbwynt busnes, chwaraeon a diwylliant, fel y gwelwyd gyda menter Gwesty Pantyfedwen. Er treulio blynyddoedd ei fagwraeth yn Llundain, roedd yn ymwybodol iawn o gyfraniad hollbwysig yr Urdd i fywydau ieuenctid Cymru, ac yn awyddus iawn i gefnogi gweithgareddau'r mudiad yn ei ffordd unigryw a hael ei hun fel noddwr ac is-lywydd yr Urdd.

Cwpan Pêl-droed Pantyfedwen

Yng Ngorffennaf 1950, cyhoeddwyd llun clamp o gwpan arian 35 modfedd o uchder wrth 26 modfedd o glust i glust yn *Yr Aelwyd*. Hwn oedd Cwpan Pantyfedwen a gyflwynwyd gan David James a'i deulu ar gyfer cystadleuaeth bêl-droed genedlaethol flynyddol yr Urdd. Gwerth y cwpan oedd £850 ac roedd y cwpan hwn yn arian soled, yn fwy ac yn pwyso'n drymach na Chwpan F.A. Lloegr. Fel arfer roedd angen dau ddyn cryf i'w gario.

Cynhelid twrnament pêl-droed cenedlaethol yr Urdd – Cwpan Pantyfedwen – o 1950 hyd 1957 a chafodd ei atgyfodi wedyn yn 1960, ac roedd cystadleuaeth frwd ymysg yr Aelwydydd wrth ymryson am y cwpan anferth hwnnw.

Tîm buddugol Cystadleuaeth Bêl-droed yr Urdd yn y 1960au.

Syr David a'r Fonesig Grace James, Pantyfedwen.

Cwpan Arian Eisteddfod yr Urdd 1964

Yn 1964 mynegodd David James ei ddymuniad pellach i gyflwyno cwpan arian sylweddol i Eisteddfod Genedlaethol yr Urdd. Y bwriad oedd cyflwyno'r cwpan i'r sir fuddugol yn yr Eisteddfod Genedlaethol yn flynyddol, gyda chopi'n rhoddedig i'r sir honno wedyn. Os oedd Cwpan Pantyfedwen ar gyfer twrnament pêl-droed yr Urdd yn cael ei gyfrif yn fawr, roedd un mwy eto i ddod, un llawer iawn mwy! Mesuriadau'r cwpan newydd oedd pedair troedfedd a hanner o uchder, dros ddwy droedfedd o ddyfnder a bron dair troedfedd o led. Yng ngeiriau David James ei hun roedd am i hwn fod 'y cwpan arian mwyaf yn y byd'. Câi ei enwi'n 'Cwpan Teulu Pantyfedwen', a byddai'n gorwedd ar blinth a'r geiriau canlynol arno:

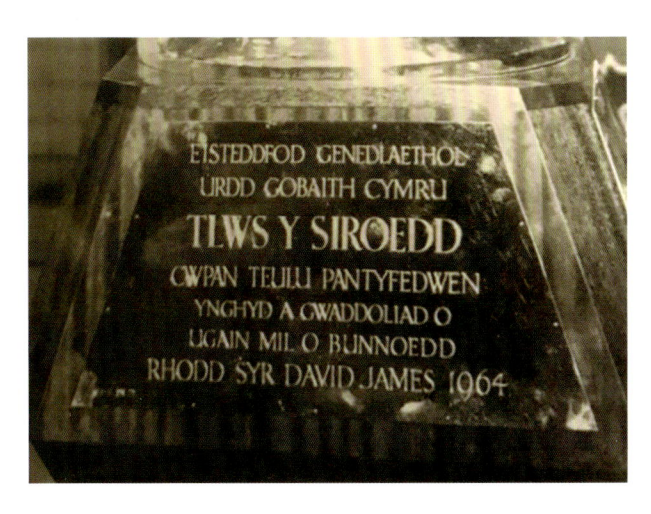

Cwpan y Siroedd a gyflwynwyd i'r Urdd gan David James, Pantyfedwen yn 1965.

Rhai o aelodau Aelwyd Crymych â Chwpan Pêl-droed Pantyfedwen.

Cyflwynwyd Cwpan Teulu Pantyfedwen am y tro cyntaf yn Eisteddfod Genedlaethol yr Urdd yng Nghaerdydd yn 1965. Dwyrain Morgannwg oedd y sir fuddugol. Fel hyn y disgrifia R.E. Griffith yr achlysur:

> Cafodd y cwpan ei arddangos ym Mhabell yr Arddangosfa ar y Maes dros y tridiau, ac fel y dywedodd un gohebydd papur-newydd a glywsai sôn am y tlws enfawr hwn – "seeing is believing!" A phan ddygwyd y cwpan i'r llwyfan ar derfyn yr Ŵyl gellid clywed y gynulleidfa yn tynnu eu hanadl mewn syndod – neu efallai mewn braw.

Anawsterau

Roedd cwpan mor fawr yn achosi anawsterau i'r mudiad – roedd yn anodd ei storio, doedd bancwyr yr Urdd ddim yn barod i'w dderbyn, roedd costau ei gludo i'r cystadlaethau'n uchel a doedd dim modd i'r enillwyr ei gadw. Doedd neb felly'n cael gweld y cwpan o un pen o'r flwyddyn i'r llall. Dyma ddechrau, medd Richard Morgan, 'pennod anffodus ac anghyffyrddus yn hanes yr Urdd a'r ymddiriedolaeth'.[81] Yn 1970 ceisiodd y mudiad ac Ymddiriedolaeth Pantyfedwen drafod y camau nesaf – gwerthu'r cwpan, a defnyddio'r arian i gomisiynu cynllun newydd llawer llai o faint. Cyflwynodd yr Ymddiriedolaeth dri chynllun ond doedd yr un yn plesio'r Urdd oedd eisoes wedi cysylltu â John Meirion Morris, cerflunydd ifanc o Lanuwchllyn, i greu paneli'n darlunio gweithgareddau'r Urdd fel rhan o'i bortffolio yn y coleg. Mae'r rhain i'w gweld ar waliau Neuadd Gyhoeddus Llanuwchllyn erbyn hyn.

Er cryn drafod a sawl ymgais i gyfaddawdu, methodd y ddau sefydliad â dod i gytundeb. Gwerthwyd yr hen gwpan am £3,050 a chafodd yr arian ei drosglwyddo i goffrau'r Urdd yn 1998. Pan sefydlodd David James Ymddiriedolaeth John a Rhys Thomas James yn 1966 gyda'r prif amcan o gynnig gwobrau ariannol mewn eisteddfodau, crëwyd amodau arbennig ar gyfer yr Urdd drwy ganiatáu i arian o'r gronfa fynd at gostau cynnal eisteddfodau cylch, sirol a chenedlaethol y mudiad.

Dechreuwyd ar y gwaith o rannu'r incwm yn 1967 a'r grantiau cyntaf a dalwyd oedd £2,035 i eisteddfodau cylch a sirol yr Urdd, ynghyd â £1,000 i Eisteddfod Genedlaethol yr Urdd. Erbyn heddiw mae'r grantiau blynyddol hyn wedi codi i £10,200 (cylch a sirol) a £3,000 (cenedlaethol).

Paneli gweithgareddau'r Urdd gan John Meirion Morris sydd i'w gweld yn Neuadd Llanuwchllyn

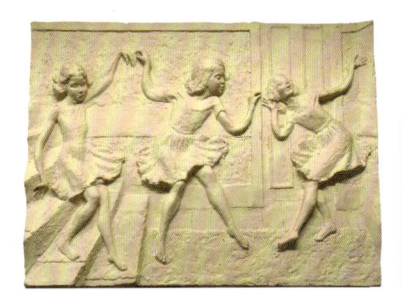

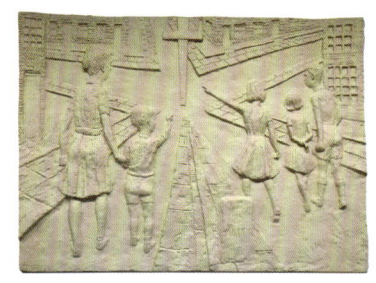

20

Chwaraeon ac Antur

Tîm buddugol cystadleuaeth tennis bwrdd yr Urdd yn 1966.

Ymarfer ar y trampolîn yng Ngwersyll Glan-llyn.

Wrth i boblogrwydd y maes athletau ddatblygu dan adain sawl sefydliad arall yng Nghymru, daeth Mabolgampau'r Urdd i ben, gyda'r digwyddiad olaf yn cael ei gynnal yn Aberpennar yn 1954. Ond gan fod y mudiad yn ystyried chwaraeon yn ffordd wych o gyflwyno'r Gymraeg – yn arbennig felly mewn ardaloedd fel cymoedd diwydiannol y de-ddwyrain lle roedd yr iaith wedi cilio – aeth yr Urdd ati i ymestyn i feysydd eraill gan ddatblygu cystadlaethau tennis bwrdd, rygbi, hoci, dartiau, snwcer a phêl-rwyd yn ystod y 1960au cynnar. Yn 1963, roedd 203 o Adrannau ac Aelwydydd yn cymryd rhan yn y cystadlaethau hynny. Roedd dawnsio

Dawnswyr gwerin o aelwydydd Machynlleth ac Aberystwyth.

Cystadleuwyr yng Ngala Nofio flynyddol yr Urdd.

gwerin yn weithgaredd arall a gâi ei gysylltu'n agos â'r byd chwaraeon o fewn yr Urdd ac yn un o'r atyniadau mwyaf yng Ngŵyl Werin y mudiad a gynhaliwyd saith o weithiau rhwng 1958 ac 1970, gan ddenu dawnswyr cyn belled â'r Wcráin. Wedyn, datblygwyd cystadlaethau Chwaraeon yr Urdd a leolwyd yn ardal Glan-llyn am wyth mlynedd o 1967 ymlaen. Daeth y rheiny'n rhan o weithgareddau'r Eisteddfod am dair blynedd wedyn, cyn cael cartref parhaol yn Aberystwyth. Sefydlodd yr Urdd ddwy Gala Nofio flynyddol hefyd – ar gyfer oed cynradd ac uwchradd – o ddiwedd y 1970au ymlaen.

CANRIF YR URDD 109

Gareth Mort

Un o weithwyr diwyd yr Urdd a wnaeth gyfraniad sylweddol ym maes chwaraeon oedd Gareth Mort, arweinydd Aelwyd Cwmafan ger Port Talbot. Collodd Gareth Mort ei goes mewn damwain yn y gwaith dur, ond daliodd ati i arwain tripiau sgio i'r Alpau ar gyfer yr anabl, heb sôn am sicrhau bod bechgyn yr Aelwyd yn ennill y cystadlaethau chwaraeon yn gyson, yn cynnwys codi pwysau.

> Pwtyn byr [oedd] Gareth – fawr talach na rhyw bum troedfedd a modfedd, ond yn galed fel harn. Cymeriad – ac un o'r llu sydd, dros y blynyddoedd, wedi gweithio'n ddiflino yn eu gwahanol froydd yn enw'r Urdd ... Bob Eisteddfod Genedlaethol yr Urdd am flynyddoedd maith y fe oedd yn rheoli holl staff cefn llwyfan y Brifwyl, waeth ym mha bynnag ran o Gymru yr oedd hi. Arferai gymryd wythnos neu bythefnos o wyliau o'i waith er mwyn bod yno o fore gwyn tan nos i ofalu bod trefn ar bethau gefn y llwyfan ...[82]

Gwelwyd aelodau'r Urdd yn disgleirio ar lefel ryngwladol mewn sawl maes yn y byd chwaraeon. Dewiswyd tri o ffyddloniaid Gwersyll Glan-llyn – Clive Rowlands, Dewi Bebb a Terry Price – yn nhîm rygbi cenedlaethol Cymru yn y 1960au. Llwyddodd dau wersyllwr arall, R. Ieuan Griffith a Iolo ap Gwynn, i gipio Tystysgrif Undeb Canŵio Prydain – y ddau aelod cyntaf o'r Urdd i wneud hynny. Yn fwy diweddar, mae rhai o sêr cyfoes pêl-droed yng Nghymru wedi talu teyrngedau cyson i'r Urdd hefyd, yn ogystal â dangos cefnogaeth i wahanol ymgyrchoedd codi arian. Dyna Aaron Ramsey, a gafodd ei ddewis yn aelod o Glwb Pêl-droed Urdd Caerdydd pan oedd yn chwe blwydd oed. Chwaraeodd Ben Cabango, Ben Davies a Gareth Bale mewn cystadlaethau pêl-droed rhanbarthol a chenedlaethol a drefnwyd gan y mudiad hefyd.

Aaron Ramsey a Gareth Bale, aelodau o dîm pêl-droed Cymru.

Datblygu chwaraeon gwahanol

Yn ystod y 1980au, yng nghyfnod John Eric Williams yn Gyfarwyddwr, gwelwyd yr Urdd yn cynnig cyfleoedd pellach i aelodau ar y meysydd chwaraeon. Penodwyd Trefnydd Chwaraeon llawn-amser yn 1982, ac mae'r amrywiaeth o chwaraeon a gynhaliwyd yn ystod y blynyddoedd wedyn yn helaeth. Sefydlwyd Mini Marathon agored i'r cyhoedd o amgylch Llyn Tegid yn 1983, a daeth Ras Traws Gwlad yr Urdd i'w bri wedyn gyda

Cystadlu yn un o rasys traws gwlad yr Urdd.

Rhai o'r campau oedd yn rhan o Gemau Cymru yr Urdd.

thros 1,000 yn cymryd rhan yn y gystadleuaeth yn 1989–90; cynhaliwyd Gala Nofio Genedlaethol am y tro cyntaf dros bedwar diwrnod yng Nglynebwy yn 1987, yr un flwyddyn ag y trefnwyd taith sgio i Awstria. Drwy gydweithio â Chyngor Chwaraeon Cymru, sicrhawyd wythnos o hyfforddi chwaraeon yn ystod yr Eisteddfod ac anfonwyd Pencampwyr yr Urdd ar gyrsiau'r Cyngor. Cynhwyswyd jiwdo fel camp yn y rhestr chwaraeon ar gyfer 1989 a chystadlaethau nofio i'r anabl am y tro cyntaf yn 1991–92. Roedd dros 6,000 yn cystadlu yn y gwahanol chwaraeon dan 12 oed yn 1993–94, a'r athletwraig baralympaidd Tanni Grey-Thompson oedd yn cyflwyno'r gwobrau yn yr Ŵyl Chwaraeon y flwyddyn honno. Mae'n werth hefyd cofio rhestr y cyrsiau campau a gynhaliwyd yng Ngwersyll Glan-llyn ar Gwrs Hyfforddi 29–31 Hydref 1993, oedd yn cynnwys hwylio, bwrddhwylio, canŵio, mynydda, trin cwch achub, y gampfa, dringo, beiciau mynydd, nofio a bowlio deg!

Gemau Cymru

Gemau Cymru yr Urdd oedd y prif ddigwyddiad dwyieithog ar gyfer pobl ifanc yng nghalendr chwaraeon Cymru ar un adeg, gan hybu llwybrau chwaraeon Cymru. Y weledigaeth ar gyfer y Gemau yw ysbrydoli pobl ifanc Cymru i barhau â'u dysgu a'u datblygiad fel athletwyr a dinasyddion.

Cynhaliwyd Gemau Cymru am y tro cyntaf mewn dau leoliad – y Bala a Chaerdydd – ym Mehefin 2019. Yn ogystal â phob math o gystadlaethau o godi pwysau i dennis bwrdd yng Nghaerdydd, cafwyd rhaglen yn cynnwys Aquathlon, Triathlon a Nofio Dŵr Agored yng Nghanolfan Hamdden Penllyn ac yn Llyn Tegid.

Medalau Gemau Cymru.

CANRIF YR URDD

Cystadleuwyr yn mwynhau cystadleuaeth rygbi 7 bob ochr yr Urdd yn 2019.

Mwy o chwaraeon

Gwelwyd 500 o dimau, yn fechgyn a merched, yn cymryd rhan yng nghystadleuaeth rygbi 7 bob ochr yr Urdd ac Undeb Rygbi Cymru a gynhaliwyd ym Mharc Eirias, Bae Colwyn ac ar gaeau Pontcanna a Llandaf yng Nghaerdydd yn 2019. Ar yr un pryd, gwelwyd cynnydd mawr yn y niferoedd o ferched sy'n mynychu clybiau pêl-rwyd cymunedol yr Urdd gyda 2,000 yn cymryd rhan yn y gystadleuaeth genedlaethol yn Nhachwedd 2019.

Mewn partneriaeth â Chwaraeon Anabledd Cymru, cynhaliodd yr Urdd Gystadleuaeth Pêl-fasged Parth Cynhwysol ar gyfer ysgolion uwchradd Cymru yn Rhagfyr 2019 – cymysgedd o bêl-fasged rhedeg a chadair olwyn. O'r 20 o dimau a gymerodd ran, carfan Ysgol Gyfun Aberaeron a ddaeth i'r brig.

Dangoswyd gwerthfawrogiad Chwaraeon Anabledd Cymru o ymdrechion yr Urdd ym maes chwaraeon i'r anabl drwy gyflwyno safon Efydd i'r mudiad am sicrhau amrywiaeth o weithgareddau, clybiau a chystadlaethau cynhwysol yn 2019. Mae'r Urdd bellach wedi derbyn y wobr Aur hefyd.

Criw chwaraeon cadair olwyn yr Urdd.

Rhai o'r cynadleddwyr yn nigwyddiad #FelMerch yr Urdd ym mis Mawrth 2022.

#FelMerch

Ganol Mawrth 2022, trefnodd yr Urdd gynhadledd chwaraeon yn arbennig ar gyfer merched a menywod ifanc am y tro cyntaf, gan wneud ymdrech neilltuol hefyd i apelio at ddysgwyr. Roedd yn gyfle i rai 16–25 oed i gyfarfod a thrafod a gwrando a chael eu hysbrydoli gan fenywod oedd wedi llwyddo i oresgyn pob anhawster i greu gyrfaoedd iddynt eu hunain ar y meysydd chwarae. Yn eu mysg roedd yr athletwraig a'r anturiaethwraig wydn Lowri Morgan, rheolwr tîm pêl-droed cenedlaethol menywod Cymru Gemma Grainger a'r paralympiad Hollie Arnold. Daeth y gynhadledd ar adeg allweddol gan fod merched yn fwy tebygol o wneud llai o chwaraeon ar ôl COVID-19 nag oedden nhw cyn hynny.

Wrth ymateb i #FelMerch, dywedodd Laura McAllister, cyn-gapten tîm pêl-droed menywod Cymru ac Athro ym Mhrifysgol Caerdydd:

> Mae'n ddiddorol fod yr Urdd wedi mabwysiadu cydraddoldeb fel rhan mor ganolog yng ngwaith y mudiad ... Mae'r Cyfarwyddwr a'r Llywydd Ieuenctid yn fenywod ac mae mwy na hanner bwrdd yr ymddiriedolwyr yn fenywod ... Mae 56% o'r 15,000 sy'n cymryd rhan yng nghlybiau chwaraeon yr Urdd yn wythnosol yn fenywod ... Mae dwy ran o dair o brentisiaethau'r mudiad yn nwylo menywod.[83]

Aelodau'r Urdd yn cefnogi Tîm Cymru yng Ngemau'r Gymanwlad 2022 ym Mirmingham.

Yr Urdd a Gemau'r Gymanwlad

Yn ystod Eisteddfod yr Urdd Caerdydd 2019, cyhoeddwyd y byddai'r Urdd yn bartner elusennol swyddogol i Dîm Cymru yng Ngemau'r Gymanwlad 2022 ym Mirmingham. Mistar Urdd fyddai masgot swyddogol y tîm yn y gemau. Fel rhan o'r bartneriaeth, byddai'r Urdd yn comisiynu anthem ar gyfer Tîm Cymru, a fyddai'n cael ei pherfformio gan 500 o blant a phobl ifanc o bob cwr o Gymru. Yn Eisteddfod y Canmlwyddiant yn Ninbych yn 2022, cyhoeddwyd mai côr pedwar llais buddugol yr Aelwydydd – Côr Dyffryn Clwyd – fyddai'n cynrychioli'r Urdd fel côr swyddogol Tîm Cymru yng Ngemau'r Gymanwlad ym Mirmingham.

CANRIF YR URDD 113

'Mae pawb yn chwarae gitâr'

Ble bynnag y ceir cynulliad o bobl ifainc yr Urdd, mae'n siŵr y bydd yno ddigon o ganu.

Dyna rai o'r geiriau a ymddangosodd ar glawr record caneuon gwersylloedd yr Urdd a gyhoeddwyd gan Recordiau Qualiton yn 1967, gyda chymorth rhai o gantorion 'ysgafn' mwyaf blaenllaw Cymru ar y pryd. Roedd caneuon cymdeithasol a chynulleidfaol yn eu hanfod wedi bod yn rhan bwysig o fywyd gwersylloedd yr Urdd ac adloniant y mordeithiau a'r ymweliadau tramor erioed, felly doedd hi fawr o syndod fod gwersylloedd, eisteddfodau ac ymgyrchoedd codi arian y mudiad yn fagwrfa i ganu pop Cymraeg y 1960au. Dyna'r cyfnod y dechreuodd math newydd o ganu sgubo'n donnau dros bobl ifanc ym mhob cwr o'r byd – canu Elvis, Cliff Richard a Radio Luxembourg. Mae'r cerddor Edward Morus Jones a fagwyd yn Llanuwchllyn yn cofio'r dylanwadau hynny:

> Yn fy achos i roedd Arthur Morus [un o frodyr Dafydd Iwan], ffrind agos y blynyddoedd hynny a finne wedi bwrw ati o ddifri i ddysgu canu gitâr! Bob yn dipyn magwyd hyder a chawsom ein dau lawer o fwynhad wrthi. Byddem yn ymarfer darnau offerynnol y cyfnod, yn canu, yn ffurfio grŵp neu barti canu 'ysgafn', a'r Aelwyd [yn Llanuwchllyn] yn cynnig cyfleoedd parod i ni fwrw iddi i berfformio … Rhaid cofnodi yma, gyda gwên, y byddai un o frodyr hŷn Arthur yn taro i mewn atom o dro i dro, gan ddangos tipyn bach o ddiddordeb yn ein gitârs a'r sŵn 'newydd'.[84]

Edward Morus Jones, y cerddor o Lanuwchllyn, oedd hefyd yn un o swogs Gwersyll Glan-llyn.

Yr enwog Dafydd Iwan oedd hwnnw, wrth gwrs. Pan oedd yn iau, treuliai'r haf yn gweithio yng nghegin Gwersyll Glan-llyn ac yno'n diddanu'i hun a'r gwersyllwyr, y dechreuodd ganu gyda'r gitâr a throi yn y man at gyfansoddi a chanu caneuon pop Cymraeg. Roedd hynny'n dipyn o newid byd o gymharu â'i lwyddiant yn Eisteddfod Genedlaethol yr Urdd yn Llanbedr Pont Steffan yn 1959, pan enillodd yr ail wobr am ganu recorder. Cyn hynny hefyd, roedd wedi ennill y drydedd wobr yn Eisteddfod Genedlaethol yr Urdd ym Maesteg yn 1953 ar yr unawd cerdd dant dan ddeg oed am ganu penillion am gi defaid.

> Roedd ambell gitâr yn cyrraedd y gwersyll o bryd i'w gilydd ac roedd gen i ddigon o amser rhydd rhwng prydau i geisio gweithio ambell i gord amrwd allan. Prynais gitâr Sbaenaidd rad, wedi cael gair o gyngor gan Arthur fy mrawd ac Edward, a daliais ati i bloncio nes cael eitha meistrolaeth ar y tri chord enwog oedd am fynd â fi i anfarwoldeb a thu hwnt. Wedi fy arfogi â chasgliadau Americanaidd fel *Folk is Fun* a *The Burl Ives Song Book* (doedd dim o'r fath bethau i'w cael yn Gymraeg), mi es yn ôl i Lan-llyn yn barod i roi tro ar gân neu ddwy. Yn ogystal â chaneuon o'r ddau lyfr mi rown gynnig ar ambell gân oedd yn y siartiau Saesneg ar y pryd, a chofiaf yn glir imi ganu 'Colours' gan Donovan yng Nghaban Bwyta Glan-llyn un noson. Mae'n rhyfedd o beth, o edrych yn ôl, mai yn Saesneg y cychwynnais fy ngyrfa gyhoeddus fel trwbadŵr, a hynny yng nghysegr Urdd Gobaith Cymru Fach![85]

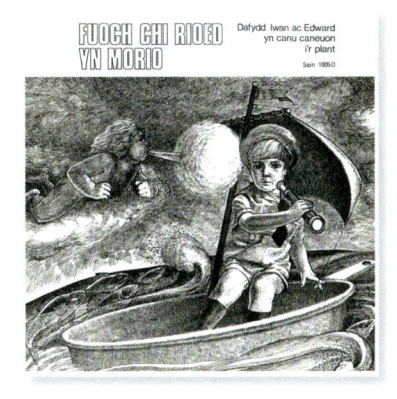

Y Dafydd Iwan ifanc oedd hefyd yn un o'r 'swogs' yng Ngwersyll yr Urdd Glan-llyn.

Mewn gwirionedd, prin oedd y deunydd canu cyfoes yng ngwersylloedd yr Urdd yn ystod hanner cyntaf y 1960au. Gwaddol o ganeuon y pumdegau hwyr oedd yn dal o gwmpas bryd hynny yn ôl pob tebyg, yn cynnwys ambell i gân werin, caneuon fel 'Nkosi Sikelele', 'Ging Gang Gwli', 'Moliannwn', 'Rowlio Hanner Coron', 'Het Tri Chornel', 'Hen Feic Peniffardding fy Nhaid' ac ati – rhai ohonynt yn draddodiadol ac eraill wedi'u codi o'r Gwersylloedd Cydwladol.

Roedd Dafydd Iwan yn ymwybodol o'r esblygiad yma hefyd:

> Clywais ddweud fod Syr Ifan wedi mynd ati i gasglu caneuon y gellid eu canu yn y gwersylloedd (mae'n debyg i Baden Powell wneud rhywbeth tebyg ar gyfer y Sgowtiaid, ac i'r ddau fynd mor bell ag America i chwilio). Y cam nesaf oedd rhoi geiriau Cymraeg ar y caneuon, a dyna sut y daethom ni, wersyllwyr brwd yr Urdd, i gredu mai caneuon Cymraeg traddodiadol oedd 'Dyna ti yn eistedd y deryn du', 'Awn am dro i Frest Pen Coed', 'Elen, o Elen', 'Lawr ar lan y môr' ac ati, ond caneuon wedi eu haddasu o'r Saesneg ac o ieithoedd eraill oedden nhw.[86]

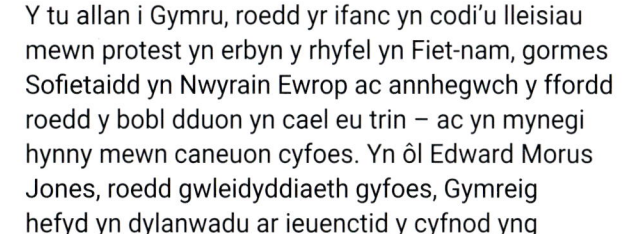

Y tu allan i Gymru, roedd yr ifanc yn codi'u lleisiau mewn protest yn erbyn y rhyfel yn Fiet-nam, gormes Sofietaidd yn Nwyrain Ewrop ac annhegwch y ffordd roedd y bobl dduon yn cael eu trin – ac yn mynegi hynny mewn caneuon cyfoes. Yn ôl Edward Morus Jones, roedd gwleidyddiaeth gyfoes, Gymreig hefyd yn dylanwadu ar ieuenctid y cyfnod yng ngwersylloedd yr Urdd:

> Yma yng Nghymru teimlem ninnau, ieuenctid ein bod yn rhan o'r ymysgwyd. Sylweddolem y trais a'r gwarth a ddigwyddodd pan foddwyd Cwm Celyn (oedd o fewn tafliad carreg i Lan-llyn). Roeddem yn dechrau deall ystyr Darlith Radio Saunders Lewis yn ôl ym 1962, a ffurfiwyd Cymdeithas yr Iaith Gymraeg. Yr oedd yn gyfnod dechrau ymgyrchu am hawliau'r Gymraeg, gyda brwydr teulu'r Beasleys yn y de ac un Geraint 'Twm' Jones yn Arfon ac eraill yn dangos i ni y byddai'n rhaid sefyll ac efallai aberthu a dioddef drosti. At hyn daeth 'deffroad' cenedlaethol, ac ethol Gwynfor Evans yng Nghaerfyrddin ym 1966.[87]

Elfed Lewys yn arwain y canu ym mharlwr Gwersyll Glan-llyn yn ystod y 1960au.

O ganlyniad i hynny, ni pharodd canu yn Saesneg i gyfeiliant gitâr yng Nglan-llyn yn hir, fel yr eglura Dafydd Iwan eto:

> Roedd rhywbeth anghydnaws a chroes i'r graen mewn canu yn Saesneg yn y fath le, a'r unig reswm y gwnawn hynny oedd am nad oedd caneuon Cymraeg o'r fath ar gael. Felly dyma fynd ati i gyfieithu, a chanfod bod caneuon Donovan yn swnio'n ddigon naturiol yn Gymraeg a chanfod hefyd bod geiriau Cymraeg fel 'Ji Geffyl Bach' yn ffitio'n iawn i 'Froggy Went A-courtin', a bod 'Shuckin' of the Corn' yn swnio'n well o beth coblyn fel 'Meddwl Amdanat Ti', a chytgan Gymraeg Edward ac Arthur D. Jones, Alltygwine, 'Mae'n Wlad i Mi' yn gorwedd yn hapus iawn ar alaw enwog Woody Guthrie, 'This land is your land, this land is my land, From California to New York Island ...' Pa synnwyr oedd i fachgen o Frynaman a Llanuwchllyn ganu am y fath leoedd anghysbell? Onid mwy naturiol o'r hanner oedd canu am Lyn Tegid a'r Arenig ac Afon Dyfrdwy'n distaw loetran?[88]

Criw o ferched â'u gitâr y tu allan i Wersyll Glan-llyn.

Roedd 'rhywbeth yn digwydd', fel y dywedwyd, a dechrau canu pop Cymraeg oedd hynny. Dechreuodd y gwersyllwyr ddefnyddio'u gitarau i gyfansoddi caneuon newydd gyda serch a gwladgarwch yn themâu amlwg. Diflannodd mawl sentimental, arwynebol i Gymru a daeth canu gwladgarol y chwedegau'n fwy penderfynol ac ymosodol, gan gynnwys elfen o her a thinc gwrthryfel. Adlewyrchwyd y cyffro yma yn un o gylchgronau'r Urdd: 'Os ydych chi am glywed enghreifftiau o ganu poblogaidd Cymraeg, naturiol, ewch i'r caban coffi yng Ngwersyll Glan-llyn lle mae'r gitâr mewn bri a phawb yn ei swingio hi yn Gymraeg.'[89]

O'r gwersyll, ymledodd y canu newydd i lwyfannau eraill gan ddod i glyw'r cwmnïau recordio hefyd. Ymddangosodd record gyntaf Dafydd Iwan, 'Wrth Feddwl am fy Nghymru', yn 1966 ac un arall, 'Mae'n Wlad i Mi', yn dynn ar ei sodlau.[90]

116 CANRIF YR URDD

Y Blew, grŵp trydanol cynta'r Gymraeg.

Canu, dawnsio a recordio

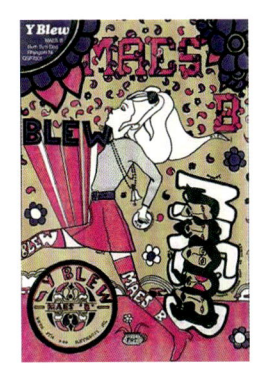

Gellir cysylltu sawl carreg filltir bwysig o safbwynt canu pop Cymraeg â gwersylloedd yr Urdd. Yn Eisteddfod Genedlaethol y Bala yn 1967, dafliad carreg o Wersyll Glan-llyn, y canodd grŵp trydanol cynta'r Gymraeg, Y Blew. Roedd cerddoriaeth ddawns i'w chlywed yn y gwersyll hefyd, diolch i Helen Wyn (Tammy Jones wedyn) a Hebogiaid y Nos a luniodd gyfeiliant i 'Dawns Glan-llyn'.

Gwersyll Glan-llyn oedd y lle naturiol i do newydd o gerddorion Cymraeg ymarfer eu doniau cyfansoddi, chwarae gitâr a chanu. Huw Jones, Dewi Pws, Geraint Jarman, Heather Jones a Delwyn Siôn – mae'r rhestr yn faith, a phawb yn tystio i'r ffaith mai yno y ganwyd, i bob pwrpas, y Byd Pop Cymraeg.

Huw Jones

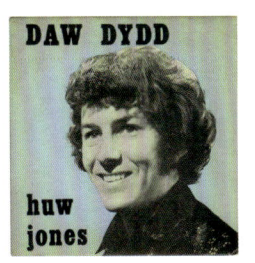

Mewn noson lawen yng Ngwersyll Glan-llyn y canodd Huw Jones, a ddaeth yn ddiweddarach yn gyfarwyddwr cwmni recordiau Sain ac yn Brif Weithredwr S4C, ar ei ben ei hun am y tro cyntaf. Cyn mynd yno o Gaerdydd yn 17 oed, roedd wedi'i swyno gan y triawd Americanaidd Peter, Paul and Mary. Y canu protest acwstig oedd yn deillio o orymdeithiau dros hawliau dynol pobl dduon America ac yn erbyn gormes rhyfel oedd yn apelio ato. Roedd ganddo ef a'i gyfaill Huw Jenkins set o dros ddwsin o ganeuon o'r fath ac roedden nhw'n derbyn galwadau i'r clybiau gwerin newydd oedd

Huw Jones, a ddaeth yn ddiweddarach yn gyfarwyddwr cwmni recordiau Sain ac yn Brif Weithredwr S4C.

wedi'u sefydlu yn ardal Caerdydd. Cyfieithwyd un neu ddwy (yn answyddogol) ac yn 1967 roedd Huw yn cael derbyniad da i 'House of the Rising Sun' a 'Le Déserteur' yn Gymraeg – cân brotest yn erbyn rhyfel gormesol Ffrainc yn Algeria oedd yr olaf a chafodd ei recordio ganddo maes o law dan y teitl 'Y Ffoadur'.

Dewi Pws

Dysgodd Dewi Pws ganu'r gitâr yn Ysgol Dinefwr, Abertawe, a chyn hir roedd yn canu caneuon sgiffl, gan chwarae tri thant. Er ei fod yn aelod o Aelwyd Treforys, chafodd Dewi ddim mynd yn wersyllwr i Langrannog – 'own i'n rhy ddrwg'! Cyrhaeddodd Wersyll Glan-llyn a gwnaeth hwnnw argraff arno:

Ond roedd Glan-llyn yn fater arall. Yno wnes i gyfarfod â Dafydd Iwan gyntaf.

> Yno wnes i gyfarfod â Geraint Jarman a Heather Jones. Yno wnes i chware un o recordiau Meic Stevens am y tro cyntaf. *Mwg* oedd hi, a roedd ei chware hi yng Nglan-llyn yn beth mawr i fi. Roedd llawer o'r gwersyllwyr yn hoffi stwff Saesneg ac yn meddwl fod pop Cymraeg yn rwtsh. Yna dyma fi'n prynu *Mwg* ac yn chware'r record yn eu clyw nhw. A'r ymateb yn dod, 'Hei! Mae hwn yn OK!' ...
>
> Rwy'n falch i fi gael bod yna yr adeg honno. Mae'r cyfan yn perthyn i gyfnod na ddaw byth yn ôl. Fe fydden ni'n creu hwyl i ni'n hunain. Dyna ble a sut y dysgais i berfformio ... Dyna ble wnes i gyfansoddi 'Blaenau Ffestiniog', 'Nwy yn y Nen' a 'Mawredd Mawr'.[91]

Y Tebot Piws yn diddanu cynulleidfa yn Abertawe yn 1971.

Heather Jones

Gyda chriw o ferched ysgol o Gaerdydd y canodd Heather Jones mewn grŵp pop am y tro cyntaf, sef Y Meillion. Canodd y grŵp mewn cyngerdd yn 1964 i gyhoeddi Eisteddfod Genedlaethol yr Urdd yng Nghaerdydd a phan aethant ati i dorri eu record gyntaf, roedd ganddynt gân bop am yr Urdd, 'ein mudiad modern ni'. Cyhoeddwyd llun o Heather Jones ar glawr cylchgrawn ieuenctid yr Urdd, *Hamdden*, yn Hydref 1966. Erbyn hynny, roedd hi'n gantores unigol a oedd yn ymddangos ar raglenni canu ysgafn ar y teledu.

Un a ddysgodd Gymraeg yn yr ysgol oedd Heather a gyda'i ffrindiau, siaradai Gymraeg fel iaith gyntaf. Aeth i Wersyll Glan-llyn, ac yno, agorwyd ei llygaid ymhellach i fyd cerddoriaeth bop Gymraeg. Swynwyd hi gan gantorion fel Dafydd Iwan a Huw Jones a swynodd hithau'r gwersyllwyr gyda'i llais pur. Enillodd gystadleuaeth y gân bop unigol yn Eisteddfod yr Urdd Caerfyrddin yn 1967 a daeth rhagor o sylw i'w rhan. 'Ges i hyder drwy'r canu,' meddai Heather, 'achos roeddwn i'n ferch ifanc swil iawn.'[92]

Geraint Jarman a Heather Jones yn Eisteddfod yr Urdd 1974.

Cystadlaethau Pop cynnar yn Eisteddfod Genedlaethol yr Urdd

1964 Porthmadog: Grŵp Pop – Y Cwennod (Treboeth, Abertawe).

1967 Caerfyrddin: Grŵp Pop – Y Pelydrau (Trawsfynydd).

Cân Bop Unigol – Heather Jones, Caerdydd.

1968 Llanrwst: Grŵp Pop – Y Cyffro, Ysgol Rhydfelen, oedd yn cynnwys y drymiwr Charlie Britton a'i chwaer, Eirlys Britton. Y Perlau (Llanbedr Pont Steffan).

Cân Bop Unigol – Joan Gealy (grŵp Y Trydan).

1969 Aberystwyth: Cân Bop Unigol – Jane Evans (y gân 'O Gymru').

Pinaclau Pop 1968

Adlewyrchwyd y byd pop Cymraeg ar dudalennau *Hamdden* a rhoddwyd cyfle i dalentau newydd yng nghystadlaethau Eisteddfod Genedlaethol yr Urdd. Fis Gorffennaf 1968, trefnodd yr athro a'r diddanwr Peter Hughes Griffiths o Gaerfyrddin noson gyfan o ganu pop Cymraeg ym Mhafiliwn Pontrhydfendigaid, dan yr enw Pinaclau Pop, i godi arian at Eisteddfod Genedlaethol yr Urdd, Aberystwyth y flwyddyn ganlynol. Dyma lond llwyfan o sêr yn cyflwyno'r canu newydd Cymraeg i gynulleidfa enfawr – yno roedd Ryan a Ronnie yn cyflwyno Dafydd Iwan ac Edward, Hogiau Llandegai, Heather Jones, Mari Griffith, Helen Wyn, Y Pelydrau, Huw Jones a Meinir Lloyd. Doedd y perfformwyr erioed wedi cael cynulleidfa fyw o'r fath. Syndod i'r trefnwyr oedd fod cymaint o bobl mewn oed yn bresennol, 'yn mwynhau'r difyrrwch bywiog hwn yn yr idiom fodern ac yn dangos eu cymeradwyaeth trwy guro dwylo a thraed mewn ysbryd afieithus'. Cafwyd teirawr o adloniant – 'a gellid bod wedi parhau am deirawr arall'.[93]

'Gyfeillion, ma gwerthiant recordie Cwmra'g yn mynd i fynd drw'r to!'[94] oedd ymateb Ryan Davies yn dilyn y Pinaclau Pop cyntaf hwnnw ym Mhafiliwn Pontrhydfendigaid. Roedd y term 'y byd pop Cymraeg' yn dechrau cael ei ddefnyddio a chynulleidfaoedd yn crefu am nosweithiau eraill tebyg. Roedd Huw Jones yr un mor argyhoeddedig o effaith chwyldroadol cyngerdd Pinaclau Pop yr Urdd ar y Gymru Gymraeg:

> Yn fy meddwl i, fe anwyd y byd pop Cymraeg yn swyddogol ym Mhafiliwn Pontrhydfendigaid ym mis Gorffennaf 1968. Roedd dros 3,000 o gynulleidfa yn dystion i'r don newydd o adloniant Cymraeg oedd ar fin ysgubo ar draws Cymru. Hwn oedd ein Woodstock ni.[95]

Bu'r Pinaclau Pop cyntaf hwnnw'n sail i gyfres o nosweithiau tebyg. Trefnodd Plaid Cymru noson Tribannau Pop ym Mhontrhydfendigaid fis Medi 1968, a threfnwyd noson Pigion Pop gan bwyllgor apêl Eisteddfod yr Urdd yn y Drenewydd fis Rhagfyr. Erbyn y gwanwyn canlynol, roedd Tribannau Pop wedi ymestyn

Y ddeuawd boblogaidd Aled a Reg fu hefyd yn perfformio yn y Pinaclau Pop.

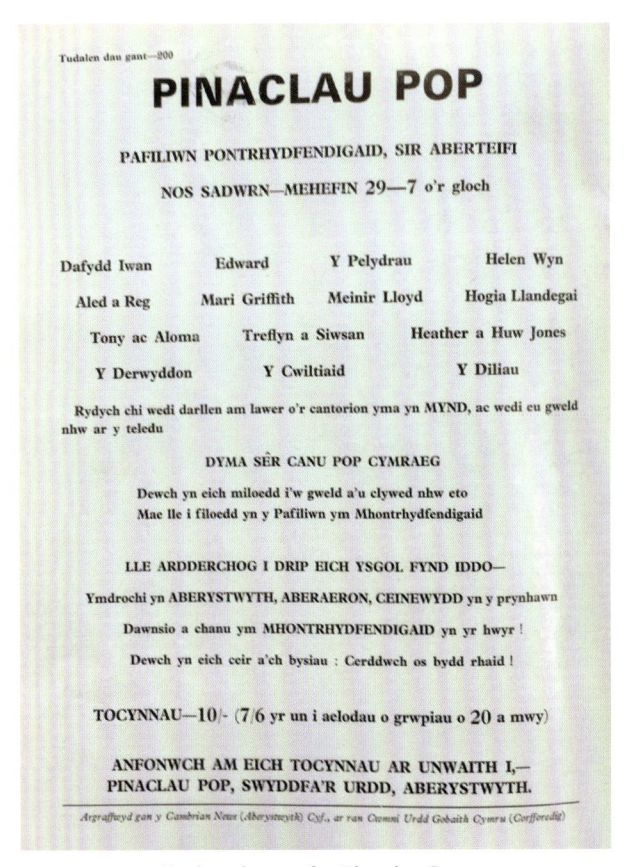

Hysbyseb ar gyfer Pinaclau Pop.

i fod yn gyfres o dair noson – roedd Neuadd y Cory, Caerdydd yn orlawn; daeth dwy fil i Neuadd y Farchnad, Caerfyrddin ac roedd Neuadd y Dref Pwllheli dan ei sang hefyd. Daeth nosweithiau pop yn rhan annatod o rai eisteddfodau lleol a gynhelid mewn pebyll ledled Cymru oedd yn dal dwy fil neu fwy – Eisteddfod Môn ym Mro Goronwy, Llanuwchllyn a Llanrwst. Rhyfeddai Peter Hughes Griffiths at y cynnydd sylweddol a chyflym: '... edrychwch, erbyn heddiw mae'n ganu pop a nosweithiau pop diddiwedd trwy Gymru gyfan. Mae ein holl ieuenctid wedi gwirioni ar y canu hwn ... Pwyllgor Eisteddfod Aberystwyth yn bendant a gychwynnodd y cyffro newydd. Dyma gyfraniad teilwng iawn tuag at Gymreictod yr oes hon, greda i.'[96]

Cydnabu Neville Hughes, aelod o'r grŵp poblogaidd cynnar Hogia Llandegai, fod Pinaclau Pop yr Urdd yn drobwynt i greu adloniant pop Cymraeg ar lefel genedlaethol:

> Does gen i ddim amheuaeth yn fy meddwl fod *Pinaclau Pop* Pontrhydfendigaid 1968 wedi bod yn allweddol i ni, ac i lawer artist arall. Yn wir, Pontrhydfendigaid *oedd* yr allwedd a agorodd y drws i'r Hogia i fynd drwyddo i'r De. Ac fe agorodd y drws hwnnw led y pen, oherwydd o fewn tri mis i'r ŵyl roedden ni'n canu yng Ngorsgoch ger Llanybydder, ac ym mis Awst yn Llanbedr Pont Steffan. Dechreuodd y 'ffrwydrad' deheuol yn yr Hydref a pharhau drwy fisoedd y gaeaf, gyda gwahoddiadau yn dod o Gaerwedros, Felindre ger Llandysul, Crymych, Llanymddyfri, Llanafan, Aberystwyth, Tregaron, Bronwydd, Penrhyncoch, Llanybydder, Pontsiân, Felin-fach, Castellnewydd Emlyn a Llansawel. Ac mae gan amryw o'r ardaloedd hyn le arbennig yng nghalonnau'r Hogia o hyd.[97]

Cynhaliodd yr Urdd Pinaclau Pop 2 ym Mhafiliwn Eisteddfod yr Urdd ar y nos Sadwrn yn Aberystwyth yn 1969. Cafwyd tyrfa luosog eto, awyrgylch drydanol a Dafydd Iwan yn canu 'Croeso 69' am y tro cyntaf. O'r gweithgarwch canu pop yma y crëwyd y cylchgrawn *Asbri* yn 1970.

Erthygl o'r Daily Post yn sôn am y gwrthdaro rhwng y delyn a'r gitâr yng Ngwersyll Glan-llyn.

Cwrs Calan Glan-llyn

Ar ddiwedd 1970, roedd y Cwrs Calan yng Nglan-llyn yn cynnwys cyrsiau drama, canu cyfoes, pantomeim, llenyddiaeth a chelf. Daeth 120 o bobl ifanc ynghyd o bob rhan o Gymru. Yn ôl adroddiad yn y *Daily Post*, roedd tynnu ar dannau'r delyn yn y cyrsiau hyn ar un adeg – ond erbyn hynny, y gitâr oedd yn mynd â hi. Roedd llawer ar y cwrs wedi cyfansoddi eu caneuon eu hunain yn hytrach nag addasu caneuon yn y siartiau Saesneg. John Japheth, a ddaeth yn Bennaeth Gwersyll Llangrannog yn ddiweddarach, oedd un o'r trefnwyr a dywedodd fod y caneuon serch a'r caneuon protest gwreiddiol yn uniaethu Cymru â'r byd. 'Roeddan nhw'n ardderchog ac mae hyn yn ddatblygiad cyffrous.'

Mae Cleif Harpwood yn cofio iddo sylweddoli fod Llangrannog yn cyflwyno ac yn cryfhau'r ymwybyddiaeth o genedligrwydd ymysg pobl ifanc: 'Wedi i bawb fynd i glwydo fe fydde'r oedolion yn ymgasglu yn y caban swogs ac fe fydde 'na ganu i gyfeiliant gitârs neu wrando ar y recordie Cymraeg diweddara wrth drefnu gweithgaredde'r diwrnod wedyn. Yng nghwmni'r bobol yma o bob rhan o Gymru yn athrawon, myfyrwyr a staff ymroddgar y mudiad ro'n i'n ca'l modd i fyw ac yn dysgu gyment gan 'y nghyd-Gymry am sefyllfa'r Gymraeg ar y pryd.'[98]

Y grŵp Hergest.

Hergest

Ar ddechrau'r saithdegau, roedd y cerddor Geraint Davies a'i gyfeillion wedi ffurfio'r grŵp Gwenwyn yn Aelwyd yr Urdd Treforys – 'esgus da i osgoi ymarferion Côr yr Aelwyd'! Fel sawl un arall, dechreuodd Geraint drwy gyfieithu neu addasu caneuon pop Eingl-Americanaidd y cyfnod cyn magu'r profiad i gyfansoddi'i ganeuon ei hun. Cyn hir, roedd cam pwysig arall i ddiwylliant yr ifanc ar y pryd ar y gorwel – ffurfio'r grŵp Hergest:

> Ar ddiwedd mis Awst mi fu 'na ddigwyddiad arall fydde'n newid 'y mywyd i – a dwi ddim yn gor-ddweud. Ro'n i wedi cadw cysylltiad â Phil, neu Elgan, wedi'n profiad ni ar gwrs Aberystwyth ac eisoes wedi trefnu i gwrdd ag e yng Nglan-llyn. Beth o'n i ddim yn ei ddisgwyl oedd cwrdd â dau arall oedd â'r un diddordeb mewn canu, a'r un dylanwade cerddorol yn union, sef Delwyn (Siôn) Davies o Aberdâr (hwnnw oedd wedi gwneud argraff yn Steddfod yr Urdd) a Derec Brown o Gaerfyrddin. O fewn dyddie roedd y pedwar ohonon ni wedi creu uned glòs ac yn syrffedu'n cyd-wersyllwyr gyda'n canu harmoni parhaus. Ar ddiwedd yr wythnos a phawb yn dychwelyd adre, roedd 'na addunded i gadw cysylltiad.[99]

Edward H. Dafis

Trefnodd yr Urdd bod y grŵp poblogaidd Edward H. Dafis yn binacl i'r noson oedd yn cau Eisteddfod Genedlaethol yr Urdd ym Mhorthaethwy yn 1976. Yng ngwres y perfformiad, rhuthrodd nifer o bobl ifanc y gynulleidfa i'r tu blaen i ddawnsio. Os mai yn 1968 y ganwyd y Byd Pop Cymraeg, medd Huw Jones, yn 1976 y Sin Roc Gymraeg – er i'r swyddogion geisio tynnu'r plygiau trydan ar y pryd! Meddai Hefin Wyn, gohebydd roc a phop y cyfnod:

> Ar ôl i'r gynulleidfa gymysg ei chwaeth fwynhau perfformiadau Mynediad am Ddim, Arfon Gwilym a Dafydd Iwan fe neilltuwyd y llwyfan ar gyfer Edward H. Fu yna erioed y fath rycsiwns. Heidiodd yr ieuenctid o'u seddau i'r tu blaen a gwelwyd arswyd, panig a phryder ar wynebau swyddogion y mudiad. Bu rhai o'r stiwardiaid mor ffôl â chyhuddo Edward H. o fod yn anghyfrifol drwy achosi'r fath bandemoniwm. Diffoddwyd y cyflenwad trydan am gyfnod. Bu'n rhaid i swyddogion yr Urdd dderbyn esboniad Dewi, a sylwadau llai cwrtais Charlie, mai mwynhau eu hunain oedd yr ieuenctid yn yr un modd ag y bydden nhw ymhob gig o eiddo'r grŵp. Ildiodd y swyddogion ac fe symudwyd y rhesi cadeiriau yn y blaen er mwyn caniatáu i'r cynnwrf barhau.[100]

Edward H. Dafis oedd un o'r grwpiau yn noson 'Roc y Brifddinas' yr Urdd yng nghlwb nos Top Rank, Caerdydd adeg Eisteddfod y Barri, gyda Dr Hywel Ffiaidd a'i Gleifion.

Edward H. Dafis yn un o'i gigs olaf yn 2013.

Radio Glangwili

Ond nid ieuenctid 'afreolus' yw'r darlun yn llawn. Arbrawf a drodd yn llwyddiant diamheuol oedd Radio Glangwili, gan gyflwyno rhaglenni ac adloniant i'r rhai oedd yn yr ysbyty. Dechreuwyd y cynllun gan Senedd yr Urdd yn sir Gaerfyrddin yn 1970 pan gyfarfu criw bychan o ieuenctid i baratoi rhaglen ar dâp i'r cleifion. Yn dilyn llwyddiant yr arbrawf cyntaf, trefnwyd nifer o raglenni achlysurol a buan y gwelwyd yr angen am wasanaeth parhaol i'r cleifion. Galwyd cyfarfod cyhoeddus a chafwyd cefnogaeth nifer o fudiadau eraill.

Darlledodd Radio Glangwili ei rhaglen gyntaf ddydd Nadolig 1972, ac am y flwyddyn gyntaf cyfyngwyd y rhaglenni i geisiadau am recordiau gyda phobl ifanc Aelwyd Caerfyrddin wrth y llyw. Erbyn dechrau 1974 roedd y gwasanaeth wedi ehangu, prynwyd offer newydd a chyflwynwyd rhaglen bob nos. Rhannwyd y gwaith rhwng gwahanol fudiadau yn y dre a'r cylch yn ychwanegol at aelodau'r Urdd yn yr hen Sir Gâr. Enillodd Radio Glangwili wobr o £350 mewn cystadleuaeth i'r holl orsafoedd radio mewn ysbytai yng ngwledydd Prydain gyda rhaglen ddogfen a fwriadwyd i liniaru gofidiau cleifion mewn ysbytai.

Disgos eiconig

Yn ôl y cyflwynydd radio Huw Stephens, gwnaeth gwersylloedd yr Urdd gyfraniad cynnar i fyd y disgo Cymraeg:

> Roedd Disgos Glan-llyn a Llangrannog yn reit eiconig, hefo'r remix Clwb Cymru o Sosban Fach ac ati. Ac os awn ni yn ôl i'r 70au, pwy oedd y DJ's adnabyddus, ond Dei Tomos, a Mici Plwm. A'r math o ganeuon oedden nhw'n ei chwarae oedd Hergest, Brân ac Edward H. Mae Cleif Harpwood eto yn nodi fod Canolfan yr Urdd yn Heol Conwy, Caerdydd wedi bod yn allweddol yn ei ddatblygiad fel cerddor roc Cymraeg – yno y bu cast yr opera roc Gymraeg gyntaf, *Nia Ben Aur*, yn ymarfer am wythnos cyn Eisteddfod Genedlaethol Caerfyrddin 1974; yno hefyd y bu Edward H Dafis yn cynnal eu hymarferion cynnar.

Y Trwynau Coch yn perfformio, a chlawr un o'u senglau mwyaf poblogaidd.

Teithiau Haf yr Urdd

Parhaodd yr Urdd i drefnu teithiau ysgolion i grwpiau pop Cymraeg. Am dair blynedd rhwng 1978 ac 1980 byddai'r grŵp poblogaidd y Trwynau Coch yn gwneud taith haf gyda gìg bob dydd am tua wythnos i ddeg diwrnod. Glan-llyn oedd un o'r gigs ar y daith. 'Beth oedd yn handi oedd cael cysgu ar lawr y gampfa,' yw atgof prif leisydd y Trwynau, Rhys Harris am y teithiau gwych hynny!

Cyn-aelod arall o staff yr Urdd yw Aled Siôn. Daeth yn Bennaeth ar Lan-llyn yn 1992, ac wedyn yn Bennaeth Eisteddfod yr Urdd, ond roedd hefyd yn aelod o'r grŵp poblogaidd Eryr Wen. Yn ôl Huw Stephens eto, mae gan y grŵp poblogaidd cyfoes Super Furry Animals ddyled i Wersyll Glan-llyn yn ogystal:

> Mae'n debyg bod yr aelodau'n swogio yng Nglan-llyn ar y cyrsiau haf, ac wrth aros i'r criw nesaf gyrredd ar ôl i'r criw cyntaf adael, bod criw wedi mynd i'r dafarn yn Llanuwchllyn, ac yna dal y trên bach i Bala, gan ddringo i ben y trên, ac mai tra ar ben y trên hwnnw y gwnaethon nhw gwrdd â'i gilydd a phenderfynu ffurfio band. Dwi'm cweit yn siŵr faint o wirionedd sydd yn y stori, ond dwi wir yn gobeithio ei bod hi'n wir. Ond ma Super Furry Animals yn honni eu bod nhw wedi llwyddo i ddwyn trôns Mr Urdd pan doedd neb yn sbio yn y gân yma. Dwi'm cweit yn siŵr o hynny chwaith i fod yn hollol onest.[101]

Cyrsiau'r Urdd

Mae cyrsiau crefft roc a chyfansoddi'r Urdd yn dal i ddwyn ffrwyth yn yr unfed ganrif ar hugain, gan arwain at ffurfio nifer o grwpiau newydd. Huw Stephens sy'n talu teyrnged i'r cyrsiau hynny:

Y band poblogaidd Adwaith, o Gaerfyrddin.

> Mae'r Cledrau yn un. Mae grŵp newydd sbon, Y Newyddion, newydd ffurfio ar ôl bod ar y Cwrs Creu yng Nghaerdydd fis Awst hefo'i gilydd, ac wedi cael gweithdy cyfansoddi yng Nglan-llyn, ac wedyn gig gafodd ei drefnu gan Urdd Ynys Môn. Gwnaeth y grŵp Lewys hefyd gyfarfod ei ddrymar a chydweithio'n gerddorol hefo'r lleill am y tro cyntaf ar ôl bod ar weithdy marathon roc yng Nglan-llyn, a Ffracas hefyd. Mae Lewys, fel Y Cledrau a Candelas, wedi cynnal llwyth o gigs i wahanol ddisgyblion yn y neuadd disgo hefyd. Ynghyd â'r Cwrs Creu yng Nghaerdydd, mae Cwrs Gwerin Gwallgo yn cael ei gynnal yn flynyddol yng Nglan-llyn, lle ffurfiodd y grŵp ifanc Tant.[102]

Gigs noson olaf yr Eisteddfod

Mae bywyd a chyffro'r canu cyfoes Cymraeg yn parhau i redeg drwy wythiennau'r Urdd. Bob blwyddyn, mae nifer fawr o fandiau'n perfformio mewn gigs wedi'u trefnu gan yr Urdd, boed yn ddigwyddiad codi arian, gìg yn y gwersyll, gìg ym mhenwythnosau Bwrdd Syr IfanC, gìg diwedd blwyddyn, a hefyd ers Eisteddfod Fflint, mae gìg yn cael ei gynnal ar ddiwedd wythnos Eisteddfod yr Urdd fel un parti mawr i gloi'r cyfan. Ymysg y bandiau sydd wedi chwarae yn y rhain mae Gwilym, Candelas, Band Pres Llareggub a'r Mellt. Mae rhai o gyn aelodau o staff a staff presennol yr Urdd hefyd yn aelodau o rai o'r bandiau mwyaf diweddar yma, yn cynnwys Lewys Wyn, sy'n aelod o'r Eira, a Marged Antur sy'n aelod o'r Cledrau. Mae llawer o fandiau eraill wedi mynd o nerth i nerth ar ôl ennill cystadleuaeth Brwydr y Bandiau yn Eisteddfod yr Urdd, gan gael cyfle wedyn i berfformio ar lwyfannau ledled Cymru a thu hwnt. Un o'r bandiau hynny yw'r grŵp poblogaidd o Gaerfyrddin, Adwaith. Nhw oedd un o'r prif fandiau yng Ngŵyl Triban yn 2022, sef y digwyddiad newydd arbennig oedd yn cloi Eisteddfod Genedlaethol yr Urdd Sir Ddinbych.

Does dim amheuaeth mai o gynnwrf cynnar Glan-llyn a nosweithiau'r Urdd y datblygodd y corff arbennig hwn o ganu cyfoes Cymraeg. Mae'r fath gyffro'n unigryw ymysg diwylliannau'r ieithoedd llai niferus – am fod y canu, y cyflwyno a'r gwobrwyo yn digwydd yn yr iaith gynhenid.

Rhwysg a Rhwyg yr Arwisgo

Perthynas coron Llundain â'r Urdd

Roedd 1935 yn flwyddyn fawr i'r awdurdodau brenhinol yn Llundain – blwyddyn jiwbilî arian y Brenin Siôr V. Sefydlwyd cronfa ddathlu oedd yn cynnig cymorthdaliadau at ddigwyddiadau a chyrhaeddodd taliadau cyson i'r Urdd o'r gronfa honno: £100 i'r gwersylloedd yn 1935; £500 i brynu offer ychwanegol i'r gwersylloedd yn 1936. Derbyniodd yr Urdd £6,000 o rodd at gynlluniau hyfforddi'r mudiad gan Sefydliad y Brenin Siôr VI yn 1955 a £4,000 arall yn 1960. Ymhen deugain mlynedd, roedd yr Urdd wedi derbyn dros £30,000 o'r gronfa frenhinol – 'teg heddiw yw talu teyrnged,' meddai R.E. Griffith yn ei gronicl, ond mae'n cydnabod, 'dichon na chyd-wêl pawb â hynny.'

Mae'r goron ar bob ceiniog a ddaw o gronfeydd o'r fath ac mae ochr arall i bob ceiniog. Ymwelodd y Brenin Siôr VI a'r Frenhines Elizabeth ag Aberystwyth a Chaernarfon yn 1937, yn fuan ar ôl y coroni. Gwahoddwyd yr Urdd i anfon cynrychiolaeth i'r achlysuron hynny – aeth pedwar cant o aelodau i Aberystwyth a phum cant i Gaernarfon. Bu'n gyfle da i gyflwyno'r mudiad a'i waith i sylw brenhinol.

'Diogelu Cymru'

Yn ei gofiant meistrolgar i'r bardd Cynan,[102] amlinellodd Gerwyn Wiliams fod pryderon ynglŷn â thwf cenedlaetholdeb yng Nghymru wedi'u mynegi yng nghalon grym y Wladwriaeth Brydeinig ar ddechrau'r Ail Ryfel Byd. Roedd twf y Blaid Genedlaethol, gweithred fel llosgi'r Ysgol Fomio a'r cyfarfod i dyrfa o 10,000 a drefnwyd i groesawu'r tri llosgwr, D.J. Williams, Lewis Valentine a Saunders Lewis, wrth iddynt gael eu rhyddhau o garchar yn tystio i hyn, awgrymodd. Y gwleidydd Llafur Herbert Morrison oedd Ysgrifennydd Gwladol Cymru o fewn llywodraeth glymblaid Winston Churchill erbyn Chwefror 1941 a'r llywodraeth Lafur ar ôl y rhyfel. Cyflwynwyd argymhelliad iddo fod angen 'diogelu' Cymru fel rhan o'r Ymerodraeth drwy ddefnyddio'r Teulu Brenhinol i greu undod Prydeinig. Roedd angen cynyddu ymweliadau brenhinol â Chymru a thargedu sefydliadau Cymreig fel y Brifysgol a'r Eisteddfod a chreu 'Cymry Prydeinig' – oedd yn ddiwylliannol Gymreig ond yn deyrngar i wladwriaeth Prydain. Dyma ddechrau cynllwyn bwriadol yn ôl Gerwyn Wiliams i ddefnyddio'r Teulu Brenhinol i Brydeineiddio mudiadau ac eiconau Cymru. Targedwyd yr Urdd gan Morrison ac awgrymwyd yn 1941 y gallasai'r

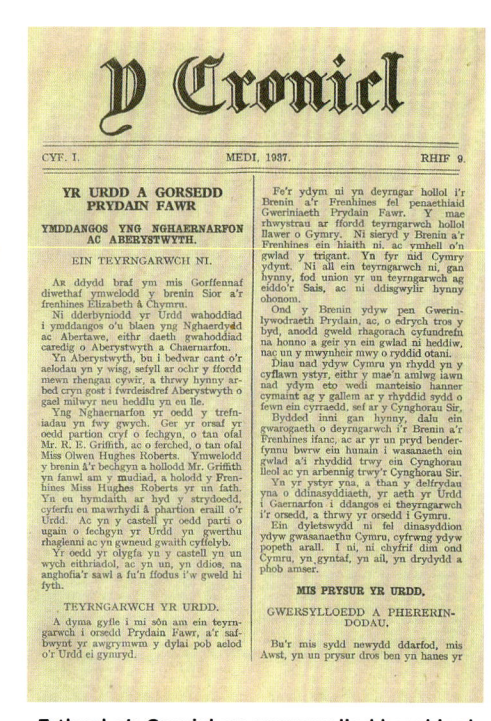

Erthygl o'r Cronicl am yr ymweliad brenhinol ag Aberystwyth a Chaernarfon yn 1937.

Saunders Lewis, Lewis Valentine a D.J. Williams a fu'n gyfrifol am losgi'r Ysgol Fomio ym Mhenyberth ar 8 Medi, 1936.

Gemau'r Ymerodraeth a'r Gymanwlad ym Mharc yr Arfau, Caerdydd, 1958.

Dywysoges Elizabeth ddod yn llywydd ar y mudiad. Ystyriwyd mai mantais i'r Urdd oedd y cymhelliad i anfon cynrychiolaeth o aelodau i gastell Caernarfon ar 18 Gorffennaf 1946 ar gyfer ymweliad y brenin a'r frenhines, yn ogystal ag anfon cant ag ugain o aelodau'r Urdd i gyfarfod y Dywysoges Elizabeth a Dug Caeredin yng nghastell Harlech yn 1949, ac wyth arall i gyfarfod brenhinol tebyg yng nghastell Caernarfon yn 1963.

Dangosodd Gerwyn Wiliams fod y syniad o gael y frenhines yn Llywydd ar yr Urdd wedi cael derbyniad brwd gan Ifan ab Owen, ac y byddai'n 'very great triumph and honour for the movement'.[103] Trafodwyd taith 'genedlaethol' o Gaernarfon i Gasnewydd i'r dywysoges 15 oed ymweld ag Aelwydydd yr Urdd, ond aeth hynny i'r gwellt yn y diwedd. Bu llawer o ymgynghori'n ddistaw bach ymysg rhwydwaith cefnogwyr y Sefydliad Prydeinig yng Nghymru a gwelwyd y Dywysoges Elizabeth yn cael ei hurddo'n aelod o'r Orsedd yn Eisteddfod Aberpennar yn 1946 a Philip, Dug Caeredin, yn cael ei urddo yn 1960, gydag ymweliadau brenhinol yn achlysuron cyson yn y Brifwyl hyd 1969. Roedd hwn yn gynllwyn bwriadol gan y pwerau canolog, meddai Gerwyn Wiliams, gan ddyfynnu'r Gweinidog Cartref: 'One of the most effective methods of counteracting separatist tendencies would be to strengthen the personal association of the Royal Family with the Welsh people and to intertwine their local patriotism with loyalty to the Crown.'[104]

Ym Mehefin 1947, er 'llawenydd mawr dros ben yng Nghymru, ac yn enwedig yn rhengoedd yr Urdd', cyhoeddwyd enw Ifan ab Owen ar frig rhestr anrhydeddau'r brenin i'w greu'n farchog. Yn hynny o beth, roedd yn dilyn ei dad unwaith eto, a rheng go helaeth o arweinwyr diwylliannol Cymraeg hanner cyntaf yr ugeinfed ganrif.

Yn Eisteddfod yr Urdd Meirionnydd y flwyddyn honno, codwyd cronfa arbennig i brynu anrheg i'r Dywysoges Elizabeth ar ei phriodas â'r Tywysog Philip. Roedd arian ar ôl yn y gronfa a phan ddychwelodd yr Eisteddfod i'r sir – i Ddolgellau – yn 1960, penderfynwyd (gydag anogaeth frenhinol) y dylid defnyddio'r arian hwnnw i gyflwyno tlws arbennig, a alwyd Y Wobr Frenhinol, a fyddai'n cael ei gyflwyno i'r sir â'r mwyaf o farciau ar ddiwedd pob Eisteddfod.

Yng Nghaerdydd yng Ngorffennaf 1958, wrth gloi Gemau'r Ymerodraeth a'r Gymanwlad yn y ddinas, cyhoeddwyd y byddai Siarl, y tywysog naw oed ar y pryd, yn cael ei arwisgo'n Dywysog Cymru yng nghastell Caernarfon pan fyddai'n hŷn. Ymwelodd y Teulu Brenhinol ddwywaith â'r Eisteddfod Genedlaethol yng Nghaerdydd yn 1960. Dewiswyd dau aelod o'r mudiad i godi a gwarchod Baner y Teulu wrth i'r cwmni gyrraedd y Maes. Ymddangosai fod y cynllwyn i droi'r gwladgarwyr Cymreig yn deyrngarwyr o fri wedi bod yn llwyddiant ysgubol. Ond roedd degawd tanllyd y 1960au yn mynd i newid y teyrngarwch hwnnw ac ysgwyd y sefydliadau Cymreig – a mudiad yr Urdd yn fwy na'r un, efallai.

Newid yn y gwynt

Rhan o ddathliad 40 oed yr Urdd yn 1962 oedd cyngerdd mawreddog yn yr Albert Hall, Llundain. Dair wythnos ynghynt, roedd y bardd a'r dramodydd Saunders Lewis wedi traddodi'i ddarlith, 'Tynged yr Iaith', ond roedd hi'n anodd gan R.E. Griffith, ar ddiwedd y gorfoledd yn yr Albert Hall, gredu 'y gallasai'r iaith Gymraeg farw cyn i'r Urdd weld deugain mlynedd arall'.

Galwodd Saunders Lewis am greu mudiad newydd, chwyldroadol ac yn fuan wedyn, ffurfiwyd Cymdeithas yr Iaith. Byddai'r dull o ymladd am statws i'r Gymraeg a hawliau i'w siaradwyr yn wahanol i arddull fwy amyneddgar mudiad yr Urdd o hyn ymlaen. Byddai'r mudiad newydd hefyd yn apelio'n bennaf at bobl ifanc – cylch gweithgarwch yr Urdd o'r dechrau.

Gwleidyddiaeth yr ifanc

Drwy Ewrop, gwelwyd rhwyg rhwng gwleidyddiaeth yr hen do a delfrydau'r ifanc yn 1968. Yng Nghymru, yn 1969 y gwelwyd y rhwyg hwn rhwng y ddwy genhedlaeth ar ei ffyrnicaf. Roedd hi'n amlwg nad oedd sefydliad yr Urdd wedi disgwyl adwaith negyddol gan y to ifanc, ac roedd amheuaeth nad oedd yr arweinwyr ar y pryd yn gwrando nac yn deall ieuenctid eu gwlad bellach. Roedd y ddau amlwg, y sylfaenydd, Ifan ab Owen, a'r Cyfarwyddwr, R.E. Griffith, wedi'u synnu gan wrthwynebiad eu haelodau a'u staff.

Disgrifia R.E. Griffith yr Urdd fel 'mudiad gwladgarol ond amholiticaidd'[105] gan gyfaddef fod y deffroad gwleidyddol Cymreig a'r ymgyrchu dros hawliau siaradwyr ac ardaloedd Cymraeg wedi creu hinsawdd ffafriol i waith yr Urdd yn ystod yr ugeinfed ganrif. Yna, poethodd pethau yn niwedd y 1960au a chafodd yr Urdd ei hun 'yng nghanol y sgarmes ffyrnicaf oll'.[106] Wrth baratoi i arwisgo'r Tywysog Siarl â'r teitl 'Tywysog Cymru' a threfnu taith iddo drwy Gymru yng Ngorffennaf 1969, rhwygwyd Cymru'n garfanau o blaid ac yn erbyn – ac yn rhengoedd Urdd Gobaith Cymru (a Gorsedd y Beirdd, efallai) y gwelwyd y rhwyg ar ei waethaf.

Wrth neilltuo pennod gyfan i'r 'sgarmes' honno yn ei gyfrolau ar hanes yr Urdd, dywed R.E. Griffith fod yr Urdd 'wedi hen dderbyn y Frenhiniaeth fel ffurflywodraeth'.[107] Mae'n bosib bod hynny'n wir am rai o'r to hynaf o swyddogion ac aelodau'r Pwyllgor Gwaith, ond daeth yn fwyfwy amlwg nad dyna oedd barn aelodau ifanc y mudiad erbyn hynny. Daw'r rheswm pam yr aeth y gwahaniaeth barn yn rhwyg yn amlwg yn y frawddeg hon: 'Mewn mater o bolisi, dyletswydd yr Urdd oedd rhoi arweiniad i bobl ifanc, nid cael ei harwain ganddynt.'[108]

Arwisgiad yng Nghaernarfon

Ar 18 Mai 1967 – Diwrnod Ewyllys Da – cyhoeddodd llywodraeth Lafur Harold Wilson y bwriad i gynnal Arwisgiad yng nghastell Caernarfon yng Ngorffennaf 1969. Mae haneswyr cyfoes yn gweld hynny bellach fel ymdrech rhai gwleidyddion Llafur yng Nghymru i fygu'r don o gefnogaeth i Blaid Cymru a welwyd mewn nifer o isetholiadau yma ers i Gwynfor Evans ennill sedd seneddol Caerfyrddin yng Ngorffennaf 1966. Syrcas Llafur

Cartŵn protest gogleisiol a ymddangosodd yng nghylchgrawn Blodau'r Haf.

Rhwysg yr arwisgo ar strydoedd Caernarfon yn 1969.

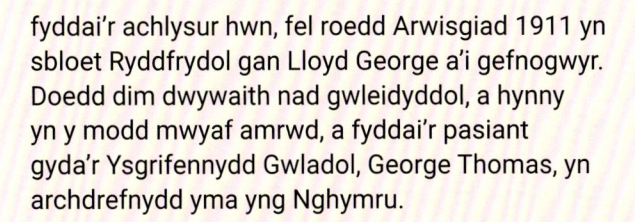

Protestwyr ar risiau Castell Caernarfon adeg yr arwisgiad yn 1969.

fyddai'r achlysur hwn, fel roedd Arwisgiad 1911 yn sbloet Ryddfrydol gan Lloyd George a'i gefnogwyr. Doedd dim dwywaith nad gwleidyddol, a hynny yn y modd mwyaf amrwd, a fyddai'r pasiant gyda'r Ysgrifennydd Gwladol, George Thomas, yn archdrefnydd yma yng Nghymru.

Penderfynodd Plaid Cymru adael yr Arwisgo 'ar y bwrdd', a'i anwybyddu'n llwyr. Gwrthododd Gwynfor Evans wahoddiad i fynd i Gaernarfon a phenderfynodd Cymdeithas yr Iaith wrthwynebu'r Arwisgo, gan drefnu rali fawr gyda thros 3,000 o gefnogwyr ar Ddydd Gŵyl Dewi 1969 a 1,000 arall yng Nghilmeri dridiau cyn yr achlysur. Eu harfau mwyaf effeithiol oedd dychan a chodi ymwybyddiaeth o hanes Cymru. I ganol y berw hwn, lansiodd Cymdeithas yr Iaith ymgyrch beintio arwyddion ffyrdd ar 2 Ionawr 1969. Ymgyrch liw nos oedd hon yn bennaf, ond dygwyd llawer o beintwyr o flaen llysoedd ac arweiniodd hynny at brotestio a thor cyfraith torfol, di-drais. Nid gormodiaith felly yw dweud bod Cymru'n ferw gwyllt yn ystod chwe mis cyntaf 1969.

'Dim Sais yn Dywysog Cymru'

Ffurfiwyd Pwyllgor yr Arwisgiad dan gadeiryddiaeth Dug Norfolk yn 1967, a derbyniodd Ifan ab Owen, Llywydd yr Urdd, y gwahoddiad i fod arno i gynorthwyo i lywio trefniadau'r digwyddiad. Pan ffurfiwyd Pwyllgor Croeso '69 yn ddiweddarach, i baratoi 'dathliadau' lleol a chenedlaethol, aeth R.E. Griffith, Cyfarwyddwr yr Urdd, i eistedd ar hwnnw.

Pasiwyd penderfyniad yng Nghyfarfod Cyffredinol Blynyddol Cymdeithas yr Iaith yn Hydref 1967 yn condemnio'r Arwisgiad fel 'sarhad ar bobl a hanes Cymru'. Ffrwydrodd bom 15 pwys wrth fynedfa'r Deml Heddwch yng Nghaerdydd yn Nhachwedd 1967 cyn cyfarfod cyntaf Pwyllgor yr Arwisgiad. Symudwyd y cyfarfod i Neuadd y Ddinas a threfnwyd protest gan Gymdeithas yr Iaith i darfu ar y cynadleddwyr brenhinol gan 250 o bobl. Arestiwyd tri ar ddeg yn y brotest. Roedd y placardiau'n cyhoeddi 'Dim Sais yn Dywysog Cymru' a 'Wales pays £2,500,000 for English Prince'.

Trefnwyd bod y Tywysog Siarl yn mynychu Coleg Prifysgol Aberystwyth am chwe wythnos yng ngwanwyn 1969 er mwyn dysgu ynganu Cymraeg a chael rhywfaint o gefndir hanes Cymru. Roedd Thomas Parry – Syr yn ddiweddarach – ynglŷn â'r trefniadau hynny ac roedd darlithwyr amlwg yn Adran y Gymraeg – Bobi Jones a Tedi Millward – yn dadlau y gellid defnyddio hyn i hyrwyddo'r iaith a Chymreictod. Ond protestio, ymprydio a gwawdio'r sefydliad Cymraeg a wnaeth y mwyafrif o Gymry ifanc y brifysgol.

Cyhuddwyd yr Urdd gan swyddogion Cymdeithas yr Iaith o roi diogelwch eu grantiau cyhoeddus o flaen argyhoeddiadau eu haelodau ifanc.

CANRIF YR URDD 127

Ymddiswyddodd dau o weithwyr gwirfoddol y mudiad o'r Cyngor Cenedlaethol – Peter Hughes Griffiths, athro yn Ysgol Comins Coch ar y pryd a chadeirydd pwyllgor gwaith Eisteddfod Genedlaethol yr Urdd 1969, a William Griffiths, prifathro Ysgol Llanbadarn ac is-gadeirydd y pwyllgor gwaith. Cyhuddwyd yr Urdd gan Peter Hughes Griffiths yn *Tafod y Ddraig*, cylchgrawn Cymdeithas yr Iaith, o amenio 'stynt boliticaidd. Ie, dweud Amen wrth lywodraeth Loegr sy'n gwthio tywysog digysylltiad hollol arnom, gan ddisgwyl i ni'r Cymry ddweud "Hwrê!" fawr ... Bod yn ffyddlon i Gymru, myn brain i!'

Gan gofio am gyfraniad arbennig yr Urdd wrth sefydlu'r egwyddor o addysg Gymraeg, ychwanegodd y byddai'r chwarter miliwn a gafodd ei wario ar gastell Caernarfon yn unig yn ddigon i godi dwy ysgol gynradd newydd ym mhob sir yng Nghymru. Edliwiodd hefyd y byddai'r presenoldeb milwrol enfawr yng Nghaernarfon yn groes i Neges Heddwch ac Ewyllys Da yr Urdd.

Parhaodd Peter Hughes Griffiths a William Griffiths i weithio'n lleol dros Eisteddfod Aberystwyth er mwyn hyrwyddo Cymreictod yn yr ardal, ond roedd eu dirmyg at benderfyniad yr Urdd yn amlwg: 'Do, collodd yr Urdd y cyfle i ddweud wrth John Bull, dydy ni ddim eisie dy arwisgo di, dydy ni ddim eisie dy hen draddodiade di, goddefasom ormod o dy drais di, cadw dy ffrils i ti dy hun.'

Barn Senedd yr Ifanc

Gofynnodd Senedd yr Ifanc, llais ieuenctid yr Urdd, i'r mudiad beidio ag anfon cynrychiolwyr i seremoni'r Arwisgiad yng nghastell Caernarfon. Anfonodd tri aelod o Aelwyd Aberystwyth – Iolo ac Ellen ap Gwynn a Hywel Wyn Jones – ddeiseb at holl Aelwydydd yr Urdd yn casglu enwau i ofyn i Gyngor yr Urdd ailystyried ei benderfyniadau. Trafodwyd y mater mewn 13 o Bwyllgorau Sir y mudiad gyda 7 yn erbyn penderfyniad yr Urdd a 6 o'i blaid. Yn Rhagfyr 1968, ymatebodd Cyngor yr Urdd drwy ddileu'r penderfyniad i fynychu'r Arwisgiad ond i gadarnhau'r gwahoddiadau i'r tywysog fynychu'r Eisteddfod a gwersylloedd y mudiad.

Roedd y cylchgrawn *Lol*, rhifyn 1968, yn dychanu'r Urdd a'i gylchgronau a mynnodd R.E. Griffith ymateb yn *Blodau'r Ffair*:

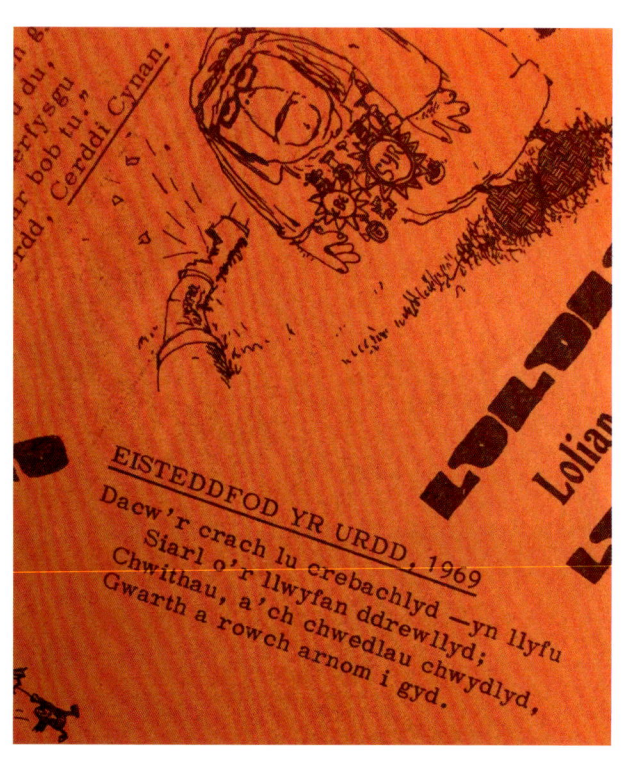

Rhai o'r englynion dychan a ymddangosodd yng nghylchgrawn Lol ar y pryd.

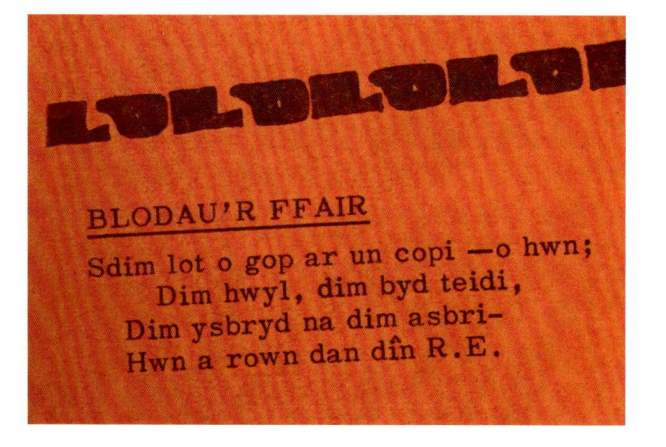

Wrth geisio difrïo a bychanu gwaith yr Urdd, dangosodd y llanciau adolesent sy'n hybu *Lol* na wyddant mo'r gwahaniaeth rhwng dychan a dirmyg, rhwng sbort a gwawd. Ymddengys nad yw'r math o Gymreictod a feithrinir gan yr Urdd yn derbyn sêl eu bendith hwy – petai hynny o ryw wahaniaeth. Os mai'r unig ddewis arall yw'r gynhysgaeth a geir yn eu papuryn hwy, mae'n dlawd ar Gymru.[109]

Cyhoeddwyd llythyrau yn *Y Cymro* yn amddiffyn yr Urdd a dyma ymateb Elwyn Jones [Ioan], golygydd *Lol*:

> Neis-neisrwydd y mudiad a'r agwedd 'gwared-ni-rhag-dangos-ein-hochor' sydd mor nodweddiadol ohono. Ei gariad at y teulu brenhinol Seisnig wedyn a'r symbolau hynny o'n Prydeindod yn hytrach na'n Cymreictod. A'r amharodrwydd i dderbyn unrhyw feirniadaeth, pa mor ysgafn a difalais bynnag y bo … Y mae'r pethau hyn i gyd yn torri ar draws yr ysbryd newydd o ddiffuantrwydd ac onestrwydd sydd ar gerdded yng Nghymru heddiw, ac ni raid i aelodau'r Urdd synnu os tynnir sylw atynt.[110]

Tro pedol Cyngor yr Urdd

Yn Hydref 1968, bu'n rhaid i Gyngor yr Urdd wneud tro pedol ar benderfyniad blaenorol i anfon cynrychiolaeth i seremoni'r Arwisgiad. Ond daliwyd ati i drefnu ymweliad gan y Tywysog Siarl i'r Eisteddfod yn Aberystwyth yn 1969 ac i Wersyll Glan-llyn fis Gorffennaf.

Dechreuodd J. Cyril Hughes ar ei swydd fel Dirprwy Gyfarwyddwr yr Urdd ar Ddydd Calan 1969. Ymhen chwe mis byddai Arwisgiad y Tywysog Siarl yng nghastell Caernarfon. Dyma'r 'sbloet a lwyddodd', meddai,

… yn well na'r un arall, i greu rhwyg ac anghydfod yn ein plith ni'r Cymry. Y tristwch yw i ni syrthio i'r fagl a osodwyd, yn fy marn i beth bynnag, gan wleidyddion yn Llundain a Chymru … Rhaid derbyn mai o blaid y digwyddiad yr oedd y mwyafrif ond derbyn ar yr un pryd fod yna wrthwynebiad ffyrnig o amryw gyfeiriadau.[111]

Ni lwyddodd yr awdurdodau Prydeinig i gynnal sbloet frenhinol yr Arwisgiad yng nghastell Caernarfon heb bresenoldeb 2,500 o filwyr yn Eryri, tua'r un faint o heddlu mewn lifrai a phwy a ŵyr faint o swyddogion arbennig a heddlu cudd. Dangosodd Prydeindod ei ddannedd, ond dangosodd pobl ifanc Cymru fod ganddynt feddyliau annibynnol a haearn yn eu gwaed yn eu gwrthsafiad hwythau.

Y rhwyg drwy Gymru gyfan

Roedd rhwyg drwy'r holl gymdeithas Gymraeg yn 1969 yn sgil yr Arwisgiad – nid yn rhengoedd yr Urdd yn unig. Ond roedd Eisteddfod yr Urdd yn Aberystwyth y flwyddyn honno yn rhyw fath o gatalydd i lawer o'r dirmyg a'r diflastod a deimlai aelodau'r Urdd a'r gymdeithas ehangach ar y pryd. Mae Dafydd Iwan yn darlunio hynny yn ei hunangofiant:

> Pan fydd pobol yn gofyn imi pa gyngerdd sy'n sefyll allan wrth edrych yn ôl dros y blynyddoedd, yr un sy'n dod i'r cof fel arfer yw noson Eisteddfod yr Urdd yn Aberystwyth yn 1969. Roedd Carlo yno fel llywydd y dydd a threfnwyd protest fyrfyfyr yn y pafiliwn wrth i nifer ohonom brynu tocynnau a cherdded allan, yn union cyn iddo wneud ei anerchiad, yn cario posteri gwrth-Arwisgo. Roedd y lle'n ferw a'r dorf yn cael ei rhwygo rhwng yr awydd i ddangos rhywfaint o gefnogaeth i ni ac ofn bod yn amharchus o'r prins. Roedd hon yn un o'r protestiadau anoddaf imi erioed gymryd rhan ynddi, a hynny am fy mod yn ofni yn fy nghalon i'r holl beth gael ei gamddehongli, neu hyd yn oed wneud niwed i ymgyrch yr iaith, – ymgyrch oedd yn dibynnu ar gefnogaeth yr union bobol oedd yn eistedd yn y pafiliwn y prynhawn hwnnw.[112]

Cyffro'r Arwisgo ar strydoedd Caernarfon.

Gerallt Lloyd Owen yn ennill cadair yr Urdd.

Y noson honno, roedd Dafydd Iwan yn canu yn y Noson Lawen oedd yn cloi Eisteddfod Aberystwyth – ac yntau wedi cerdded allan o'r babell yn rhan o'r brotest ychydig oriau ynghynt. Y prynhawn cynt, cadeiriwyd Gerallt Lloyd Owen am ei gasgliad anfarwol o gerddi i 'Gymru Heddiw'. Beirniad cystadleuaeth y Gadair oedd T. Llew Jones a brociodd y tân ymhellach drwy gyhoeddi mai'r enillydd – Gerallt Lloyd Owen a'i gerddi dychanol am Gymru 1969 – oedd gwir dywysog ei wlad.

Agorodd Dafydd ei berfformiad yn y Noson Lawen drwy ddarllen cywydd oedd yn rhan o'r casgliad cerddi buddugol: 'Wylit, wylit, Lywelyn,/ Wylit waed pe gwelit hyn ...' sy'n mynd ymlaen i fflangellu gwerin daeogaidd Cymru.

CAERNARFON '69

Y gaer ddi-arf yn Arfon;
Wylaf dros ei gwehilion.
Gwae y neb a drig yn hon!

Y giwed etholedig
O dras esgymun y drig,
Meirwon fu byw am orig!

Sorod y ffregod ffraegar,
Hwy yw'r sgym fu'n hel i'r sgwâr
Â'u llwch yn emau llachar.

Y gaer hon heb deyrngar ŵr
I'w harwain rhag concwerwr,
Na phennaeth ond cynffonnwr!

Ni wneir dynion ohonynt,
Bradwyr er gwobr ydynt,
Gwerthwyr hil, rhagrithwyr ŷnt!

Y gaer ddi-arf yn Arfon,
Wylaf dros ei gwehilion;
Gwae y ni a drig yn hon.

Cerdd brotest a gyfansoddwyd gan Gerallt Lloyd Owen yn dilyn yr Arwisgiad yng Nghaernarfon yn 1969.

Os ysgrifennwyd darn o farddoniaeth ar gyfer achlysur erioed, hwn oedd o! Wrth imi ei ddarllen, trodd y distawrwydd cychwynnol yn dwrw cynyddol; dechreuodd rhai o'r pwysigion yn y pen blaen, gan gynnwys y Cyfarwyddwr ei hun, guro'u dwylo'n araf i geisio boddi'r darlleniad, ac wrth glywed hynny dechreuodd y cefnogwyr gymeradwyo, a chodwn innau fy llais yn uwch ac yn uwch i gystadlu gyda'r sŵn. Ni allaf gredu i gerdd erioed gael y fath dderbyniad, ond yr oedd neges y bardd wedi cyrraedd adref, mae hynny'n sicr ddigon. Clywais Gerallt ei hun yn dweud flynyddoedd yn ddiweddarach sut y bu iddo oedi wrth un o ddrysau'r babell i'm clywed yn canu, ond wrth i'r sŵn gynyddu yn ystod y darlleniad o'i gerdd trodd am adre gyda chalon drom. Ond y noson honno, yr oedd bardd cadair Eisteddfod Genedlaethol Urdd Gobaith Cymru wedi profi ei fod yn lladmerydd ei genhedlaeth, ac wedi achosi i sawl crac ymddangos yng nghoncrid Philistia … Roedd Carlo wedi cael ei awr fawr ar y llwyfan hwnnw yn y prynhawn ond roedd y noson yn perthyn i ni, ieuenctid Cymru a'r Urdd a Chymdeithas yr Iaith, a'r cyfan y gallai'r pwysigion a'r hynafgwyr ei wneud oedd curo'u dwylo a gweiddi eu cywilydd. Yr ifanc a gariodd y dydd y noson honno, diolch i gerdd Gerallt a 'dannedd gosod Taid ym myg y prins'.[113]

Mae gan y Prifardd Tudur Dylan Jones stori ddiddorol am gyfraniad beirniad y Gadair yn Eisteddfod yr Urdd 1969. Y Prifardd T. Llew Jones oedd yn traddodi'r feirniadaeth, ond cyn y traddodi cafwyd cyfarfod gyda'r Trefnydd a Meistr y Seremoni ymlaen llaw mewn carafán gyfagos. Gofynnodd T. Llew Jones am ganiatâd i newid ychydig ar linell agoriadol un o'r cerddi buddugol. Y llinell wreiddiol a anfonwyd i'r gystadleuaeth oedd 'Wylet, wylet, Lywelyn' ond roedd T. Llew Jones yn dymuno ei newid hi i 'Wylit, wylit, Lywelyn'. Dyna'r fersiwn a draddodwyd o lwyfan yr Eisteddfod, a dyna'r fersiwn bellach sydd ar gof y genedl.

Dadrithiad wedi seremoni Caernarfon

Wedi'i ddadrithiad yn Eisteddfod yr Urdd 1969 ac wedi gweld pwysigion y sefydliadau Cymreig yn mynychu'r Arwisgiad yng Nghaernarfon, cyfansoddodd Gerallt Lloyd Owen ei gerdd fwyaf dychanol a noeth: ei gerdd 'Caernarfon '69' am y rhai a aeth i'r seremoni yn y castell. Mae'n galw'r 'Cymry da', arweinwyr y genedl, yn 'sgỳm fu'n hel i'r sgwâr'. Mae'n ddiatal – 'Bradwyr er gwobrau ydynt'.[114] Ni fu gwaeth rhwyg rhwng ieuenctid Cymru a'r genhedlaeth o'u blaenau. Roedd bron pob mudiad a sefydliad wedi disgyn i bydew dwfn a thywyll.

Cartŵn dychanol o'r cylchgrawn Lol yn cyfeirio at y berthynas rhwng Syr Ifan ab Owen Edwards a'r Tywysog Charles.

Teimlai Ifan ab Owen yn arbennig o fregus yn sgil y rhwyg amlwg oedd yn ymddangos drwy Gymru ac ofnai y gallai fod yn ddigon i ladd mudiad yr Urdd. Ceisiodd roi gwleidyddiaeth o'r naill du i'r llwybr a gymerai, ond ofer oedd hynny yng Nghymru 1969. Dywedodd Gerallt Lloyd Owen na wnaeth R.E. Griffith siarad ag ef ar ôl hynny. A chafodd hwnnw'i gythruddo wedyn wrth weld papur newydd fel *Y Cymro* yn dangos cydymdeimlad â'r protestwyr.

Treuliodd swyddogion yr Urdd y misoedd dilynol yn ceisio argyhoeddi awdurdodau'r Llywodraeth nad oedd y mudiad yn wrth-frenhinol. Ond meddai'r hanesydd Arwel Vittle am yr ymgyrch yn erbyn yr Arwisgo, 'Heb amheuaeth agorwyd clwyfau yn yr Urdd na fyddai'n gwella am flynyddoedd lawer.'[115] A geiriau olaf R.E. Griffith ar y pwnc oedd: 'Aeth pedair blynedd heibio. Caeodd y clwyf, ond erys y graith.'[116]

Angen chwa

Doedd dim amheuaeth fod Cymru'n wlad wahanol yn dilyn yr Arwisgo. Cafodd yr Urdd ei hun yng nghanol y diflastod a'r rhwygiadau a byddai angen to newydd o arweinwyr i roi'r mudiad yn ôl ar y cledrau. Dyna'n union a deimlai Wynne Melville Jones wrth ymuno â staff yr Urdd yn fuan wedi hynny:

> Ar y pryd roedd morâl y mudiad yn ddifrifol o isel yn sgil y rhwyg a achosodd yr Arwisgo yn 1969 ac roedd llawer iawn o'r arweinyddion iau wedi ymbellhau a dieithrio oddi wrth yr Urdd. Roedd yna raniad rhwng dwy genhedlaeth ac roedd nifer ohonom yn sylweddoli'r perygl o adael i fudiad ieuenctid gael ei redeg gan y to hŷn. Roedd arwyddion bod yr Urdd wedi blino ac roedd angen chwa o awel i boblogeiddio'r mudiad i genhedlaeth newydd o ieuenctid.[117]

Hyd yn oed pan ddathlodd yr Urdd ei hanner canmlwyddiant yn 1972, doedd y cymylau duon ddim wedi chwalu uwchben y mudiad. Yn ystod Eisteddfod y Jiwbilî yn y Bala yn 1972, cynhaliwyd cyfarfod i groesawu'r ymgyrchydd Myrddin ap Goronwy o garchar ym mharc y dref ar ôl ei weithredoedd yn ymgyrch ddarlledu Cymdeithas yr Iaith. Neges y cyfarfod hwnnw oedd ar glawr cylchgrawn *Tafod y Ddraig* y mis canlynol.

Bu Geraint Davies yn aelod o staff yr Urdd – Adran Eisteddfod a Gŵyl a Threfnydd Iaith cyntaf y mudiad. Mae yntau'n cyfaddef bod cenedlaetholdeb pobl ifanc diwedd y 1960au'n wahanol iawn i wladgarwch digyffro'r cenedlaethau blaenorol: ' ... rhoddodd busnes yr Arwisgo yn '69 straen ar y berthynas rhyngddo i a'r Urdd. Erbyn hynny, ro'n i wedi darganfod cenedlaetholdeb, yn aelod o Blaid Cymru a Chymdeithas yr Iaith. Roedd yr Urdd fel mudiad wedi'i ddal yn y canol ar fater y prins, a ninnau'r aelodau wedi'n hollti'n ddau.'[118]

23

Dathliadau a Newidiadau

Llwyddodd yr Urdd i ddathlu'i bodolaeth a rhoi ysbrydoliaeth newydd i aelodau ac arweinwyr dros y blynyddoedd drwy gynnal partïon pen-blwydd arbennig. Mae hynny'n hynod o bwysig gan mai gweddol fyr yw hyd cenhedlaeth o aelodau.

Dathlu'r 21 yn 1943

Lansiwyd 1943 fel blwyddyn 'yr Urdd yn Un ar Hugain'. Cynhaliwyd dathliad ar y Dydd Calan ym mhentref Llanuwchllyn, gan mai yno 'y ganed yr Urdd'. Trefnwyd cyfarfod arall yn Neuadd y Brenin, Aberystwyth, oedd yn dal cynulleidfa o fil, ar 5 Mawrth – gwasanaeth o fawl ac anerchiadau gan arweinwyr addysg a byd ieuenctid Cymru. Cyhoeddodd Ifan ab Owen lyfryn ar hanes yr Urdd a threfnwyd nifer o ysgrifau yn y wasg leol a chenedlaethol. Pwyswyd ar Adrannau ac Aelwydydd i drefnu dathliadau lleol a chyhoeddwyd y byddai hanner elw'r Ymgyrch Lyfrau'r flwyddyn honno'n cael ei gyflwyno i Gronfa'r Dathlu.

Dathlu'r 25 yn 1947

I ddathlu 25 mlwyddiant y mudiad, yn 1947 cyhoeddodd yr Urdd gyfrol gain, *Y Llinyn Arian*, yn cynnwys straeon, cerddi, hanesion a gwaith celf i ddarllenwyr ifanc. Yn ei gyfarchiad ar ddechrau'r gyfrol, taflodd Ifan ab Owen gip yn ôl:

> **Cymdeithas hapus o gyd-weithwyr a lafuriodd i osod ei sylfeini ac a greodd ei delfrydau. Cryfder y mudiad heddiw ydyw eu bod hwy yn parhau yn gefn iddo. Ymunodd cenedlaethau o blant yn yr Urdd erbyn hyn, tyfasant yn fechgyn ac yn ferched ynddi ac yna datblygu'n bobl ieuainc. Erbyn heddiw hwy ydyw ail do ei harweinwyr.**[119]

Dathlu'r 50 yn 1972

Hyd yma, dathlu hanner canmlwyddiant y mudiad a esgorodd ar y gweithgareddau mwyaf amrywiol a chynhwysfawr. Yn ystod y flwyddyn honno cyhoeddwyd y drydedd gyfrol o gampwaith Cyfarwyddwr yr Urdd, R.E. Griffith, gan greu cronicl manwl o hanes yr Urdd o'r dechrau un. Flwyddyn wrth flwyddyn, ceir cofnodion o'r prif ddigwyddiadau, y prif weithwyr yn y meysydd a'r prif gyfarfodydd a gynhaliwyd. Mae'n dathlu'r uchafbwyntiau ac yn wynebu'r cyfnodau anodd ar y daith hefyd.

Galwyd 1972 yn Flwyddyn y Jiwbilî gan yr Urdd. Cynhaliwyd Eisteddfod y Jiwbilî yn y Bala – gŵyl a gafodd gyhoeddusrwydd mawr wrth i Edward Morus Jones ei hyrwyddo â'i gân, 'Steddfod y Jiwbilî'! Cyn y flwyddyn fawr sefydlwyd Cronfa Jiwbilî'r Urdd. Y nod oedd codi £50,000 – £1,000 am bob blwyddyn yn hanes y mudiad. Erbyn cau'r llyfrau

CANRIF YR URDD 133

Dathliad o lwyddiannau'r Urdd ar lwyfan yr Albert Hall ar 26 Chwefror, 1972. Aeth 500 o aelodau'r Urdd yno i berfformio ar wahoddiad Cymdeithas Cymry Llundain.

roedd £80,000 wedi'i gasglu. Ond roedd digon o alw am yr arian: gwariwyd dros hanner can mil o bunnoedd ar ddatblygiad newydd yng Ngwersyll Glan-llyn, ar ailadeiladu rhan o Wersyll Llangrannog, ar welliannau yng Nghanolfan Caerdydd, ac ar brynu canolfan ddringo yng Nghwm Croesor.

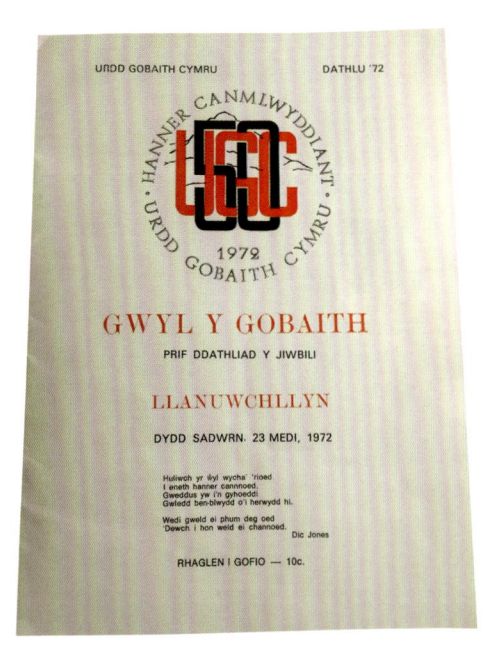

Bathodyn y dathlu yn 1972.

Bob Roberts

Un o orllewin Meirionnydd oedd Bob a threuliodd ef a'i wraig, Ann, flynyddoedd yng Nghaerdydd yn gweithio i redeg a chynnal Canolfan yr Urdd ar Heol Conwy. Bu'r ddau'n allweddol wrth sicrhau llwyddiant Gêm y Jiwbilî ar y maes cenedlaethol yn 1972. Bu Bob yn drysorydd y mudiad am naw mlynedd ac yn gadeirydd am chwe blynedd. Bu farw yn Ebrill 2020.

Taflen Gŵyl y Gobaith a gynhaliwyd i ddathlu hanner canmlwyddiant yr Urdd yn ystod Blwyddyn y Jiwbilî.

Tîm o enwogion ddaeth i ymuno yn nathliadau hanner canrif yr Urdd yn y gêm rygbi enwog ar Barc yr Arfau ar 26 Ebrill 1972.

Dathlu drwy rygbi

Ar 26 Ebrill 1972, daeth sêr disgleiriaf timau rygbi Cymru a Llewod Prydain ac Iwerddon at ei gilydd yng Nghaerdydd i chwarae mewn gêm elusennol – y Barry John XV v. y Carwyn James XV – i gefnogi Jiwbilî hanner can mlynedd Urdd Gobaith Cymru. Tra bod gwirfoddolwyr wrthi'n brysur yn trefnu'r gêm, disgynnodd y cyfrifoldeb o ddenu chwaraewyr ar ysgwyddau'r ddau ddyn o Gefneithin, y ddau yn gyn-aelodau o'r Urdd.

Gyda Barry John yn gapten ar dîm o sêr rygbi Cymru a Carwyn James yn hyfforddi tîm o fawrion gwledydd eraill ynysoedd Prydain ac Iwerddon, roedd 22 o'r chwaraewyr yn aelodau o garfan y Llewod a lwyddodd i ennill draw yn Seland Newydd yn haf 1971, gan gynnwys y capten, John Dawes, Gareth Edwards, J.P.R. Williams, David Duckham, Peter Dixon, Gordon Brown a sawl un arall.

Wrth i'r gêm agosáu, daeth mwy a mwy o geisiadau am docynnau. Yn sgil y galw aruthrol, gofynnwyd am gael chwarae'r gêm yng nghartref tîm rygbi Cymru, sef Parc yr Arfau. Cytunodd Undeb Rygbi Cymru a chlybiau Cymru'n unfrydol ac ymhen dim, mae'n debyg mai cartref Trysorydd Cenedlaethol yr Urdd, Bob Roberts, a'i wraig Ann, oedd y 'swyddfa brysuraf yng Nghaerdydd'.

Efallai mai'r peth mwyaf arwyddocaol am y gêm o safbwynt cefnogwyr rygbi oedd mai hon fyddai gêm olaf gyrfa'r maswr disglair, Barry John. Naw niwrnod wedi'r gêm, cyhoeddodd ei fod yn rhoi'r gorau i chwarae. Ond dyma beth oedd gêm ryfeddol i orffen ei yrfa. Disgleiriodd yr holl sêr, gan sgorio ceisiau godidog a thaclo'n ffyrnig a digyfaddawd – ac enillwyd y gêm yn y diwedd gan dîm Barry John wrth i'r dyn ei hun sgorio yn y munudau olaf.

Cais olaf Barry John cyn iddo ymddeol o fyd rygbi rhyngwladol.

Brwydr y Stamp 1972

Ond ochr yn ochr â dathliadau'r hanner canmlwyddiant, mae Adroddiad Blynyddol Cwmni Urdd Gobaith Cymru 1971–72 yn llym wrth y Sefydliad Prydeinig:

> Pylu wna hanes Brwydrau Agincourt, Hastings a Waterloo yng nghysgod Brwydr Stamp yr Urdd yn 1972! Ar waethaf ymdrechion taer Cyngor yr Urdd, y Swyddfa Gymreig, Mr Elystan Morgan, A.S., ac eraill, gwrthododd Bwrdd y Llythyrdy bob cais a dadl am ganiatáu stamp swyddogol i nodi hanner canmlwyddiant yr Urdd. Byddai'n anodd dychmygu mwy o ddallineb a thwpdra ar ran unrhyw gorfforaeth gyhoeddus, ac nid syndod i neb oedd gweld deg ar hugain o Aelodau Seneddol a rhagor na hanner cant o awdurdodau lleol a chyrff eraill yn lleisio protest ac yn galw ar Swyddfa'r Post i ailfeddwl. Gwyddom i Fwrdd y Llythyrdy weld ei gamgymeriad, ond yn rhy ddiweddar. Aethom ninnau ati i gynhyrchu ein stamp 'answyddogol' ein hunain o gynllun Mr Hywel Harries, a gwerthwyd can mil ohono. Trefnwyd hefyd i gyhoeddi amlen arbennig, wedi ei chynllunio gan Mr Huw Cedwyn Jones, yn cynnwys cerdyn dwyieithog yn adrodd stori'r Urdd. Gwerthwyd miloedd o'r amlenni hyn ar draws gwlad am bedwar mis a threfnu iddynt ddwyn marc-post 'Llanuwchllyn' ar 23 Medi, dyddiad ein prif ddathliad – Gŵyl y Gobaith.

Wedi i'r Swyddfa Gymreig roi pwysau ar awdurdodau'r Post oherwydd y driniaeth sarhaus o'r Urdd, trefnwyd y byddai 70 o'r prif swyddfeydd post yng Nghymru yn cydweithredu i ddefnyddio marc post arbennig o gynllun Wynne Melville Jones, Swyddog Cyhoeddusrwydd a Gwerthiant y mudiad, i hysbysebu Gŵyl y Gobaith am wythnos gyfan cyn y digwyddiad – cyhoeddusrwydd am ddim i'r Urdd ar gost o dros £1,000 i'r Post.

Dathlu'r 75

Cynhaliwyd digwyddiadau amrywiol ar gyfer dathlu pen-blwydd yr Urdd yn 75 yn 1997. Roedd cyffro mawr o weld dros ddeg mil o blant yn gorymdeithio i lawr i Fae Caerdydd ar gyfer Jamborî fawr ym mis Gorffennaf. Un o uchafbwyntiau eraill y flwyddyn oedd cynnal cyngerdd dathlu ym Mhafiliwn Corwen gyda'r bariton byd-enwog Bryn Terfel yn perfformio. Cafodd CD-ROM y dathlu'r pen-blwydd ei greu hefyd yn ogystal â chyfrol o luniau gan Iola Jones, dan y teitl *Byw efo'r Cof*.

Clawr y CD-ROM a recordiwyd i ddathlu pen-blwydd yr Urdd yn 75 oed.

Clawr cyfrol Iola Jones, *Byw efo'r Cof*.

Wedi'r dathliadau, aeth y mudiad oddi wrth ei Jiwbilî at ei job o waith.

Aelwydydd Yma o Hyd

Wrth edrych ar restrau enwau'r Aelwydydd ar gyfer ail hanner canrif yr Urdd, mae'r cwestiwn yn codi: i ble'r aeth rhai ohonynt? Aelwyd Llansilin, Aelwyd y Ffôr, Aelwyd Pentrefoelas, Aelwyd Bwlch-y-groes, Aelwyd Carn Ingli ... oes, mae amryw wedi bod yn amlwg am gyfnod ac yna wedi diflannu, neu wedi uno ag Aelwyd leol arall oedd â'i seren ar i fyny efallai.

O reidrwydd, mae cryn newidiadau wedi digwydd o fewn rhai Aelwydydd oherwydd natur eu haelodau. Aelwydydd y colegau yw'r rhai amlycaf o'r rhain gan fod eu haelodau'n newid bob blwyddyn. Weithiau bydd coleg cyfan yn diflannu – dyna sut y collwyd Aelwyd y Coleg Normal, Bangor. Dro arall bydd colegau'n uno – newidiodd aelodaeth Aelwyd Coleg y Drindod, Caerfyrddin o ganlyniad i sefydlu Prifysgol Cymru Y Drindod Dewi Sant. Mae gan golegau rai manteision amlwg ar ardaloedd eraill – yn arbennig os oes neuadd breswyl Gymraeg o fewn y sefydliad. Cyfraniad mawr y colegau serch hynny yw cynnal brwdfrydedd cystadlu dyddiau ysgol, tynnu eraill i mewn i'r diwylliant hwnnw am y tro cyntaf a rhoi cyfle i feithrin arweinwyr corau, cyfeilyddion a threfnwyr fydd yn eu tro ar gael i wasanaethu'r Urdd a'u cymdeithasau lleol yn y dyfodol.

Dyma ganolbwyntio ar hanes dwy aelwyd sydd yma o hyd.

Aelwyd Crymych

Pan sefydlwyd Aelwyd Crymych yn 1943, 'y cowbois ddôi o'u caban', meddai'r bardd W.R. Evans yn ei gywydd mawl i'r ardal. Na, does dim angen llawer o ddychymyg wrth deithio ar hyd un stryd Crymych a'i ambell adeilad sinc dan gysgod y moelydd a'r carneddi i ddychmygu'r gymhariaeth â'r Gorllewin Gwyllt. Ac mae hynny cyn cyfarfod pobl yr ardal!

Côr Aelwyd Crymych, dan arweiniad Dr Terry James yn 1962.

Ond yn ôl Myfanwy Phillips (Vaughan), wrth gofio am y dyddiau cynnar, roedd yn rhaid bod yn wydn i gymryd rhan yn anturiaethau Aelwyd Crymych:

> Y tro cyntaf i ni gystadlu oedd yng Nghorwen yn 1946 ... Roedd yn rhaid cysgu [am dair noson] yn Ysgol Gwyddelwern, a chysgu ar 'camp bed' a dim ond un flanced i bob yr un ohonom ni. Gan fod y tywydd yn oer, fe benderfynais i a fy ffrind ... gysgu gyda'n gilydd er mwyn cael dwy flanced yn lle un. Dyna un o'r nosweithiau mwyaf anesmwyth a gefais i erioed. Dyma ni'n mynd am dro am bump o'r gloch y bore.[120]

O'r dechrau, bu cyflwyno rhaglen lawn o weithgareddau i lenwi dyddiaduron ieuenctid yr ardal drwy dri thymor o'r flwyddyn yn rhan o natur Aelwyd Crymych. Er mai dim ond rhyw 700 sy'n

Aelwyd Crymych Llydaw 1984.

byw yn y pentref ei hun, mae tua 100 o aelodau'n gyson yn perthyn i'r Aelwyd. Mae chwaraeon wedi cael lle amlwg o'r dechrau, wrth gwrs, gyda'r Aelwyd yn cyrraedd y brig yn y campau cenedlaethol droeon. Byddai un trip y tymor ac roedd llethrau sgio'n mynd â bryd yr aelodau – gadael am 3 y prynhawn i gyrraedd Pont-y-pŵl ar un adeg, cyn cael cyfleusterau'n nes adref yng Nghwm Tawe ac yna Llangrannog. Roedd ennill Cwpan Pantyfedwen yn rowndiau terfynol Chwaraeon yr Urdd yn Aberystwyth deirgwaith yn olynol yn sicr yn un o uchafbwyntiau'r Aelwyd. Yn ddiddorol, roedd y cwpan enfawr hwn wedi'i greu ym Mirmingham gan hen berthynas i un o aelodau'r Aelwyd ar y pryd.

Efallai fod yr Urdd yn ei chael hi'n haws i drefnu gweithgareddau drwy ysgolion yn hytrach na thrwy Aelwydydd. I lenwi'r bwlch hwnnw, aeth Aelwyd Crymych ati i drefnu eu gweithgareddau eu hunain. Er bod y cystadlu'n ffyrnig rhyngddynt mewn eisteddfodau, roedd tynfa naturiol at aelodau o Aelwydydd eraill. Trefnwyd penwythnosau gefeillio gydag Aelwyd Llanuwchllyn i ddathlu'r mileniwm newydd dan y teitl 'Wes Wes Wa!!' – dau benwythnos llawn hwyl a gweithgareddau o bob math yn y ddwy fro. Mae'r cof yn fyw am benwythnosau beicio a lletty gydag Aelwyd Penllys. Doedd yr Aelwyd ddieithr ddim bob amser yn sylweddoli pa mor fynyddig oedd yr ardal: 'Pan ddaeth Aelwyd Penllys i lawr 'ma 'da'r beics, roe'n nhw'n itha ffresh yn cyrra'dd Aberteifi, ond roe'n nhw ar eu gliniau erbyn cyrra'dd Crymych!'[121]

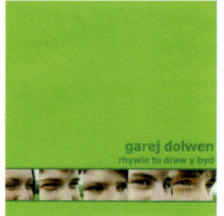

Bydd cynulleidfaoedd Eisteddfodau'r Urdd yn cofio hwyl anghyffredin cyflwyniadau noson lawen a chwarter awr o adloniant Aelwyd Crymych dros y blynyddoedd. Gwnaeth grwpiau pop, roc a chabare yr Aelwyd argraff: Ffrwchnedd (buddugol 1978); Y Diawled (buddugol 1981); Mellt a Tharanau (buddugol 1984); Bois Bach (buddugol 2000); Garej

Cast buddugol Aelwyd Crymych a ddaeth i'r brig yng Nghystadleuaeth Ddrama'r Urdd gyda'u perfformiad o 'Wrth Aros Godot', yn Eisteddfod Yr Wyddgrug, 1984.

138 CANRIF YR URDD

Ffindir a Rwsia – yn ogystal â theithiau diwylliannol yr Aelwyd i Ddulyn a Senedd Ewrop ym Mrwsel. Cafwyd sawl perfformiad ysgubol ar y teithiau tramor – megis canu 'Finlandia' yn Senedd y Ffindir nes bod rhai o'r Aelodau Seneddol yn eu dagrau.

Cyfrannodd Aelwyd Crymych elfen ryngwladol arall at waith yr Urdd drwy fynychu gwersylloedd gwaith ar y cyd â gwledydd eraill yn yr Eidal, Catalwnia a Llydaw. Daeth eu cyfle hwythau i drefnu Gwersyll Gwaith Rhyngwladol ar thema'r amgylchedd ar gae rygbi Crymych, gan ddefnyddio Pentre Ifan fel canolfan weithgareddau.

> Oes, mae atgofion melys a throeon trwstan lu i'w rhannu am y teithiau hyn ar draws y byd, ond geiriau Eluned Gonzales o'r Gaiman sy'n aros yn y cof. 'Ydych chi'n sylweddoli faint o ddylanwad rydych chi'n ei gael ar hyrwyddo'r Gymraeg ymysg ieuenctid Patagonia?' gofynnodd hi. 'Diolch am ddod – a diolch am wneud rhywbeth ar ôl dod.'[122]

Colli arweinydd

Ergyd fawr i Aelwyd Crymych ym mlwyddyn dathlu canrif yr Urdd oedd colli un o'i harweinwyr mwyaf blaenllaw, sef Kevin Davies, Blaenffos. Mae ei gyfraniad i'r Aelwyd a phwyllgorau sirol a chanolog yr Urdd ac ieuenctid ardal y Preseli dros y blynyddoedd yn amhrisiadwy. Heb amheuaeth mae gan gymaint o ieuenctid yr ardal atgofion amhrisiadwy am gymdeithasu drwy gyfrwng y Gymraeg yn sgil ymroddiad a gwaith diflino Kevin Davies.

Kevin Davies

Côr Aelwyd Crymych yn sefyll o flaen Capel Bethel, y Gaiman, Patagonia, cyn cwrdd Sul y Pasg 2004.

Erthygl o bapur newydd ym Mhatagonia'n cofnodi ymweliad Côr Aelwyd Crymych.

Dolwen (buddugol 2004) ac Eusebio (buddugol 2006), ac enillwyd y Tlws Drama ganddynt sawl tro.

Ymbarél fawr Aelwyd Crymych oedd y Côr. Dyma pryd roedd cyfle i'r rhan fwyaf o'r aelodau ddod at ei gilydd a dysgu rhaglenni o ganeuon a allai gynnal noson o adloniant – nid dim ond er mwyn cystadlu unwaith y flwyddyn. Daeth sylw a chyfleoedd i'r Aelwyd gynnal nifer o gyngherddau a nosweithiau llawen yn dilyn ei llwyddiant yng nghystadleuaeth cyfres *Bwrlwm Bro* HTV Cymru yn 1986.

Gan fod pentref Crymych wedi gefeillio â Ploveilh, ger Kemper yn Llydaw, yn 1983, roedd galw cyson ar Gôr yr Aelwyd i deithio yno i gadw gŵyl. O gael blas ar deithio, lledodd adenydd Côr Aelwyd Crymych i deithio a chynnal cyngherddau yn Toronto, Vancouver, Catalwnia, Patagonia, ac Estonia, y

Rhai o aelodau cynnar Aelwyd Llangwm yn ymarfer canu.

Aelwyd Llangwm

Mae'r fro hon rhwng Cerrigydrudion a Chorwen yn graig o ddiwylliant, yn gronfa o arweinwyr corau a chyfeilyddion, cantorion a beirdd. Disgrifiodd Emrys Jones, y baledwr a'r cerdd dantiwr, yr ardal i'r dim: 'Cwm cerddgar, llengar Llangwm'. Does ryfedd i'r cenedlaethau hŷn yno benderfynu buddsoddi yn ei tho iau. Yn Ebrill 1941, pan sefydlwyd Aelwyd Llangwm yn y pentref, dyma'r Cyngor Plwyf yn trosglwyddo'r 'Neuadd Fach' – yr hen ysgol gerrig yng nghanol y llan – i ddwylo'r Aelwyd, yn fan cyfarfod i'r aelodau. David Jones oedd clerc y Cyngor Plwyf a'i ŵyr, Dewi, grisialodd yr hyn oedd ym meddwl yr hen bobl:

> Roedden nhw'n gweld bod yr ardal yn llawn gweision a morynion ffermydd a'r rheiny heb unlle i fynd i gymdeithasu. Bob nos yn y gaeaf, roedd tân yn y Neuadd Fach a'r drws yn agored o chwech o'r gloch ymlaen. Rhoddodd Taid fwrdd snwcer yno ac roedd yn rhaid bod yn 14 cyn cael bod yn rhan o'r Aelwyd. Wannwl, roedd yna heidio yno. Ro'n i'n denig allan drwy'r ffenest pan o'n i fod i stydio at fy Lefel 'O' er mwyn chwarae snwcer.[123]

Aelodau Aelwyd Llangwm yn cynnal Noson Lawen yn Neuadd Corwen yn 1955.

Criw drama Aelwyd Llangwm yn ystod y 1970au.

Blynyddoedd llwm o ran eisteddfodau oedd cyfnod yr Ail Ryfel Byd. Mentrodd criw wahodd Eisteddfod yr Urdd i Gorwen yn 1942. Bu'n rhaid gohirio honno hyd 1946, ond wrth gynnig cefnogaeth lwyr Cyngor Plwyf Llangwm i'r apêl, mae brawddegau o lythyr y clerc yn dal i daro'r nod: 'Credwn fod yn rhaid cadw pobpeth goreu ein cenedl yn fyw. Ni ellir byw yn hir ar ryfel.'

Ymhen ugain mlynedd roedd y 'Neuadd Fach' yn rhy fychan. Gosodwyd hen gwt pren o wersyll y fyddin yn Nhrawsfynydd yng nghae'r ysgol am gyfnod cyn cael nawdd ar ben cronfa apêl leol i godi neuadd bentref helaeth newydd sbon. Agorwyd y Gorlan Ddiwylliant yn 1984.

Yn y cwpwrdd gwydr yn y neuadd honno, cedwir llwyddiannau eisteddfodol Aelwyd Llangwm. Mae'u campau ym myd y corau, llefaru a cherdd dant yn ddiarhebol. Nid tân siafins oedd y diddordebau a daniwyd yn nyddiau ieuenctid chwaith. Pan aeth y to hŷn yn rhy hen i gystadlu yn yr Urdd, roedd Côr Meibion Llangwm yno i'w cadw'n brysur. Aeddfedai'r cyn-aelodau'n arweinwyr yn eu tro. Cafodd dau o Langwm eu hanrhydeddu â medal Syr T.H. Parry-Williams yn yr Eisteddfod Genedlaethol am eu cyfraniadau i'r Urdd yn Llangwm: Emrys Jones (1981) a Dorothy Jones (2013).

Yn ogystal â bod yn flwyddyn canmlwyddiant yr Urdd, roedd 2022 yn flwyddyn fawr i Aelwyd Llangwm hefyd, wrth iddynt ddathlu 80 mlynedd ers sefydlu'r Aelwyd. Mae'n dda gweld bod yr Aelwyd yn mynd o nerth i nerth o hyd.

Rhai lluniau mwy diweddar o Aelwyd Llangwm yn dathlu llwyddiannau ar faes Eisteddfod yr Urdd.

CANRIF YR URDD 141

'Hei! Mistar Urdd!'

Gwelodd dechrau'r saithdegau newid mawr yn arweinyddiaeth yr Urdd. Bu farw Ifan ab Owen yn 1970 a chymerodd ei wraig, Eirys, awenau'r mudiad fel Llywydd. Yn fuan wedyn, yn 1972, ymddeolodd R.E. Griffith fel Cyfarwyddwr a Gwennant Davies fel Prif Swyddog Gweinyddol.

Penodwyd J. Cyril Hughes yn Gyfarwyddwr yr Urdd yn 1973, a'r diwrnod y dechreuodd yn ei swydd cyhoeddwyd canlyniadau brawychus Cyfrifiad 1971 o safbwynt nifer y siaradwyr Cymraeg ymysg ieuenctid Cymru. Heb oedi, aeth y Cyfarwyddwr ati dros y degawd nesaf i gynnwys y mudiad yn rheng flaen pob ymgyrch dros hawliau siaradwyr Cymraeg a hyrwyddo'r iaith yn gyffredinol. Golygai hyn eistedd yr ochr arall i'r bwrdd i drafod â gwleidyddion oedd hefyd â'r grym i roi cymorthdaliadau i wersylloedd a gweithgaredd yr Urdd. Roedd ysbryd newydd ar gerdded ac roedd yn rhaid diosg drwgeffaith yr Arwisgo. Yn y pen draw, roedd J. Cyril Hughes yn argyhoeddedig fod argyfwng yr Arwisgo wedi gwneud mwy o les i'r Urdd, gan ei fod wedi'i ddeffro o'r newydd i ddod yn rym unwaith eto ym mywyd Cymru:

> Os oedd gwaseidd-dra a chyffwrdd pig cap cynt, fe ddiflannodd yn 1969. Os oedd yr Urdd wedi llithro'n araf tuag at y Sefydliad parchus, fe symudodd yn ôl at ei wreiddiau. Os bwriad y gwleidyddion Llundeinig ac ambell gynffonnwr o Gymro oedd drygu achos cenedlaethol Cymru trwy syrcas yr Arwisgiad, fe wnaethant glamp o gamgymeriad.[124]

Syr Ifan a'r Fonesig Eirys ar ymweliad â Maes Eisteddfod yr Urdd.

Un o'i gyfraniadau cyntaf eraill oedd dod â'r Urdd yn fwy amlwg ar y llwyfan cenedlaethol drwy drefnu a chynnal cynhadledd yng Nghaerdydd, yn fforwm ar gyfer holl fudiadau iaith a diwylliant Cymru oedd yn ymgyrchu am Gomisiwn Iaith. Cymaint oedd y cyhoeddusrwydd a'r disgwyliadau ymlaen llaw nes i'r gynhadledd gael ei hystyried fel Senedd Undydd dros Gymreictod. Ymateb Peter Thomas, Ysgrifennydd Cymru ar y pryd, oedd cyhoeddi – ddiwrnod cyn y gynhadledd – fod ei lywodraeth yn sefydlu Cyngor yr Iaith Gymraeg. Does dim amheuaeth nad gwaith yr Urdd a gafodd y maen hwnnw i'r wal.

J. Cyril Hughes a benodwyd yn Gyfarwyddwr yr Urdd yn 1973.

142 CANRIF YR URDD

Codi llais dros Gymru a'r Gymraeg

Yn 1971, roedd y gantores Mary Hopkin o Bontardawe yn cynrychioli Prydain yng nghystadleuaeth yr Eurovision Song Contest, a mynegodd yr Urdd yn gyhoeddus ei bod hi'n hen bryd i Gymru a'r Gymraeg gael eu cynrychioli'n annibynnol yn y gystadleuaeth honno. Protestiodd y mudiad hefyd yn erbyn taflenni uniaith Saesneg a ddosbarthodd y Llywodraeth wrth gyflwyno arian degol. Argraffwyd fersiwn Gymraeg a bu'r aelodau'n eu dosbarthu.

Swyddi a chyfleoedd newydd

Crëwyd swyddi a chyfleoedd newydd i staff yr Urdd yng nghanol y saithdegau. Sefydlwyd Adran Eisteddfod a Gŵyl ac yn 1973 cafodd Elvey MacDonald, yn wreiddiol o Batagonia, ei benodi'n Bennaeth: 'Gweithiwr caled, a aberthodd oriau a nosweithiau o'i hamdden i bwyllgora a theithio ym mhob cwr o Gymru.'[125]

Ehangodd yr Eisteddfod gan ddatblygu gwyliau crwydrol. Helaethwyd adnoddau'r gwersylloedd i greu cyfleusterau roedd modd eu defnyddio drwy'r flwyddyn. Ychwanegwyd at y timau rheoli drwy gael Steff Jenkins yn ddirprwy i John Japheth yng Ngwersyll Llangrannog a Dei Tomos yn ddirprwy i John Eric Williams yng Nglan-llyn.

Geni Mistar Urdd

Yn 1976, penodwyd Wynne Melville Jones yn Swyddog Cyhoeddusrwydd yr Urdd, a'i brif dasg oedd creu ffocws newydd i'r mudiad. Er gwaethaf ymgyrchoedd hyrwyddo bywiog yn 1974 ac 1975, yn cynnwys teithiau, perfformiadau, a rhyddhau 10,000 o falŵns o Wersyll Llangrannog ar gyfer Ras Falŵns, gyda rhai'n cyrraedd mor bell â gogledd Llychlyn, roedd 'cwmwl du' 1969 yn dal i dywyllu'r awyr ac wedi creithio'r Urdd, meddai. 'Yn anffodus, pylu wnaeth diddordeb a brwdfrydedd llawer o gefnogwyr y mudiad, yn enwedig yr arweinyddion ifanc, a chollwyd llawer o'r egni a'r deinamig oedd yn cynnal y mudiad cyn 1969. Cafodd hwnnw ei wasgaru i gyfeiriadau eraill erbyn hyn.'[126]

Cofia hel meddyliau wrth edrych ar logo'r mudiad ar gopi o'r *Aelwyd*, a sylweddoli'i bod hi'n bryd dod â bywyd newydd a golwg mwy ffres iddo:

Rhyddhau'r balŵns ar gyfer Ras Falŵns Gwersyll Glan-llyn.

Bathodyn yr Urdd

Roedd Robert Lambert Gapper (1897–1984) yn un o deulu dawnus Uwchlaw'r-ffynnon, Llanaelhaearn. Wedi dilyn cwrs celf yn Llundain, bu'n athro celf yn Rugby ac yn y diwedd yn guradur yr Adran Gelf a Chrefft yn y brifysgol yn Aberystwyth. Dyluniodd fathodyn trionglog, lliw cyntaf yr Urdd yn 1944.

> Edrychais ar y bathodyn trionglog. Mae'n logo gwych ac yn ddelwedd mae llawer iawn o'r Cymry yn ei nabod. Mae'n syml ei gynllun ac mae'n cynrychioli addewid yr Urdd o wasanaeth i Gymru (gwyrdd), i Gyd-ddyn (coch) ac i Grist (gwyn). Ond, wedi dweud hynny, mae'n edrych braidd yn stêl ac yn hen ffasiwn erbyn hyn ...
>
> Dyma ddechrau chwarae o gwmpas â'r bathodyn ar ddarn o bapur glân a'i wneud yn fwy crwn. Yn ddamweiniol, wrth chwarae â phin ar bapur y sylweddolais fod rhoi awgrym o ginc yn y siâp yn rhoi bywyd yn y bathodyn. O ychwanegu gwên yn y triongl roedd e'n edrych yn hapus ac o gynnwys trwyn a llygaid daeth yn fyw. O'r diwedd, trwy gynnwys rhai ychwanegiadau, mae bathodyn yr Urdd yn datblygu'n fwy o hwyl. Er mwyn iddo allu symud roedd angen dwylo a thraed ac am ei fod yn greadur uwch na'r cyffredin mae pawennau'n edrych yn fwy addas i'w bersonoliaeth na dwylo a thraed. Erbyn hyn, mae'n tyfu'n gymeriad. Nawr, yn ddiarwybod, rwy'n sylweddoli 'mod i'n gwenu wrth edrych arno. Ydy, myn diawl i, mae hwn yn gweithio. Bydd modd ei ddatblygu ymhellach!
>
> Doedd hi ddim yn anodd meddwl am enw. Allai hwn ddim bod yn ddim byd arall ond Mistar Urdd.[127]

Nwyddau Mistar Urdd

Heb os, logo newydd Mistar Urdd oedd yr arwydd mwyaf o'r bywyd newydd oedd yn perthyn i Gymru a'r mudiad yn y cyfnod hwnnw. 'Dyn y syniadau, a chanddo'r weledigaeth a'r gallu i roi cig a gwaed i'r syniadau oedd, ac yw, Wynne,' yw teyrnged J. Cyril Hughes iddo.[128] Stondin yr Urdd oedd y stondin brysuraf ar unrhyw faes Eisteddfod am flynyddoedd – yn cynnwys Eisteddfod Ryngwladol Llangollen, lle gwerthwyd cannoedd o dronsys Mistar Urdd. Arwydd o gymeriad mwy rebelaidd y mudiad bellach oedd bod Stondin yr Urdd wedi'i diarddel o faes Eisteddfod Llangollen ar ôl dim ond un diwrnod – am werthu pethau mor amharchus â thronsys Mistar Urdd!

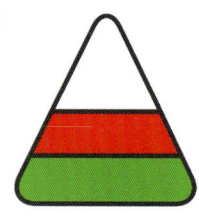

Wynne Melville Jones ddyfeisiodd ddiwyg stondinau'r Urdd hefyd. Celfyddyd Gain oedd ei faes arbenigol yn y coleg a defnyddiodd dechnegau newydd byd argraffu offset-leitho. Cynlluniodd logo newydd ar ffurf cwch hwylio a ddefnyddiwyd gan Wersyll Glan-llyn am flynyddoedd a phan brynodd yr Urdd beiriant argraffu ail-law, datblygodd, meddai, 'yn dipyn o foi am ddefnyddio *letraset*'.

Casglodd Wynne Melville Jones dîm cyhoeddusrwydd at ei gilydd ar gyfer 'Urdd 74' – benthycwyd Land Rover a threlar gan gwmni

Logo'r Urdd wedi'i addasu ychydig o gynllun Robert Lambert Gapper.

Bathodyn Trôns Mistar Urdd.

Ffatri'r Urdd

Dewi Pws a Huw Jones yn perfformio ar daith 'Urdd 74' o gwmpas Cymru.

Mistar Urdd a'i firi ar lan llyn.

Moduron Meirion, Aberystwyth a mynd o gwmpas ysgolion Cymru'n atseinio jingls newydd yr Urdd, a grëwyd gan y cerddorion Derec Brown a Cleif Harpwood. Ar y trelar y perfformiai Dewi Pws a Huw Jones. Canolbwyntio ar ysgolion cyfun mawr yr oedd Urdd 74 gan anelu at gael cynulleidfaoedd o 1,000 a mwy ym mhob lleoliad:

> 'Gyda dawn gyfathrebu ddiamheuol y ddau berfformiwr fe lwyddwyd i ddenu sylw, ac yn wir i swyno'r gynulleidfa fawr ym mhob un lleoliad. O fewn munudau i gyrraedd roedd y gefnogaeth yn fyddarol. Wrth i ni adael byddai'r gynulleidfa'n blastar o wyn, coch a gwyrdd a'r plant yn crefu am gael gwisgo bathodyn yr Urdd.'[129]

Unwaith eto, roedd lliwiau'r Urdd a lliwiau baner Cymru'n cyfuno â'i gilydd ac yn dal ysbryd y saithdegau. Ym Medi 1976, cyflwynodd Wynne Melville Jones ei syniad 'i roi gwên ar wyneb bathodyn yr Urdd' yng nghynhadledd staff y mudiad yn Llangrannog. Cafodd gefnogaeth y Cyfarwyddwr ac roedd cyffro ymysg y staff. Datblygwyd syniadau am 'nwyddau Mistar Urdd'. Roedd yn rhaid cael bathodynnau, balŵns, llyfrau llofnodion, beiros, crysau-T, mygiau, crysau chwys, pyrsiau a goncs. Gellid cynyddu'r adnoddau argraffu mewnol a dod â'r cymeriad yn fyw, nid yn logo ar fathodyn yn unig.

Cymeriad Mistar Urdd

Lansiwyd cymeriad Mistar Urdd ym Mai 1977. Anturiai Wynne Melville Jones ac un neu ddau o swyddogion eraill at gwmni M.A. Rapport & Co. Ltd yng Nghaerdydd i brynu miloedd o geriach, ac i warwsiau'r East End yn Llundain i brynu dilladach (am arian sychion!), ond cwmni Country Love o Bowys, oedd yn cynhyrchu teganau meddal yn seiliedig ar anifeiliaid gwyllt, a gynhyrchodd y gonc Mistar Urdd. Tyfodd yr archebion cynnar o ychydig ddegau yn archeb o 16,000 mewn dim a chyn hir roedd y cwmni bach gwledig yn cyflogi 16 o wragedd i ateb y galw am y goncs.

Cynllunydd gwisgoedd yn Theatr y Werin yn Aberystwyth oedd Medi James ar y pryd a defnyddiodd hi ei doniau artistig i gynllunio crysau nos a chapiau nos Mistar Urdd – a chael merched Tal-y-bont, Ceredigion i'w gwnïo yn eu cartrefi.

Wrth gwrs, mae'n rhaid i bob cymeriad cartŵn gwerth ei halen gael cân ac i Geraint Davies, aelod o Hergest a Mynediad am Ddim yn ddiweddarach, y gofynnwyd am honno. 'Mater o lwc oedd hi 'mod i'n gweithio yn y swyddfa drws nesa, ac fe berswadiodd Wynne fi i roi cynnig arni.'[130]

Criw o blant yn mwynhau gyda Mistar Urdd.

CANRIF YR URDD 145

Cân Mistar Urdd

Cyflwynwyd tâp o'r gân 'Hei! Mistar Urdd!' i Wynne Melville Jones mewn fawr o dro, gan daro'r cywair cywir o ran alaw afaelgar a geiriau cofiadwy. Dyma ddisgrifiad Geraint Davies o'r gwaith o'i chyfansoddi a'i recordio:

> O ran alaw, ro'n i'n ymwybodol bod angen iddi fod yn syml, rhwydd ei chanu, i blant yn anad neb. Felly cadwes i at bedwar cord gitâr (byddai rhai'n honni taw dyna eithaf fy *repertoire*). A dyma lwc eto, gan fod yna odl amlwg rhwng 'Mistar Urdd' a 'Coch, gwyn a gwyrdd', sef lliwiau traddodiadol Cymru a'r Urdd ei hun wrth gwrs. Rwy wedi nodi droeon pa mor ddiolchgar yr ydw i na ddewisodd Syr Ifan fod yn rebel heriol a dewis du, oren a phinc fel lliwiau i'w fudiad newydd. Gyda thri phennill, un yr un i'r gwersylloedd a'r adrannau ac aelwydydd lleol ac un arall i gloriannu, am ryw reswm wnes i ddim crybwyll yr Eisteddfod a finne'n gweithio iddi! Alla' i ddim cofio pam, a bydde odl hawdd 'gŵyl' a 'hwyl' wedi bod yn sylfaen dda, ond dyna ni – mae'n ddigon hir fel y mae hi.[131]

Recordiwyd y gân, ynghyd â thair arall, gan y ddau athro gweithgar Gwyn Williams ac Eirwyn Jôs, yng Nghaerdydd. Dewiswyd Emyr Wyn – a lenwodd swydd Trefnydd Ceredigion am gyfnod byr cyn dod yn wyneb cyfarwydd ar raglenni teledu *Bilidowcar* a *Pobol y Cwm* – i ganu. Awgrymodd yntau y gallai ei gyd-gyflwynydd ar *Bilidowcar,* Hywel Gwynfryn, oedd yn dysgu drymio'n gyhoeddus ar y rhaglen, ddangos ei dalent ar y record. A llenwyd y bylchau eraill gan Alun Thomas ar y bas, Eirwyn Jôs ar y piano, a Geraint Davies ei hun ar gitarau ac organ geg. Daeth Gwyn ac Eirwyn â chriw o'u disgyblion yn Ysgol Brynteg, Pen-y-bont ar Ogwr ac Ysgol Pontygwaith yn y Rhondda i greu côr i forio canu'r cytganau. O ystyried mai cwrdd â'i gilydd am y tro cyntaf roedd y mwyafrif o'r perfformwyr – nid y ffordd orau i baratoi am recordiad efallai – roedd y canlyniad yn un digon rhyfeddol.

Clawr a sengl 'Y Fi a Mistar Urdd a'r Crysau Coch' gyda Ray Gravell.

Hei! Mistar Urdd!

Hei! Mistar Urdd yn dy goch gwyn a gwyrdd
Mae hwyl i'w gael ymhobman yn dy gwmni
Hei! Mistar Urdd, tyrd am dro ar hyd y ffyrdd
Cawn ganu'n cân i holl ieuenctid Cymru.

Gwelais di'r tro cynta 'rioed yn y gwersyll ger y lli
A chofiaf am yr hwyl fu yno'n hir
Dyddiau hir o heulwen haf, y cwmni gorau fu
Ac af yn ôl i aros cyn bo hir.

Noson hir o aeaf oer, fe welais di drachefn
Dangosaist fod 'na rywle imi fynd
Dyma aelwyd gynnes iawn a chriw 'run fath â fi
A chyfle i adnabod llawer ffrind.

Diolch iti Mistar Urdd, dangosaist imi'n glir
Fod gennyt rywbeth gwych i'w roi i mi
Gwersyll haf a chwmni braf mewn cangen ymhob tre
A gobaith i'r dyfodol ynot ti.

Mei Gwynedd a chriw o blant yn perfformio'r fersiwn newydd o 'Hei! Mistar Urdd!' yn 2019.

Serennodd Mistar Urdd ar sawl record arall wedi hynny: 'Dyma fi, Mistar Urdd' gyda Mici Plwm; 'Y Fi a Mistar Urdd a'r Crysau Coch' gyda Ray Gravell; 'Pen Gwyn' gydag Emyr Wyn a 'Bytis Mistar Urdd' gan y band Rudi Llewelyn a'r Gwersyllwyr. Ond mae 'Hei! Mistar Urdd!' wedi pontio sawl degawd, gyda fersiynau newydd wedi'u recordio gan y grŵp CIC, y cymeriad Rapsgaliwn a'r cerddor Mei Gwynedd.

Daeth Mistar Urdd yn 'fyw' pan wisgwyd Mici Plwm fel y cymeriad a chychwyn ar daith yng nghwmni criw Edward H. Dafis am 12 wythnos i bob cornel o Gymru yn 1979. Cynhaliwyd y perffomiad cyntaf o flaen dwy fil o blant yn un o neuaddau mwyaf Cymru ar y pryd, Pafiliwn Gerddi Soffia yng Nghaerdydd, a byddai'r gonc yn troi'n gymeriad ar y daith.

> 'Wrth ddatblygu'r cymeriadau roedden ni oll yn gytûn ar bersonoliaeth Mistar Urdd,' meddai Wynne Melville Jones.

> Roedd yn fywiog, yn ddireidus ac yn llawn hwyl. Byddai nifer o nodweddion y clown yn perthyn i'w gymeriad a byddai gan Mistar Urdd yr hawl i wneud pethau na fyddai neb arall yn meiddio eu gwneud, fel rhoi sws fawr i'r athrawesau a hynny o flaen y plant neu roi cic yn nhin y prifathro a'r cyfan yn hwyl ddiniwed, wrth gwrs.[132]

Parhaodd y galw am nwyddau Mistar Urdd a chynhaliwyd y cyffro am flynyddoedd. Aeth o nerth i nerth. Addaswyd cynllun gwreiddiol y cymeriad yn un mwy cartwnaidd gan Cen Williams, Caerdydd a'i ailddylunio eto yn 2002 ar gyfer y cylchgrawn *CIC*. Agorwyd Siop Mistar Urdd ar ffurf *boutique* Cymraeg yn Aberystwyth. Daeth Caffi Mistar Urdd yn rhan amlwg o faes yr Eisteddfod. Canodd y Super Furry Animals am 'Drôns Mistar Urdd'. Cafodd ei adeiladu mewn Lego. Cynhaliwyd parti 30 oed iddo yn Eisteddfod yr Urdd yn Rhuthun, 2006 ac roedd hi'n amlwg fod ei apêl yn parhau.

CANRIF YR URDD

Wynne Melville Jones a Mici Plwm gyda gonc Mistar Urdd.

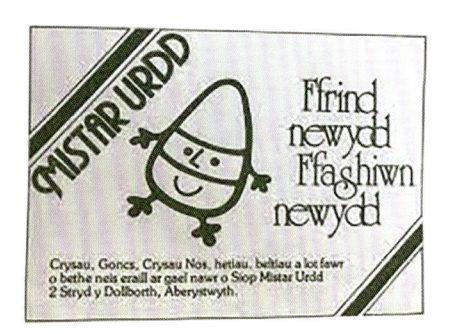

Hysbyseb ar gyfer Siop Mistar Urdd yn Aberystwyth.

Aildanio sbarc

Yn sgil y fath gyffro, aildaniwyd sbarc mudiad yr Urdd. Gwawriodd cyfnod newydd, llawn brwdfrydedd newydd ar genedlaethau o blant a phobl ifanc ym mhob cwr o'r wlad. Er i Wynne Melville Jones symud ymlaen o'r Urdd i sefydlu cwmni marchnata Strata, ymledodd dylanwad menter fusnes fawr yr Urdd i gylchoedd eraill o Gymreictod.

A does dim sôn am ymddeoliad Mistar Urdd, wrth gwrs. Ar drothwy Eisteddfod yr Urdd 2019, rhyddhawyd fersiwn newydd o'r gân 'Hei! Mistar Urdd!' gyda Mei Gwynedd yn paratoi trefniant arbennig oedd yn cynnwys 2,000 o blant ysgolion cynradd Caerdydd a'r Fro. Hon oedd sail dathliad mawr canmlwyddiant yr Urdd ar 25 Ionawr 2022. Gorymdeithiodd Mistar Urdd a chynrychiolwyr y mudiad ar achlysur dathlu 20 mlynedd Pride Cymru yn y brifddinas yn Awst 2019. Roedd gan Mistar Urdd gareiau esgidiau lliwiau'r enfys yn arbennig ar gyfer y digwyddiad. Mistar Urdd hefyd oedd masgot swyddogol Tîmau Cymru yng Ngemau'r Gymanwlad ym Mirmingham yn 2022, yn ogystal â Chwpan Pêl-droed y Byd yn Qatar. Does dim pall arno!

Mistar Urdd ar wib

Yn 1998, aeth gofodwr o dras Gymreig o Ganada, Dafydd Rhys Williams, â gonc Mistar Urdd yn gydymaith i'r Orsaf Ofod Ryngwladol. Mae hwnnw i'w weld mewn bocs gwydr yng Ngwersyll Llangrannog erbyn hyn.

Rhai o nwyddau marchnata mwy diweddar yr Urdd.

Diwyg yr Urdd – Gwasg, Siop a Chylchgronau

Yn seler y brif swyddfa yn Aberystwyth y lleolwyd stafell argraffu gyntaf yr Urdd. Gyda datblygiad offer cysodi ac argraffu offset-leitho ar ddiwedd y 1960au ac yn ystod y 1970au, daeth y byd cyhoeddi'n fwy lliwgar. Wrth i'r galwadau a'r gwaith cynhyrchu gynyddu ar beiriannau argraffu Swyddfa'r Urdd, rhoddwyd diwyg newydd i bosteri, cyhoeddiadau, cylchgronau, bathodynnau a nwyddau atodol y mudiad. Penodwyd Selwyn Jones o Abercegyr i swydd newydd fel argraffydd gyda'r Urdd, ac ymunodd Selwyn Evans fel argraffydd hefyd, yn dilyn cyfnod fel trefnydd brwdfrydig i'r Urdd yng Nghlwyd. Yn ddiweddarach, penodwyd Ceri Jones a Wyn ap Gwilym yn ddylunwyr.

Argraffydd yr Urdd

Prentis saer maen ac aelod pybyr o Aelwyd Cwmlline oedd Selwyn Jones. Wedi damwain, bu'n rhaid iddo roi'r gorau i'r grefft honno ond gwelodd hysbyseb yn *Y Cymro* fod angen argraffydd yn Swyddfa'r Urdd. 'Dyma gynnig amdani,' meddai Selwyn, 'er nad oeddwn i'n gwybod fawr ddim am argraffu. Y person a oedd i ddangos y ffordd imi oedd yr annwyl ddiweddar John Japheth (doedd e'n gwybod dim chwaith!).'[131]

Pan brynodd yr Urdd beiriant argraffu ail-law oddi wrth wasg y Lolfa, sef Multilith 1250, cafodd Selwyn ei anfon i'r Lolfa at Robat Gruffudd i ddysgu'i grefft, ar adeg pan oedd Brwydr yr Iaith yn ei hanterth, a chael agoriad llygad. Gwrthododd Robat lawer o waith oherwydd ei safiad dros yr iaith.

Selwyn Jones (chwith) a Gareth Davies wrthi'n argraffu logo Mistar Urdd ar wahanol nwyddau.

> Wedi treulio rhyw fis yn y Lolfa, nôl â fi i Swyddfa'r Urdd. Roedd y peiriant wedi ei leoli yn nwnjwns y swyddfa, a dyma fynd ati i argraffu ffurflenni gwersylloedd, Steddfod a Neges Ewyllys Da, papur ysgrifennu'r swyddfa ac yn y blaen, gyda'r papur yn hedfan i bobman, a mwy o inc arna i nag ar y papur, a John Japheth druan mewn panic.

Roedd Selwyn yn wyneb cyfarwydd hefyd yn Eisteddfodau'r Urdd a'r Genedlaethol a'r Sioe Fawr yn gwerthu nwyddau ar Stondin Mistar Urdd. 'Byddai ambell stoc o grysau-T ddim cystal â'i gilydd, gyda rhieni'n dod nôl i'r stondin i gwyno ar ôl golchi crys Joni Bach, a hwnnw wedi shrincio i ddim byd!'[132]

Trist oedd clywed am golli Selwyn Jones, y cymeriad bywiog a difyr yma ym Mhontrhydfendigaid, ym mlwyddyn canmlwyddiant y mudiad.

Ffatri a Gwasg Mistar Urdd

Erbyn 1977 roedd peiriant argraffu newydd Thompson Crown, gilotîn ('fel mangyl'), peiriant sgrin sidan, sychwr a chamera pwrpasol wedi'u prynu gan yr Urdd. Gallai'r gweithdy newydd argraffu ar ddillad a chynnig gwaith argraffu cyffredinol. Cyflogwyd Hywel Davies o Lan-non i weithio'r peiriant sgrin sidan. Yn ystod y flwyddyn honno, sicrhaodd gwasg yr Urdd uned iddi'i hun ar stad ddiwydiannol Glanyrafon yn Llanbadarn Fawr ger Aberystwyth a gâi ei galw'n 'Ffatri Mistar Urdd'. Gyda chefnogaeth fusnes Prys Edwards a Wynne Melville Jones yn gweithio ar ochr gyhoeddusrwydd yr Urdd, roedd yr argraffdy'n hynod brysur a thyfodd hwn i fod yn gyfnod newydd a chyffrous yn hanes y mudiad. Ffurfiwyd cwmni Copa Cymru Cyfyngedig yn 1980 i redeg y fenter ar seiliau busnes cadarn ac i ddiogelu statws elusennol Cwmni'r Urdd.

Penodwyd Selwyn Evans yn rheolwr ar y cwmni newydd gan gymryd cyfrifoldeb am yr archebion a'r gwerthiant. Prynwyd peiriant newydd i argraffu beiros, pensiliau, bathodynnau a chylchoedd allweddi, ac roedd y pethau yma'n cael eu cynhyrchu wrth y miloedd ar gyfer ysgolion a gwahanol fudiadau, heb sôn am waith yr Urdd. Ychwanegwyd y cymeriad Pen Gwyn at y nwyddau ac erbyn 1982, roedd naw o staff yn gweithio yno. Meirion Jones oedd yn arwain y tîm o ddylunwyr creadigol a medrus erbyn hynny, a daeth Copa Cymru yn atyniadol fel cyflenwyr ar gyfer cwmnïau a sefydliadau cenedlaethol ac ar gyfer nifer fawr o fentrau mwy lleol.

Cap pig yr Urdd.

Cylch allweddi.

Cylchgronau cyfoes

Adran hollol ar wahân i'r ffatri nwyddau oedd adran gylchgronau'r Urdd. Roedd honno'n derbyn nawdd gan Adran Addysg y Swyddfa Gymreig – a Chyngor Llyfrau Cymru yn ddiweddarach – ar gyfer ei chylchgronau Cymraeg iaith gyntaf a'i chylchgronau i ddysgwyr. Ond swyddfa'r Cyfarwyddwr oedd yn gyfrifol am gynhyrchu *Yr Aelwyd* a *Blodau'r Ffair* gan anelu at gynnig deunydd ysgafn i ddarllenwyr hŷn.

Cyfnod anodd i gylchgronau'r Urdd oedd y saithdegau. Daeth *Hamdden* a *Blodau'r Ffair* i ben oherwydd diffyg cylchrediad, a mynegwyd siom am hynny yn Adroddiad Blynyddol yr Urdd ar gyfer 1972–3, 'er mor sylweddol ei gynnwys a graenus ei ddiwyg, yr union beth a apeliai at ieuenctid y saithdegau'.[133] Ceisiwyd lansio'r cylchgrawn newydd *I'r Dim* ar gyfer pobl ifanc, ond tân siafins fu hwnnw.

Erbyn canol y 1970au roedd dylunwyr a gwaith graffeg argraffdy'r Urdd a'r ffatri'n cynnig delweddau a mwy cyfoes i'r Urdd, ond ni ddatblygwyd hynny i'w lawn botensial gan y mudiad. Gyda thechnoleg newydd a rhatach ar gael yn ehangach ar gyfer cysodi ac argraffu, roedd cyhoeddiadau anffurfiol, nes-at-y-bobl yn bosib. Chafodd hynny mo'i wneud a daeth creu a chynnal cylchgrawn i'r arddegau ac ieuenctid hŷn yn anodd i gorfforaeth amlochrog fel yr Urdd.

Yn 1977 cafwyd £42,000 o arian cyhoeddus gan y Swyddfa Gymreig i ddileu'r golled debygol ar y pedwar cylchgrawn oedd yn weddill gan yr Urdd – *Deryn*, *Cymru'r Plant*, *Bore Da* a *Mynd* – dros gyfnod o dair blynedd. Gweddnewidiwyd *Cymru'r Plant* yn dilyn hynny a chynyddodd y gwerthiant.

Er mai patrwm cynhyrchu papur bro oedd sail *Sgrech* pan ddaeth o'r wasg gyntaf yn 1978, y cylchgrawn pop Cymraeg dylanwadol – llafur cariad i griw bychan dan arweiniad brwd Glyn Tomos – llwyddo wnaeth hwnnw heb amheuaeth lle methodd cylchgronau'r Urdd a *Sbec*, cylchgrawn lliwgar, wythnosol S4C.

Yn 1987 lansiwyd y cylchgrawn newydd *Cip* – cylchgrawn lliwgar i Gymry Cymraeg oedd yn gyfuniad o *Deryn* a *Cymru'r Plant* – ac ar unwaith cododd y cylchrediad yn uwch na gwerthiant y ddau flaenorol gyda'i gilydd. Ymhen blwyddyn roedd y cylchrediad yn 6,000 a chrëwyd 'Cornel Cip' ym

Rhai o gloriau'r cylchgrawn Cip.

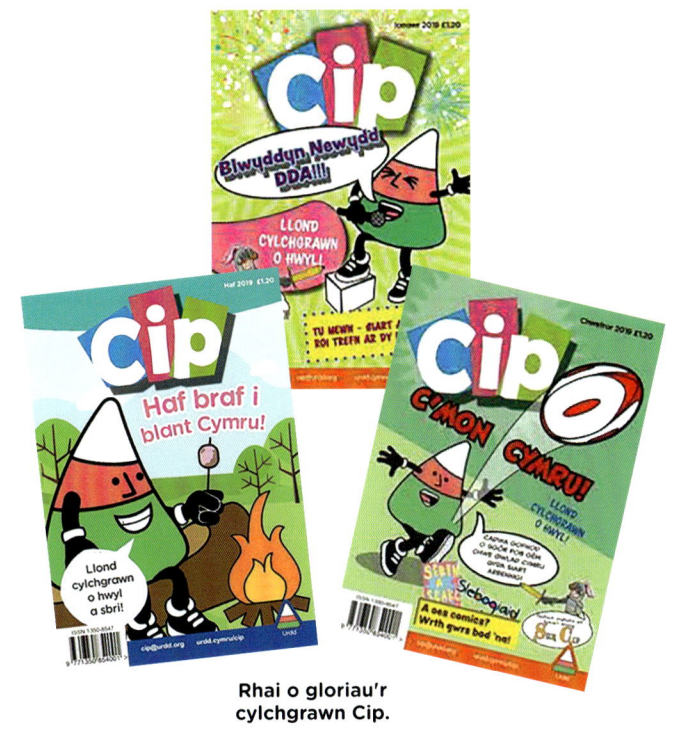

mhabell yr Urdd yn nwy Eisteddfod Genedlaethol 1988 ym Maldwyn a Chasnewydd. Cofiwyd am y gwreiddiau hefyd – dathlwyd canmlwyddiant *Cymru'r Plant* drwy gyhoeddi'r gyfrol *Cant y Cant* yn 1992 ac aeth Cwmni Theatr Arad Goch ar daith ledled Cymru yn perfformio *Cip, Coeden a Chant*.

O'r 1970au hyd ganol y nawdegau, cyhoeddai'r adran gylchgronau gyfrolau gan rai o awduron y cylchgronau. Roedd cynllun CBAC ar y pryd yn sicrhau gwerthiant pendant i'r cyfrolau hyn i ysgolion ym mhob sir yng Nghymru.

Gwelodd tair cyfrol arall olau dydd yn ystod y flwyddyn o dan gynllun llyfrau Cymraeg y Cyd-bwyllgor Addysg Cymreig, sef *Lle yn yr Haul* (E. Breeze Jones), *Storïau Aelwyd Brynclyd* (Brenda Wyn Jones) a *Helyntion Jac y Gofalwr* (W. Morgan Rogers). Cyfres o erthyglau natur a ymddangosodd gyntaf yn *Cymru'r Plant* a geir yn llyfr y naturiaethwr adnabyddus o Flaenau Ffestiniog ac fe'u bwriedir ar gyfer Cymry iaith gyntaf. Ail argraffiad o storïau ail-iaith a ymddangosodd yn *Mynd* a welir yn y ddwy gyfrol arall.[133]

Rhai o gloriau'r cylchgrawn IAW ar gyfer disgyblion oed uwchradd.

Yn Eisteddfod Llŷn ac Eifionydd 1998, bu'r adran gylchgronau dan arweiniad Siân Eleri yn gweithio ar arbrawf llwyddiannus – cyhoeddi papur dyddiol cyntaf yr Eisteddfod, *Pigion Penyberth*.

Mae cyhoeddi'r cylchgronau – a'r rheiny'n tyfu'n fwyfwy arbrofol a chostus o ran dyluniad a'r defnydd o liw – yn fenter fasnachol sylweddol, fisol i'r Urdd.

Y cylchgronau a'r gyllideb

Sylweddolodd J. Cyril Hughes yn y saithdegau fod cynhyrchu a dosbarthu 40,000 o gylchgronau'r mis yn gost gyson a allai beryglu'r mudiad cyfan ac arwain at golli swyddi lawer oni bai bod y gyllideb yn wastad. Gwnaed colled ar draws £10,000 yn 1974–75. Cafwyd cymorth dros dro gan Gyngor y Celfyddydau, ond roedd angen cydnabyddiaeth gadarnach i'r gwaith hwn o du'r Swyddfa Gymreig.

Deallai John Morris, Ysgrifennydd Gwladol Cymru ar y pryd, beth oedd cyfraniad y mudiad a'i gyhoeddiadau. Rhoddodd y Swyddfa Gymreig £42,000 i ddileu'r golled debygol dros gyfnod o dair blynedd. Yna, ymhen rhai blynyddoedd, daeth y gefnogaeth i'r cylchgronau dan adain Cyngor Llyfrau Cymru. Cynhaliwyd dwy gynhadledd genedlaethol yn 1982–83 rhwng staff cylchgronau'r Urdd, Trefnyddion Iaith a swyddogion yr Uned Iaith Genedlaethol, ac adlewyrchwyd ffrwyth yr egwyddorion a'r adnoddau a ddeilliodd o'r cyfarfodydd hynny yng nghynnwys y cylchgronau i ddysgwyr.

Yn Awst 2020, yn sgil effaith y pandemig Covid-19, cyhoeddodd yr Urdd y byddai holl gylchgronau'r mudiad ar gael yn ddigidol ac am ddim i bawb o'r flwyddyn addysgol 2020–21 ymlaen. Golygai hyn fod modd i bob disgybl dderbyn cylchgrawn dysgwyr Cymraeg – *Bore Da* ar gyfer oed cynradd a *IAW* ar gyfer oed uwchradd. Ar ben hynny, datblygwyd *Cip* ar gyfer darllenwyr cynradd, i gynnwys y comic *Mellten*, cynnyrch yr awdur a'r cartwnydd Huw Aaron. Meddai Huw:

> Rwy'n gyffrous iawn bod Mellten a Cip yn cyfuno, ac yn edrych ymlaen at weithio gyda'r Urdd i greu cylchgrawn gorau'r byd! Gobeithio trwy hyn y bydd llawer iawn mwy o blant yn cael cyfle i joio'r cymeriadau a straeon sydd wedi bod yn rhan o Mellten dros y pedair mlynedd ddiwethaf – fel Gwil Garw, Bloben, Cadi, Gari Pêl, Boc – a'r lleill![134]

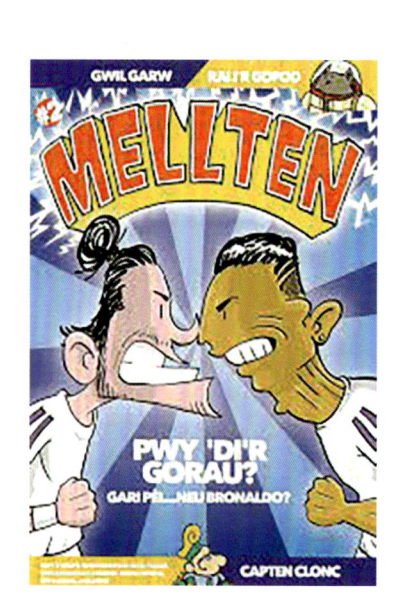

Un o gloriau'r cylchgrawn Mellten gan Huw Aaron.

27

Datblygu'r Gwersylloedd

Swyddogion a gwersyllwyr y tu allan i un o gabanau pren Gwersyll Llangrannog ar ddechrau'r 1960au.

Gwersyllwyr ar draeth Llangrannog.

Byddai Ifan ab Owen wedi cael boddhad mawr o weld fod poblogrwydd gwersylloedd yr Urdd wedi parhau ers eu sefydlu, a bod hynny wedi arwain at ddatblygiadau y tu hwnt i bob dychymyg yn chwarter olaf yr ugeinfed ganrif.

Canolfannau haf oedd gwersylloedd Llangrannog a Glan-llyn yn wreiddiol, ond yn sgil buddsoddi cyson a sylweddol fe wnaed defnydd dipyn ehangach o'r gwersylloedd nes iddynt ddatblygu ymhellach i fod yn ganolfannau llawn-amser gydol y flwyddyn gyda thîm o staff arbenigol. Bellach roedd yn rhaid i'r canolfannau ddarparu ar gyfer cenhedlaeth newydd o bobl ifanc oedd â gofynion a disgwyliadau gwahanol iawn. Cyflwynwyd gweithgareddau anturus newydd a llwyddwyd i ddenu niferoedd uwch o wersyllwyr. Bu'r gwersylloedd yn ganolog wrth i'r Urdd dyfu'n fusnes ac i fod bron yn hunangynhaliol. Daeth y gwersylloedd yn bwerdai i gynhyrchu incwm er mwyn cynnal ystod eang o weithgareddau o fewn y mudiad. Mae cyfraniad y

CANRIF YR URDD 153

Rhai o staff y gwersyll yn Llangrannog.

Sicrhau dyfodol Gwersyll Llangrannog

Yn 1968, prynodd yr Urdd fferm Cefn Cwrt am £18,000 ar ôl prydlesu'r tir ers 1938. Rhwng 1932 ac 1967 roedd 80,000 a mwy o ferched a bechgyn wedi treulio wythnos neu fwy yn y gwersyll ac roedd yn rhan annatod o fywyd y genedl. Gan mai gwersyllwyr dan 14 oed oedd yn ei fynychu, doedd Gwersyll Llangrannog ddim yn derbyn y math o gymorthdaliadau ieuenctid roedd Gwersyll Glan-llyn yn eu mwynhau. Roedd rhai o'r cabanau pren a'r cytiau sinc cynnar mewn cyflwr truenus erbyn diwedd y 1960au, a dechreuwyd breuddwydio am 'Langrannog Newydd'.[136]

Serch hynny, yn 1972, bu'n rhaid cyfyngu ar y niferoedd oedd yn dod o'r un gangen yng ngwersylloedd haf Llangrannog gan fod y gwersyll mor boblogaidd. Ond roedd cynlluniau i ehangu ar y gweill, fel yr esboniwyd yn Adroddiad Blynyddol yr Urdd y flwyddyn honno:

gwersylloedd yn llawer iawn mwy na'r elw ariannol ac mae cenedlaethau o blant a phobl ifanc (ymhell dros filiwn) wedi cael eu hysbrydoli ynddynt.

> Rydym yn benderfynol o wneud popeth o fewn ein gallu i ail-adeiladu rhannau helaeth o'r gwersyll i fod yn ganolfan a fydd ar agor o un pen i'r flwyddyn i'r llall. Trwy wneud hynny medrwn gynnig cyfleusterau cyfoes ac ysbrydiaeth ddihafal i fechgyn a merched Cymru gyfan heb boeni am dymor y gaeaf na thywydd oer neu wlyb. Mae'n ofid gennym gwtogi ar y nifer y gellir eu derbyn o gangen am wythnos o wersyll ond teimlwn yn hyderus y bydd canolfan ddeuddeg mis y flwyddyn yn ein galluogi i wasanaethu rhai miloedd yn fwy mewn blwyddyn gyfan.

Cafodd y mudiad drafferth i gael cefnogaeth ariannol gan Swyddfa Addysg Cymru ar gyfer y gwelliannau. Newidiwyd y drefn grantiau, a golygodd hynny ohirio'r gwaith gan arwain at

Adeilad newydd Calon y Gwersyll yn Llangrannog.

Adeiladu'r Hafod a Chilborth yng Ngwersyll Llangrannog.

gynnydd yn y costau adeiladu. Ond er gwaethaf cyfnod digalon, dechreuwyd ar y gwaith o adnewyddu Gwersyll Llangrannog yn 1973–74.

Yn 1973 hefyd, roedd yr Urdd yn hapus iawn â'r cynnydd yn y fenter amaethyddol oedd ganddynt ar Fferm Cefn Cwrt, Gwersyll Llangrannog. O fewn dwy flynedd, roedd gwerth y stoc a'r offer wedi cynyddu o £5,500 i £10,330. Roedd yn hwylus hefyd wrth gynllunio ac ehangu'r gwersyll ar gyfer y dyfodol.

Yn 1977, gwnaeth stormydd haf gryn ddifrod i'r gwersylloedd ac agorwyd cronfa gyda nod o £100,000 ar gyfer adfer eu hadnoddau. Cafwyd difrod pellach wedyn yn niwedd Awst 1978, pan drawodd storm enbyd arfordir Cymru a chafodd pebyll y bechgyn yng ngwaelod cae Llangrannog eu chwalu. Yn sgil y difrod hwnnw, cyhoeddodd John Japheth, Pennaeth y gwersyll ar y pryd: 'dim mwy o bebyll!'[137]

Felly, rhwng 1978 ac 1982, pan ymunodd Steff Jenkins â John Japheth fel aelod o staff parhaol Gwersyll Llangrannog, cafodd y gwersyll ei droi o fod yn gasgliad o bebyll a chytiau i fod yn ganolfan wyliau a hamdden go iawn. Y cam nesaf oedd dymchwel rhai o'r adeiladau hynaf ond ar y pryd, gwersyll tymhorol oedd hwn o hyd ac roedd modd gwneud tipyn o waith cynnal a chadw yn ystod y tri thymor tawel.

Ar drothwy hanner canfed pen-blwydd Gwersyll Llangrannog yn 1981, bu newidiadau sylweddol yno – chwalu'r hen gampfa, Plas Penhelig, Tregaron, y Caban Swogs a'r Rits a chodi adeilad amlbwrpas anferth at gaban cysgu'r Hendre. Roedd yn cynnwys saith stafell ddysgu, Caban Chwaraeon, Caban Coffi, Campfa Fawr a Stiwdio Fideo gydag adnoddau cynhyrchu ffilmiau. Y flwyddyn honno hefyd, daeth criw o athrawon a disgyblion o Ysgol Maes Garmon i ddatgymalu caban Plas Penhelig, gyda'r bwriad o'i symud a'i ailgodi ar safle'r ysgol yn yr Wyddgrug.

Wynebu argyfyngau

Bron yn syth ar ôl penodi Jim O'Rourke, y dysgwr o sir Benfro, yn Bennaeth Gwersyll Llangrannog yn 1983, bu'n rhaid i'r gwersyll wynebu argyfwng. Y flwyddyn honno, cynhaliwyd streic gan athrawon Prydain am fwy o gyflog a gwell amodau gan

Llethr sgio Gwersyll Llangrannog sy'n edrych i lawr dros weddill yr adeiladau.

Rhai o'r gwersyllwyr yn ymarfer eu sgiliau sgio.

lywodraeth Margaret Thatcher. Cafodd y streic honno effaith sylweddol ar nifer yr ymwelwyr â'r gwersyll:

> Bron yn syth wedi hynny, roedd streic yr athrawon yn 1984 a bu'n rhaid cau'r gwersyll am tua 6 mis gan ddiswyddo staff. Dyna fy ngwers gyntaf mewn rheolaeth yn ystod cyfnodau anodd – roedd hyn hefyd yn gyfle i feddwl sut y gellid gosod y gwersyll ar seiliau busnes cadarn …[138]

Bu 1985–86 yn flwyddyn o argyfwng difrifol arall i'r Urdd gan fod llawer llai'n mynychu'r gwersylloedd – 1,058 aeth i Wersyll Llangrannog yn 1985–86 o gymharu â 3,661 y flwyddyn gynt. Penderfynwyd ceisio achub swyddi ac arbed gorfod cwtogi'r gwasanaethau drwy lansio apêl genedlaethol gyda'r nod o godi £250,000. Cafwyd ymateb syfrdanol gan basio'r targed hwnnw o fewn blwyddyn drwy ymdrechion taith gerdded 'Sêr ar Dramp', a welodd enwogion fel Sulwyn Thomas, Gari Williams a Hywel Gwynfryn yn cerdded o Gaerfyrddin i Gaernarfon, cyngherddau yn Neuadd Dewi Sant a 'Cân o Gymorth' gan sêr y saithdegau yn Eisteddfod Genedlaethol Abergwaun, heb sôn am ddegau o ymgyrchoedd eraill ar lawr gwlad.

Ailddechreuodd yr Urdd fuddsoddi yn y gwersylloedd a chynyddu apêl y mudiad. Erbyn i Jim O'Rourke adael Gwersyll Llangrannog yn 1995, roedd y lle wedi'i weddnewid:

> 'Roeddwn yn benderfynol bod modd creu rhywbeth oedd yn well nag unrhyw beth arall i blant a phobl ifanc Cymru.'[139]

Fesul cam, codwyd y prisiau, cynyddwyd yr incwm a cheisiwyd am grantiau i wella'r llety, yr adnoddau addysgol ond yn bennaf y gweithgareddau – beiciau modur, sglefrolwyr, beiciau ffordd ac yna'r llethr sgio a'r llethr tobogan, disgo safonol a marchnata mwy effeithiol. Drwy hynny, cynyddodd niferoedd y gwersyllwyr a phenodwyd mwy o staff gan sicrhau gwell adnoddau addysgol a gwell gofal o'r plant a'r athrawon. Roedd hyn yn cyd-fynd â'r twf mewn addysg Gymraeg a dealltwriaeth gan brifathrawon ac athrawon fod cyfnod preswyl yn gallu gwella sgiliau iaith ond, yn fwy pwysig fyth, yn gallu dylanwadu ar agweddau pobl ifanc at yr iaith a'r diwylliant.

> Cynyddodd nifer y gwersyllwyr o 4,000 yn 1983 i tua 20,000 erbyn 1995 ac o 8 aelod o staff i 50. Roedd y trosiant yn 1983 yn £184,000; erbyn 1994 roedd dros £1 miliwn. Tyfodd y gwersyll i fod yn brif ffynhonnell incwm i'r mudiad gan osod seiliau a systemau masnachol cadarn a chyrraedd safon buddsoddwyr mewn pobl gan ennill gwobrau busnes. Roedd y gwersyll nawr yn ffactor o bwys yn economi'r gymuned leol hefyd.[139]

Yn 1989 roedd tipyn o gyffro yng Ngwersyll Llangrannog pan agorwyd y llethr sgio cyntaf yng Nghymru yno. Roedd yn 100 metr o hyd, gyda lifft a system wlychu. Câi'r atyniad ei agor i bobl leol ac ymwelwyr rhwng 5 a 10 o'r gloch bob nos. Gyda thîm o weithwyr profiadol yn gweithio yno, croesawyd 7,500 o bobl i sgio yno yn ystod y ddau fis cyntaf gan wneud Llangrannog yn un o'r llethrau sgio haf prysuraf yng ngwledydd Prydain. O fewn y flwyddyn gyntaf, roedd 10,000 wedi defnyddio'r llethr sgio.

Canolfan Pentre Ifan

Yn 1976, yn gwbl annisgwyl, clywodd yr Urdd fod gwraig o Lundain, Peggy Hemming, eisiau rhoi fferm gwerth £70,000 i'r Urdd. Roedd hi'n un o gyn-economegwyr y Llywodraeth ac yn aelod o Resurgence, mudiad oedd yn hybu hunangynhaliaeth o ran bwyd a chynnyrch fferm. Sylweddolodd fod yn rhaid cael y Gymraeg i fenter cefn gwlad lwyddo yng Nghymru a dyna pam y cyflwynwyd y fferm – Pentre Ifan ger Felindre Farchog yn sir Benfro – i'r mudiad. Doedd dim amodau ynghlwm wrth y rhodd ond mynegodd ei dymuniad bod yr Urdd yn defnyddio Pentre Ifan i hyfforddi ieuenctid gan ddefnyddio rhai o'r tai allan, oedd yn cynnwys sgubor ysblennydd o'r bedwaredd ganrif ar ddeg. Ar y dechrau, rhannwyd yr eiddo rhwng yr Urdd a golygydd y cylchgrawn *Resurgence* a'i deulu, oedd yn parhau i fyw yn y tŷ.

Yna yn 1977, trosglwyddwyd y fferm i'r Urdd gyda'r bwriad o benodi rheolwr a datblygu'r safle. Ond roedd yna gymhlethdod, gan fod gŵr o'r enw Satish Kumar, oedd yn gariad am gyfnod i ferch Peggy Hemming, bellach yn byw yn y tŷ ac yn gwrthod gadael. Cafwyd rhai blynyddoedd o ddadlau rhwng y mudiad a'r teulu ac arweiniodd hynny at dynnu cyfreithwyr i'r cawl, ond datryswyd y mater y tu allan i'r llys.

Yn y pen draw, rhoddwyd gofal y tir amaethyddol i Gareth Davies, oedd eisoes yng ngofal y ffermio yng Nghefn Cwrt, Gwersyll Llangrannog. Treuliwyd blynyddoedd yn cynllunio'n ofalus ac erbyn 1980, dechreuwyd ar y gwaith o addasu hen adeiladau fferm Pentre Ifan:

> Syfrdanol yw'r unig ansoddair i ddisgrifio'r newid a welir yng ngolwg yr Hen Sgubor. Pan gwblheir y gwaith fe fydd yn ganolfan y gallwn i gyd fod yn falch ohoni. Mae nifer o ysgolion, adrannau ac aelwydydd wedi gwneud defnydd o'r ganolfan yn barod. Daeth rhai ysgolion yno i blannu coed ac i astudio'r amgylchedd a chynhaliwyd barbiciw llwyddiannus yno gan yr adrannau ac aelwydydd yn ystod yr haf.[141]

Datblygu'r gwersylloedd – Pentre Ifan

Canolfan yr Urdd Pentre Ifan yn Sir Benfro.

Symudodd Jim O'Rourke, a oedd yn dal i fod yn Drefnydd yr Urdd yn sir Benfro ar y pryd, i fyw i Bentre Ifan a dechreuwyd datblygu'r fferm fel gwersyll ychwanegol i'r Urdd gan ddefnyddio hen bebyll o Langrannog a'r hen sgubor amaethyddol oedd mewn cyflwr reit wael. Gosodwyd toiledau yng nghefn hen lorri, ac adeiladwyd ffordd newydd i'r fferm, gyda llawer o'r gwaith yn cael ei wneud gan wirfoddolwyr lleol. Maes o law, cafodd gwersyllwyr rhyngwladol eu gwahodd i'r safle – cynhaliwyd gwersyll gwaith rhyngwladol gyda rhyw ugain o bobl ifanc o ddwsin o

Gareth Davies, wrthi'n brysur ar fferm yr Urdd.

CANRIF YR URDD 157

Criw o ymwelwyr o Lydaw ar ymweliad â Gwersyll Pentre Ifan.

wledydd yno tua 1985–86 i gydweithio â phobl ifanc y sir i greu llwybrau drwy'r goedwig ac ymuno mewn nosweithiau o adloniant o gwmpas y tân. Roedd yno Americanwyr, Sbaenwyr, rhai o Ffrainc a'r Swistir a llawer o hwyl. Roedd Jim O'Rourke fel band un dyn braidd yn cynnal y gwersyll, yn prynu'r bwyd, yn helpu i goginio ac yna'n cyfarwyddo gwaith y llwybrau a'r rhaglen o deithiau a gweithgareddau gyda chymorth y gwirfoddolwyr. Daeth nifer o grwpiau o Lydaw yno hefyd ar wyliau a chrëwyd cytundeb gefeillio gyda Thy Kendalch yn Llydaw – canolfan Lydaweg ger Redon. Aeth grwpiau o aelodau'r Urdd o sir Benfro draw i aros yn Nhy Kendalch.

Roedd grwpiau o Gymru hefyd yn profi'r gwersylla cyntefig ym Mhentre Ifan. Ar ddiwedd y 1980au cafwyd un o grantiau cyntaf yr Undeb Ewropeaidd i adnewyddu'r sgubor i greu gofodau cysgu i tua 14, cawodydd a thoiledau addas a chegin a stafell weithgareddau ar gyfer priodasau a nosweithiau amrywiol. Ar ôl gwneud y gwelliannau i'r sgubor a'r ffermdy, hysbysebodd yr Urdd am denant gyda chyfle i ddarparu gwasanaethau arlwyo i'r grwpiau a chaffi i ymwelwyr. Meinir Owen a'i theulu oedd y rhai cyntaf i gynnal y gefnogaeth yma i wersyllwyr Pentre Ifan. Yn ystod cyfnod Jim O'Rourke yn Brif Weithredwr yr Urdd, ystyriwyd gwerthu Gwersyll Pentre Ifan er mwyn buddsoddi yn y gwersylloedd eraill gan na wneid llawer o ddefnydd ohono – ond cafwyd ymgyrch frwd iawn gan gyfeillion yr Urdd yn sir Benfro i gadw'r adnodd i'r sir. Dilynwyd Jim O'Rourke ym Mhentre Ifan gan Gareth Ioan.

Wedi llawer o waith caled pellach, agorwyd canolfan ar gyfer Astudiaethau'r Amgylchfyd a Chadwraeth ym Mhentre Ifan yn 1992. Penodwyd Carol Owen yn drefnydd ar y ganolfan yn 1993, oedd erbyn hynny'n cynnig darpariaeth ar gyfer ymweliadau preswyl a dyddiol gyda Chymdeithas y Dysgwyr, Clwb Mynydda Cymru a mudiad ieuenctid lleol wedi cynnal cyrsiau yno. Cynhaliwyd noson lawen yno ac roedd llwybr natur ar waith.

Gwersyll amgylcheddol

Wrth ailddatblygu Gwersyll Pentre Ifan dros y blynyddoedd, rhoddwyd pwyslais ar arloesi gyda dulliau a deunyddiau sy'n gyfeillgar i'r amgylchedd – ynni adnewyddadwy, paneli solar, melinau gwynt. Yn y cynlluniau datblygu cyfredol a ddatgelwyd yn 2022, mae lletty i 40, gardd gegin i dyfu llysiau a ffrwythau, cegin awyr agored a chyfleusterau i fwyta a chymdeithasu o dan y sêr hefyd. O ganlyniad, bydd modd i'r Urdd roi profiad o'r pridd i'r plât, gan ddarparu dihangfa ddigidol, yn cynnwys llecynnau o lonyddwch a fydd yn annog pobl ifanc i glosio at y tirlun amgylcheddol. Mae tystiolaeth yn dangos bod pobl ifanc sy'n ymgysylltu â byd natur yn fwy tebygol o ddangos diddordeb yn eu hamgylchedd ac o fod yn rhan o weithgareddau amgylcheddol, rhywbeth na all ond bod o fudd i bawb.

Gwersyll blwyddyn gron

Erbyn dechrau'r 1970au, roedd Glan-llyn eisoes yn wersyll wyth mis y flwyddyn. Aed ati wedyn i lenwi'r pedwar mis gwag gyda chyrsiau a gweithgareddau – ac yn naturiol, roedd hynny'n creu galw am fwy o adnoddau a'r rheiny o safon uwch. Roedd 1,400 o wersyllwyr haf yno yn 1972 a 3,500 arall yn mynychu cyrsiau gweddill y flwyddyn. Ym Medi 1972, daeth Dei Tomos yn Ddirprwy Bennaeth Glan-llyn. Cynyddodd nifer mynychwyr y cyrsiau i 5,758 yn 1973. Dyna'r flwyddyn hefyd y cafwyd cymorth at adeiladu glanfa newydd i gychod Glan-llyn, ac roedd honno'n barod erbyn yr haf.

Yn 1980, cwblhawyd cymalau eraill o ddatblygu Gwersyll Glan-llyn – pwll nofio 17m wedi'i wresogi, campfa eang a lle i 60 o aelodau gysgu mewn stafelloedd gyda gwres canolog ynddyn nhw. Addaswyd yr hen gaban cysgu pren yn stafell cyrsiau natur a chelf a chrefft. Cynhaliwyd 69 o gyrsiau i dros 6,000 o bobl ifanc yng Nglan-llyn yn ystod y flwyddyn honno – roedd gan y gwersyll

Rhai o adeiladau Gwersyll Glan-llyn ar eu newydd wedd.

Plant yn mwynhau ar y Cwrs Rhaffau yng Ngwersyll Llangrannog.

gyfeiriad a nod pendant ar gyfer ei ddyfodol.

Codwyd Caban Bwyta newydd yng Ngwersyll Glan-llyn yn 1984 a nifer o stafelloedd grŵp, llyfrgell, stafell dywyll a stafell astudiaethau'r amgylchfyd. Cwblhawyd cynllun clirio mwd o waelod Llyn Tegid ym mae Glan-llyn mewn ymgynghoriad â'r Bwrdd Dŵr, y Parc Cenedlaethol a'r Cyngor Sir fel bod modd defnyddio'r llyn beth bynnag fo lefel y dŵr. Codwyd Neuadd Chwaraeon ddwy flynedd yn ddiweddarach a sefydlwyd Cwrs Antur newydd sbon gan ddefnyddio adnoddau rafftio dŵr gwyllt ar afon Tryweryn. Yn 1989 prynwyd cwch hwylio *Eryr Penllyn* i'r gwersyll oedd yn addas i'w ddefnyddio gan hwylwyr anabl, ac erbyn 1993 roedd yno Wal Ddringo addas i'r anabl hefyd. Profodd yr holl adnoddau newydd yma yn hynod boblogaidd ac yn ystod 1989–90, roedd 10,480 o wersyllwyr wedi defnyddio'r adnoddau yno.

Datblygiadau pellach

Yn negawd olaf y mileniwm, cafwyd buddsoddiad a datblygiadau arwyddocaol eraill yng ngwersylloedd yr Urdd. Daeth y syniad o wersylloedd i deuluoedd yn boblogaidd oherwydd y cyfleusterau a'r adnoddau oedd ar gael. Ychwanegwyd Cwrs Rhaffau, Sleid Awyr a Go-karts i Wersyll Llangrannog. Datblygwyd Neuadd Chwaraeon, Pwll Nofio, Neuadd Ymgynnull, Bowlio Deg a Wal Ddringo yng Ngwersyll Glan-llyn – heb sôn am ganolfan groeso newydd. Addaswyd plasty Glan-llyn a gwella adnoddau'r stafelloedd cysgu hefyd, gan ddarparu cyfleusterau *en suite* i bawb.

Er gwaethaf effaith andwyol Clwy'r Traed a'r Genau ar lif arian yr Urdd, pan fu'n rhaid cau'r gwersylloedd yng ngwanwyn 2001 yn sgil cyfyngiadau ar symudiadau pobl ledled Prydain, roedd eu poblogrwydd wedi sicrhau y byddent yn ffynnu unwaith y dôi'r hawl i'w hailagor.

Yna ym mlynyddoedd cyntaf yr unfed ganrif ar hugain, gweddnewidiwyd gwersylloedd Llangrannog a Glan-llyn unwaith eto. Wedi cyfnod o ehangu, moderneiddio a gwella cyfleusterau Gwersyll Glan-llyn, gwelwyd newid amlwg yn y defnydd o'r adnoddau, fel yr eglura Huw Antur Edwards, Pennaeth y gwersyll ers 2007:

> Ers y 1990au, mae'r safle'n cael ei redeg a'i reoli gan dîm mawr o weithwyr proffesiynol, gyda'r hyfforddwyr i gyd wedi'u cymhwyso yn ôl gofynion y deddfau diweddaraf. Mi ddigwyddodd shifft diwylliannol wrth gwrs o'r cyfnod pan oedd y lle yn wersyll achlysurol yn cael ei redeg gan drefnwyr sirol ar gyfer aelodau hŷn yr Urdd. Mae yr un fath ag unrhyw ganolfan awyr agored a darparwr cyfleusterau a gweithgareddau arall – oni bai am un gwahaniaeth sylfaenol, sef bod y lle i gyd yn cael ei weinyddu yn y Gymraeg. Ond yn achlysurol, bydd llond y lle o adrannau ac ysgolion ar gyrsiau tridiau ar y tro. Bydd teimlad yr hen wersyll yn dychwelyd. Maen nhw'n dal i ddod o hyd i gariadon yma![142]

Glan-llyn Isa'

Yn 2021 agorwyd datblygiad newydd sbon wedi gwaith adnewyddu ac addasu gwerth £800,000 ar hen dŷ cerrig urddasol Glan-llyn Isa' ar safle Gwersyll Glan-llyn. Llety hunangynhaliol 10 llofft gyda lle i 40 yw'r adeilad 150 oed erbyn hyn. Mae'n sefyll ryw 200 metr o brif safle'r gwersyll ac mae llwybr troed yn ei gysylltu â phentref Llanuwchllyn. Bydd yn caniatáu i grwpiau annibynnol o ysgolion a chlybiau ieuenctid, Adrannau ac Aelwydydd yr Urdd a grwpiau o gyn-aelodau a ffrindiau fwynhau un o'r lleoliadau harddaf yng Nghymru. 'Cynigiwyd y syniad yma gan bobl ifanc sy'n ymweld â ni'n rheolaidd,' meddai Huw Antur Edwards. 'Mae'n ddarpariaeth berffaith i grwpiau sy'n ysu am brofiad mwy annibynnol ar brif safle'r ganolfan.'[143]

Glan-llyn Isa', Llanuwchllyn.

Datblygiad newydd yng Nghaerdydd

Ers blynyddoedd, roedd presenoldeb yr Urdd yn y brifddinas yn cael ei weld fel nod amlwg i'r mudiad. Sefydlwyd Aelwyd Caerdydd yn Heol Conwy yn wreiddiol ar gyfer ieuenctid Cymraeg Caerdydd, a daeth yn ganolfan i wersi dysgu Cymraeg yn fuan iawn. Ar ddechrau'r ganrif hon, sefydlodd yr Urdd wersyll newydd sbon yng Nghaerdydd – gwersyll oedd yn golygu buddsoddiad o £4 miliwn, mewn prosiect oedd yn costio £100 miliwn yn gyfan gwbl. Wedi cyfnod gyda Thŷ Opera a Chwmni Opera Cymru, magodd Jim O'Rourke brofiad gwerthfawr ym myd datblygu elusennau mawr. Daeth yn Brif Weithredwr yr Urdd yn 1996 a chydweithiodd â Chomisiwn y Mileniwm i sicrhau cymorthdaliadau ar gyfer adnoddau Gwersyll Glan-llyn. Dychwelodd at y Comisiwn i geisio dylanwadu arno i gefnogi'r

Lleolir Gwersyll yr Urdd Caerdydd yn adeilad hardd Canolfan y Mileniwm ym Mae Caerdydd.

syniad o greu gwersyll yr Urdd yng Nghanolfan y Mileniwm yng Nghaerdydd, oedd hefyd yn rhan o dŷ opera a theatr:

Criw o blant yn cyrraedd y gwersyll yng Nghaerdydd.

> Tyfodd y syniad dan arweiniad Syr Alan Cox i gynnwys cwmni dawns ac wedyn nifer o gyrff celfyddydol eraill ond y sail oedd rhoi profiadau pobl ifanc yn flaenllaw. Roeddwn yn teithio i Gaerdydd tua thair gwaith yr wythnos ac yng nghanol y syniadau cyffrous gan sicrhau bod yr adeilad cyfan yn addas i gynnal Eisteddfod Genedlaethol yr Urdd, a chytundeb i ailymweld bob tair blynedd, pe bai dymuniad, am gost isel iawn gan ddefnyddio pob ardal o'r adeilad. Cafwyd cydweithrediad y gwirfoddolwyr a'r staff yng Nghanolfan Heol Conwy ac agorwyd y gwersyll gyda theatr fach yr Urdd a swyddfeydd fel canolfan ddinesig fyddai'n cynnig profiadau gwahanol iawn i Langrannog a Glan-llyn.[144]

Llwyddwyd i sicrhau'r bartneriaeth hon ac yn Rhagfyr 2004, agorodd Gwersyll yr Urdd, Caerdydd gyda lle i 150 o breswylwyr yn y Bae, gydag Alun Owens yn Bennaeth. Oni bai am yr Urdd byddai'n annhebygol y byddai Comisiwn y Mileniwm wedi cefnogi'r prosiect. Y cam nesaf oedd casglu partneriaid eraill fel cwmni dawns Diversions, ymddiriedolaeth Touch Trust ac eraill a sicrhau gwasanaeth cwmnïau pensaernïol oedd yn gallu cynllunio a datblygu'r safle fel un oedd yn addas ar gyfer gwyliau mawr fel Eisteddfod yr Urdd. Daeth Eisteddfodau yng Nghanolfan y Mileniwm yn rhan o hanes y mudiad, gyda'r adnoddau theatrig yn rhoi profiadau amhrisiadwy i'r doniau ifanc. Roedd y Brifwyl gyntaf yn 2005 yn rhyfeddod ac yn destun balchder nid yn unig i'r plant a'r bobl ifanc, ond i'r holl eisteddfodwyr ac i Gymru gyfan. 'Heb amheuaeth, meddiannwyd yr adeilad ysblennydd gan "Sain, Cerdd a Chân" aelodau'r Urdd a chan y Gymraeg,' meddai Rhiannon Lewis, Cadeirydd y mudiad ar y pryd, yn ei hadroddiad blynyddol. Yn ei thro, llwyddodd y Ganolfan i ddenu cynulleidfaoedd newydd oherwydd ei chysylltiad agos â'r Urdd.

Yng Ngwersyll Caerdydd, caiff y gwersyllwyr gyfle i weld atyniadau'r brifddinas a de-ddwyrain Cymru – gan gynnwys teithiau o amgylch adeilad y Senedd yn y Bae. Cafwyd cytundeb bod y Senedd yn talu am fysiau i blant a phobl ifanc ddod i Gaerdydd i aros yng Nghanolfan yr Urdd ar yr amod eu bod yn talu ymweliad â'r sefydliad cenedlaethol.

Adeilad hynod o drawiadol Calon y Gwersyll yn Llangrannog, a agorwyd ym mis Tachwedd 2022.

Yn ogystal â gweithgareddau ar gyfer gwersyllwyr yr Urdd o bedwar ban Cymru, mae'r Urdd hefyd wedi datblygu clybiau a chyrsiau amrywiol a blaengar yn y Ganolfan yng Nghaerdydd. Dyna glwb perfformio Ffwrnais Awen, er enghraifft, ar y cyd â Menter Iaith Caerdydd, sy'n denu dros 60 o bobl ifanc yn wythnosol, a'r aelodau'n cael cyfle i berfformio'n gyson yng Nglanfa Canolfan y Mileniwm. Cynhelir clwb perfformio Bang! yno hefyd gan roi cyfleoedd ar lwyfan i aelodau, ac mae Clwb Digidol Gwersyll Caerdydd ar gyfer aelodau 14–18 oed yn cyfarfod yn wythnosol er mwyn cynhyrchu podlediadau a rhaglenni fideo. Datblygwyd cwrs Haf Trwy'r Lens yno yn ogystal gyda'r bwriad o greu ffilm o'r dechrau i'r diwedd.

'Yn wir,' meddai Jim O'Rourke, oedd yn Gyfarwyddwr ar yr Urdd adeg sefydlu Gwersyll Caerdydd, 'fe ddwedodd Ron Davies (Ysgrifennydd Gwladol Cymru) wrthyf iddo benderfynu cartrefu'r Senedd yn y Bae – yn hytrach nag wrth Neuadd y Ddinas – yn rhannol er mwyn bod y drws nesaf i'r Urdd!'[145]

Datblygiad pellach i Wersyll Llangrannog

At ddiwedd blwyddyn dathlu canrif y mudiad, datgelwyd y datblygiadau diweddaraf i adnoddau Gwersyll Llangrannog. Gan fod dros ddwy filiwn o blant a phobl ifanc wedi aros yng nghanolfannau preswyl yr Urdd ers sefydlu'r mudiad ganrif yn ôl,

Plac yn dynodi agoriad swyddogol Calon y Gwersyll ym mis Tachwedd 2022.

mae'n amlwg fod y gwersylloedd a'u hadnoddau'n hanfodol i lwyddiant y mudiad i gyflawni ei amcanion.

Ym mis Tachwedd, dathlwyd agoriad swyddogol *Calon y Gwersyll*, datblygiad uwchraddio gwerth £6.1 miliwn yng Ngwersyll Llangrannog. Yn ogystal ag ardal breswyl newydd sy'n cynnig llety i 52 o bobl, mae *Calon y Gwersyll* yn cynnig neuadd amlbwrpas a chanolfan ganolog i gefnogi gweithgareddau diwylliannol a chymdeithasol, ardal fwyta a chegin newydd sy'n cynnig seddi i dros 250 o bobl, ystafelloedd dosbarth ac ystafelloedd llai ar gyfer cyfarfodydd i gefnogi digwyddiadau grŵp, ardaloedd cymdeithasol i gefnogi dysgu yn yr awyr agored ac ardaloedd gwaith pwrpasol i athrawon ac i arweinwyr preswyl.

Ardaloedd allanol newydd Gwersyll Llangrannog.

Yr ardal fwyta newydd yng Ngwersyll Llangrannog fel rhan o ddatblygiad Calon y Gwersyll.

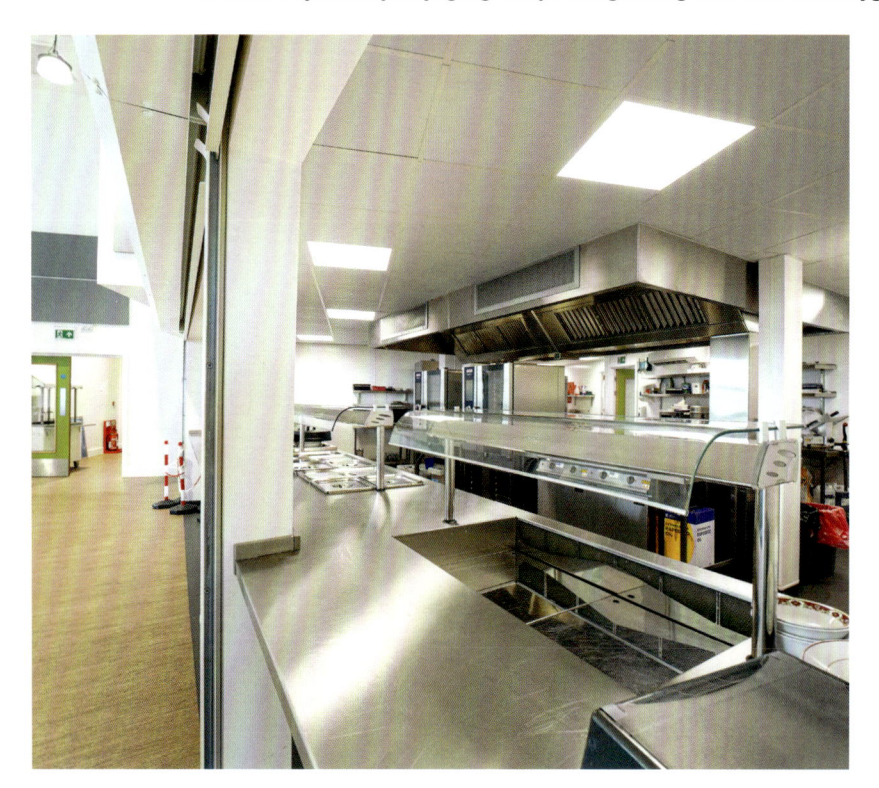

28

Llwyfan i Ddrama

Pan sefydlwyd Adrannau cyntaf yr Urdd yn y 1920au, roedd y mudiad – drwy dudalennau'r cylchgrawn *Cymru'r Plant* – yn annog y canghennau i berfformio dramâu. Y bwriad oedd annog comisiynu dramâu newydd a datblygu sgriptwyr ac, wrth gwrs, codi arian defnyddiol i'r Adrannau drwy'r perfformiadau. Roedd Ifan ab Owen yn ymwybodol iawn o apêl perfformio a gwerth y profiadau theatrig a dysgu crefftau llwyfan i blant.

Y ddrama yn y dyddiau cynnar

Tyfodd dathlu Gŵyl Ddewi'n gyfnod da i'r Adrannau gyflwyno dramâu. Yn ôl cylchgrawn *Cymru'r Plant*, Ebrill 1927, er enghraifft, cyflwynodd Adrannau Rhymni a Llanrug ddwy ddrama fer yr un yn eu cyfarfodydd y flwyddyn honno, a chyflwynodd Adran Llanrwst y ddrama *Nans*, a sgrifennwyd gan Marian Williams o Adran Treuddyn. Cyhoeddwyd sgriptiau rhai o'r dramâu yn y cylchgrawn o dro i dro.

Daeth perfformio dramâu yn rhan o Eisteddfod Genedlaethol yr Urdd ond wedi bron hanner can mlynedd o annog Aelwydydd ac Adrannau i ddatblygu eu doniau theatrig eu hunain, cyflwynwyd gweledigaeth newydd.

Cwmni Theatr Ieuenctid Cenedlaethol yr Urdd

Blagurodd y syniad o greu Cwmni Theatr Ieuenctid yr Urdd yn y 1970au yn dilyn trafodaethau rhwng y dramodydd Emyr Edwards a Chyfarwyddwr yr Urdd ar y pryd, R.E. Griffith. Roedd Emyr wedi'i blesio gan safon y cwmnïau a brwdfrydedd yr actorion a'r cynhyrchwyr wrth feirniadu cystadlaethau drama Eisteddfod Genedlaethol Pontypridd 1973. Teimlodd fod yn rhaid iddo alw am sefydlu Theatr Ieuenctid Genedlaethol a chynigiodd ei wasanaeth fel cyfarwyddwr a chynhyrchydd. Meddai Emyr Edwards: 'O'r cychwyn, y peth pwysicaf oedd rhoi

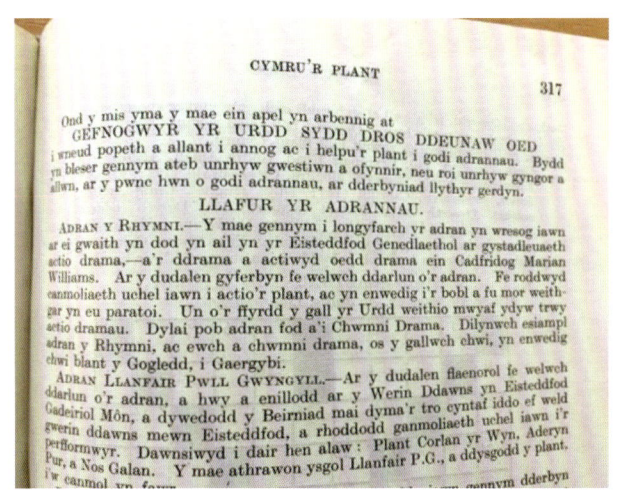

Erthygl o *Cymru'r Plant* sy'n annog aelodau'r Urdd i ymddiddori ym myd y ddrama.

cyfle i bwy bynnag a ddeuai i ffurfio'r cwmni'n flynyddol weithio trwy gyfrwng yr iaith Gymraeg.'[146]

Ar y dechrau, roedd Cwmni Theatr Ieuenctid yr Urdd yn gynllun blynyddol; yr hydref i drefnu'r cynhyrchiad, y gaeaf i gasglu actorion a phythefnos

Cwmni Theatr Ieuenctid yr Urdd yn ystod y cyfnod 1973-1974.

y Pasg i ymarfer a pherfformio. Y cynhyrchiad cyntaf oedd *Cwymp ac Adferiad Dyn* gan John Bowen, cyfieithiad J.M. Edwards, yn 1974. Roedd 40 o actorion a thechnegwyr yn rhan o'r cwmni cyntaf, a thua 90 o gymeriadau i'w portreadu. Perfformiwyd yn Theatr Halliwell yng Nghaerfyrddin, Neuadd Gyhoeddus Pontyberem a Theatr y Sherman yng Nghaerdydd. Bu'r daith gyntaf yn un gyffrous gan godi'r hyder bod hwn yn gam allweddol yn hanes y theatr Gymraeg – a hefyd wrth ddatblygu talentau ifanc a chynnig llwybr gyrfaol iddynt. Roedd y safon mor uchel fel y gwahoddwyd y cwmni i berfformio eto adeg Eisteddfod Genedlaethol Bro Myrddin.

Ar gyfer cynhyrchiad y cwmni theatr yn 1979, roedd 297 o bobl ifanc wedi gwneud cais am le a 94 wedi'u derbyn. Un o'r aelodau llwyddiannus fu'n rhan o gast *Jiwdas* y flwyddyn honno oedd Neil 'Maffia' Williams. Cafodd gyfweliad ac yna derbyn y 'newyddion anhygoel', meddai, ei fod wedi'i dderbyn i'r Cwmni Theatr Ieuenctid Cenedlaethol. 'Ro'n i wedi gwirioni'n lân. Pythefnos o ymarfer yn Llangrannog ac yna taith yn ymweld â phrif theatrau Cymru – roedd hwn yn mynd i fod yn brofiad gwych, bythgofiadwy.' Roedd y criw'n cael eu trin gyda pharch ac fel perfformwyr aeddfed:

Ar ôl swpar ar y noson gynta, gawson ni redeg yn hamddenol ac anffurfiol drwy ganeuon y sioe; Delwyn Siôn ar gitâr acwstig, Euros [Evans] ar y piano, y prif gantorion yn canu a'r gweddill ohonon ni'n rhyw fwmian ymuno fel roeddan ni'n teimlo y medran ni. I mi, roedd y sesiwn honno'n hudolus. Roedd pawb wedi cael casét o'r caneuon, fersiynau cynnar, bras a Delwyn Siôn yn eu canu, neu eu 'marcio' nhw, ond ar y noson gynta honno y daethon nhw'n fyw am y tro cynta, yn y lleisiau roeddan nhw wedi'u cyfansoddi ar eu cyfer. Doeddwn i ddim yn sylweddoli ar y pryd, wrth gwrs, ond roedd hon yn foment fawr i Delwyn ac Euros hefyd; y cyflwyniad cyntaf o'u gwaith gerbron y cwmni. Ro'n i wedi rhyfeddu. Trwy gydol fy mywyd proffesiynol yn y theatr, mae'r cyfnodau ymarfer wedi rhoi mwy o foddhad a mwynhad i mi na'r cyfnodau perfformio. Y broses o chwilio a darganfod, chwynnu, twtio, ailwampio a pharatoi ydi be sy'n ddiddorol i mi. Hynny a natur breifat y broses honno, y stwff sy'n digwydd o fewn y 'teulu', o lygad y cyhoedd.

Roedd Theatr y Werin dan ei sang ar gyfer y *première*, ac roedd y sioe yn llwyddiant ysgubol – pawb gefn llwyfan yn rhedeg o gwmpas yn sgrechian a chofleidio a chrio a bod yn ddramatig, hyn oll ddegawdau cyn *High School Musical*, a chyn *Fame* hyd yn oed.[147]

Cast sioe *Y Brenin Arthur* Cwmni Theatr Ieuenctid yr Urdd yn 1980, gyda'r gantores werin Siân James (canol y drydedd res) a'r cyflwynydd Martyn Geraint (rhes gefn ail o'r chwith).

Roedd y sylw a'r clod i gynyrchiadau'r Theatr Ieuenctid yn codi gwaith llwyfan yr Urdd i dir uchel. Rhoddodd yr hyder hefyd i nifer o bobl ifanc ddilyn llwybr perfformio, gwaith technegol, cerddoriaeth boblogaidd a chreu sioeau. Digwyddodd hynny i gyd mewn cyfnod allweddol bwysig yn hanes y celfyddydau a'r byd adloniant Cymraeg, sef ar drothwy sefydlu S4C.

Cynyrchiadau Theatr Ieuenctid yr Urdd:

1974	*Cwymp ac Adferiad Dyn* – gan John Bowen (cyf. J.M. Edwards)
1975	*Agi Agi Agi* – gan Urien Wiliam
1976	*Hamlet* – gan Shakespeare (cyf. J.T. Jones)
1977	*Harri* – gan Emyr Edwards a cherddoriaeth gan Endaf Emlyn
1978	*Miss Gwalia* – gan Urien Wiliam
1979	*Jiwdas Iscariot* – gan Emyr Edwards a cherddoriaeth gan Delwyn Siôn
1979	*Y Geni* – gan Emyr Edwards a cherddoriaeth gan Euros Rhys Evans
1980	*Y Brenin Arthur* – gan Cefin Roberts a cherddoriaeth gan Ann Hopcyn
1981	*Yr Opera Pishyn Tair* – gan Bertolt Brecht a cherddoriaeth gan Kurt Weill
1982	*Trystan ac Esyllt* – gan Emyr Edwards a cherddoriaeth gan Euros Rhys
1983	*Romeo a Jwliet* – gan Shakespeare (cyf. J.T. Jones)
1984	*Pinocio* – gan Brian Way (cyf. Emyr Edwards)
1985	*Rhyfel a Heddwch* – gan Erwin Piscator
1986	*Chicago* – gan Emyr Edwards a cherddoriaeth gan Huw Chiswell
1987	*Dan y Wenallt* – gan Dylan Thomas (cyf. T. James Jones)
1988	*Elfis* – gan Emyr Edwards

Dathlu 10

Wrth ddathlu deng mlynedd o fodolaeth Theatr Ieuenctid yr Urdd yn 1984, cyhoeddwyd y pamffledyn *Dathlu 10* ac yn ei ragair, esboniodd Prys Edwards beth oedd nod y mudiad yn y maes hwn:

> Er diolch am y gorffennol, ymlaen yr edrychwn. Credaf yn ddwfn y dylid parhau i weithio'n adeiladol tros ein hiaith, ac mai trwy ddulliau tebyg i'r Cwmni Theatr y gwelwn dwf cynyddol yn nifer y siaradwyr Cymraeg. Yn barod, ychwanegwyd un aelod at staff Adran Eisteddfod yr Urdd gan roi datblygiad y ddrama o fewn yr Urdd yn nwylo'r adran honno. Yn ychwanegol at y Cwmni Theatr, hoffwn weld sefydlu Gŵyl Ddrama Flynyddol yr Urdd gan wahodd Aelwydydd ac Adrannau o bob cwr o Gymru i gystadlu ynddi. Dylem, hefyd hyfforddi grwpiau a sgriptwyr drama, technegwyr goleuo a sain, cynhyrchwyr drama a chynllunwyr setiau a gwisgoedd, fel y medrwn sicrhau y llenwir y swyddi technegol ym myd y ddrama a'r teledu yng Nghymru gan Gymry-Cymraeg.[148]

Yn y pamffledyn hefyd, ceir dyfyniadau o ambell adolygiad a gyhoeddwyd yn ystod y degawd. Daeth diwedd ar waith Cwmni Theatr Ieuenctid yr Urdd yn dilyn perfformiad 1988 o'r sioe *Elfis*.

Les Misérables

Roedd cyffro mawr wedyn yn 2015. Atgyfodwyd y Cwmni Theatr Ieuenctid y flwyddyn honno i gyflwyno sioe eiconig yng Nghanolfan Mileniwm Cymru, Caerdydd am dair noson yn niwedd Hydref. Ymgeisiodd 250 o bobl ifanc ar draws Cymru i fod yn rhan o'r fersiwn ysgolion o'r sioe gerdd *Les Misérables* gan Cameron Mackintosh. Dewiswyd cast o 130 a deg arall ar gyfer y prif rannau. Llwyfannwyd y sioe mewn partneriaeth ag Ysgol Glanaethwy a chyda chefnogaeth Prifysgol Cymru Y Drindod Dewi Sant. Cefin Roberts oedd Cyfarwyddwr Artistig y sioe gyda John Quirk yn Gyfarwyddwr Cerdd a Carys Edwards a Rhian Roberts yn Is-gyfarwyddwyr. Yn dilyn perfformiadau llwyddiannus dros ben yng Nghaerdydd, parhau wnaeth y daith i'r perfformwyr ifanc. Cafodd y cast berfformio yng nghyngerdd gala 30 mlwyddiant

Les Misérables yn y Queen's Theatre yn y West End fel gwesteion arbennig i Cameron Mackintosh, cynhyrchydd y sioe yn y West End. Cafodd y Cymry eu gwahodd i berfformio yn dilyn ymweliad annisgwyl gan Cameron Mackintosh ei hun yn ystod un o ymarferion Cwmni Theatr Ieuenctid yr Urdd.

Does dim amheuaeth am werth arhosol profiadau o'r fath i ieuenctid Cymru. Mae cael perthyn i Gwmni Theatr Ieuenctid yr Urdd yn brofiad arbennig iawn i'r cast cyfan, yn enwedig cael cymysgu gyda phobl ifanc o bob cwr o Gymru ac ar yr un pryd bod yn rhan o gynhyrchiad proffesiynol ei agwedd, a hynny drwy gyfrwng y Gymraeg.

Cast y sioe gerdd *Les Misérables* yn ystod eu cynhyrchiad ar lwyfan Canolfan Mileniwm Cymru, Caerdydd yn 2015.

Ailsefydlu Theatr Ieuenctid yr Urdd

Yn ystod Eisteddfod y Canmlwyddiant yn Ninbych yn 2022, cyhoeddodd Gweinidog y Gymraeg ac Addysg Llywodraeth Cymru, Jeremy Miles, fod cyllid newydd ar gael i ail-lansio Cwmni Theatr Ieuenctid Cymru, oedd wedi peidio â bod ers 2019. Datgelwyd y bydd Llywodraeth Cymru yn buddsoddi £1 miliwn dros gyfnod o bum mlynedd i gefnogi ail-lansiad y theatr. Un o'r rhai a groesawodd y cyhoeddiad oedd yr actor Richard Lynch:

> Rwy'n hynod falch o glywed am y gefnogaeth hon i sicrhau dyfodol Theatr Ieuenctid yr Urdd, ac yn edrych ymlaen at weld ffrwyth y fenter. Cefais y fraint o gael teithio gyda'r Cwmni ddwywaith yn yr 80au, a galla i ddim tanlinellu ddigon pa mor bwysig oedd y profiadau hynny i mi, drwy sbarduno'r camau cyntaf i fyd y theatr. Roedd cael y cyfle i ymarfer ac yna perfformio ar brif lwyfannau Cymru yn ogystal â gwneud ffrindiau oes yn brofiad hollol ysgubol, ac rwy'n diolch o galon am bob cyfle.

Ar ddechrau Hydref 2022, penodwyd Branwen Davies fel Trefnydd Theatr Ieuenctid yr Urdd a gwahoddwyd pobl ifanc rhwng 16-25 oed i gofrestru eu diddordeb i ymuno â'r Cwmni. Mae'r mudiad yn edrych ymlaen at weld yr Urdd eto yn meithrin sgiliau, dylanwadu a chreu sylfaen gadarn i filoedd o bobl ifanc ym myd y theatr, gan ddechrau gyda phrosiect *Deffro'r Gwanwyn* o waith y dramodydd Dafydd James dros gyfnod yr haf 2023, dan gyfarwyddiaeth Angharad Lee a Rhys Taylor.

Yn ôl Siân Eirian, Cyfarwyddwr Eisteddfod a Chelfyddydau'r Urdd:

> Ers ail-lansio Theatr Ieuenctid yr Urdd yn yr hydref, mae'n braf gweld fod pobl ifanc wedi manteisio ar weithdai gan Y Cwmni, a bod yr awch yn parhau am gyfleoedd celfyddydol yn y Gymraeg.

Criw Theatr Ieuenctid yr Urdd yn 2019.

Dysgwyr Rhugl

Wynebodd yr Urdd y sialens o godi pontydd i siaradwyr Saesneg a denu rhai i ddysgu'r iaith ers y dyddiau cynnar. Yn 1930, cyhoeddwyd pamffledyn Saesneg yn esbonio nod y mudiad a'i egwyddorion 'oherwydd bod llawer o Saeson a Chymry di-Gymraeg yn methu â deall yr Urdd, ac yn ei chamfarnu.' Un ystyriaeth gan Ifan ab Owen ar y pryd oedd creu mudiad cyfochrog Saesneg i ieuenctid, ond hollol Gymreig ei ysbryd, wedi'i seilio ar ddiwylliant a thraddodiadau'r genedl.

Sefydlu rheng newydd: 'Dysgwr'

Erbyn 1931, credai Ifan ab Owen mai dyletswydd yr Urdd oedd derbyn plant o aelwydydd Saesneg gan eu cyflwyno i'r gweithgaredd a'r gwmnïaeth oedd i'w chael yn y Gymraeg, gyda'r gobaith y byddai hynny'n codi awydd arnynt i ddysgu'r iaith. Sylweddolai ar yr un pryd y gallai hynny arwain at beryglu'r defnydd o'r Gymraeg mewn cwmni cymysg. Trafodwyd y broblem yn Senedd yr Urdd yn Llangollen y flwyddyn honno. Crëwyd rheng newydd o aelodaeth, sef 'Dysgwyr', ar gyfer aelodau oedd yn ymrwymo i gadw Addewid yr Urdd a dysgu'r iaith. Rhyw fath o 'aelodaeth ar brawf' oedd y rheng honno, yn hytrach nag aelodaeth gyflawn.

Ar y dechrau, ni châi'r Dysgwyr fynychu cyfarfodydd Adran na mynd i'r gwersylloedd – rhag tanseilio'r Gymraeg. Roedd croeso iddynt gystadlu yn Eisteddfod a Mabolgampau'r Urdd a cheisiwyd hwyluso'r gwaith o'u cael i siarad Cymraeg er mwyn cael eu derbyn yn aelodau cyflawn. Roedd ganddynt fathodyn 'Dysgwr' i nodi hynny, wedi'i ddylunio gan Eirys Edwards.

Cassie Davies, a fu'n flaenllaw iawn ym maes hybu dysgu Cymraeg gyda'r Urdd yn ogystal â bod yn aelod blaenllaw o Ferched y Wawr a Phlaid Cymru.

Ymateb cymysg

Ond cymysg oedd yr ymateb. Teimlai rhai fod yr Urdd yn cyfaddawdu'n ormodol ac y byddai'r Gymraeg yn dioddef. Un oedd â phrofiad ymarferol o geisio dysgu Cymraeg i genedlaethau o ferched Morgannwg a Mynwy ers pedair blynedd ar ddeg oedd Cassie Davies o Goleg y Barri. Sylweddolai'r dirywiad 'truenus' a fu yn hanes yr iaith yn y rhanbarth. 'Mae angen ewyllys gwleidyddol i chwyldroi'r sefyllfa,' meddai.

> 'Nawr, fe gytuna pawb na all yr Urdd adfer yr iaith Gymraeg yn y rhannau Seisnig o Gymru. Ni all unrhyw fudiad gwirfoddol wneud hynny bellach, ond polisi clir cyson Llywodraeth a all ddeddfu er lles cenedl. Fe *allai* Llywodraeth Gymraeg drwy gyfundrefn o addysg genedlaethol beri dwyn yr iaith yn ôl i wefusau rhai a'i collodd, a'i rhoi yn etifeddiaeth i bawb, fel y gwnaed mewn gwledydd bychain eraill a enillodd eu hannibyniaeth wedi rhyfel 1914–1918. Gallwn weld drosom ein hunain lwyddiant anfad y gyfundrefn Seisnig bresennol.'[148]

Teimlad Cassie Davies oedd mai siaradwyr Cymraeg cynhenid gweddill Cymru y dylai'r Urdd eu gwasanaethu:

> 'Onid gwell a fyddai canolbwyntio ar gadw'r ychydig Gymry ym mhob ardal, a chynnal breichiau'r cyfryngau diwylliant Cymreig sydd yno, fel ag i sicrhau y bydd rhywrai a all ddod i'r adwy pan syrth y rhai sy'n cadw capel ac ysgol Sul a chymdeithas Gymraeg yn fyw ar hyn o bryd, a meithrin arweinwyr teilwng i'r Urdd ei hun?'[149]

Ond cyn hir, gwelwyd bod Mabolgampau'r Urdd yn arbennig yn denu dysgwyr at y Gymraeg. Yn 1934 ac 1935, cafodd nifer o ddysgwyr ddod i'r gwersylloedd am y tro cyntaf dros gyfnod o ddau wersyll wythnos yn Llangrannog a Phorth Dinllaen, ar yr amod eu bod yn gwybod rhywfaint o Gymraeg eisoes ac o ddifri ynglŷn â hynny. Gofalwyd bod carfan gref o wersyllwyr Cymraeg yno i'w cynorthwyo, heb gyfaddawdu'n ormodol.

Y gwersyll cyntaf i ddysgwyr

Erbyn 1941 cynhaliwyd gwersyll cyfan yn arbennig ar gyfer dysgwyr. Dyma adeg y dirwasgiad a'i dlodi a'i ddiweithdra enbyd yn ardaloedd diwydiannol de Cymru. Noddai'r Cyngor Gwasanaethau Cymdeithasol gyrff gwirfoddol oedd yn ymdrechu i godi ysbryd y bobl a'r plant, ac yn 1935 derbyniodd yr Urdd £300 i benodi trefnydd gweithgareddau corfforol ym Morgannwg a thalu costau 100 o blant i fynd i wersylloedd yr Urdd am bythefnos.

Penodwyd Norah Isaac i'r swydd honno, a hithau newydd orffen ei chwrs yng Ngholeg y Barri. Yn fuan sefydlwyd isadrannau dysgwyr i blant iau rhai o'r canghennau.

Un oedd yn cofio ymuno â Gwersyll Llangrannog yn 1939 oedd Gwyn A. Williams – Gwyn Alff yr hanesydd – a fagwyd yn ardal Merthyr Tudful. Mae'n disgrifio'i hun ac un o'i ffrindiau'n mynd i'r gwersyll, gan deimlo'u bod yn mynd i gaer barchus y Gymraeg. Ac yntau heb siarad yr iaith ers pan oedd yn chwech oed, teimlai'n euog nad oedd yn rhugl ynddi – ac eto roedd yn medru darllen Cymraeg ac roedd wedi'i dewis yn bwnc ysgol uwchradd. Yn y gwersyll, er gwaetha'r ofnau, canfu Gwyn Alff fod Cymry ifanc y gorllewin a'r gogledd yn eithaf normal a goddefgar. Mwynhaodd y chwaraeon, ond roedd caneuon y gwersyll wedi'i ysbrydoli'n arw. Cyrhaeddodd yno â rhagfarnau'r Cymoedd am yr Urdd yn fyw yn ei feddwl – bod arlliw Ffasgaidd hyd yn oed i'r mudiad. Ond buan y diflannodd hynny wrth i ganeuon fel 'Twll din i Adolf Hitler, meddan nhw!' atseinio o amgylch y gwersyll.[151]

Young Wales Clubs

Yn ystod yr Ail Ryfel Byd, rhoddai'r Llywodraeth gymorthdaliadau i fudiadau oedd yn cynnig gwasanaethau a chymryd cyfrifoldeb dros ieuenctid. Manteisiodd yr Urdd ar hyn gyda'i raglen sefydlu Aelwydydd. Mentrodd rhai cymunedau Saesneg gysylltu â'r mudiad gan ofyn iddynt wneud trefniadau ar eu cyfer hwythau. Wedi llawer o gwestiynu, penderfynwyd dan yr amgylchiadau y dylid sefydlu cyfundrefn ar gyfer creu Young Wales Clubs yn yr ardaloedd hynny. Ceisiwyd rhoi Cymreictod yn gefndir i'r clybiau hyn a phenodi Cymry Cymraeg yn arweinwyr. Sefydlwyd y cylchgrawn *Young Wales* ar eu cyfer a gwelodd rywfaint o gynnydd. Erbyn 1945, sefydlwyd 33 Young Wales Club – 11 ym Mrycheiniog, 4 ym Mynwy, 3 ym Maldwyn, 1 ym Mhenfro, 1 yng Ngheredigion, 6 ym Maesyfed a 7 ym Morgannwg. Darparwyd ar gyfer yr Young Wales Clubs yn Eisteddfod Genedlaethol yr Urdd, Treorci 1947 – heb lacio'r rheol iaith – ond siomedig fu'r arbrawf. Edwinodd yr Young Wales Clubs yn fuan wedyn ac ni fu fawr o sôn amdanynt ar ôl 1950.

Cynllun cyfnewid cartrefi

Dros y Pasg, 1948, rhoddodd yr Urdd gynnig ar gynllun cyfnewid cartrefi er mwyn i fechgyn a merched dreulio wythnos neu ragor mewn ardal gwbl ddieithr ar aelwydydd ieuenctid lleol, ac yna talu'r gymwynas yn ôl y flwyddyn ganlynol. Y bwriad oedd dod ag ieuenctid o ardaloedd lle nad oedd fawr o Gymraeg i'w chlywed i ardaloedd lle nad oedd fawr o Saesneg i'w chlywed, a'u helpu i feistroli a gloywi'u Cymraeg. Aeth y cynllun yn faich ar swyddogion y mudiad yn fuan a beirniadwyd diffyg diddordeb Adran Addysg y Llywodraeth yn y fenter.

Cymraeg - cylchgrawn i'r dysgwyr

Yn 1955, dechreuwyd cyhoeddi *Cymraeg*, y cyntaf o gylchgronau'r Urdd ar gyfer plant â'r Gymraeg yn ail iaith iddynt. Roedd tudalennau penodol i ddysgwyr yn *Cymru'r Plant* ers 1953. Ond dyma adnodd prin a gwerthfawr ac arloesol – roedd y maes yn un dieithr iawn i addysgwyr ar y pryd. Archebwyd 15,000 o gopïau ymlaen llaw gan awdurdodau addysg Cymru. Cododd y gwerthiant i 20,000 mewn dim gan gyrraedd 26,000 y mis o fewn blwyddyn. Bu'n rhaid chwilio am dalentau newydd a meithrin rhai eraill i greu tîm o gyfranwyr sefydlog ac arbenigol. Yn 1956, penodwyd Ivor A. Owen, brodor o Dreharris oedd â blynyddoedd o brofiad yn dysgu'r iaith yn y Cymoedd, yn olygydd *Cymraeg*.

Gwilym Roberts yn arwain dosbarth o ddysgwyr yng Ngwersyll yr Urdd.

Gwilym Roberts Caerdydd yn Eisteddfod y Bala.

Erbyn 1959, roedd *Cymru*, cylchgrawn aelodau hŷn y mudiad, yn gwneud colled; roedd y cylchgrawn *Cymru'r Plant* yn cadw'i ben uwchlaw'r dŵr, ond dim ond yn ei gwneud hi, tra bod *Cymraeg*, y cylchgrawn i ddysgwyr, yn dangos elw da. Cylchgrawn y dysgwyr oedd yn ei gwneud hi'n bosib cyhoeddi'r ddau gylchgrawn arall i'r siaradwyr mamiaith.

Erbyn 1966 wedyn, roedd 10 rhifyn y cylchgrawn *Cymraeg* yn gwerthu chwarter miliwn o gopïau mewn blwyddyn. Barnwyd bod rhychwant oedran y cylchgrawn yn rhy eang ac felly, cafodd ei hollti'n ddau gylchgrawn ym Medi'r flwyddyn honno – *Bore Da* i'r blynyddoedd cynnar a *Mynd* i'r rhai hŷn. Daeth y cylchgronau hyn i sylw gwledydd dwyieithog eraill gan ddenu cynrychiolwyr i swyddfa golygydd cylchgronau'r Urdd, Ivor A. Owen, am gyngor.

Aelwyd Caerdydd a gwersi dysgu Cymraeg

Sefydlwyd Aelwyd newydd o'r Urdd mewn adeilad benthyg yn 51 Charles Street, Caerdydd yn 1959 cyn symud yn ddiweddarach i Heol Conwy. Roedd 80 o aelodau'n mynychu'r Aelwyd yn gyson ac yn eu mysg, nifer o ddysgwyr. Yr arweinydd gwirfoddol ac ymroddedig oedd Gwilym Roberts. Erbyn 1964 roedd dros 250 o aelodau yn Aelwyd Caerdydd.

Gwilym Roberts

I lawer, mae 'Gwilym Roberts Caerdydd' yn enw cenedlaethol. Roedd ei dad o Benrhyndeudraeth, a'i rieni a'i nain a ofalodd am gadernid ei Gymraeg wrth iddo gael ei fagu yng Nghaerdydd a chael ei addysg yn Ysgol Gynradd Rhiwbeina ac Ysgol Ramadeg Penarth. Medd Gwilym, 'Dim ond dau neu dri ohonom a fedrai'r Gymraeg yn y ddwy ysgol ...'

Wedi cwrs yng Ngholeg y Drindod, Caerfyrddin, dilynodd gwrs ychwanegol mewn dwyieithrwydd gan dderbyn ysbrydoliaeth y Dr Jac L. Williams yno. Dychwelodd i'r ddinas i fod yn athro yn Ysgol Gynradd Trelái a chyda'r freuddwyd o sefydlu Aelwyd. Canfu'n fuan fod nifer o bobl ifanc heb fedru siarad y Gymraeg am ymuno, felly aeth ati i sefydlu dosbarthiadau siarad Cymraeg.

Erthygl yn olrhain hanes Gwilym Roberts.

CANRIF YR URDD 171

Gwelodd addysg ddwyieithog yn ymledu yng Nghaerdydd. Roedd yn un o'r rhai a sefydlodd yr ysgol feithrin gyntaf yno yn 1959 a bu'n ysgrifennydd Rhieni dros Addysg Gymraeg y ddinas am flynyddoedd – 'er 'mod i'n hen lanc!' Daeth yr Aelwyd â churiad calon newydd i fywyd Cymraeg ifanc Caerdydd ac yn ffocws i bob mudiad Cymraeg arall yn y ddinas. Dyma ddarlun o'i phrysurdeb:

> Ar nos Fercher, nos Wener, a nos Sul, yn ben ac yn bont yn yr Aelwyd sydd bellach yn cyfarfod yn y Ganolfan newydd yn Heol Conwy. Ar unrhyw noson arall, mae'n debyg o fod mewn rhyw bwyllgor neu'i gilydd, yn amrywio o bwyllgor Ysgol Feithrin i bwyllgor UCAC neu o Bwyllgor Sir yr Urdd i gyfarfod o athrawon Cymraeg Caerdydd yn pwyso ar y Pwyllgor Addysg i dderbyn dirprwyaeth i ystyried safle'r Gymraeg yn ysgolion cynradd y ddinas. Ar y llaw arall, peidiwch â synnu ei glywed yn darlithio ar ei hoff bwnc – dysgu Cymraeg fel ail iaith ... Dydy pethau fawr gwell yn ystod y gwyliau chwaith, gan fod gwersyll neu gwrs yn Llangrannog yn debyg iawn o fynd â'i fryd.[151]

Yr adeilad newydd a godwyd ar hen safle'r Urdd yn Heol Conwy, Caerdydd.

Cyfeiriodd Huw Jones (Sain ac S4C) at bwysigrwydd yr Aelwyd i gadarnhau Cymreictod ei genhedlaeth ef yn y brifddinas. Er bod Ysgol Bryntaf erbyn hynny'n gofalu eu bod yn derbyn addysg gynradd Gymraeg, addysg uwchradd Saesneg oedd y drefn yng Nghaerdydd tan 1962. Daeth yr Uwch-adran (aelodau 12–14 oed) a'r Aelwyd, ac ymroddiad Gwilym Roberts yn bennaf, yn allweddol i feithrin bywyd Cymraeg ymysg ieuenctid y ddinas. Ond roedd agweddau ar fywyd cyfoes yn Saesneg hyd yn oed yn y fan honno. Ar ôl y dawnsio gwerin ar nos Wener, ceid 'dawnsio cyfoes' i gyfeiliant recordiau: 'Recordiau Saesneg fyddai rheini wrth gwrs,' meddai Huw.[153]

Yn 1968, dechreuwyd dosbarthiadau Cymraeg i oedolion yng Nghanolfan yr Urdd yng Nghaerdydd. Roedd dosbarthiadau i ddisgyblion uwchradd yno cyn hynny, ond yna daeth galwad gan bobl yn y brifddinas am wersi. Roedd y llwyddiant yn syfrdanol, 'o bosib y dosbarthiadau mwyaf anffurfiol, brwdfrydig a llwyddiannus sydd ar gael yn yr iaith'.[156] Un o'r dysgwyr oedd Ken Cane, brodor o Abertawe. 'Cyn imi ddysgu Cymraeg,' meddai, 'roeddwn i'n uffernol o wrth-Gymreig. Heddiw, fe hoffwn fyw ... lle gallwn fyw fy holl fywyd yn Gymraeg.'[157]

O fewn tair blynedd, roedd pedwar dosbarth oedolion yn y ganolfan gyda Gwilym Roberts, Ethni Daniel, Alun Jones a Geraint Hughes yn athrawon. Cytunai'r athrawon fod awyrgylch Canolfan yr Urdd 'sy'n boddi'r dysgwyr mewn Cymreictod' yn allweddol i lwyddiant y gwersi ffurfiol. Er nad oedd cyfyngiad ar oedran, roedd y mwyafrif o'r dysgwyr

Aelodau Aelwyd Caerdydd a fu'n cystadlu yn Eisteddfod yr Urdd ym mis Mai 1958.

dan 30 oed ac roedden nhw'n ymateb yn dda i natur anffurfiol stafelloedd cyfforddus y dosbarthiadau.

Cwblhawyd y gwaith o ddarparu cegin a thoiledau newydd yng Nghanolfan yr Urdd yn Heol Conwy, Caerdydd yn 1972 ac yna neuadd eang ar gyfer gweithgareddau a chymdeithasu yn 1973. Penodwyd Ian ap Dewi yn Bennaeth ar y safle. Erbyn dechrau'r 1980au roedd y ganolfan brysur hon ar agor chwe noson yr wythnos, yn cynnal Adran, Aelwyd, côr a pharti dawns, cyrsiau Iaith, ac yn lleoliad i siop lyfrau Taflen oedd yn ddull arall o godi arian i lenwi'r coffrau.

Roedd Alun Jones yn rhoi gwersi yn y ganolfan ddwy noson yr wythnos. 'Yn dilyn y gwersi,' meddai, 'byddai'r dysgwyr yn mynd ymlaen i dafarn y Conway i ymarfer eu Cymraeg a daeth llawer ohonynt yn rhugl. Yn y cyfnod hwnnw, roedd digon o dân yn y bol i wneud pob dim yn wirfoddol.' Gydag Alun Jones, defnyddiodd Gwilym Roberts ei brofiad yno i sefydlu cyrsiau dysgwyr Llangrannog a Glan-llyn gan ysbrydoli cannoedd o athrawon a miloedd o blant i siarad yr iaith.

Clwb Rygbi Aelwyd Caerdydd

Ffordd arall y dylanwadodd Aelwyd yr Urdd Caerdydd ar Gymreictod y brifddinas oedd drwy sefydlu tîm rygbi oedd yn chwarae yng nghynghrair rygbi ardal Caerdydd. Yn *Yr Aelwyd*, rhifyn Ebrill 1967, cyhoeddwyd bod Billy Raybould, a enillodd ddau gap dros Gymru, yn chwaraewr rheolaidd i dîm yr Aelwyd dros y ddwy flynedd flaenorol. O dîm yr Aelwyd, sefydlwyd Clwb Rygbi Cymry Caerdydd, sy'n dal i arddel lliwiau a bathodyn yr Urdd, ac yn maesu 2 dîm oedolion, un tîm dan 18, tîm menywod, 5 tîm ieuenctid a 6 thîm plant yn ogystal â thimau hoci, criced a phêl-droed.

Bathodyn Clwb Rygbi Cymry Caerdydd.

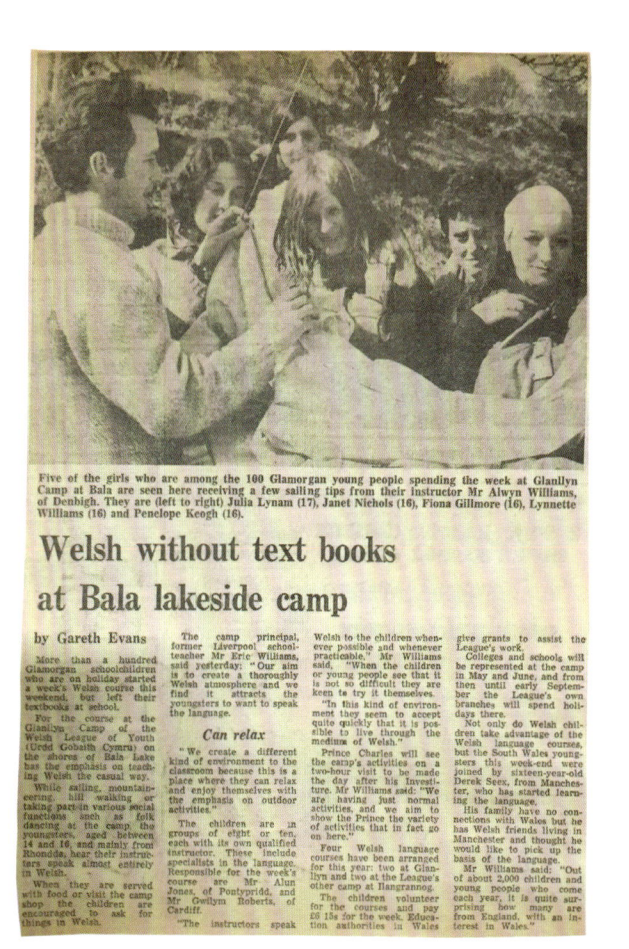

Erthygl bapur newydd yn sôn am wersylloedd yr Urdd ar gyfer dysgwyr ar lan Llyn Tegid.

Cyrsiau dysgwyr yn y gwersylloedd

Syniad Gwennant Davies – Gwennant Gillespie yn ddiweddarach – oedd cynnal cyrsiau dwys i ddysgwyr Cymraeg yn y gwersylloedd. Sylweddolodd y gellid ac y dylid cynnig llawer mwy i'r dysgwyr. Doedd holl staff 'sefydliad yr Urdd' a'r gwersylloedd ddim yn gwbl argyhoeddedig o weledigaeth Gwennant ar y pryd am eu bod yn credu mai llefydd i ieuenctid Cymru fwynhau eu hunain oedd Glan-llyn a Llangrannog yn y bôn. Cyn hynny byddai wythnosau yn y gwersylloedd yn cael eu neilltuo i Gymry di-Gymraeg lle rhoddwyd cyfle iddynt fwynhau a dysgu ychydig am Gymru a chaneuon Cymraeg, ond Saesneg oedd cyfrwng y cyfathrebu.

Felly, o 1964 ymlaen, gwnaed mwy na 'derbyn' dysgwyr i'r gwersylloedd – trefnwyd cyrsiau trochi penodol gyda thimau o athrawon profiadol dan arweiniad Islwyn 'Gus' Jones, Coleg y Barri yn wreiddiol. Yna, aeth grŵp o athrawon ati i greu

CANRIF YR URDD 173

Erthygl ddifyr arall o'r *Western Mail* yn 1968.

cyrsiau, gan gynnwys Gwilym Roberts, Alun Jones, John Meurig Edwards, Brian James, Eira Phillips a Glenys Roberts. Y Pasg a misoedd Mehefin a Gorffennaf oedd cyfnod y cyrsiau, gan ganolbwyntio ar aelodau Cynradd ac Uwchradd. Yn y bore byddai sesiynau ehangu iaith ac yn y gweithgareddau awyr agored, byddai'r pwyslais ar siarad a defnyddio'r iaith mewn awyrgylch anffurfiol. Byw yn gyfan gwbl drwy'r Gymraeg fel un teulu mawr oedd y nod a chael y disgyblion i siarad Cymraeg â'i gilydd drwy'r amser. Datblygwyd technegau cyfoes i ddysgu ail iaith ac roedd y canlyniadau weithiau'n syfrdanol – byddai'r gwersyllwyr yn dod i barablu Cymraeg yn weddol rwydd mewn wythnos. Mewn llythyr gan dair merch o Adran Ysgol Lady Margaret, Caerdydd, cafwyd gair o ddiolch a gwerthfawrogiad:

> Rydym ni'n sgrifennu i ddweud mor ddiolchgar yr ydym i'r Urdd am drefnu'r cwrs hwn yn Llangrannog. Roedd yn ardderchog, ac roeddem yn mwynhau pob munud ohono. Roedd pawb yn siarad Cymraeg cymaint ag y gallent, hyd yn oed yn y cabanau y tu allan i'r grwpiau. Roeddem yn siarad Cymraeg bob gair wedi'r diwrnod cyntaf, ac fel canlyniad rydym yn awr yn siarad yn rhugl.[155]

Erbyn 1972, roedd patrwm wythnosau'r gwersylloedd haf yn Llangrannog yn cynnwys 4 i Gymry Cymraeg, 3 i ddysgwyr, 3 i fyfyrwyr cyrsiau ail-iaith, ac 1 cwrs gloywi Cymraeg. Trefnwyd cyfres faith o gyrsiau Cymraeg Llafar a llwyddwyd i droi mil o ieuenctid yn siaradwyr rhwydd a naturiol mewn blwyddyn.

Parhaodd Gwilym Roberts ac Alun Jones i ddatblygu cynllun y cyrsiau yn Llangrannog a Glan-llyn am flynyddoedd, gan gyfarwyddo'r gwaith yn gwbl wirfoddol a hyfforddi mwy a mwy o athrawon ifanc i gynorthwyo. Meddai Alun Jones:

> Yn gyntaf, roedd angen deunydd dysgu ac fe fu Gwilym a finne wrthi'n paratoi cwrs, gan mai prin oedd y deunydd dysgu ar y pryd. Nawr, mae Gwilym mor styfnig ag yr ydw i ac fe fuon ni wrthi'n dadlau am fanion bethau gramadegol yn hytrach na bwrw ati i greu cwrs cynhwysfawr. Llwyddasom i gasglu at ei gilydd dîm o athrawon a oedd yn fodlon hepgor wythnos o wyliau a dod i'r gwersyll i ddysgu am wythnos, gan dalu am eu llety am yr anrhydedd o wneud hynny! Yr hyn a gofiaf oedd ei bod hi'n wythnos aeafol ac mai'r lle mwyaf poblogaidd oedd y caban sychu gan fod yno wres da. Erbyn canol yr wythnos sylweddolem nad oedd gynnon ni ddigon o ddeunydd dysgu, ond daeth achubiaeth annisgwyl. Ar fore dydd Mercher, wrth ddeffro yn yr hen gabanau pren, beth oedd ar y blancedi oedd haenen wen o eira. Bu'n rhaid i'r gwersyllwyr fynd adre ddiwrnod yn gynt, oherwydd yr eira. Achubiaeth![152]

Datblygodd y cyrsiau a chynhaliwyd cwrs blynyddol am wythnos i'r chweched dosbarth yn ystod gwyliau'r Pasg, lle câi'r gwersyllwyr eu trin fel Cymry Cymraeg a thrafodwyd llyfrau gosod. Yr un fyddai'r patrwm ar gyfer yr holl gyrsiau: dwy sesiwn o ddysgu yn y bore, gweithgaredd y gwersylloedd yn y prynhawn, un sesiwn ddysgu ar ôl te ac adloniant wedi swper. Byddai cyfle i'r gwersyllwyr ddefnyddio adnoddau'r gwersyll – y môr, y ceffylau a'r pwll nofio yn Llangrannog a'r llyn a'r wal ddringo yng Nglan-llyn – byddai sesiynau canu rheolaidd a hefyd wrth gwrs adloniant gyda'r nos, lle câi'r tiwtoriaid a phersonoliaethau fel Dewi Pws, a fyddai yng Nglan-llyn ar bob cwrs yn yr haf, gyfle i ddangos eu dawn. Byddai'r 'Swogs' yn cymysgu â'r gwersyllwyr wedi'r gwersi gan sicrhau bod pawb yn siarad Cymraeg â'i gilydd. Ymyrryd yn y sgyrsiau oedd y nod, serch hynny, yn hytrach na phregethu. Er y pwyslais ar y sesiynau dysgu, yn bwysig iawn, roedd yr elfen o asbri'r gwersyll yn parhau.

Yn dilyn cwrs y Pasg, cynhaliwyd dau gwrs wythnos i ddisgyblion ysgolion cynradd yn ystod tymor ysgol yr haf, gyda'r awdurdodau addysg yn rhyddhau athrawon a disgyblion i fynd ar y cyrsiau. Yna yn ystod gwyliau'r haf cynhaliwyd cwrs i Flynyddoedd 1 a 2 (Blynyddoedd 7 ac 8 erbyn hyn) yn Llangrannog o ddydd Gwener i ddydd Gwener cyn i'r tiwtoriaid wedyn deithio i fyny i Lan-llyn nos Wener a chynnal cwrs i ddisgyblion Blynyddoedd 3 a 4 (Blynyddoedd 9 a 10 erbyn hyn) yr wythnos wedyn o Sadwrn i Sadwrn. Yr un fyddai'r egwyddor ar yr holl gyrsiau – wedi dysgu patrwm brawddeg i'r dysgwr, rhaid oedd osgoi defnyddio'r patrwm hwnnw wedyn wrth siarad ac ysgrifennu Saesneg. Y syniad oedd eu boddi yn y Gymraeg a disgwyl i bawb sgwrsio yn y Gymraeg bob amser. Roedd hon yn her aruthrol i'r dysgwyr!

Er clod i bawb fu'n rhan o'r cyrsiau yma, daeth llawer iawn o'r dysgwyr yn hollol rugl yn y Gymraeg a llwyddo i gyfrannu llawer at ddiwylliant ac at y bywyd Cymraeg, gan lenwi swyddi allweddol. Ond fel y tystia Alun Jones, nid y dysgwyr yn unig oedd yn gweld gwerth yn y cyrsiau yng ngwersylloedd Glan-llyn a Llangrannog:

> **Heblaw i'r gwersyllwyr elwa drwy gael cyfle i ddefnyddio'u Cymraeg cawsom ni, fel athrawon, fudd aruthrol wrth fynychu'r cyrsiau hyn. Cawsom gyfle i rannu syniadau a datblygu ein technegau dysgu, wrth i un sylwi beth roedd athro arall wedi ei wneud mewn sesiwn dysgu. Caem hefyd gyfle i gyfnewid adnoddau dysgu wrth weithio fel tîm. Cafodd y cyrsiau hyn lawer o ddylanwad ar ein ffordd o addysgu yn ein hysgolion wrth i ni fireinio ein sgiliau ac wrth gwrs ein hysbrydoli i greu siaradwyr Cymraeg.**[154]

Yn ôl Adroddiad Blynyddol yr Urdd ar gyfer 1972, 'Does dim amheuaeth nad Cyrsiau Cymraeg Llafar yr Urdd yw un o'r datblygiadau mwyaf gobeithiol ac arwyddocaol o blaid yr iaith ers tro.' Roedd y cyrsiau hyn yn brawf fod creu siaradwyr Cymraeg yn bosib mewn ysgolion lle mai'r Saesneg oedd y cyfrwng dysgu.

Cwis y Dysgwyr a'r Aelwydydd

Sefydlwyd y cwis cenedlaethol i ddysgwyr yn 1973, gyda'r pwyslais ar wybodaeth am Gymru a'r gallu i ateb yn Gymraeg. Yn 1980, lansiwyd ymgyrch i annog Aelwydydd yr Urdd i fod yn fwy cadarnhaol a blaengar wrth hyrwyddo dysgu Cymraeg yn eu hardaloedd. Wrth ymateb i Gyfrifiad 1981 dros y blynyddoedd dilynol, ceisiodd yr Urdd annog cyhoeddwyr, cymdeithasau a darlledwyr Cymraeg i gydweithio i ddysgu Cymraeg i bobl ifanc di-waith. Dyfeisiwyd gemau iaith newydd a darparu adloniant i'r ifanc oedd y nod, dan yr arwyddair 'Cymraeg â gwên – trwy fwynhad y daw Cymry ifanc i werthfawrogi'u treftadaeth'.

Dyma'r Urdd

Fis Chwefror 1976, lansiwyd *Dyma'r Urdd*, ffilm am Urdd Gobaith Cymru, yng Nghanolfan Chapter, Caerdydd. Noddwyr y ffilm oedd Banc y Midland a Wil Aaron oedd y cyfarwyddwr. Roedd y ffilm yn rhoi golwg ar sut roedd yr Urdd wedi cyfoethogi bywyd ei haelodau ifanc. Cyflawnwyd hynny drwy weld y mudiad drwy lygaid nifer o'i aelodau'n mwynhau llu o weithgareddau mewn gwersylloedd, mewn Aelwydydd ledled Cymru ac yn Eisteddfod yr Urdd, a chafodd llawer o ddysgwyr y cyfle i ddisgrifio'u profiadau a thalu teyrnged i'r Urdd am roi'r fath sylfaen gadarn iddynt yn y Gymraeg.

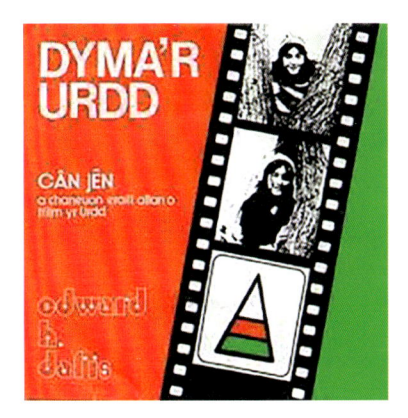

Clawr blaen y ffilm 'Dyma'r Urdd' a lansiwyd ym mis Chwefror 1976.

John Japheth a Huw Reynolds yn casglu nwyddau o'r pentref yng nghanol yr eira mawr adeg un o'r cyrsiau dysgwyr yng Ngwersyll Llangrannog yn 1982.

Trefnydd Iaith i Wersyll Llangrannog

Penodwyd John Japheth o Goleg y Drindod yn Drefnydd Iaith i Wersyll Llangrannog a gwelwyd gwerth hynny yn ansawdd a nifer y cyrsiau. Roedd prinder hyfforddwyr cymwys yn llesteirio datblygiad y cyrsiau hyn ac apeliodd y trefnydd ar y myfyrwyr oedd yn gadael y colegau i sylweddoli'u cyfrifoldeb:

> Bydd canmol cyrsiau'r Urdd yn ddi-werth heb adnoddau dynol i'w cynnal a'u datblygu. Wedi dweud hynny, rhaid canmol y criw bach, brwdfrydig o athrawon sy'n cadw'r cyrsiau'n fyw trwy wneud mwy na'u siâr o waith.[155]

Yn 1982, agorwyd canolfan iaith deilwng yng Ngwersyll Llangrannog ac yn fuan wedi hynny sicrhawyd offer fideo soffistigedig i ddysgu ail iaith yng Ngwersyll Glan-llyn. Ond yn anffodus, digwyddiadau allanol ddaeth â'r cyrsiau yma i ddysgwyr i ben yn 1984, sef streic athrawon. Yn ddiweddarach, cynhaliwyd cyrsiau gan y prifysgolion i ddisgyblion y chweched dosbarth ac aeth ysgolion unigol ati i greu cyrsiau i'w disgyblion yn y gwersylloedd gan ddisodli cyrsiau ffurfiol yr Urdd.[156]

Dylanwad Jim O'Rourke

Dysgwr a gafodd gyfle euraidd i ddatblygu o fewn yr Urdd oedd Jim O'Rourke. Roedd yn frodor o waelod sir Benfro – roedd ei fam yn siarad Cymraeg ac yn hanu o Dyddewi – ac er iddo ddysgu tipyn o Gymraeg llafar fel Llywydd Undeb y Myfyrwyr ym Mhrifysgol Aberystwyth ac yn Neuadd Pantycelyn yn ystod ei gyfnod yno, mae'n cyfaddef nad oedd yn rhugl ynddi. Ond roedd adloniant cyfoes wedi agor ei lygaid i fodolaeth y byd ifanc, bywiog Cymraeg. Penderfynodd geisio am swydd Trefnydd yr Urdd yn sir Benfro pan adawodd Aberystwyth. Cynigiwyd y swydd iddo a'i yrru i Wersyll Llangrannog i ystwytho'i Gymraeg: 'bedydd tân go iawn, ond roedd yno egni a chyfeillgarwch hefyd – er bod rhai'n tynnu fy nghoes am y penodiad wrth gwrs!'[160]

Tasg gyntaf Jim O'Rourke yn sir Benfro oedd ymweld â phob ysgol i gyflwyno'i hun a cheisio ennyn diddordeb yn yr Urdd. Cafodd groeso cynnes wrth ymweld â'r hanner cant o ysgolion. 'Roedd gen i dair neu bedair brawddeg wedi'u paratoi yn barod ac wedyn brawddeg glo i ddweud 'mod i'n hwyr ar gyfer yr ysgol nesaf a bod yn well imi adael!' Ond daeth yn rhugl wrth ymroi i'r gwaith trefnu o fewn y sir:

Jim O'Rourke, a ddaeth yn Bennaeth Gwersyll Llangrannog ac yn Brif Weithredwr yr Urdd.

> Wnes i fyw'r swydd 24/7 a chefais foddhad mawr drwy gael cyfle i drefnu teithiau tramor, grwpiau i'r gwersylloedd, trefnu chwaraeon a gweithgareddau a chynnal llu o gigs a chyngherddau a chlwb gwerin. Daeth nifer ohonon ni at ei gilydd i ffurfio'r grŵp Rocyn gan fuddsoddi hefyd mewn system PA a goleuadau ac ati – i fi roedd rhaid i'r adloniant yn y Gymraeg fod yn well nag unrhyw beth oedd ar gael yn lleol yn Saesneg ac roedd rhaid creu mwynhad a chyffro i'r bobl ifanc. Roedd Rocyn yn fand llawn hwyl ac mae 'Sosej, bins a chips' dal yn ffefryn gan blant dros 30 mlynedd yn ddiweddarach.[161]

Teimlo'r chwyldro

Er i'r Gymraeg fod yn rhan o ddodrefn fy mywyd erioed, rhywle ar y cyrion yr oedd, a dweud y lleiaf, nes imi gyrraedd 16 mlwydd oed. Ond newidiodd pethau'n llwyr yn sgil mynychu cwrs dysgu Cymraeg a drefnwyd gan yr Urdd yng Nglan-llyn adeg y Pasg 1967.

Roedd y cyfan yn chwyldro! Nid yn unig imi dderbyn gwersi gan diwtoriaid a oedd ar dân dros y Gymraeg, ond fe'm taniwyd innau wrth brofi yn awyrgylch y gwersyll o wres y deffroad cenedlaethol a oedd yn cyniwair yn y tir yr adeg honno. Trysoraf o hyd y copi o'r casgliad newydd sbon, *Caneuon Dafydd Iwan*, a brynais yr wythnos honno, a nifer o'r tiwtoriaid wedi torri eu henwau ar ei glawr, gan gynnwys Edward Morus Jones, deuawdydd Dafydd Iwan. Ac wrth ddychwelyd adref ar ddiwedd y cwrs, a geiriau fel 'Mae'n wlad i mi ...' yn dal i atseinio yn fy mhen, cofiaf hyd heddiw y teimlad ym mêr fy esgyrn fy mod nid yn unig yn tramwyo o'r Bala yn ôl i'r Cymoedd, ond fy mod hefyd wedi cychwyn ar daith arall adref, yn ôl at fy ngwreiddiau Cymraeg.

E. Wyn James

Sioc ddiwylliannol

Ni fyddaf byth yn anghofio'r sioc ddiwylliannol o fynd i Wersyll Glan-llyn adeg y Pasg 1970, ar gwrs i ddisgyblion ail-iaith oedd yn ymbaratoi i sefyll arholiad Cymraeg Lefel-O. Tan yr wythnos honno, iaith gwersi ysgol oedd y Gymraeg i mi bron yn llwyr; yng Nglan-llyn y sylweddolais am y tro cyntaf fod y Gymraeg yn iaith i fyw trwyddi, i chwerthin a chanu ynddi – a hyd yn oed i wlychu traed (a sgidiau!) ynddi. Hanner canrif cyfan yn ddiweddarach, rwy'n dal i gofio brwdfrydedd hwyliog a heintus Gwilym Roberts, Alun Jones, Edward Morus Jones a'r tiwtoriaid eraill. Diolch iddyn nhw, ac i'r Urdd, am fy ngosod ar ben ffordd a fyddai'n f'arwain at fywyd personol, a gyrfa gyfan, trwy gyfrwng y Gymraeg.

Christine James

Dringo'r clogwyn

Fel disgybl ysgol yn dysgu'r Gymraeg fel ail iaith yr es i i Langrannog am y tro cyntaf, a chwrdd â'r anfarwol Gwilym Roberts. Mae'r gair 'clogwyn' wedi'i serio ar y cof ers hynny. Y dasg wrth gerdded i'r pentref oedd enwi pethau o'n cwmpas. 'Clogwyn' oedd fy ngair i a ches docyn iaith gan Gwilym am fy nghynnig i. Carreg filltir yn fy nhaith bersonol i.

Ers hynny, ces i'r fraint o ddychwelyd i'r gwersyll droeon, a hynny ar gyrsiau i oedolion. Mae penwythnos yn Llangrannog yn falm i'r enaid i bawb, ond i ddysgwyr o oedolion mae'n hwb ar eu taith tuag at ddod yn rhugl. Yn ystod yr wythdegau, roedd Cymdeithas yr Iaith yn trefnu penwythnos ddwywaith y flwyddyn a'r gwersyll dan ei sang o ddysgwyr brwd. Yn ogystal â'r gwersi a'r gweithgareddau, roedd hefyd yn draddodiad i ni ddianc ar y nos Sadwrn a rhoi ychydig o bunnoedd yn nhiliau'r tafarndai lleol. Cofiaf yn arbennig noson gyda Dafydd Iwan yng Ngwesty'r Feathers yn Aberaeron – ysbrydoliaeth i griw o ddysgwyr ddyfalbarhau.

Erbyn hyn, dw i'n dychwelyd i'r gwersyll yn flynyddol ar gyfer penwythnos Cymraeg i'r Teulu a drefnir gan y Ganolfan Dysgu Cymraeg Genedlaethol. Daw hanner cant o deuluoedd a mwy i fwynhau amgylchedd diogel y gwersyll i roi cynnig ar ddefnyddio'r Gymraeg gyda'u plant sy'n mynychu ysgolion Cymraeg. Ac wrth gwrs, i fwynhau'r gweithgareddau a'r holl fwyd bendigedig. Diolch byth am Langrannog!

Helen Prosser

Medal y Dysgwyr

Ers blynyddoedd bellach mae'r Urdd wedi anrhydeddu'r rhai sydd wedi mynd ati i ddysgu'r Gymraeg, a hynny yn un o'r Prif Seremonïau yn ystod wythnos yr Eisteddfod. Cyflwynwyd y wobr am y tro cyntaf yn Eisteddfod yr Urdd Dyffryn Ogwen 1986. Alex Borders o Brestatyn oedd yr enillydd cyntaf.

Eidales a Medal y Dysgwyr

Merch o dras Eidalaidd sy'n byw yn yr Wyddgrug yw Francesca Elena Sciarrillo. Cafodd gyfle i gystadlu yng nghystadleuaeth Medal y Dysgwyr yn Eisteddfod 2019, gan ddod i'r brig. Roedd ei brwdfrydedd a'i hangerdd wrth gipio'r brif wobr yn dangos sut y gall yr Urdd a'r Gymraeg agor drysau i groesawu rhai o gefndiroedd diwylliannol gwahanol, a rhoi'r cyfle iddynt fod yn rhan o gymuned arbennig iawn o ddysgwyr a siaradwyr Cymraeg. Mae Francesca'n falch iawn o'r cyfleoedd a ddaeth i'w rhan yn sgil ennill Medal y Dysgwyr, ac mae hynny'n wir am lawer o'r dysgwyr a ddaeth i'r brig ers sefydlu'r gystadleuaeth yn Eisteddfod Dyffryn Ogwen yn 1986. Cafodd gyfle i fod yn siaradwraig wadd gyda Chymdeithas yr Iaith yn yr Wyddgrug, yn westai ar banel holi ac ateb yn yr Eisteddfod Genedlaethol, yn gyfrannwr i raglenni Radio Cymru, S4C, a hefyd yn gystadleuydd ar raglen S4C, *Am Dro!* Cafodd gyfle hefyd i sgrifennu erthyglau ar gyfer y cylchgronau i ddysgwyr, *Lingo Newydd* a *Parallel*. Meddai Francesca:

> **Y peth sy'n golygu fwyaf i fi yn y byd yw'r iaith Gymraeg. Yn y dyfodol, hoffwn ysgrifennu llyfr yn y Gymraeg am brofiad fy neiniau a theidiau a hefyd gwneud gradd mewn Cymraeg un diwrnod, ond yn fwy na dim yn y byd, hoffwn annog a chefnogi eraill i ddysgu Cymraeg.**
>
> **Cyfle unwaith mewn oes oedd y profiad o gystadlu ac ennill Medal y Dysgwyr. Wna' i fyth stopio bod yn ddiolchgar i'r Urdd am greu'r cyfle i bobl fel fi ymgolli yn niwylliant y wlad hon – rhywbeth sy'n eiddo i ni i gyd.**

Francesca Elena Sciarrillo, enillydd Medal y Dysgwyr yn Eisteddfod yr Urdd 2019.

30

Datblygu'r Eisteddfod yn Ŵyl

Lluniau'r ffotograffydd Geoff Charles o'r tyrfaoedd yn mwynhau eu hunain yn Eisteddfod yr Urdd, Caerfyrddin, 1967 a Llanrwst, 1968.

Does dim amheuaeth fod Eisteddfod yr Urdd yr unfed ganrif ar hugain, gyda'i holl atyniadau, digwyddiadau a chystadlaethau, yn ŵyl go iawn.

Yn y Rhyl yn 1974, ymestynnodd Eisteddfod yr Urdd o dridiau i bedwar diwrnod, gan gynnwys cystadlaethau chwaraeon – ac eithrio Cwpan Pantyfedwen – am dair blynedd cyn i'r rheiny gael eu sefydlogi yn Aberystwyth o 1977 ymlaen.

Daeth atyniadau'r Maes yn fwy deniadol a chynyddodd y torfeydd – 65,000 yn Llanelli (1975) a 78,000 ym Mhwllheli (1982). Daeth yn Eisteddfod bum niwrnod yn Lido Afan, Port Talbot yn 1983, gyda phabell roc a chystadlaethau neilltuol i blant ag anghenion arbennig am y tro cyntaf yn yr Wyddgrug yn 1984. Tyfodd yr Eisteddfod yn ŵyl chwe diwrnod yng Nghwm Gwendraeth yn 1989. Datblygwyd rhaglen lawn o gyngherddau

Enghraifft o'r cyhoeddiad Utgorn yr Urdd a ymddangosodd ym mis Mehefin 1982.

Clawr rhaglen y dydd Eisteddfod Cwm Gwendraeth.

Maes Eisteddfod yr Urdd ar feysydd Castell Cyfarthfa ym Merthyr Tudful yn 1987.

Llethr sgio ar Faes Eisteddfod yr Urdd.

gyda'r nos gan gynnwys caneuon actol, pasiant, a sioe gerdd neu opera roc gan roi cyfle i sgriptwyr, cyfansoddwyr a cherddorion a chodi cwmnïau ieuenctid yn yr ardal i berfformio. Codwyd llethr sgio ar y Maes y flwyddyn honno hefyd a chafwyd bws antur gyda wal ddringo arno. Darlledwyd pob cyngerdd ar S4C yn ogystal â'r Eisteddfod ei hun.

Y Babell Groeso wrth y fynedfa i Faes yr Eisteddfod ym Mhen-y-bont yn 2017.

Sesiwn snwcer
Trefnodd yr Urdd ddwy sesiwn snwcer unigryw ym Mhafiliwn yr Eisteddfod yng Nghrosshands y flwyddyn honno hefyd, gyda sêr y gamp megis Terry Griffiths, Jimmy White a Willie Thorne yn dangos eu sgiliau.

a chefnogwyr yn sgîl y rhestr testunau a'r teithio i wahanol rannau o Gymru; dysgu colli ac ennill; meithrin cyfeillgarwch; agor y drws i lenyddiaeth a barddoniaeth; meithrin dawn lenyddol a chelfyddydol; profi i Ddysgwyr o'r ardaloedd Seisnig fod y Gymraeg yn iaith fyw a chyfoethog.'[163]

Dim ond cystadlu
Un farn gyffredinol am yr Urdd ar hyd y blynyddoedd oedd bod cyfran sylweddol o blant a phobl ifanc yn talu tâl aelodaeth dim ond er mwyn medru cystadlu yng nghystadlaethau'r Eisteddfod neu ar y meysydd chwarae. Yr Eisteddfod yw prif weithgaredd y mudiad, yr un sy'n cael fwyaf o sylw gan y cyfryngau, ac erbyn y 1970au roedd teimlad cryf ymysg rhai o'r swyddogion nad oedd hynny bob amser yn help i ddelwedd yr Urdd. Un feirniadaeth a godod yn ystod cyfnod J. Cyril Hughes yn Gyfarwyddwr oedd 'fod trwch yr Adrannau a'r Aelwydydd yn bodoli i wneud gwaith eisteddfod yn unig'.[165]

Eto, does dim amheuaeth am gyfraniad cyfoethog Eisteddfodau'r Urdd, yn 'lledu gorwelion cystadleuwyr

Bu Elvey MacDonald, a anwyd yn Nhrelew ym Mhatagonia yn 1941, yn Gyfarwyddwr Eisteddfod yr Urdd am 25 mlynedd: 1964–1999. Pan fu farw yn 2022, disgrifiwyd ei gyfraniad fel un 'arloesol' gan y mudiad. Bu'n ddigon dewr, yn ôl ei gydweithiwr Wynne Melville Jones, i fentro gyda phethau gwahanol i wneud yr Eisteddfod yn ŵyl i bobl ifanc, yn hytrach na'r achlysur digon hen ffasiwn oedd yna hyd y 1970au.

Ehangu'r adnoddau

Wrth i'r mudiad roi'r gorau i'r arfer o letya plant mewn cartrefi am resymau diogelwch, dechreuwyd cynnal y rhagbrofion yn raddol ar y Maes. Golygai hyn fod teuluoedd yn gyfrifol am ddod â'u plant i gystadlu. Gwelwyd bod angen mwy o adnoddau ar y Maes i ddiwallu anghenion y rhieni, y brodyr a'r chwiorydd – a'r neiniau a'r teidiau – fyddai'n mynychu'r ŵyl i gefnogi. 'Dydy pawb ddim wedi'u breintio â doniau perfformio a llenydda,' meddai Wynne Melville Jones.

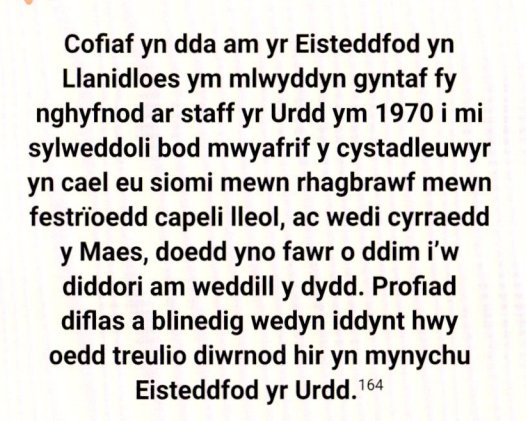

> Cofiaf yn dda am yr Eisteddfod yn Llanidloes ym mlwyddyn gyntaf fy nghyfnod ar staff yr Urdd ym 1970 i mi sylweddoli bod mwyafrif y cystadleuwyr yn cael eu siomi mewn rhagbrawf mewn festrïoedd capeli lleol, ac wedi cyrraedd y Maes, doedd yno fawr o ddim i'w diddori am weddill y dydd. Profiad diflas a blinedig wedyn iddynt hwy oedd treulio diwrnod hir yn mynychu Eisteddfod yr Urdd.[164]

Datblygiad pellach wrth i'r Eisteddfod barhau i dyfu oedd penodi Trefnyddion i Eisteddfodau'r de a'r gogledd yn 1982, yn ogystal â sefydlu Adran Dechnegol yn 1989 ar y cyd ag Eisteddfod Genedlaethol Cymru i wasanaethu meysydd y ddwy ŵyl.

Daeth gwersylloedd yr Urdd i lenwi corneli ar faes yr Eisteddfod – beiciau cwod Llangrannog a wal ddringo Glan-llyn. Cynhwyswyd cae a phabell chwaraeon, gyda sêr yn cyflwyno sesiynau hyfforddi. Cam allweddol oedd cynnwys ffair ar y Maes. Digwyddodd hynny am y tro cyntaf ym Merthyr Tudful yn 1987 yn ystod cyfnod Elvey MacDonald fel Trefnydd. Ond ni fentrwyd ei chyflwyno i'r Maes ei hun y tro cyntaf hwnnw – yn hytrach, cafodd ei lleoli fel arbrawf dros y ffens mewn cae arall a oedd yn cael ei ddefnyddio i fynd a dod at y brif fynedfa. Erbyn Eisteddfod Maldwyn y flwyddyn ganlynol, roedd y ffair yn rhan o'r Maes ei hun ac mae hi yno o hyd. Mae cerddoriaeth a sgrechfeydd yr atyniadau'n rhan naturiol o'r awyrgylch a'r patrwm dyddiol bellach. 'Dim llwyfan? Paid â phoeni – dyma iti arian i gael pum reid yn y ffair.' 'Eisiau mynd ar y dojems? Beth am i ni wrando ar y parti cerdd dant yn gyntaf ac wedyn gei di awr yn y ffair.' Cynhaliwyd mwy o gystadlaethau yn yr awyr agored a chymell tyrfa i wylio, yn cynnwys cystadlaethau roc a phop a chystadlaethau coginio y CogUrdd.

Rhai o aelodau Aelwyd Crymych yn mwynhau eu hunain yn y ffair ar y Maes.

Un o'r pebyll gweithgareddau ar y Maes.

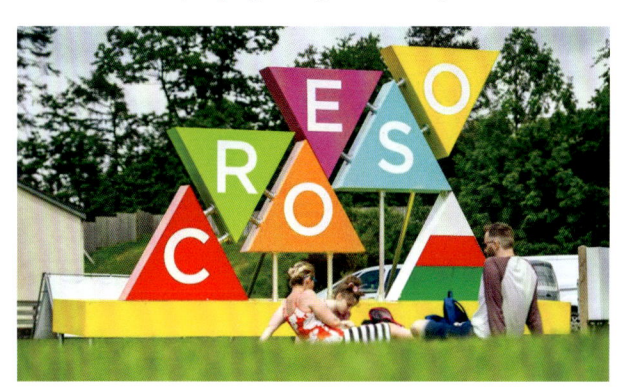

Arwydd yn croesawu pawb i'r Maes.

Un o'r cystadleuwyr llwyddiannus yng nghystadleuaeth CogUrdd ar Faes yr Eisteddfod.

Cynyddu disgwyliadau

Wrth i S4C ddechrau darlledu'r holl gystadlu o Eisteddfod yr Urdd o fore gwyn tan nos, tyfodd y disgwyliadau ac felly hefyd ymroddiad y cystadleuwyr i gyrraedd y safonau uchaf posib. Lansiwyd sawl gyrfa broffesiynol ar lwyfan yr Urdd ac mae Gwobr Richard Burton am gyflwyniad dramatig ac Ysgoloriaeth Urdd Gobaith Cymru Bryn Terfel ar gyfer perfformwyr amrywiol, yn ogystal â Gwobrau Disney yn ddiweddarach ar gyfer gwahanol gystadlaethau, yn denu talentau gorau ein hieuenctid yn flynyddol. Daw ennill yn Eisteddfod yr Urdd â mwy a mwy o gydnabyddiaeth a statws i gystadleuwyr, hyfforddwyr, ysgolion, Adrannau ac Aelwydydd erbyn hyn. Mae'n ŵyl gystadleuol sy'n meithrin sgiliau ac yn gosod safonau uchel i ymgyrraedd atynt. Mae llwyddiant cynifer o gyn-gystadleuwyr yr Eisteddfod yn y byd perfformio proffesiynol yn cadarnhau gwerth a chyfraniad yr Urdd a hynny mewn byd cystadleuol iawn. Ymysg y rhai y mae eu dyled yn fawr i'r sgiliau a ddatblygwyd dan adain yr Urdd, mae'r actor enwog yn Hollywood, Matthew Rhys. 'I fi'n bersonol fel actor,' meddai, 'rydw i bob amser yn tystio i'r Urdd fod yn sylfaen anhygoel ar gyfer yr hyn es ymlaen i'w wneud fel gyrfa broffesiynol.'[164]

Ysgoloriaeth Urdd Gobaith Cymru Bryn Terfel

Cyhoeddwyd Ysgoloriaeth arbennig Urdd Gobaith Cymru Bryn Terfel yn Eisteddfod Llŷn ac Eifionydd yn 1998 ar gyfer perfformwyr ifanc rhwng 19 a 25 oed, gan ddechrau cyflwyno'r gystadleuaeth a'r wobr yn Eisteddfod Llanbedr Pont Steffan 1999. Cynhelir dosbarthiadau meistr ar gyfer y cystadleuwyr hynny sy'n cael eu dewis i ymgeisio am yr Ysgoloriaeth. Yn ogystal â'r bri o ennill y gystadleuaeth, mae'r enillwyr yn derbyn swm ariannol sylweddol i barhau â'u hyfforddiant fel perfformwyr. Adeg cyhoeddi Eisteddfod yr Urdd Caerdydd 2005, cynhaliwyd cyngerdd y talentau mawr yn Neuadd Dewi Sant, Caerdydd gyda Bryn Terfel, Catrin Finch, Daniel Evans a 'chôr gwych yr aelwydydd' dan arweiniad Owain Arwel Hughes fel modd hefyd o sicrhau dyfodol ariannol Ysgoloriaeth Urdd Gobaith Cymru Bryn Terfel.

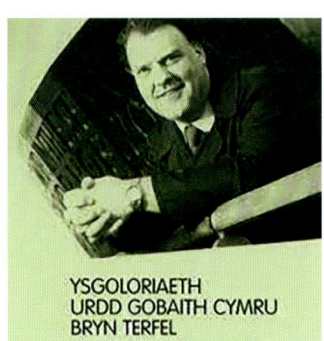

Poster yn hysbysebu cystadleuaeth Ysgoloriaeth Urdd Gobaith Cymru Bryn Terfel.

Rhai o aelodau'r Urdd fu'n cystadlu am yr Ysgoloriaeth yn 2013.

Clwy'r Traed a'r Genau 2001: Gŵyl yr Urdd ar y teledu

Un o'r heriau cyntaf oedd yn wynebu Siân Eirian yn dilyn ei phenodiad yn Gyfarwyddwr Eisteddfod a Chelfyddydau'r Urdd yn 2001 oedd Clwy'r Traed a'r Genau. Arweiniodd y clefyd hynod heintus yma, a oedd yn lledu drwy warthe a defaid o un pen i Brydain i'r llall, at gyfyngiadau sylweddol oedd yn effeithio ar fywydau pawb:

Roedd cwmwl Clwy'r Traed a'r Genau eisoes yn gysgod dros y wlad, ac o fewn pythefnos i mi ddechrau yn y swydd newydd, roedd yn rhaid penderfynu gohirio Eisteddfod Caerdydd a chreu 'Gŵyl Deledu' yn ei le. Yn naturiol, doedd hwnnw ddim yn benderfyniad hawdd nac yn un poblogaidd, ac roedd gwahaniaeth barn sylweddol rhwng swyddogion a staff oedd yn gweithio a byw yn y Brifddinas a'r staff a'r gwirfoddolwyr oedd yn gweithio mewn cymunedau oedd yn dioddef yn ddirfawr o ganlyniad i'r clwy a'r cyfyngiadau a'r heriau a ddaeth yn ei sgil. Ond gohirio fu'n rhaid ac fel sy'n digwydd yn aml, allan o'r llanast a'r digalondid fe ddaeth gobaith ac ysbrydoliaeth a'r Urdd unwaith eto yn dangos y ffordd ymlaen ac yn arloesi.[166]

Trefnwyd 'Gŵyl yr Urdd' felly – gŵyl deledu mewn dwy stiwdio: un yn stwidio Barcud yng Nghaernarfon ac un yn stiwdio Tinopolis yn Llanelli, gyda'r beirniaid yn y gogledd a chystadleuwyr yn perfformio yn y ddwy stiwdio. Erbyn heddiw, mae darllediad o'r fath yn gwbl normal – ond bryd hynny roedd y dechnoleg yn fwy clogyrnaidd a'r sialens

Arwyddlun 'Gŵyl yr Urdd' a gynhaliwyd yn stiwdio Tinopolis, Llanelli, yn 2001.

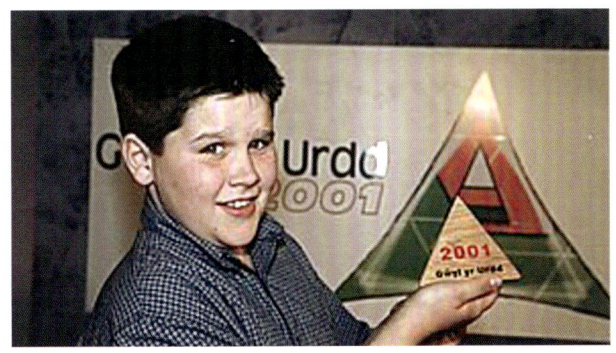

Trystan Llŷr Griffiths a ddaeth i'r brig yn y gystadleuaeth Unawd Bechgyn ac Alaw Werin 12-15 oed yng Ngŵyl yr Urdd.

yn un sylweddol. Chwe wythnos gafwyd i aildrefnu popeth. Er mwyn symleiddio'r trefniadau cafwyd tri chategori oedran a'r beirniaid yn dewis tri i gystadlu ym mhob cystadleuaeth. Cafodd enillwyr Eisteddfodau Cenedlaethol yr Urdd yn ystod y pum mlynedd flaenorol gyfle i gystadlu yn erbyn ei gilydd mewn canolfannau arbennig drwy Gymru er mwyn i'r beirniaid ddewis y tri.

Cynhaliwyd gŵyl dridiau lwyddiannus iawn gydag enillwyr ym mhob categori, ac am y tro cyntaf erioed cyflwynwyd dwy gadair a dwy goron. Cafwyd priodas hapus rhwng y grefft o greu rhaglen deledu a'r grefft o eisteddfota, a'r Urdd yn arbrofi ac arloesi i greu gŵyl na welwyd mo'i thebyg yn y cyfnod hwnnw. Yn ffodus, roedd y cyflwyno ar y teledu yn nwylo medrus Nia Roberts.

Yng ngeiriau'r Prifardd Tudur Dylan yng nghywydd yr ŵyl:

> Fe feddwn y tonfeddi
> A'r rhain oll a'n caria ni
> Ar daith dros gymylau'r dydd
> I'n huno mewn llawenydd.
> Yma y mae i'n cymell
> Un ffordd sy'n agos a phell,
> A down, down gan gario'r dydd
> Yn ein gŵyl ni ein gilydd.

Cyflwyno Bardd Plant

Yn Eisteddfod Genedlaethol Caerdydd a'r Fro 2002, ymddangosodd eitem newydd yn Rhaglen y Dydd, sef 'Cyflwyno Bardd Plant nesaf Cymru'. Roedd yr Urdd yn un o dri chorff cenedlaethol – y ddau arall oedd Cyngor Llyfrau Cymru ac S4C – a ddaeth ynghyd ar ddechrau'r mileniwm hwn i lansio cynllun Bardd Plant Cymru ar Ddiwrnod y Llyfr, 10 Mawrth 2000. Y nod oedd hybu barddoniaeth ymysg plant Cymru drwy drefnu gweithgareddau ac ymweliadau gan y Bardd Plant ag ysgolion ledled y wlad.
Yn Eisteddfod 2001, Meirion MacIntyre Huws a gyflwynwyd i'r gynulleidfa'r flwyddyn honno a dyna'r drefn flynyddol ar ôl hynny, a bob dwy flynedd ers 2011, gyda bardd newydd yn dod i lenwi'r rôl bob tro. Daeth maes yr Eisteddfod a gwersylloedd yr Urdd yn lleoliadau i nifer o weithgareddau'r Bardd Plant wedi hynny, ac fel gydag enillwyr Gwobrau Tir na n-Og am y llyfrau gorau i blant yn flynyddol, mae rhestr enwau'r Beirdd Plant yn frith o enwau cyn-enillwyr llenyddol yr Urdd.

Arwyddlun Bardd Plant Cymru a sefydlwyd yn Eisteddfod Genedlaethol Caerdydd a'r Fro 2002.

Rhai o'r beirdd fu'n rhan o brosiect Bardd Plant Cymru dros y blynyddoedd.

CANRIF YR URDD 183

Rhai o aelodau'r Urdd yn llawn cyffro o flaen Canolfan Mileniwm Cymru.

Eisteddfod Canolfan y Mileniwm 2005

Ond os oedd rhai o'r eisteddfodau blaenorol wedi creu eu heriau unigryw, pylu wna'r rheiny o'u cymharu â sialensau 2005 gyda'r Eisteddfod yn torri tir newydd – yn llythrennol. Y flwyddyn honno, gyda'r Eisteddfod yn ymweld ag adeilad eiconig newydd Canolfan y Mileniwm am y tro cyntaf erioed, roedd yn rhaid dechrau cynllunio'r Maes yn uniongyrchol o gynlluniau papur y pensaer Jonathan Adams – a phawb yn croesi eu bysedd y byddai'r adeilad arbennig yma'n barod ar gyfer yr Eisteddfod. Wrth i'r gwaith adeiladu fynd rhagddo bu'n rhaid cynnal trafodaethau gyda rhyw ugain o dirfeddianwyr a thrafod cau ffyrdd y brifddinas, heb sôn am drefnu cystadlaethau, beirniaid ac elfennau eraill Eisteddfod deithiol. Roedd Siân Eirian yn gwbl ymwybodol o'r ffaith fod yr Urdd yn mentro ac arloesi unwaith eto:

> Yn sicr hon oedd yr her fwyaf i mi yn ystod fy nhaith Eisteddfodol ac o edrych yn ôl, hon oedd yr Eisteddfod fwyaf gwahanol i mi erioed ei threfnu. Roedd bwrlwm rhyfeddol yn y Brifddinas, a'r bwrlwm hwnnw i'w weld a'i glywed ar y teledu a'r radio ac ar gyfrwng 'newydd' y rhyngrwyd.
>
> Ond roedd 'na ffactor arbennig arall yn yr Eisteddfod hon, sef gweld cystadleuwyr o bob oed, o blant bach brwdfrydig i bobl ifanc hyderus, yn perfformio ar un o lwyfannau gorau'r byd. Ac nid ar y prif lwyfan yn unig – roedd nodau a geiriau a synau pobl ifanc yn mwynhau yn llifo drwy'r Ganolfan gyfan fel môr o greadigrwydd. Dyna'n wir wireddu geiriau gwych Gwyneth Lewis sydd i'w gweld ar furiau'r Ganolfan, 'Creu Gwir Fel Gwydr o Ffwrnais Awen'. Mi fentra'i fod pob un fu ar lwyfan Canolfan y Mileniwm yn 2005 yn cofio'r profiad hyd heddiw.[167]

Ond roedd yr Eisteddfod gyntaf honno yng Nghanolfan y Mileniwm yn gofiadwy am reswm arall hefyd. Yng Nghaerdydd yn 2005, atgyfodwyd Cwmni Theatr Cenedlaethol yr Urdd a gwneud hynny yn y modd mwyaf uchelgeisiol posib gyda pherfformiad o'r sioe gerdd enwog *Les Misérables* yn y Gymraeg am y tro cyntaf erioed. Roedd cynnal trafodaethau gyda Cameron Mackintosh, cynhyrchydd y sioe yn Llundain a pherchennog hawlfraint y cynhyrchiad, yn her ac yn brofiad i'r Urdd – ond roedd gweld a chlywed y sioe a bod yn dyst i ddatblygiad talentau rhyfeddol y cast ifanc yn werth y chwys a'r dadlau. Fel y gwelwyd yn barod, fe gafodd y sioe ei hatgyfodi a'i llwyfannu yn 2015 gyda tho newydd o bobl ifanc dalentog.

Protestio a dadlau

Perfformiad digon gwahanol gafwyd ar lwyfan Eisteddfod yr Urdd Ceredigion yn Llanerchaeron yn 2010. Ar ôl y gystadleuaeth parti cerdd dant (Adrannau Pentref) dan 12 oed ar y llwyfan, daeth aelodau o'r gynulleidfa i'r llwyfan (yn answyddogol), cydio yn y meic ac esbonio'r hyn oedd yn arbennig a'r hyn oedd yn drist am y tri pharti oedd newydd berfformio. Roedd ysgolion gwledig y tair ardal – y Parc, Llangwm ac Ysbyty Ifan – dan fygythiad o gael eu cau gan awdurdodau addysg eu siroedd.

Meddai un 'cerdd-dantiwr' ar Facebook ar ôl yr Eisteddfod:

> Yr hyn sy'n mynd at y galon ydi arwyddocâd cystadleuaeth y Parti Cerdd Dant i Adrannau pentref ... Holi (yn hynod bryderus hefyd) y mae pawb, tybed a fydd gweithgarwch fel hyn yn yr ardaloedd yma a'u tebyg pan fydd ysgolion bach yn cau, a hynny yn groes i ddymuniad llywodraethwyr a rhieni. Roedd pob un o ddisgyblion CA2 ysgolion y tair

Golygfa o Eisteddfod yr Urdd, Bae Caerdydd yn 2019.

ardal a nodwyd ar lwyfan Prifwyl yr Urdd. Tybed a fydd plant ein hardaloedd gwledig yn cael cystal cyfle a meithriniad i ddod mor gyfarwydd â'u traddodiadau unigryw pan fyddant yn cael eu bysio i sefydliadau o'r maint y mae ein hawdurdodau addysg yn ei gynllunio ar eu cyfer?

Cafwyd cryn siarad a dadlau yn yr Eisteddfod honno hefyd wrth i'r Urdd ganiatáu i'r gwasanaeth arlwyo weini gwin gyda'r pryd bwyd gyda'r nos ar y Maes. Er y proffwydo gwae a hyd yn oed awgrymu y byddai meddwi ar y Maes, gan lygru moesau'r plant ifanc, penderfynodd Pwyllgor yr Urdd roi eu caniatâd. Di-sail fu'r holl bryderon ac ni amharwyd ar yr Eisteddfod mewn unrhyw fodd. Yn ddiweddar, caniatawyd agor bar yn ystod y gig ar y Maes yn ystod y nos Sadwrn olaf i Aelwydydd. Bellach mae bar ar y Maes yn ystod penwythnos olaf Eisteddfod yr Urdd, fel rhan o ŵyl Triban. Sefydlwyd yr ŵyl hon yn Eisteddfod Sir Ddinbych 2022, a phrofodd yn llwyddiant ysgubol gyda miloedd yn ymweld â'r maes i fwynhau cerddoriaeth a chelfyddyd o bob math.

Eisteddfodau rhad ac am ddim

Eisteddfod heb dâl mynediad oedd Eisteddfod yr Urdd, Bae Caerdydd 2019 – gan ddilyn patrwm yr Eisteddfod Genedlaethol 'agored' yno yn 2018. Gyda bron i 70,000 wedi cymryd rhan yn y cystadlu'r flwyddyn honno, gobaith yr Urdd, fel mudiad cyfoes sy'n cyflogi gweithlu o amrywiol gefndiroedd, oedd y byddai hynny'n cyrraedd cynulleidfaoedd eang ac yn annog pobl o bob cefndir i alw heibio a bod yn rhan ohoni.

Ond ni welwyd yr un brwdfrydedd yng ngolygyddol rhifyn o'r cylchgrawn wythnosol *Golwg* y flwyddyn honno. Yno, holwyd y cwestiwn pam nad oedd braint Caerdydd yn cael ei hymestyn i weddill Cymru:

> Os ydyn nhw'n cynnal steddfod am ddim yng Nghaerdydd, mi ddylen nhw wneud yr un fath ledled y wlad.
>
> Ac os ydy Llywodraeth Cymru o ddifrif am ddenu miliwn i siarad yr iaith, mi ddylai fynd i'w phoced a chanfod yr arian i sicrhau fod pawb yn cael mwynhau'r Profiad Eisteddfodol yn rhad ac am ddim. Mae mor syml â hynny.[170]

Roedd yr arbrawf mynediad am ddim yn Eisteddfod Caerdydd yn un cadarnhaol gyda thros 100,000 yn ymweld â'r Maes dros chwe diwrnod yr ŵyl. Ac yn wir, dilynwyd yr arbrawf gyda mynediad am ddim i faes Eisteddfod Sir Ddinbych yn 2022.

Cwrs Olwen

Ers dechrau'r unfed ganrif ar hugain, gwobrwywyd enillwyr prif wobrau llenyddol Eisteddfod yr Urdd drwy roi cyfle iddynt fynychu cwrs datblygu ysgrifennu creadigol yng Nghanolfan Tŷ Newydd, Llanystumdwy, o dan nawdd Ymddiriedolaeth Olwen Griffith. Gelwir y cwrs hwn yn Gwrs Olwen bellach, i gofio am Olwen Dafydd, cyn-weithwraig yn y ganolfan. Bydd y tri uchaf yng nghystadleuaeth y Gadair, y Goron a'r Fedal Ddrama yn datblygu'u gyrfaoedd ysgrifennu drwy ddod ynghyd yn y ganolfan genedlaethol i gymryd rhan mewn gweithdai ysgrifennu a dod i adnabod eu cyfoedion yn y byd llenyddol.

Rhai o enillwyr cystadlaethau llenyddol Eisteddfod yr Urdd a gafodd gyfle i fynychu Cwrs Olwen.

Rhai o ddarlithwyr a myfyrwyr Cwrs Olwen Urdd Gobaith Cymru yng Nghanolfan Tŷ Newydd, Llanystumdwy.

Un fu ar y cwrs yn 2017, 2018 a 2019 oedd Osian Wyn Owen o Aelwyd John Morris Jones, Prifysgol Bangor:

> Wyddwn i ddim am fodolaeth Cwrs Olwen wrth imi fwrw ati i gystadlu yn yr Urdd y tro cyntaf. Mi ddes i'n drydydd am y goron, ac ers hynny rydw i wedi bod ar Gwrs Olwen dair gwaith. Mae'r cwrs yn bendant yn gymhelliant wrth gystadlu, mae'n wobr gystal â'r gadair, y goron, neu'r fedal o ran ennill profiad o ysgrifennu, ac yn anogaeth wych i'r rheini sy'n dod i'r brig. Pan enillais i'r gadair yn 2018, Rhys Iorwerth a Bethan Gwanas oedd y tiwtoriaid, ac mi gawson ni'r cyfle i botsian mewn barddoniaeth, rhyddiaith, sgwennu arswyd, a byd y ddrama yn ystod y cwrs. Rydw i bellach wedi colli cownt ar y cerddi neu ddarnau rhyddiaith y cychwynnais arnyn nhw yn Nhŷ Newydd, a aeth yn eu blaenau i gael eu cyhoeddi neu y cystadlais â nhw yn yr Urdd y flwyddyn ganlynol. Yn bersonol, prif atyniad y cwrs imi yw'r cyfle i ryngweithio â sgwenwyr ifanc eraill, gan greu cysylltiadau sy'n arwain at brosiectau a chyfleoedd creadigol eraill yn y dyfodol. (Ac mae'r nosweithiau hwyr yng nghwmni potel o win a thrafodaethau difyr, hir, yn uchafbwynt!)[169]

Gwobrau Disney

Yn flynyddol bu Gwobrau Disney ar gyfer perffyrmwyr dan 25 oed yn darganfod talentau newydd ac yn rhoi llwyfan iddynt a chyfleoedd i ddatblygu. Yn sgil partneriaeth rhwng yr Urdd a chwmni adloniant rhyngwladol Disney, bob blwyddyn hyd 2019 byddai nifer fechan o enillwyr y cystadlaethau llwyfan yn cael cyfle i fynd i barc Eurodisney ar gyrion Paris i berfformio ar rai o'r llwyfannau yno i ddathlu Gŵyl Ddewi.

Yn 2011, cafodd Sam Ebenezer o Dal-y-bont, Ceredigion fynd i Disneyland ar ôl ennill cystadleuaeth yr Unawd Sioe Gerdd yn Eisteddfod yr Urdd. Roedd yn 'brofiad gwych,' meddai: 'Doeddwn i erioed wedi bod yno o'r blaen, ac roedd popeth mor hudolus! Fi oedd yr hynaf o bump oedd wedi cael ein dewis i fynd yno i gynrychioli Cymru. Cawson ni berfformio mewn cyngerdd ar Ddydd Gŵyl Dewi yno.'[170]

Mynedfa Disneyland Paris, lle mae enillwyr Gwobrau Disney'n cael mynd i berfformio.

Sam Ebenezer a Mistar Urdd.

Eisteddfod 2022

Ar ôl cael ei gohirio ddwywaith yn sgil pandemig y Coronafeirws a arweiniodd at gyfyngiadau a chyfnodau clo ledled y byd ers mis Mawrth 2020, roedd gallu croesawu'r tyrfaoedd yn ôl i faes Eisteddfod yr Urdd yn sir Ddinbych ddiwedd Mai 2022 yn garreg filltir sylweddol ym mlwyddyn canmlwyddiant y mudiad. O safbwynt nifer yr ymwelwyr, hon oedd yr Eisteddfod fwyaf llwyddiannus eto gyda thros 118,000 yn ymweld â'r Maes yn ystod yr wythnos o gystadlu. Roedd y ffaith nad oedd rhagbrofion a bod yr holl gystadleuwyr yn cael cyrraedd y llwyfan naill ai yn y Pafiliwn Coch, Gwyn neu Wyrdd, yn ogystal â'r ffaith fod mynediad i'r Eisteddfod yn rhad ac am ddim, yn hwb i apêl a bwrlwm yr ŵyl.

Cadarnhaodd yr Urdd y byddai 'Llwyfan i Bawb', yn hytrach na rhagbrofion, yn elfen barhaol o eisteddfodau'r dyfodol ac y byddai'r mudiad yn trafod grant mynediad am ddim gyda Llywodraeth Cymru ar gyfer 2023 hefyd. Gyda llwyddiant ysgubol Gŵyl Triban yn ystod tridiau olaf Eisteddfod Sir Ddinbych 2022, roedd yr Urdd wedi llwyddo i ddenu'r to ifanc rhwng 14 a 25 oed – heb sôn am yr hen ffyddloniaid – gan droi maes yr Eisteddfod yn faes gŵyl go iawn. Braf gweld y bydd Gŵyl Triban yma i aros ac y bydd yn cael ei chynnal eto yn y dyfodol.

Rhai lluniau o Eisteddfod yr Urdd Sir Ddinbych 2022.

Jamborî yr Urdd

Swyddogion Datblygu'r Urdd yng Nghlwyd gafodd y syniad gwreiddiol am gynnal Jamborî. Bwriad Siân Eirian a Sheelagh Edwards oedd cynnal digwyddiad torfol Cymraeg i holl ddisgyblion ysgolion cynradd a Blynyddoedd 7 ysgolion uwchradd sir Clwyd. Roedd yn syniad arloesol ac yn cydio yn yr ysbryd newydd roedd cymeriad Mistar Urdd wedi'i roi i'r mudiad. Cefnogwyd y Jamborî gyntaf yng Nghanolfan Hamdden y Rhyl yn Hydref 1988 gan Fwrdd yr Iaith. Y digrifwr Gari Williams oedd yn arwain y canu gyda'r cerddor a'r cyfansoddwr Rhys Jones yn cyfeilio. Yna ym mis Hydref 1989, trefnwyd cyfres o Jamborîs – eto yn y gogledd-ddwyrain – gyda gwahanol arweinwyr a gwahanol fandiau yn codi canu yng Nghanolfan Hamdden Wrecsam, ym Mae Colwyn ac yn y Rhyl. Roedd y plant yn cael taflen eiriau wrth gyrraedd, a'r prif fwriad oedd cyflwyno sioe ychydig dros awr drwy gyfrwng y Gymraeg. Byddai'r plant yn cyrraedd y ganolfan mewn bws neu ar droed. Deuai un o aelodau tîm yr Urdd i'w cyfarfod a'u tywys i'w lleoliad yn y ganolfan. Roedd lleoliadau'n llenwi'n gyflym, gyda lle i tua 1,000 o blant ymhob canolfan.

Un arall o gyflwynwyr cynnar y Jamborîs oedd Dilwyn Price o Fae Colwyn:

Dilwyn Price yn arwain yr hwyl.

Y gynulleidfa yn Jamborî'r Urdd 1993.

Rhai o aelodau'r Urdd yn ymuno yn yr hwyl yn y Jamborî.

> Roedd pob sioe yn dechrau gyda churiad pendant ar y drwm ac i ffwrdd â ni i groesawu pob ysgol yn ei thro: 'Helô-ô-ô-ô-ô!' Dyna'r agoriad – 'Helô Ysgol Bod Alaw!' Byddai'r plant yn ymateb gyda bloedd 'Helô!!!!!' Weithiau roedd yna bron i 40 o benillion i'r gân yma! Roedd y canu'n frwdfrydig! Chwerthin! Chwysu! Athrawon yn barod i ymuno yn yr hwyl. Ac ar ddiwedd pob sioe fe fyddan ni'n dychwelyd at yr un fformat: 'Ta ta-a-a-a-a!' a 40 pennill eto! Roedd hi'n werth gweld yr wynebau hwyliog wrth i bawb ffarwelio'n drefnus.[171]

188 CANRIF YR URDD

Roedd llawer o symudiadau i helpu'r plant i berfformio'r caneuon ac roedd disgwyl i'r athrawon gyflwyno'r caneuon i'r plant yn yr ysgol cyn ymuno yn y Jamborî. Roedd pecyn Jamborî'n cynnwys y caneuon a'r gerddoriaeth yn cael ei anfon i'r ysgolion yn gynnar yn nhymor yr Hydref ac, yn gyffredinol, roedd y plant yn cyrraedd y Jamborî wedi dysgu'r caneuon hynny. Byddai'r caneuon wedi ennill eu lle ym mywyd yr ysgol ar ôl hynny, ac mor werthfawr gan eu bod yn cyflwyno patrymau iaith ac yn gymorth i ehangu geirfa'r dysgwyr.

Câi Dilwyn Price ei adnabod fel 'Pibydd Brith y Jamborî' ac mae'n tystio fod y sioeau wedi gwneud argraff barhaol ar y cynulleidfaoedd:

> Dwi wedi cael pobl ifanc yn dod ata i, yn weithwyr ifanc mewn siopau a thai bwyta, flynyddoedd ar ôl iddyn nhw adael ysgol ac yn fy nghyfarch – 'Ti ydi dyn y Jamborî yn de?' Dwi'n cofio ymweld â'r hen Woolworths ym Mae Colwyn a gweld criw o blant oed ysgol uwchradd yn sefyll ar y grisiau. Sylwodd un o'r plant 'mod i wedi dod i mewn i'r siop a dyma bob un yn dechrau canu 'Gwyliau yn y Caribî' gan ychwanegu'r symudiadau hefyd![172]

Y datblygiad newydd yn 1990 oedd cadw Dilwyn Price yn arweinydd y Jamborî drwy'r wythnos a chadw at yr un band: Robat Arwyn (piano), Aled Siôn (drymiau), Dafydd Carrington (bas). Daeth Eirian Williams i gyfeilio pan nad oedd Robat Arwyn ar gael oherwydd gofynion gwaith. Erbyn 1991, roedd y geiriau i gyd ar sgrin a doedd dim angen taflenni ar y plant – roedd eu llygaid i gyd ar y llwyfan drwy'r amser.

Erbyn 1992, dyma batrwm wythnos Jamborî yr Urdd pan berfformiwyd gyda 10,000 o blant mewn wythnos:

Jamborî

Dydd Llun:
Y Rhyl yn y bore a Dinbych yn y prynhawn

Dydd Mawrth:
Bae Colwyn yn y bore a Llanrwst yn y prynhawn

Dydd Mercher:
Glannau Dyfrdwy (bore a phrynhawn)

Dydd Iau:
Plas Madog, Wrecsam (bore a phrynhawn)

Dydd Gwener:
Y Drenewydd (bore a phrynhawn)

Ar ben hynny dechreuwyd cynnal Jamborî achlysurol yma ac acw, yn cynnwys Cymanfa Jamborî yn Eisteddfod Genedlaethol yr Urdd yn Rhuthun yn 1992, sy'n cael ei chofio am y 'prynhawn chwilboeth, y pafiliwn yn llawn, lot o chwysu!' Fis Gorffennaf 1997 wedyn, cynhaliwyd Jamborî dathlu pen-blwydd yr Urdd yn 75 ar safle'r Senedd ym Mae Caerdydd. Roedd rhwng 10,000 a 12,000 o blant yno o bob rhan o Gymru yn mwynhau Sioe yn gyntaf yng ngerddi Castell Caerdydd cyn gorymdeithio i'r Bae i fwynhau Jamborî. Martyn Geraint a Dilwyn Price oedd y cyd-arweinwyr y tro hwnnw. Cafodd Jamborî arall ei chynnal ar safle'r Llyfrgell Genedlaethol yn Aberystwyth a Chymanfa Jamborî yng nghapel Pendre, Dinbych ar gyfer y rhaglen deledu *Dechrau Canu, Dechrau Canmol*.

Defnyddiwyd y Jamborî hefyd i godi hwyl flwyddyn ymlaen llaw wrth gyhoeddi Eisteddfodau'r Urdd – Conwy (1999), Llangefni (2003), Conwy eto (2007), Eryri, yng nghastell Caernarfon (2011),

Martyn Geraint, un o brif arweinwyr Jamborî yr Urdd dros y blynyddoedd.

Hysbyseb y Jamborî rithiol, Ar Goll yng Nghlan-llyn yn 2021.

Jamborî Canmlwyddiant yr Urdd yn 2022 – y mwyaf llwyddiannus erioed.

a Meirionnydd (2013). Eryl Williams oedd un o drefnwyr yr Urdd yn rhai o'r rhain:

> 'Roedd yn rhaid i'r heddlu gau'r prom yn Llandudno ar y funud ola yn 2007. Mi ddaethant ata i: "What's going on here then?" Roedd 'na gymaint o fysus mi wnaethon nhw roi car neu blisman wrth bob mynedfa ar ochr y prom a throi pawb ffwrdd.'[175]

Martyn Geraint oedd yn arwain y Jamborî yn ne Cymru fel arfer ac yna datblygwyd sioe Rimbojam gan Caryl Parry Jones ar gyfer y gogledd o 2009 ymlaen. Cafodd Jamborî fawr ei chynnal yn Sain Ffagan yn 2009, a heidiodd dros 3,000 o blant ardal Caerdydd a'r Cymoedd i Theatr Donald Gordon yng Nghanolfan Mileniwm Cymru yn 2014 i ddathlu pen-blwydd Gwersyll yr Urdd yng Nghaerdydd yn 10 mlwydd oed. Roedd y plant yn cael eu croesawu gan gonsuriwr ac artistiaid syrcas yn y cyntedd, cyn mynd ymlaen i'r theatr i gael Jamborî gyda'r gantores Gwenda Owen. Roedd y mudiad hefyd, mewn cydweithrediad â Tŷ Cerdd, wedi comisiynu Caryl Parry Jones i ysgrifennu cân newydd sbon i ddathlu'r pen-blwydd, a chafodd honno ei pherfformio am y tro cyntaf gan ei merch, Miriam Isaac, yn y Jamborî.

Yn ystod y cyfnod clo, cynhaliwyd Jamborî rithiol, *Ar Goll yng Nglan-llyn*, yng Ngorffennaf 2021. Roedd hon yn Jamborî ar ei newydd wedd gyda dwy fersiwn o'r cynhyrchiad: fersiwn iaith gyntaf a fersiwn ail-iaith. Roedd y pecyn digidol yn cynnwys 11 cân gyda fersiwn MP3 i'w lawrlwytho a thaflen eiriau i'w hymarfer cyn y diwrnod. Unwaith eto, roedd yn llwyddiant ysgubol.

Jamborî Canmlwyddiant yr Urdd yn 2022 oedd y mwyaf llwyddiannus eto, gyda'r bytholwyrdd Dafydd Iwan ar flaen y gad unwaith eto. Ymunodd dros 230,000 o blant o bob rhan o Gymru a thu hwnt i ganu 'Yma o Hyd' gyda'i gilydd ddechrau mis Tachwedd i ddymuno'r gorau i dîm pêl-droed Cymru yng Nghwpan y Byd yn Qatar. Tipyn o achlysur!

Urdd Gobaith Cymru a'r Byd

Gwirfoddolwyr yr Urdd gyda chriw o blant mewn gwersyll yn Slofenia yn 1993.

Mae gan yr Urdd hanes hir y gall fod yn falch ohono o gyflawni gwaith dyngarol drwy ei Neges Heddwch ac Ewyllys Da flynyddol a chefnogi gwaith elusennau fel Cymorth Cristnogol, Achub y Plant ac United Purpose ar draws ffiniau rhyngwladol. Mae gweithgareddau dyngarol y mudiad ers y 1960au yn cynnwys helpu goroeswyr trychineb Aber-fan a chefnogi dioddefwyr ifanc trychineb Chernobyl.

Bosnia a Gwlad Pwyl

Dan arweiniad Jim O'Rourke, Cyfarwyddwr yr Urdd ar y pryd, ymwelodd aelodau'r Urdd â gwersylloedd ffoaduriaid yn Bosnia yn 1994. Ddechrau'r 1990au roedd yna frwydro gwaedlyd yn yr hen Iwgoslafia. Bosnia a Herzegovina a welodd y gwaethaf wrth i filoedd o blant ac oedolion orfod ffoi o'r wlad. Aeth yr Urdd ati i ymgyrchu i godi arian a chymaint fu'r ymateb, penderfynwyd defnyddio peth o'r gronfa i anfon gwirfoddolwyr i Ljubljana yn Slofenia, lle roedd miloedd o ffoaduriaid yn llochesu. Angharad Rowe, Esyllt Morgan a Gwenllian Dafis oedd y tair a aeth yno yn 1993 i ddysgu mewn ysgol i ffoaduriaid a rhedeg meithrinfa. 'Dyma bobl oedd mewn gwir angen,' meddai Gwenllian.

Jim O'Rourke a rhai o staff eraill yr Urdd yn llwytho lorri er mwyn anfon nwyddau at y ffoaduriaid yn Bosnia yn 1994.

CANRIF YR URDD 191

> Bu'n agoriad llygad i ni. Roedden ni'n teimlo'n ddiymadferth wrth glywed am eu profiadau. Ar y dechrau, doedden nhw ddim yn deall pam roedden ni yno, ond fe ddaethon nhw i werthfawrogi'n hymdrechion a'n cyfeillgarwch. Roedd yn brosiect mentrus ar ran yr Urdd, ac yn enghraifft o'r modd mae'r mudiad yn estyn llaw i roi cymorth yn rhyngwladol.[174]

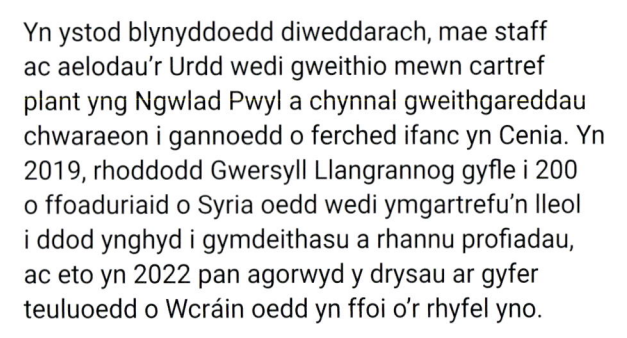

Taith Croeso Calcutta ar y cyd â Chymorth Cristnogol.

Yn ystod blynyddoedd diweddarach, mae staff ac aelodau'r Urdd wedi gweithio mewn cartref plant yng Ngwlad Pwyl a chynnal gweithgareddau chwaraeon i gannoedd o ferched ifanc yn Cenia. Yn 2019, rhoddodd Gwersyll Llangrannog gyfle i 200 o ffoaduriaid o Syria oedd wedi ymgartrefu'n lleol i ddod ynghyd i gymdeithasu a rhannu profiadau, ac eto yn 2022 pan agorwyd y drysau ar gyfer teuluoedd o Wcráin oedd yn ffoi o'r rhyfel yno.

Ymgyrch Croeso Calcutta a thaith gyfnewid 2003-04

Ar drothwy'r unfed ganrif ar hugain, sefydlwyd ymgyrch Croeso Calcutta rhwng yr Urdd a Chymorth Cristnogol yn 2000 i hyrwyddo mwy o ddealltwriaeth ymysg ieuenctid Cymru o brosiectau'r elusen gyda phlant a phobl ifanc Calcutta a Bangladesh. Ddechrau Medi, aeth chwe aelod o'r Urdd gyda Llinos Roberts a Branwen Niclas o Gymorth Cristnogol am bythefnos i Calcutta yn yr India.

Roedd profiadau'r daith yn agoriad llygad i amgylchiadau bywyd dinesig Calcutta a bywyd gwledig Bangladesh i rai o bobl ifanc Cymru. Cafodd y criw weld a thrafod canolfannau Sanlaap yn ardaloedd 'golau coch' y ddinas; lloches OFFER i fechgyn ag anghenion neilltuol; lloches Sneha i ferched rhwng 8 ac 20 oed oedd wedi'u hachub yn dilyn cael eu gwerthu a'u cam-drin yn rhywiol ac yn byw gydag HIV/Aids; a SKVIS, sef busnes tecstilau a chelf printio bloc gan weithio dan amodau teg.

Roedd yn daith gyfnewid, a gwahoddwyd criw o ddawnswyr – sef grŵp o ferched o loches Sneha – draw i Gymru yn 2004 a threuliodd aelodau Croeso Calcutta amser yn eu tywys o amgylch Cymru gan aros yng Ngwersyll Glan-llyn. Cafwyd perfformiad emosiynol ganddynt yn y Gwasanaeth fore Sul ym Mhafiliwn Eisteddfod Genedlaethol yr Urdd, Ynys Môn y flwyddyn honno.

Dolenni diwylliannol

Dros y degawdau, trefnodd yr Urdd ddolenni diwylliannol gydag ieuenctid o wledydd tramor eraill hefyd. Yn ystod haf 1985 cynhaliwyd Wythnos Ryngwladol Ieuenctid yng Ngwersyll Glan-llyn – cyfraniad yr Urdd i Flwyddyn Ryngwladol Ieuenctid Ewrop, gyda thros 100 o ieuenctid o Friesland, Iwerddon, Llydaw, Catalwnia, Friuli a Chymru yno.

Cynhaliwyd gwersylloedd rhyngwladol yng Nghanolfan Pentre Ifan a hefyd deithiau i Lydaw a Chatalwnia dan ofal Dyfrig Morgan. Yn ogystal, arweiniodd partneriaeth gyda Gael Linn yn Iwerddon at weld nifer o grwpiau yn dod i Langrannog yn y 1980au a'r 1990au.

Ymweliadau Patagonia

Rhwng 2008 a 2019, mae'r Urdd wedi cynnig gwahoddiad i aelodau rhwng 16 ac 17 oed geisio am le ar ymweliadau â Phatagonia. Mae'r teithiau'n cynnig profiadau gwirfoddol, gan gynnwys gwneud sesiynau gyda phlant a phobl ifanc sy'n dysgu Cymraeg yno, ymweld â thrigolion y Wladfa sydd o dras Gymreig, gweithio mewn ysgolion i blant difreintiedig, cynorthwyo gyda phrosiectau cymunedol a chynrychioli Cymru yn Eisteddfod y Wladfa. Mae cyfle hefyd i'r bobl ifanc ysgwyddo cyfrifoldeb am bob rhan o'r prosiect – o drefnu'r daith a gwirfoddoli ar amryw brosiectau i godi arian a chyfathrebu gyda'r partneriaid ym Mhatagonia.

Bydd pob unigolyn yn treulio blwyddyn yn codi £2,400 drwy wahanol weithgareddau codi arian i fod yn rhan o'r daith, gyda'r bwriad o gefnogi gwaith cymunedol

Criw Taith Patagonia 2019 yn mwynhau croeso a diwylliant Y Wladfa.

Menter Patagonia. Yn flynyddol, bydd dros gant o bobl ifanc yn ceisio am le ar y daith. Gan mai dim ond 25 aelod sy'n cael mynd, mae'r broses o ddewis a dethol yn cynnwys diwrnod agored pan fydd gofyn i'r ymgeiswyr gymryd rhan mewn nifer o weithgareddau, gan gynnwys tasg gwaith tîm a chyfweliad.

Erbyn 2019 roedd dros 300 o bobl ifanc Cymru wedi cael teithiau llawn antur a chyfle i gyfarfod trigolion y Wladfa, o Drelew yn y dwyrain i Esquel a mynyddoedd yr Andes i'r gorllewin.

Ambell ddyfyniad gan y rhai wnaeth ymweld â Phatagonia

'Roedd clywed yr iaith ben draw'r byd yn agoriad llygad, a dechreuais ddeall pwysigrwydd ehangach yr iaith ...'

'Dwi wedi crio, chwerthin a llawer mwy ond mae'n iawn dweud dwi wedi cwrdd â'r bobol orau yn y byd, ac rwy'n teimlo'n rhan o deulu mawr newydd. Dwi'n teimlo mor ddiolchgar a mor lwcus i fod ar y trip yma.'

'Roedd cystadlu yn yr Eisteddfod, cyfarfod â phobl yn y cymunedau Cymraeg, a bod yng nghwmni criw'r Urdd yn rhywbeth arbennig a fydd yn aros yn fy nghof am weddill fy mywyd.'

Tŷ yr Urdd yn Hwngari.

Tŷ yr Urdd yn Hwngari

Mae hen hanes i'r berthynas rhwng pobl Hwngari a'r Cymry. Ar ôl ymdrech Hwngari i frwydro am annibyniaeth o afael Ymerodraeth Awstria yn 1848–49, cyfansoddodd y bardd János Arany faled o'r enw 'A walesi bárdok' yn 1857. Roedd y gerdd, 'Beirdd Cymru', yn osgoi deddfau sensoriaeth drwy ysbrydoli Hwngariaid i wrthsefyll gormeswyr tramor yn yr un modd ag y gwrthsafodd beirdd Cymru, yn ôl yr hanes, ymosodiad Edward I ar eu gwlad hwythau. Hyd heddiw mae'n debyg fod plant ysgol yn Hwngari yn dysgu'r faled hon.

Yn 2013, daeth gŵr o'r enw Michael Makin i gysylltiad â'r Urdd. Doedd ganddo ddim cysylltiad penodol â Chymru, heblaw am dreulio ychydig amser yn ardal Llangollen pan oedd yn iau, a chael ei gyfareddu gan harddwch yr ardal, y diwylliant a'r iaith Gymraeg. Chwilio'r oedd am sefydliad ieuenctid

Rhai o aelodau'r Urdd ar ymweliad â Budapest, prifddinas Hwngari.

fyddai â diddordeb mewn derbyn adeilad yn Hwngari yn rhodd, ar yr amod y byddai'n cael ei ddefnyddio fel adnodd i bobl ifanc gael profiad o'r wlad ryfeddol.

Derbyniodd yr Urdd ei dŷ yn rhodd, ac ar ôl cyfnod yn adnewyddu ac addasu'r adeilad ar gyfer grwpiau o bobl ifanc, mae Tŷ Kisbodak Ház ger Mosonmagyaróvár, sydd ryw awr o daith o'r prifddinasoedd Fienna a Bratislafa, bellach yn croesawu grwpiau o Gymru i aros yno. Aeth 11 o aelodau'r Urdd i aros yno am naw niwrnod yn ystod Ebrill a Mai 2018. Dyma rai o atgofion Aur Bleddyn, un o'r aelodau fu ar y daith:

> Cawsom hwyl yn Fienna yn ceisio chwarae 'Hei! Mr Urdd!' ar risiau nodau yn yr amgueddfa gerddoriaeth. Roedd Budapest yn hyfryd a chawsom flas ar fwyd traddodiadol yn y farchnad. Buom yn canŵio ar afon Donaw gyda chriw o'r ysgol leol, ac yn rafftio dŵr gwyn yn Bratislava. Ar y diwrnod olaf aethom i'r baddonau thermal er mwyn ymlacio. Buom yn coginio yn y tŷ, o nŵdls i farbeciw.
>
> Gwahoddwyd criw o'r ysgol leol draw am farbeciw ar ôl bod yno yn chwarae pêl-foli a phêl-droed. Mwynheais ddod i adnabod y bobl leol wrth ddysgu mwy am eu hiaith a rhannu cerddoriaeth.[175]

Birmingham, Alabama

Ar 15 Medi 1963, lladdwyd pedair merch ddu gan fom mewn ymosodiad hiliol gan aelodau'r Ku Klux Klan ar Eglwys y Bedyddwyr, 16th St, Birmingham, Alabama. Bu ymateb chwyrn ar draws y byd a phan gyrhaeddodd y newyddion John Petts, yr artist gwydr o Gymru, aeth ati i ddylunio ffenest wydr yn portreadu Iesu Grist du. Codwyd cronfa yng Nghymru a thalwyd costau'r ffenest a'i chyflwyno fel rhodd o gefnogaeth i'r eglwys a'i phobl. Gosodwyd y ffenest yn yr eglwys yn 1964, a hyd heddiw caiff ei hadnabod gan fynychwyr yr eglwys fel 'Ffenest Cymru'.

Ddiwedd Awst 2019, cyhoeddodd yr Urdd eu prosiect i ymweld â'r eglwys a phobl ifanc Birmingham, Alabama i estyn llaw o gyfeillgarwch er mwyn ailgydio yn y berthynas hanesyddol hon. Ymwelodd Siân Lewis, Prif Weithredwr yr Urdd, â'r eglwys a chyflwyno darn o gelf gan yr artist gwydr cyfoes, Ruth Shelley. Roedd hyn yn ymestyn y cysylltiad Cymreig a ddechreuodd ychydig ddyddiau ar ôl yr erchylltra. Cysylltwyd Neges Heddwch ac Ewyllys Da flynyddol yr Urdd â'r gymuned yn Alabama gan roi mynegiant ac ystyr cyfoes i'r neges.

Ffenest Cymru yn Eglwys y Bedyddwyr, Alabama.

Rhai o'r cantorion fu'n rhan o bartneriaeth y côr rhithiol yn 2020.

Atgyfnerthwyd y ddolen hon yn Nhachwedd 2020, er gwaethaf pwysau pandemig y Coronafeirws oedd ar war y mudiad. Daeth yr Urdd a'r myfyrwyr ym Mhrifysgol Alabama ym Mirmingham at ei gilydd i ffurfio côr rhithiol i ddathlu eu partneriaeth newydd, a chanodd y ddau gôr gyda'i gilydd yn y Gymraeg am y tro cyntaf erioed. Roedd trefniadau taith Côr Gospel UAB i ymweld â Chymru ac Eisteddfod Genedlaethol yr Urdd Sir Ddinbych 2020 yn cael eu cwblhau pan fu'n rhaid gohirio'r cyfan wrth i'r Coronafeirws ledaenu ar draws y byd. Gan eu bod yn awyddus i beidio â gadael i'r sefyllfa atal y cyfle i ddod â'r bobl ifanc at ei gilydd, ffurfiwyd côr rhithiol o 34 o leisiau ar y cyd rhwng Côr Gospel UAB ac aelodau o nifer o gorau Aelwydydd yr Urdd o Hafodwenog, Penllys, JMJ, Pantycelyn a'r Waun Ddyfal. Cyn-aelod o'r Urdd a seren *Les Misérables* yn y West End, Mared Williams, a Chyfarwyddwr Côr Gospel UAB, Reginald James Jackson, oedd yn canu rhannau'r unawdwyr, tra bod y Cyfarwyddwr Cerdd Richard Vaughan o Gaerdydd yn gyfrifol am ddod â'r lleisiau at ei gilydd.

Yn ystod cyfnod y Pasg 2022, fel rhan o ddathliadau canmlwyddiant yr Urdd, ymwelodd 25 aelod o'r mudiad rhwng 17 a 25 mlwydd oed o bob cwr o Gymru â Birmingham, Alabama, fel aelodau o Gôr yr Urdd. Roedd aelodau'r côr naill ai'n enillwyr yn Eisteddfod yr Urdd neu wedi'u dewis yn dilyn proses o wrandawiadau, a pherfformiwyd gweithiau gan Richard Vaughan, Eric Whitacre a Carly Simon, yn ogystal â chaneuon gwerin ac emynau traddodiadol mewn amrywiol gyngherddau yn ystod yr ymweliad. Roedd yn gyfle hefyd i ieuenctid Cymru ddysgu mwy am y traddodiad canu gospel a hanes hawliau sifil yn Alabama, a'r gobaith yw gwahodd Côr Gospel UAB i berfformio yn Eisteddfod yr Urdd 2023, i nodi 60 mlynedd cofio am yr ymosodiad ar yr eglwys yn Alabama.

Aelodau Côr yr Urdd a deithiodd i Firmingham, Alabama yn 2022.

Meddai'r Parch. Arthur Price, Eglwys y Bedyddwyr, 16th Street, Birmingham, Alabama, 'Rydan ni'n cofio fod y Cymry wedi bod gyda ni ar awr ein hargyfwng ac rydan ni am sicrhau croeso teilwng … ac am i'r byd wybod ein bod ni'n dal yn ffrindiau ar ôl yr holl flynyddoedd.'[179] Roedd aelod o'r gynulleidfa yn y cyngerdd yn Alabama hefyd wrth ei bodd: 'Roedd y canu'n ysgubol. Mae defnyddio cerddoriaeth gorawl fel cyfrwng dros heddwch a chyfeillgarwch yn wefr anhygoel i ni.'[180]

Cadarnhaodd Richard Vaughan, arweinydd y Côr, fod ysbryd arbennig ymysg y teithwyr:

Crynhowyd y cyfan gan Siân Lewis:

> Mae'r côr wedi bod yn rhywbeth sbesial. O'r cychwyn oll, roedd perthynas arbennig – roeddem yn gwneud rhywbeth gwell nag er ein mwyn ein hunain. Roedd y côr yn tyfu, côr o ffrindiau … A dyna'r math o brofiadau mae'r Urdd yn ei gynnig i bobl ifanc. Roedd y ffaith ein bod yn medru mynd â'r ysbryd yna gyda ni i America, gan ddangos Cymru ar ei gorau, yn werthfawr iawn.[177]

> Mewn byd lle mae casineb a thrais yn rhy gyffredin o lawer, mae'n hollbwysig ein bod ni, fel mudiad, yn gwneud safiad ac yn rhoi platfform i'n pobl ifanc estyn allan drwy gyfeillgarwch ac undod ledled y byd. Mae Urdd Gobaith Cymru wastad wedi ceisio rhoi llais i unigolion a chymunedau sydd wedi'u gwthio i'r cyrion gan iaith, hil, crefydd neu wleidyddiaeth, ac ry'n ni'n falch o ddilyn yn ôl traed John Petts i sicrhau bod y neges yn atseinio'n glir yn Alabama heddiw.[178]

Cyflwyniad roc a dawns Cymraeg a Gwyddeleg

Ym mis Mawrth 2020, lansiwyd partneriaeth newydd gyffrous rhwng yr Urdd a mudiad ieuenctid arbennig yn Iwerddon, TG Lurgan. Mudiad sy'n hyrwyddo'r Wyddeleg a gwneud yr iaith yn apelgar i bobl ifanc trwy ganeuon cyfoes yw hwnnw. Mae ei sianel YouTube, a oedd wedi denu dros 44 miliwn o wylwyr erbyn 2021, yn cynnwys degau o gynyrchiadau cerddorol trawiadol sy'n cydio mewn caneuon cyfoes a'u hail-greu yn yr iaith Wyddeleg.

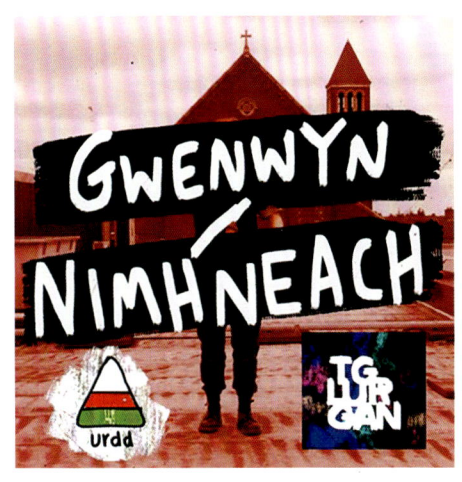

Yn y lansiad, rhoddodd aelodau'r Urdd o Aelwyd yr Ynys, Ynys Môn a'r Gwyddelod berfformiadau cerddorol yn y Gymraeg a'r Wyddeleg yn arddull cynyrchiadau TG Lurgan. Roedd y lansiad yn rhan o Wythnos Cymru Dulyn 2020 a drefnwyd gan Lywodraeth Cymru.

Er gwaethaf heriau'r pandemig i'r ddau fudiad ers 2020, llwyddodd yr Urdd a TG Lurgan i ryddhau cydgynhyrchiad ar ffurf fideo cerddoriaeth yn y Gymraeg a'r Wyddeleg am y tro cyntaf erioed yn Ionawr 2021. Mae 'Golau'n Dallu / Dallta ag na Soilse' yn addasiad o'r gân 'Blinding Lights' gan y grŵp poblogaidd o Ganada, The Weeknd. Recordiodd 28 o bobl ifanc o'r ddwy wlad eu lleisiau o gartref a derbyn cyfarwyddiadau gan y fideograffydd Griff Lynch ar gyfer y fideo cerddoriaeth. Bu'n llwyddiant ysgubol – o fewn llai na mis i'w ryddhau, ffrydiwyd y fideo gan dros 100,000 o ddilynwyr.

Penderfynwyd ymestyn y prosiect ymhellach wedyn. Ar Ddydd Miwsig Cymru, sef 5 Chwefror 2021, gwahoddwyd cantorion a dawnswyr rhwng 16 a 25 oed i gofrestru i fod yn rhan o gynhyrchiad newydd arall gyda TG Lurgan. Addaswyd y gân 'Gwenwyn' gan y grŵp poblogaidd Alffa – sengl sydd wedi'i ffrydio 3.3 miliwn o weithiau ar draws y platfformau digidol. Crëwyd ail fideo ar 22 Chwefror gyda'r cynhyrchydd Ian O'Connor a Griff Lynch yn clymu'r cyfanwaith at ei gilydd, a'i ryddhau ym mis Mawrth. 'Mae'n wych gweld dwy wlad a dwy iaith leiafrifol yn dod at ei gilydd i greu rhywbeth llawn egni a llawn mwynhad,' meddai Iestyn Gwyn o Gaerdydd, oedd yn un o unawdwyr y fideo miwsig cyntaf.

Hysbyseb o berfformiad ar y cyd gan yr Urdd a TG Lurgan.

Mwy o luniau o lansiad y prosiect cyweithredol yn Iwerddon.

Siân Lewis, Eluned Morgan, Mícheál Ó Foighil ac aelodau o TG Lurgan ac Aelwyd yr Ynys.

Mwy o ddolenni rhyngwladol

Ar drothwy dathliadau canmlwyddiant yr Urdd, atgyfnerthwyd gweledigaeth ryngwladol y mudiad drwy ffurfio nifer o bartneriaethau arwyddocaol.

Cychwynnodd Adran Brentisiaeth yr Urdd bartneriaeth gydag asiantaeth United Purpose er mwyn cefnogi prentisiaid ifanc i gael profiad i ddatblygu sgiliau arwain mewn gwledydd ar draws Affrica, Asia a De America. Yn Awst 2019, aeth pedwar o brentisiaid yr Urdd i Kenya i weithio gyda chlybiau pêl-droed y wlad honno.

Crëwyd cysylltiadau ym maes y celfyddydau yn Japan yn ystod taith fasnach o Gymru i'r wlad honno yn 2019. Cafodd Iestyn Tyne, wrth ennill Cadair Eisteddfod yr Urdd 2019, gyfle i deithio i Gamerŵn i fod yn rhan o'r African Festival of Emerging Writers yn Chwefror 2020. Bu'n perfformio'i waith yn Gymraeg yno, yn cymryd rhan mewn sgyrsiau ac yn arwain gweithdai mewn ysgolion lleol. Codwyd pontydd rhwng Cymru ac awduron ifanc o Gamerŵn a hefyd o Nigeria, yr Ariannin a Ffrainc.

Cyfleoedd rhyngwladol i enillwyr Eisteddfod yr Urdd 2022

Ar ddiwedd Eisteddfod y Canmlwyddiant cyhoeddwyd y byddai rhai o aelodau'r Urdd yn cael eu gwahodd i berfformio fel gwesteion arbennig yng Ngŵyl Gogledd America a gynhaliwyd yn Philadelphia rhwng 31 Awst a 4 Medi 2022. Dewiswyd y cantorion ifanc Siriol Elin, Manon Ogwen, Tomos Bohana a Dafydd Jones i gynrychioli'r Urdd ar sail eu perfformiadau yn Eisteddfod T 2021 ac Eisteddfod yr Urdd Sir Ddinbych yn 2022 a theithiodd y criw yno gyda Siân Lewis, Prifweithredwr yr Urdd. Mae Gŵyl Gogledd America yn dyddio'n ôl i'r un flwyddyn ag y cynhaliwyd Eisteddfod Genedlaethol yr Urdd am y tro cyntaf un, sef 1929. Y flwyddyn honno fe deithiodd 4,000 o bobl i Niagara Falls ar gyfer y Gymanfa Ganu Genedlaethol i Gymry America. Erbyn hyn, cynhelir yr ŵyl bob mis Medi mewn lleoliad gwahanol, naill ai yn yr Unol Daleithiau neu yng Nghanada. Mae'r ŵyl bedwar diwrnod yn ddathliad o fywyd, treftadaeth a diwylliant Cymru. Daw'r cyfle unigryw o ganlyniad i gymynrodd i'r Urdd gan y diweddar Dr John M. Thomas, Cymro oedd yn byw yn Florida yn yr Unol Daleithiau.

Parhau â'r dimensiwn rhyngwladol

Yng ngolwg llawer, mae'r cysylltiadau rhyngwladol y mae'r Urdd wedi'u meithrin yn ystod canrif gyntaf ei fodolaeth yn bwysicach heddiw nag erioed. Fel yr eglurodd Wynne Melville Jones:

> Nodwedd arbennig o apêl yr Urdd i nifer yw'r dimensiwn rhyngwladol. Yn sgil penderfyniad gwledydd Prydain i ymadael ag Ewrop rhaid i fudiad fel yr Urdd gamu i'r adwy er mwyn sicrhau perthynas iach, agos a gweithgar gyda phobl ifanc gwledydd y Cyfandir. Gall effaith hyn fod yn bellgyrhaeddol o safbwynt perthynas y gwledydd â'i gilydd ac mae'r Urdd mewn sefyllfa arbennig i bontio ac i greu rhwydweithiau effeithiol ac i wneud gwahaniaeth.[178]

Mae Adran Brentisiaeth yr Urdd wedi bod yn hynod boblogaidd ers ei lansio yn 2019.

33

Dyddiadur Corona a Dringo i'r Dathlu

Ym misoedd cyntaf 2020, roedd Cymru gyfan yn dal ei gwynt wrth weld pandemig heintus y Coronafeirws yn ymledu o Asia i Ewrop. Ar 28 Chwefror, daeth cadarnhad fod y clefyd wedi cyrraedd yma, ac erbyn 23 Mawrth, roedd Prydain gyfan dan amodau cyfnod clo na welwyd mo'i debyg o'r blaen. Daeth term dieithr fel 'hunanynysu' yn air bob-dydd. Ar 16 Mawrth, sylweddolodd yr Urdd y byddai'n rhaid cymryd y camau canlynol er iechyd a lles aelodau, staff a gwirfoddolwyr:

- Cau gwersylloedd Llangrannog, Caerdydd a Glan-llyn i'r holl weithgareddau preswyl o ddydd Gwener, 20 Mawrth 2020 hyd nes bydd rhybudd pellach
- Canslo'r holl eisteddfodau cylch a sir
- Gohirio Eisteddfod yr Urdd Sir Ddinbych tan 2021
- Canslo pob cystadleuaeth chwaraeon genedlaethol
- Canslo pob gweithgaredd cymunedol nes derbyn rhybudd pellach.

Roedd hyn yn effeithio ar weithlu o 320, yn ergyd ariannol gychwynnol o £4 miliwn, heb sôn am yr effaith ar fywyd cymdeithasol a diwylliannol pobl ifanc a phlant Cymru. Yr Urdd yw cyflogwr Cymraeg mwyaf y trydydd sector yng Nghymru, yn werth £31.5 miliwn i economi'r wlad. Roedd 11,000 o bobl ifanc yn cymryd rhan yn wythnosol yng nghlybiau chwaraeon cymunedol y mudiad ac roedd 68,000 yn cystadlu'n flynyddol yn Eisteddfod yr Urdd. Hwn oedd yr argyfwng mwyaf a wynebodd y mudiad yn ei holl hanes.

Cyfryngau newydd

Ond ymhen mis, roedd y mudiad wedi dechrau canfod dulliau newydd ac ymarferol o gyfrannu at ymdrech y wlad i daro'n ôl yn erbyn y pandemig a chefnogi'r gweithwyr allweddol. O ddydd Iau, 16 Ebrill 2020 ymlaen, defnyddiwyd adnoddau cegin Gwersyll Llangrannog i baratoi hamperi bwyd ar gyfer gweithwyr hanfodol y Gwasanaeth Iechyd yn ysbytai Bronglais, Glangwili ac Ysbyty Gwynedd.

> 'Efallai fod y gwersylloedd ar gau a gweithgareddau cymunedol yr Urdd ar stop, ond mae'r mudiad yn dal yn awyddus i wneud ei ran a chefnogi'r rhai hynny sy'n gwneud eu gorau yn y cyfnod anodd hwn,' meddai Siân Lewis, Prif Weithredwr yr Urdd. 'Mae pawb yn ymwybodol o'r pwysau sydd ar staff ysbytai Cymru, ac mae hon yn un ffordd i fudiad yr Urdd allu gwneud rhywbeth i ddangos ein diolch iddyn nhw.'[182]

Dros yr wythnosau dilynol, gwelwyd cefnogwyr yr Urdd yn dosbarthu teganau a hamperi i bob ward plant drwy Gymru, yn dosbarthu prydau bwyd a negeseuon i drigolion anghenus yn y cymunedau, yn defnyddio adnoddau Gwersyll Glan-llyn i baratoi prydau bwyd i'r gymuned yn Llanuwchllyn, ac yn cyfrannu at fanciau bwyd y brifddinas o Wersyll Caerdydd.

Eisteddfod T

Ddechrau Mai 2020, cyhoeddwyd y byddai Eisteddfod yr Urdd yn cael ei chynnal wedi'r cyfan – Eisteddfod wahanol, arloesol, rithiol fyddai hi dan yr enw 'Eisteddfod T', gyda'r slogan 'Dyma Eisteddfod i ti o'r tŷ'. Cyhoeddwyd dros 80 o gystadlaethau oedd i'w cynnal rhwng 25 a 29 Mai 2020 gan ychwanegu cystadlaethau byrfyfyr yn ddyddiol, a'r cyfan yn cael ei ddarlledu o

Stiwdio Eisteddfod T yn 2020, gyda'r cyflwynwyr Trystan Elis Morris a Heledd Cynwal.

stiwdio dros dro yng Ngwersyll yr Urdd ym Mae Caerdydd. Cymerwyd rhan gan dros 4,000 o gystadleuwyr. Llanwodd yr ŵyl wacter gyda chyfuniad o gystadlaethau traddodiadol a rhai newydd, hwyliog, byrfyfyr, dyddiol ar gyfer y teulu cyfan. Dangosodd y genedl ei bod wedi meistroli cyfryngau FaceTime, Zoom, Teams, YouTube a dulliau eraill o gyfathrebu a chreu ffilmiau. Darlledwyd y cyfan ar S4C, Radio Cymru a chyfryngau cymdeithasol yr Urdd.

Hysbyseb hyrwyddo Eisteddfod T 2021.

'Mae'r ymateb wedi bod yn anhygoel i'r holl gystadlaethau,' meddai Siân Eirian, Cyfarwyddwr yr Eisteddfod, ar drothwy'r digwyddiad. 'Mae safon y cystadlu yn aruchel a'r deunydd ysgafn yn llawer iawn o hwyl … Mae'n Eisteddfod wahanol, ond mae'n mynd i fod yn Eisteddfod wych.'[180] Doedd dim byd tebyg i Eisteddfod T wedi'i gynnal yn y Gymraeg o'r blaen ac roedd yn arbrawf arloesol gan S4C a Radio Cymru hefyd.

Cynhaliwyd Eisteddfod T ddigidol arall fwy arloesol fyth yn ystod y Sulgwyn 2021 wedyn, yn sgil parhad pandemig y Coronafeirws a gohirio Eisteddfod yr Urdd Sir Ddinbych unwaith eto. Darlledwyd yr Eisteddfod T y tro hwn o stiwdio bwrpasol yng Ngwersyll yr Urdd, Llangrannog ar y teledu, y radio a'r platfformau amrywiol ar y cyfryngau cymdeithasol o ddydd Llun tan ddydd Gwener. Daeth 13,000 i gystadlu mewn 134 o gystadlaethau – rhai ohonynt mor bell i ffwrdd â Dubai a Phatagonia. Cynhaliwyd seremonïau'r prif wobrau yn yr awyr agored yn y gwersyll, dan gysgod y 'Cyfrwy', gydag arfordir Bae Ceredigion yn gefnlen ddiddorol oedd yn newid yn ddyddiol. Lansiwyd ap hefyd a oedd yn galluogi'r defnyddwyr i ymweld yn rhithiol â Maes yr Urdd, a hynny am y tro cyntaf erioed. Adlewyrchai'r map rhithiol hwn fwrlwm y Maes gyda dolenni byw i dros 100 o fideos a gweithgareddau hwyliog – o sesiynau pabell GwyddonLe, CogUrdd a Phentre Mistar Urdd, i ddisgo yng Ngwersyll Caerdydd a gìg yng Nglan-llyn, a llawer mwy. Yn ychwanegol at hynny, roedd marchnad ddigidol Maes T hefyd yn dod â chyffro'r ŵyl i Facebook unwaith eto, ac yn gyfle i bobl siopa o'r soffa a chefnogi crefftwyr a chwmnïau Cymru gydol yr wythnos.

Yr argyfwng yn parhau

Er hynny, roedd argyfwng pandemig y Coronafeirws yn dal i wasgu'r mudiad. Roedd gwersylloedd yr Urdd yn parhau i fod ar gau ar gyfer cyrsiau preswyl a gwyliau i aelodau. Golygai hyn ostyngiad incwm misol o £500,000 i'r Urdd. Roedd rhagolygon y golled a wynebai'r mudiad dros 18 mis cyntaf y cyfnod clo yn frawychus.

Meddai Siân Lewis:

> Mae'r Urdd wastad wedi rhoi pwyslais ar greu incwm ei hun heb fod yn orddibynnol ar arian cyhoeddus, ac wedi llwyddo i ddatblygu model busnes llwyddiannus. Yn 2019, roedd trosiant yr Urdd dros £10m gyda chyfraniad o 19% yn unig gan y pwrs cyhoeddus. Bellach gyda'n gwersylloedd ar gau i gyrsiau preswyl, a diffyg incwm ein gwaith cymunedol a chwaraeon, mae'r sefyllfa wedi rhoi ac yn parhau i osod straen ariannol enfawr ar yr Urdd. Ni fyddai modd i unrhyw sefydliad oroesi sefyllfa o'r fath heb wneud toriadau ac yn anffodus, dyna sy'n wynebu'r Urdd.[181]

Gwersylloedd Glan-llyn a Llangrannog.

Roedd mwyafrif staff yr Urdd ar gynllun seibiant swyddi'r Llywodraeth ond datgelwyd ym mis Gorffennaf 2020 fod 80 swydd barhaol a 70 o swyddi achlysurol dan fygythiad. Roedd effaith y pandemig yn ddinistriol. Er iddynt fod yn llwyddiannus gyda dau gais am gyllid i Lywodraeth Cymru gan dderbyn cefnogaeth o £3.1 miliwn, wynebodd Pwyllgor Gwaith Argyfwng y mudiad, ynghyd â'r Ymddiriedolwyr a'r Uwch Dîm Rheoli, yr her o orfod gwneud toriadau gwariant sylweddol.

Gweithgareddau rhithiol

Gydol cyfnod y pandemig, parhaodd Adrannau'r Urdd i drefnu amrywiaeth eang o weithgareddau ar gyfer eu haelodau, gan gynnwys sesiynau ieuenctid ar-lein, cyfleoedd ym maes chwaraeon mewn rhanbarthau ar draws Cymru, gweithdai celfyddydol rhithiol a Gwasanaeth Awyr Agored i bobl ifanc fregus.

Prentisiaethau'r Urdd

Erbyn Ebrill 2021, roedd mudiad yr Urdd yn gallu cyhoeddi'i fod yn ailadeiladu'n ffyddiog ar gyfer y dyfodol. Yn dilyn cefnogaeth ariannol bellach gan Lywodraeth Cymru, gallai ddechrau recriwtio gweithwyr ar gyfer 60 swydd ar draws pob un o adrannau'r mudiad. Ymysg y rhain roedd swyddi newydd o fewn yr Adran Brentisiaethau â'r nod

Het i Helpu

Dangoswyd nerth y gefnogaeth i fudiad yr Urdd wrth i Gymru wynebu ail gyfnod clo yn niwedd 2020. Erbyn hynny roedd 160 o swyddi wedi'u colli – ac erbyn 2021 collwyd 54% o'r gweithlu. Penderfynwyd felly lansio ymgyrch 'Het i Helpu' fel modd i roi hwb i incwm yr Urdd. Gwerthwyd hetiau gwlân coch, gwyn a gwyrdd gydag enw'r mudiad arnynt am £15 yr un. Ymhlith yr wynebau cyfarwydd a brynodd hetiau gyda chefnogaeth Ymddiriedolaeth Bêl-droed Cymru roedd rhai o chwaraewyr blaenllaw Cymru, yn cynnwys Aaron Ramsey, Natasha Harding a Ben Davies. Codwyd dros £100,000 i'r coffrau yn sgil yr ymgyrch honno.

Het i Helpu – ymgyrch newydd yr Urdd a lansiwyd yn 2021.

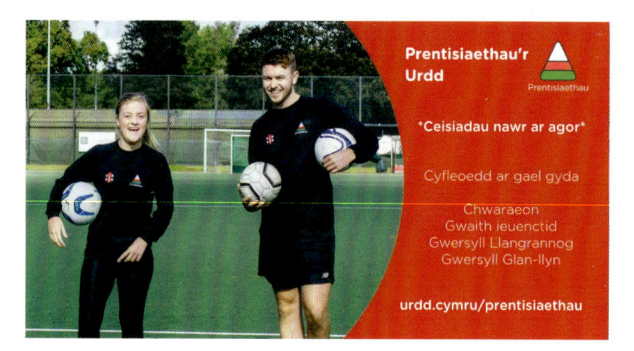

Prentisiaethau'r Urdd.

o ddatblygu a meithrin gweithlu ifanc, hyderus a dwyieithog. Yr Urdd yw'r darparwr prentisiaethau cyfrwng Cymraeg mwyaf blaenllaw yn y trydydd sector, gyda thros 140 o brentisiaid ifanc dros 18 oed ar y llyfrau. Mae'r mudiad yn cynnig Darpariaeth Prentisiaethau Allanol a Mewnol cyfrwng Cymraeg ym meysydd Gweithgareddau Awyr Agored, Chwaraeon, Gwaith Ieuenctid, Cefnogi Dysgu a Gofal Plant yn y gwersylloedd a thu hwnt. Nod yr Urdd yw darparu cyfleoedd i bobl ddysgu, datblygu'n bersonol a chymdeithasol a chynyddu eu hyder wrth ddefnyddio'r Gymraeg.

Dau sydd wedi elwa eisoes o'u cyfleoedd fel prentisiaid gyda'r Urdd yw Rhys Bolton o ardal Cwmbrân a Llio Jones o Lanefydd, y ddau'n brentisiaid Datblygu Chwaraeon. Yn ôl Rhys, sy'n gynorthwyydd dosbarth yn Ysgol Cwmbrân, 'mae'r brentisiaeth wedi codi fy hyder ac ehangu fy ngallu i hyfforddi. Ers gwneud y brentisiaeth, dwi'n medru cynnig sesiynau ymarfer corff i'r ysgol!' Mae Llio, sy'n gweithio gyda'r Urdd fel prentis yn ardal Dinbych, yr un mor werthfawrogol o'i chyfle: 'Mae gwneud y brentisiaeth wedi agor nifer o ddrysau i mi ac ar ôl cwblhau fy mhrentisiaeth, dwi'n teimlo fel y byddaf mewn sefyllfa dda i ymgeisio am swyddi o fewn y maes chwaraeon a hyfforddi.'

Cymorth i'r digartref

Yn ystod y cyfnod clo cyntaf ar ddechrau pandemig y Coronafeirws yn 2020, gwnaeth yr Urdd ymdrech arbennig i godi arian ac i gefnogi Llamau, y brif elusen i'r digartref yng Nghymru. Roedd yr Urdd eisoes wedi ffurfio partneriaeth â'r elusen yn Rhagfyr 2019, gan arwain at drefnu ciniawau Nadolig, partïon ac anrhegion i 240 o bobl ifanc a menywod bregus a'u plant. Wrth i fywyd bob dydd newid yn gyfan gwbl yn sgil y pandemig, roedd yr elusen yn adrodd bod cynnydd yn nifer yr achosion o drais yn y cartref, yn ogystal â nifer y bobl ifanc sy'n wynebu digartrefedd. Felly, gwnaed Calan Mai 2020 yn Ddiwrnod Coch, Gwyn a Gwyrdd wrth i aelodau a ffrindiau'r Urdd annog y cyhoedd (a'u hanifeiliaid anwes) i wisgo lliwiau'r mudiad a chyfrannu i gronfa Llamau. Roedd Frances Beecher, Prif Weithredwr yr elusen, wrth ei bodd â'r ymateb:

> Rydym yn ddiolchgar iawn i'r Urdd am gefnogi Llamau yn ystod yr amser anodd hwn. Yn syml, rhaid i'n gwaith barhau trwy gydol y pandemig hwn, felly bydd ymdrechion codi arian fel hyn yn ein helpu i barhau i ddarparu gwasanaethau rheng flaen hanfodol i bobl ifanc, menywod a'u plant. Maen nhw ein hangen ni nawr yn fwy nag erioed o'r blaen.[182]

Cyfle i Bawb

Ym mis Medi 2021, cyhoeddodd yr Urdd gynllun aelodaeth blwyddyn am £1 yn hytrach na £10 i blant a phobl ifanc o gartrefi incwm isel. Roedd tlodi plant yng Nghymru ar gynnydd cyn pandemig y Coronafeirws ac effeithiodd y sefyllfa honno'n sylweddol ar lesiant a gweithgarwch corfforol plant, yn enwedig y rhai o deuluoedd incwm isel. Erbyn Mai 2022, roedd 29% o blant Cymru'n byw mewn tlodi. Gwyddai'r Urdd fod yn rhaid chwilio am ddulliau eraill er mwyn sicrhau bod pob plentyn yng Nghymru, beth bynnag eu cefndir, yn cael manteisio ar y cyfleoedd sydd ar gael iddynt drwy'r mudiad. Yn Eisteddfod y Canmlwyddiant yn sir Ddinbych, cyhoeddwyd y byddai 200 o blant yn derbyn cymorth o gronfa Cyfle i Bawb y flwyddyn honno.

Ffoaduriaid Affganistan

Er gwaethaf ei broblemau ei hun yn ystod y cyfnod clo, gwelodd yr Urdd fod yn rhaid ymateb i drychineb a siglodd y byd yn Awst 2021. Yn dilyn cwymp Kabul i'r Taliban yn Awst 2021, bu ymdrech ryngwladol i gefnogi dinasyddion Affganistan oedd yn ffoi ac yn ceisio lloches. Heb oedi, cynigiodd y mudiad ei wasanaethau a'i adnoddau dyngarol i gefnogi ffoaduriaid o Affganistan. Dyma'r tro cyntaf i'r Urdd fod yn bartner allweddol wrth lochesu ffoaduriaid. Gan gydweithio'n agos â Llywodraeth Cymru a'r awdurdodau lleol fel rhan o'r weledigaeth o Gymru fel 'Cenedl Noddfa', cafodd rhannau o Wersyll Caerdydd eu troi'n gartref a stafelloedd hamdden i dros 42 o oedolion a 68 o blant oedd yn ffoi rhag peryglon eu gwlad eu hunain. Roedd staff yr Urdd yno'n cynorthwyo i edrych ar ôl y ffoaduriaid drwy baratoi prydau bwyd, darparu stafelloedd *en suite*, cynorthwyo partneriaid gyda'r gwaith ailgartrefu yn ogystal â threfnu amrywiaeth o weithgareddau chwaraeon, celfyddydol ac addysgol er mwyn cefnogi'r teuluoedd. Trefnwyd grwpiau cymorth,

Criw o ffoaduriaid o Affganistan yn derbyn croeso yng Ngwersyll yr Urdd, Caerdydd yn 2021.

Y ffoaduriaid yn mwynhau chwarae gemau gyda staff yr Urdd.

gweithdai a gweithgareddau wythnosol ar gyfer yr oedolion hefyd, o wersi iaith a gweithdai busnes i gemau criced a phêl-droed 5 bob ochr. Roedd y profiad yn brawf o sut gall y 'ffordd Gymreig' o gefnogi ffoaduriaid gyflawni canlyniadau gwell na'r model traddodiadol a ddefnyddir mewn mannau eraill, a hynny'n gymorth i Gymru wireddu ei gweledigaeth fel Cenedl Noddfa. Ganwyd tri phlentyn arall i'r teuluoedd yn ystod eu cyfnod yn y gwersyll. Gadawodd y teulu olaf am ei gartref newydd yn Ionawr 2022. Roedd hi'n amlwg fod y teuluoedd yn hynod ddiolchgar am gefnogaeth yr Urdd, fel y nodwyd ganddynt mewn llythyr:

> Diolch am eich gwaith diflino i wneud ein teuluoedd yn hapus. Mae presenoldeb a chefnogaeth yr Urdd wastad wedi bod yn ffynhonnell o anogaeth a thawelwch meddwl i ni i gyd ac rydyn ni'n ei werthfawrogi'n fawr. Roeddech chi wrth ein hochr yn ein holl drafferthion ac roeddech chi yno gyda ni ym mhob eiliad o'n bywyd yma yng Nghymru. Diolch i'r Urdd am bopeth rydych chi wedi'i roi i ni ac am beidio â'n gadael ar ein pen ein hunain.

Ymwelodd rhai o deuluoedd Affganistan â maes Eisteddfod yr Urdd yn sir Ddinbych. Ar ddiwedd y diwrnod, wrth i'r teuluoedd droi am adref, dywedodd un ferch ifanc: 'That was the best day of my life in Wales so far.'

Meddai Siân Lewis:

> Mae hwn wedi bod yn ymdrech gwaith tîm enfawr ar draws pob sector yng Nghymru, er mwyn ein galluogi ni i agor ein drysau i deuluoedd sy'n chwilio am noddfa a diogelwch.
>
> Rydym yn falch o allu helpu, gan barhau i ddangos i'n haelodau pa mor bwysig yw teyrngarwch i wlad a diwylliant, ond hefyd i les dynoliaeth. Fel sefydliad ieuenctid cenedlaethol mae cynnig cefnogaeth i eraill yn greiddiol i'n gwaith, ac rydym yn falch o estyn llaw o gyfeillgarwch i gymuned Affganistan yn eu cyfnod o angen mawr.

Gwelwyd yr un math o groeso'n cael ei estyn i'r ffoaduriaid o Wcráin yn dilyn dinistr ymosodiad Rwsia ar y wlad honno o ddiwedd mis Chwefror 2022 ymlaen. Cynigiwyd llety a lloches dros dro i tua 250 o unigolion, yn blant ac oedolion, yng Ngwersyll Llangrannog, gan danlinellu un o werthoedd y mudiad, drwy estyn llaw o gyfeillgarwch i eraill yn eu cyfnod o angen. Ac roedd cynnig y fath gefnogaeth yn gofyn am gydweithrediad aelodau'r Urdd o bob cwr o Gymru, fel yr eglura Sian Lewis unwaith eto:

> 'Rydyn ni'n hynod ddiolchgar am gefnogaeth aelodau'r Urdd a'r ysgolion am ein galluogi i agor ein drysau i deuluoedd o Wcráin sy'n chwilio am loches a diogelwch.
>
> 'Dyw hyn ond yn bosibl o ganlyniad i ddealltwriaeth a charedigrwydd ein haelodau, gan fod gofyn iddynt ohirio eu cynlluniau i fynychu cyrsiau preswyl yn un o'n gwersylloedd am y tro wrth i ni gynnig lloches i'r ffoaduriaid.'

Dathlu'r canmlwyddiant

Yna, ar 25 Ionawr 2022, cafodd y mudiad a chefnogwyr o bob cenhedlaeth gyfle i ddechrau ar ddathliadau hirddisgwyliedig canmlwyddiant yr Urdd. Wedi bron i ddwy flynedd o gyfyngiadau cymdeithasol, a chyda chysgod y pandemig yn dal uwchben, daeth 95,000 o blant ac oedolion o bob cwr o Gymru a thu hwnt ynghyd ar gyfer parti pen-blwydd rhithiol drwy gyfrwng Zoom, gan gynnal y parti mwyaf yn hanes yr Urdd. Torrwyd dwy record byd ar ddiwrnod cyntaf y flwyddyn o ddathlu, drwy uwchlwytho bron 2,000 o fideos mewn awr o 95,000 o blant ac oedolion yn canu'r un gân, sef 'Hei! Mistar Urdd', ar lwyfannau Twitter a Facebook. Darlledwyd y digwyddiad ar BBC Radio Cymru a BBC Radio Wales, yng nghwmni cyflwynwyr rhaglen blant S4C *Stwnsh Sadwrn*, Mistar Urdd a Mei Gwynedd ac ysgolion o bob cwr o Gymru.

Uchafbwynt arall y diwrnod oedd y cannoedd o gyfarchion pen-blwydd hapus a dderbyniodd yr Urdd gan ysgolion, enwogion, dylanwadwyr a gwleidyddion, gyda sawl un yn diolch i'r mudiad am y cyfleoedd unigryw dros y blynyddoedd. Ymysg y rhai a anfonodd gyfarchion roedd Prif Weinidog Cymru, Mark Drakeford:

> 'Mae'r Urdd wedi chwarae rhan anferth yn hyrwyddo ein hiaith a'n diwylliant. Canrif o gynnig cyfleoedd arbennig ac unigryw i blant a phobl ifanc Cymru yn y Gymraeg. Dwi'n dymuno'r gorau i'r Urdd ac yn gobeithio am ganrif arall o ddathlu'r coch, gwyn a gwyrdd.'

Yr actor Matthew Rhys.

Daeth cyfarchiad yr holl ffordd o Efrog Newydd hefyd gan yr actor byd-enwog, Matthew Rhys:

> **Dw i fel miloedd ohonom ni … yn hynod ddiolchgar am y cyfleoedd di-ri a ddaeth i ni oblegid yr Urdd … Dw i'n edrych ymlaen yn fawr iawn i ddathlu'r holl ddathliadau arbennig a ddaw i'r mudiad yn y flwyddyn arbennig hon. Pen-blwydd hapus iawn i'r Urdd!**

Roedd 25 Ionawr 2022 hefyd yn gyfle i edrych i'r dyfodol, wrth i'r Urdd gynnig aelodaeth oes i unrhyw faban oedd yn ddigon lwcus i ddod i'r byd ar y diwrnod hwnnw. Y newyddion da oedd i dair merch fach gael eu geni ar y diwrnod hwnnw ac felly ddod yn aelodau oes o'r mudiad.

Ar ddiwrnod cyffrous ac emosiynol i lawer, gallai mudiad yr Urdd a'i gefnogwyr edrych ymlaen at raglen lawn a llawen iawn i gofnodi Canrif yr Urdd, yn cynnwys:

- Cychwyn gwaith cynllunio ar gyfer y gwersyll amgylcheddol cyntaf o'i fath yng Nghymru ym Mhentre Ifan, sir Benfro; agoriad Calon y Gwersyll yn Llangrannog a Chanolfan Hyfforddi Gweithgareddau Dŵr newydd yng Nglan-llyn.

- Teithiau i Alabama ac Iwerddon, a lansio Neges Heddwch ac Ewyllys Da'r Canmlwyddiant yng nghanolfan Nobel yn Norwy.

Cafodd tair merch fach eu geni ar ddiwrnod dathlu pen-blwydd yr Urdd yn 100, sef y 25 Ionawr 2022.

Alys Megan Jones, ei Mam Sioned Jones ac Aled Hughes yng Ngwersyll yr Urdd, Llangrannog

Lois Medi Jones a'i Mam Rhiannon Johnston

Adrian a Clare Morgan ac Elena Mai Morgan - o Gorseinon

Lluniau o'r amrywiol gystadlaethau a gynhaliwyd yng Ngŵyl Gemau Trefol Cymru yn 2022.

- Gŵyl Gemau Stryd Cymru ym Mae Caerdydd fis Mehefin – gan arddangos chwaraeon Olympaidd newydd megis BMX a sglefrfyrddio.

- Arddangosfa newydd i nodi canmlwyddiant y mudiad yn Amgueddfa Werin Cymru, Sain Ffagan rhwng 25 Ionawr a 5 Mehefin, arddangosfa am yr Urdd yn Amgueddfa Storiel, Bangor, ac arddangosfa o archif y Neges Heddwch ac Ewyllys Da yn Llyfrgell Genedlaethol Cymru.

- Cyfres gomisiwn gan S4C yn mynd â gwylwyr yn ôl i Langrannog drwy'r degawdau, a rhaglen ddogfen gan Cwmni Da yn edrych ar gyfraniad y Fonesig Eirys Edwards (gwraig Syr Ifan) tuag at sefydlu'r Urdd, wedi'i chyflwyno gan ei hwyres, Mari Emlyn.

- Taith gan gwmni theatr Mewn Cymeriad, *Canrif Syr Ifan*, o amgylch ysgolion Cymru yn ystod 2022.

- Cyhoeddi nifer o gyfrolau – cyfrol Penri Jones, *Breuddwyd Syr Ifan*, y nofel hanesyddol *Ffoi rhag y Ffasgwyr* am ieuenctid yr Urdd a'r Almaen 1939–51 gan Wasg Carreg Gwalch, a'r nofel graffeg *Anturiaethau Mistar Urdd* gan wasg y Lolfa.

- Llywodraethiant newydd – erbyn diwedd 2022 byddai presenoldeb a llais gan bobl ifanc ar draws holl Fyrddau a Phwyllgorau Cenedlaethol yr Urdd.

Eisteddfod y Dathlu

Welwyd erioed gymaint o bobl yn gwenu ar unrhyw Faes Eisteddfod ag a welwyd yn Ninbych adeg Eisteddfod yr Urdd ddiwedd Mai 2022. Yn ogystal â bod yn Eisteddfod y Dathlu, roedd hon yn eisteddfod ar faes am y tro cyntaf ers tair blynedd. Llwyddodd yr Urdd i gael cefnogaeth Llywodraeth Cymru a sicrhau nawdd oedd yn golygu bod pob ymwelydd yn cael mynediad i'r Maes am ddim. Ar ben hynny, roedd pob cystadleuydd yn cael cyrraedd y llwyfan cenedlaethol yn un o'r tri phafiliwn – y Coch, y Gwyrdd a'r Gwyn – ar y Maes. Daeth y torfeydd i gefnogi. Cafwyd enillwyr teilwng i'r holl brif wobrau. Daeth yr Eisteddfod i ben gyda Gŵyl Triban – tair noson o adloniant cyfoes rhad ac am ddim.

Roedd cyfle ar stondin Merched y Wawr ar y Maes yn ogystal i gofio am Eisteddfod gyntaf yr Urdd a gynhaliwyd yng Nghorwen yn 1929. Yno roedd arddangosfa o luniau, rhubanau a bathodynnau enillwyr a thrugareddau eraill. Un o weithwyr y stondin oedd Haf Roberts ac roedd ganddi ffotograff o'i mam, Nansi Hughes Jones, yn rhan o griw'r gystadleuaeth Cân Actol yn yr Eisteddfod gyntaf.

Bwrlwm y Maes yn Eisteddfod Dinbych 2022.

Gemau Stryd Cyntaf Cymru

Yn ystod penwythnos y 18–19 Mehefin, roedd ardal Roald Dahl Plass ym Mae Caerdydd yn wledd o gystadlaethau BMX, sglefrfyrddio, pêl fasged cadair olwyn, sgwtera a dawnsio 'breakin'. Roedd categorïau ar gyfer plant, pobl ifanc a'r pencampwyr.

Ar ddiwedd y flwyddyn, penodwyd Nooh Ibrahim, cyn-ddisgybl o Ysgol Fitzalan sydd yn byw yn Nhre-biwt yng Nghaerdydd, yn Swyddog Chwaraeon Cymunedol Amrywiol cyntaf yr Urdd. Fel rhan o'r rôl newydd, bydd Nooh yn cynnal gweithgareddau chwaraeon dwyieithog i gefnogi sesiynau 'Chwarae drwy'r Gymraeg' mewn cymunedau amrywiol yng Nghaerdydd.

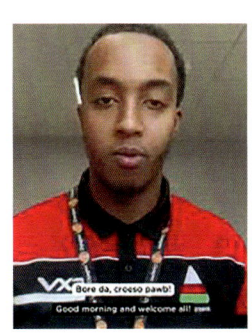

Nooh Ibrahim, Swyddog Chwaraeon Cymunedol Amrywiol cyntaf yr Urdd.

Gwobrau Heddychwyr Ifanc 2022

Yng Ngŵyl Gerddorol Ryngwladol Llangollen, dyfarnwyd y wobr gyntaf i Urdd Gobaith Cymru a'i aelodau yng nghategori 'Heddychwyr Ifanc y Flwyddyn' am Neges Heddwch ac Ewyllys Da 2022 y mudiad. Lansiwyd Neges Heddwch canmlwyddiant yr Urdd, 'Yr Argyfwng Hinsawdd' ar 18 Mai yng Nghanolfan Heddwch Nobel yn Oslo, Norwy, mewn digwyddiad arbennig yng nghwmni Prif Weinidog Cymru, Mark Drakeford ynghyd â'r myfyrwyr o Brifysgol Aberystwyth a helpodd i'w llunio. Enillydd categori 'Heddychwr Rhyngwladol' Gwobrau Heddychwyr Ifanc 2022 oedd Mah Zari Kakar, ffoadur o Affganistan fu'n aros yng Ngwersyll yr Urdd Caerdydd yn 2021. Enwebwyd Mah gan yr Urdd am y wobr fel cydnabyddiaeth o'i gwaith diflino'n ymgyrchu dros hawliau merched yn Affganistan ynghyd â'i pharodrwydd i barhau â'r ymdrechion hyn yng Nghymru.

Côr Dyffryn Clwyd yng Ngemau'r Gymanwlad ac yng Nghwpan y Byd

Ar ôl cipio'r wobr gyntaf yng nghystadleuaeth Côr S.A.T.B. 14–25 oed Eisteddfod yr Urdd Sir Ddinbych 2022, bu Côr Aelwyd Dyffryn Clwyd yn cynrychioli'r Urdd fel côr swyddogol Tîm Cymru yng Ngemau'r Gymanwlad ym Mirmingham ddiwedd Gorffennaf. Aeth y Côr hefyd i Gwpan y Byd yn Qatar fel rhan o fintai 'Lleisiau Cymru' ym mis Tachwedd 2022.

Yn Qatar hefyd roedd tîm o 10 yn aelodau staff a llysgenhadon ifanc yr Urdd yn cyflwyno Cymru i'r Byd rhwng 13–21 Tachwedd. Yn y sesiynau chwaraeon a chelfyddydol, roedd yr iaith Gymraeg yn cael ei chyflwyno drwy eirfa syml, gan rannu gwybodaeth am ddiwylliant Cymru a'n gwerthoedd fel gwlad. Arweinwyr y sesiynau oedd rhai o staff yr Urdd ynghyd â dwy o lysgenhadon cynllun #FelMerch yr Urdd, cynllun sy'n ymbweru merched o fewn maes chwaraeon.

Aelodau'r Urdd yn derbyn gwobr 'Heddychwyr Ifanc y Flwyddyn' am Neges Heddwch ac Ewyllys Da 2022 y mudiad.

Criw'r Urdd yn cynrychioli Cymru yn rowndiau terfynol Cwpan Pêl-droed y Byd yn Qatar.

Dathliadau Canmlwyddiant yr Urdd ym mhentref Treuddyn ym mis Hydref 2022.

Urddo Aelodau'r Urdd yng Ngorsedd Cymru

Cafodd deunaw o aelodau'r Urdd eu hurddo i'r Wisg Werdd yng Nghylch yr Orsedd ar y dydd Llun yn Eisteddfod Genedlaethol Ceredigion yn Nhregaron. Dyma'r rhai oedd wedi dod i'r brig ym mhrif gystadlaethau'r mudiad. Gan mai dyma seremoni urddo gyntaf Gorsedd Cymru ers 2019, roedd nifer o brif enillwyr i'w derbyn.

Dathliad Canmlwyddiant Adran Gyntaf yr Urdd

Dadorchuddio cofeb mewn maes parcio nepell o Glawdd Offa welwyd ym mhentref Treuddyn ar 21 Hydref. Eisoes mae'r pentref yn llawn placiau a byrddau gwybodaeth am hynt a helynt yr Adran yno – y gyntaf yng Nghymru, fel y gwelwyd yn nechrau'r gyfrol hon. Ymgasglodd dau gant o bobl o flaen y gofeb oedd wedi'i gwisgo â baneri'r Urdd. Yn eu mysg, roedd amryw o aelodau oedd yn medru olrhain cysylltiadau teuluol â'r lluniau o aelodau cynnar ar y plac gwybodaeth. I sain cerddoriaeth cân Mistar Urdd, gorymdeithiodd tua chant o ddisgyblion y ddwy ysgol yn y pentref yn cario dreigiau a bathodynnau'r Urdd ac yn gweiddi canu lond y stryd tuag at y maes parcio. Yr Urdd, heb os, oedd ffynhonnell y ganrif o Gymreictod oedd yn cael ei dathlu yn Nhreuddyn y pnawn hwnnw.

Jamborî Cwpan y Byd.

Jamborî Cwpan y Byd

Ar 10 Tachwedd, trefnodd yr Urdd Jamborî Cwpan y Byd gyda dros 230,000 o blant o 1071 ysgol ar hyd Cymru yn dod at ei gilydd ar Zoom i ganu caneuon i ddangos cefnogaeth a rhoi hwb i dîm pêl-droed Cymru yng Nghwpan Pêl-droed y Byd. Roedd y Jamborî hefyd yn cynnwys negeseuon arbennig gan Brif Weinidog Cymru a gan chwaraewyr tîm Cymru, yn ogystal ag un o arwyr y genedl, Dafydd Iwan, yn canu ei gân enwog, Yma o Hyd, yn fyw i'r degau o filoedd o blant ysgol ar 10 Tachwedd. Drwy'r Jamborî, gwelwyd 90% o blant ysgol Cymru yn cefnogi'r tîm cenedlaethol – y gefnogaeth orau i unrhyw wlad dan haul!

Tîm Rygbi Merched yr Urdd fu'n cystadlu ym mhencampwriaeth Saith-bob-ochr y Byd.

Digwyddodd hyn ar ôl i'r Urdd drefnu Taith Ysgolion Cwpan y Byd ym mis Hydref 2022. Cynhaliwyd sesiwn hyfforddi pêl-droed mewn ysgolion cynradd gan chwaraewyr tîm Cymru, gyda Mistar Urdd hefyd yn ymuno yn yr hwyl! Roedd pob ysgol hefyd yn derbyn pecyn ysgol Cwpan y Byd ac roedd cyflwyniad am ymgyrch Cymru, ein hiaith a'n diwylliant gan yr Urdd ym mhob sesiwn.

Tîm Rygbi Merched yr Urdd yn Saith-bob-ochr y Byd

Teithiodd tîm rygbi merched yr Urdd i Seland Newydd i herio goreuon y byd gan sicrhau lle i Gymru am y tro cyntaf yng nghystadleuaeth Saith-bob-ochr Ysgolion y Byd. Ar ddiwedd blwyddyn y canmlwyddiant roedd yr Urdd yn falch o roi cyfle i rywun gystadlu mewn cystadleuaeth ryngwladol, ac hefyd i wneud gwaith ymgysylltu a rhannu diwylliant gyda chymuned y Maoris.

Yr Urdd yn ennill yr Aur

Ac os nad oedd hynny oll yn ddigon, Urdd Gobaith Cymru yw'r sefydliad trydydd sector cyntaf yng Nghymru i gyrraedd y safon Aur, drwy ddarparu cyfleoedd cynhwysol i bobl anabl ar draws y genedl. Tipyn o gamp yn wir!

Edrych Ymlaen at Ail Ganrif yr Urdd

Gydag ail ganrif yr Urdd wedi dechrau ym mis Ionawr 2022, mae'n amhosib osgoi'r cyfrifoldebau a'r cyfleoedd y mae'r mudiad yn eu cynnig i ieuenctid Cymru. Mae hybu'r iaith Gymraeg a Chymreictod a chodi pontydd rhwng Cymru a gwledydd, diwylliannau a lleiafrifoedd tramor yn angen cynyddol bwysicach wrth i wladwriaeth Prydain fynd yn fwyfwy ynysig ac ymylol. Yn y byd mawr, mae gan wledydd bychain gymaint o arweiniad i'w roi o hyd. Dyna oedd gweledigaeth Ifan ab Owen gan mlynedd yn ôl ac mae yr un mor berthnasol heddiw.

Pan gyhoeddwyd canrannau Cyfrifiad 1911, gwelwyd bod y Gymraeg yn iaith leiafrifol yng Nghymru gyda dim ond 43.5% o'r boblogaeth yn siarad yr iaith. Ar hyd gweddill y ganrif roedd dirywiad pellach, cyson yn y canrannau. 19% o boblogaeth Cymru oedd yn ei siarad yn 2011.

Roedd Cyfrifiad 1921, flwyddyn cyn sefydlu'r Urdd, yn rhan o'r un patrwm poenus. Ond nid dyna stori'r Gymraeg yn yr ugeinfed ganrif yn ei chyflawnder. Yn ystod Canrif yr Urdd, gosodwyd sylfeini adferiad yr iaith ac roedd y sylfeini hynny dan yr adeiladwaith harddaf, pwysicaf sydd gennym – sef byd ein plant a'n pobl ifanc.

Llwyddodd Dylan Iorwerth i grynhoi arwyddocâd yr Urdd mewn erthygl yng nghylchgrawn *Golwg*:

> Erbyn heddiw, er mai'r Eisteddfod sy'n cael y sylw mawr, mae'r mudiad yn gwneud gwaith clodwiw yn creu cyfleon i siaradwyr Cymraeg newydd ddefnyddio'r iaith y tu allan i'r stafell ddosbarth ... Drwy lwc, mae'r mudiad hefyd fel petai mewn cyfnod ffrwythlon iawn o ran addasu ac arbrofi a'i ymateb er enghraifft i argyfyngau Affganistan a Wcráin yn creu balchder gwirioneddol.

Ar sylfeini Canrif yr Urdd, mae modd parhau â'r gwaith o adeiladu Cymru newydd gyda mwy a mwy o ddefnydd o'r Gymraeg ynddi ym mhob agwedd o fywyd cyhoeddus, gweithgareddau hamdden a bywyd cymdeithasol. Fel yr eglurodd yr hanesydd a'r awdur Dr Elin Jones hefyd:

> ... roedd yr Urdd yn ynys o Gymreictod ar yr amser yr oeddwn i'n tyfu lan yn Ystrad Mynach a dw i wedi gweld fel athrawes yn yr ysgolion Cymraeg eu cyfrwng cymaint mae'r Urdd yn gallu cyfrannu tuag at ddod â phobol ifanc, a phobol ifanc Cymru, ynghyd i ffurfio rhyw Gymru gyda'i gilydd. [184]

Er i flwyddyn dathlu Canrif yr Urdd ddod i ben gyda chyhoeddi niferoedd y siaradwyr Cymraeg ar sail Cyfrifiad 2021, pan welwyd mai 538,300 o bobl, sef 17.8% o boblogaeth Cymru, oedd wedi nodi eu bod yn gallu siarad Cymraeg, rhaid dathlu'r seiliau cadarn a osodwyd gan y mudiad at gyflawni'r nod o hybu'r iaith a Chymreictod ers ei sefydlu yn 1922. Gydag ail ganrif Urdd Gobaith Cymru eisoes ar gerdded, gallwn edrych ymlaen yn eiddgar at yr her, yr hwyl a'r pleser o gael gweld gweithgareddau a gweledigaeth yr Urdd yn datblygu ac yn llwyddo ymhellach i'r dyfodol, fel un o wir drysorau Cymru.

Gair gan Siân Lewis

Prif Weithredwr yr Urdd

Braint ac anrhydedd yw cael bod wrth y llyw fel Prif Weithredwr yr Urdd wrth i'r mudiad gychwyn ar ganrif newydd o wasanaeth yn dilyn dathliadau canmlwyddiant llwyddiannus 2022. Nid ar chwarae bach y mae ein staff a'n gwirfoddolwyr egnïol dros y blynyddoedd wedi sicrhau bod yr Urdd yr hyn ydyw heddiw – sef mudiad blaengar, bywiog a beiddgar. Yn wir, credaf yn gryf mai un o'r cyfrinachau tu ôl i lwyddiant yr Urdd yw'r ffaith fod ein gwaith yn cwmpasu cynifer o agweddau o fywydau pobl ifanc Cymru ers canrif a mwy.

Yn ystod degawd cyntaf yr Urdd, sefydlwyd sylfeini a gwerthoedd y mudiad, gan sicrhau bod y ddarpariaeth yn agored i bawb, yn weladwy, yn hygyrch, ac yn groesawgar. Mae'r union werthoedd hynny'n parhau i fod yn ganolog i'n gwaith cynllunio a'n darpariaeth heddiw – darpariaeth sy'n seiliedig ar lais ein haelodau. Nhw sy'n arwain ein gwaith fel prif fudiad plant a phobl ifanc Cymru.

Drwy gynnal a datblygu amrywiol bartneriaethau lleol, rhanbarthol, cenedlaethol a rhyngwladol, gallwn barhau i lwyddo i gynnig profiadau a chyfleoedd cyfrwng Cymraeg amhrisiadwy i'n haelodau i'r dyfodol. Mae cynnig cefnogaeth i'n cyd-ddyn yn greiddiol i'n gwaith, ac fel sefydliad ieuenctid cenedlaethol, rydym yn chwilio'n gyson am ddulliau arloesol i sicrhau bod pob plentyn yng Nghymru, beth bynnag fo'u cefndir, yn cael manteisio ar y cyfleoedd sydd ar gael iddynt drwy'r Urdd.

Rwy'n hynod falch fod yr Urdd wedi ymrwymo i gefnogi plant a phobl ifanc o gartrefi incwm isel yn ddiweddar drwy gynnig aelodaeth flynyddol iddynt am £1 yn unig, a thrwy hynny, sicrhau nad yw sefyllfa ariannol teulu yn golygu bod yn rhaid i blentyn golli cyfle. Ac mae'r cynllun 'Cyfle i Bawb – Cronfa Gwersyll Haf yr Urdd' eisoes wedi galluogi cannoedd o blant na fyddent fel arall yn cael cyfle i fynd ar wyliau i fwynhau gwersyll haf yng Nglan-llyn, Llangrannog neu Gaerdydd.

I'r dyfodol, hoffwn anelu ein hymdrechion orau y medrwn tuag at wneud yn siŵr fod ein gwaith yn denu plant a phobl ifanc o gefndiroedd diwylliannol a chymdeithasol amrywiol i ddefnyddio'r Gymraeg, ac nad yw anableddau corfforol yn peri rhwystr i unrhyw aelod wrth ymwneud â'n gwasanaethau.

Y Cymry newydd sy'n greiddiol i'r Urdd heddiw – y siaradwyr Cymraeg a'r dysgwyr, a'r rheiny nad ydynt yn siaradwyr Cymraeg ond sy'n gefnogol i'r iaith. Ein prif uchelgais yw ymestyn cyrhaeddiad ac effaith ein gwaith, ac mae hyn yn hanfodol bwysig os ydym am i'r iaith Gymraeg fod yn rhan annatod o fywydau plant a phobl ifanc yng Nghymru. Rydym am i bob plentyn yng Nghymru deimlo bod yr iaith, ynghyd â diwylliant a thraddodiadau Cymru, yn perthyn iddyn nhw.

Mae gan yr Urdd weithlu arbennig, ac mae eu hannog i fentro ac arloesi yn rhan fawr o lwyddiant a thwf y mudiad. Gwaith tîm yw'r Urdd, ac rydyn ni'n cyflawni oherwydd ein bod yn teimlo'n angerddol dros gynnig y gorau i'n pobl ifanc. Drwy barhau i annog gweithlu i arloesi a bwrw ati gyda syniadau newydd maen nhw'n meithrin yr hyder i fentro. Wrth gwrs, ni ddaw llwyddiant yn sgil pob arbrawf neu fenter, ond gwell hynny nag aros yn ein hunfan. Ac un peth sy'n sicr, nid yw'r Urdd erioed wedi bod yn sefydliad sy'n llaesu dwylo ...!

Edrychwn tua'r dyfodol gyda ffydd a gobaith.

Siân Lewis

Chwefror 2023

Llinell amser Canrif yr Urdd

Y sylfaenwyr a'r arweinwyr cyntaf
– IFAN AB OWEN EDWARDS ac EIRYS EDWARDS

1922 Llythyr y golygydd yn cyflwyno'r syniad am fudiad Cymraeg i ieuenctid Cymru yn *Cymru'r Plant*; croesawu'r aelodau cyntaf a chreu ffurf, nod a swyddogion.

Sefydlu Adran Treuddyn, sir y Fflint – yr Adran gyntaf.

1923 Cynllunio bathodyn a thystysgrif aelodaeth.

1924 Dechrau darlledu Neges Ewyllys Da ieuenctid Cymru.

1925 Cyfarfod cyhoeddus cyntaf yr Urdd yn ystod Eisteddfod Genedlaethol Pwllheli.

1926 Creu baner yr Urdd.

1927 Creu baneri'r Adrannau a chynnal yr orymdaith drefol gyntaf yng Nghaergybi.

Gollwng 'fach' o enw'r mudiad (Urdd Gobaith Cymru Fach).

1928 Gwersyll haf cyntaf yr Urdd, Llanuwchllyn.

1929 Eisteddfod Genedlaethol gyntaf yr Urdd, Corwen.

Creu gwisg yr Urdd i'w haelodau. Cyhoeddi Cronicl misol y mudiad.

1930 Pererindod gyntaf aelodau'r Urdd i Genefa. Symud y swyddfa o Lanuwchllyn i Aberystwyth.

1931 Cynnull Senedd o 250 o gefnogwyr y mudiad.

Penderfynu ffurfio Cwmni Urdd Gobaith Cymru.

Sefydlu Cymdeithas Genedlaethol y Bêl-droed dan adain yr Urdd.

1932 Diweddaru arwyddair yr Urdd. Cynnal y Mabolgampau cyntaf yn Llanelli.

Sefydlu gwersyll yn Llangrannog am y tro cyntaf.

Prynu adeilad ar gyfer swyddfeydd yr Urdd yn Ffordd Llanbadarn, Aberystwyth.

1933 Ifan ab Owen Edwards, sylfaenydd yr Urdd, yn prynu camera ffilm a pheiriant sinema. Mordaith bleser gyntaf yr Urdd i Norwy.

Prif Drefnydd/Cyfarwyddwr 1934–1973
– R.E. GRIFFITH

1934 Apwyntio R.E. Griffith yn Brif Drefnydd yr Urdd. Agor gwersyll i fechgyn ym Mhorth Dinllaen.

1935 Creu'r ffilm Gymraeg gyntaf: *Y Chwarelwr*.

Saith o bobl yn gweithio'n llawn-amser i'r Urdd bellach.

1936 Prynu a defnyddio offer meicroffon yn Eisteddfod a Mabolgampau'r Urdd.

1937 Dechrau ymgyrch gwerthu llyfrau Cymraeg yr Urdd.

1938 Yr Urdd yn creu Deiseb Genedlaethol yr Iaith.

1939 Sefydlu Ysgol Gymraeg yr Urdd yn Aberystwyth – y gyntaf o'r fath.

1940 Sefydlu nifer o Aelwydydd newydd a'r cylchgrawn *Yr Aelwyd*.

1941 Cau Gwersyll Llangrannog a methu cynnal Eisteddfod Genedlaethol yn sgil yr Ail Ryfel Byd.

1942 Cystadlaethau i Aelwydydd am y tro cyntaf. Sefydlu 'Young Wales Clubs'.

1943 Agor gwersylloedd yr Urdd yn Llanmadog a Chaernarfon; galw cyfarfod o holl gyhoeddwyr Cymru fel rhan o'r Ymgyrch Lyfrau.

1944	Creu bathodyn newydd i'r Urdd.	**1960**	Cychwyn 'canu ysgafn' Cymraeg yn rhengoedd y mudiad.
1945	Yr Urdd yn allweddol wrth sefydlu Undeb Cyhoeddwyr a Llyfrwerthwyr Cymreig.		Ifan ab Owen yn cael ei daro'n wael a'r mudiad yn dal ati heb wasanaeth y sylfaenydd a'r llywydd.
1946	Adfer Eisteddfod yr Urdd. Croesawu tramorwyr i Wersyll Llangrannog.	**1961**	Sefydlu Cyngor Llyfrau Cymraeg yn sgil Ymgyrch Lyfrau'r Urdd.
	Fframwaith gref i'r mudiad – 817 o ganghennau a rhwydwaith o bwyllgorau cylch, sir a chenedlaethol.	**1962**	Teithiau canŵ cyntaf aelodau hŷn yr Urdd.
1947	Yr Urdd yn derbyn Gwesty Pantyfedwen yn rhodd gan David James; agoriad swyddogol yn Ffair Fawr y Borth.	**1963**	Sefydlu *Deryn* yn gylchgrawn i'r plant iau.
		1964	Yr Urdd yn prynu prydles Gwersyll Glan-llyn.
1948	Cynnal Gwersyll Cydwladol cyntaf yr Urdd yn Aberystwyth.	**1965**	Ymgyrch yr Urdd yn sicrhau sieciau dwyieithog am y tro cyntaf.
1949	Sefydlu Gwersyll Celtaidd; anfon aelodau i Iwerddon, Ffrainc a'r Almaen gan ysgogi'r Almaenwyr i sefydlu Aelwyd Bielefeld.	**1966**	Datblygu Canolfan yr Urdd yng Nghaerdydd; cyhoeddi *Bore Da* a *Mynd* i ddysgwyr.
		1967	Croesawu plant o Aber-fan i Wersyll Llangrannog.
1950	Sefydlu Gwersyll Glan-llyn. Ymweliad côr ieuenctid o'r Almaen.	**1968**	Prynu fferm Cefn Cwrt, Llangrannog. Cynnal 'Pinaclau Pop' ym Mhontrhydfendigaid.
1951	Ysgol Gymraeg yr Urdd yn cael ei mabwysiadu gan Bwyllgor Addysg Ceredigion.		Rhwygiadau'r Arwisgo yn ymddangos yn y mudiad.
1952	Coroni Prif Lenor yr Urdd am y tro cyntaf.	**1969**	Y Tywysog Siarl yn annerch Eisteddfod yr Urdd ac yn ymweld â Gwersyll Glan-llyn.
	Sefydlu Undeb Rhieni Ysgolion Cymraeg.		Penodi J. Cyril Hughes yn Ddirprwy Gyfarwyddwr yr Urdd.
1953	Gŵyl Dair Sir yr Urdd yng Nghastellnewydd Emlyn.	**1970**	Marwolaeth Ifan ab Owen. Eirys Edwards, ei wraig, yn cymryd yr awenau fel Llywydd yr Urdd.
	Cyhoeddi'r cylchgrawn ysgafn *Blodau'r Ffair*.		
1955	Cyhoeddi *Cymraeg*, cylchgrawn ail-iaith yr Urdd.	**1972**	Dechrau ailadeiladu Gwersyll Llangrannog.
	Senedd yr Ifanc yn cyfarfod.		Agor canolfan ddringo yng Nghwm Croesor.
1957	Sicrhau prynu Glan-llyn Isa'.		Dathlu hanner can mlynedd yr Urdd a dadorchuddio cerfluniau o O.M. Edwards ac Ifan ab Owen yn y Gilfach Goffa yn ystod Gŵyl y Gobaith, Llanuwchllyn.
1958	Degfed rhifyn *Blodau'r Ffair* yn gwerthu 10,000 o gopïau.		
1959	Creu Cilfach Goffa yn Llanuwchllyn a dadorchuddio cerflun i gofio O.M. Edwards. Ailgyhoeddi rhai o'i gyfrolau i nodi canmlwyddiant ei eni.		

**Cyfarwyddwr 1973–1982
– J. CYRIL HUGHES**

1973 Agor Canolfan Caerdydd yn Heol Conwy ar ei newydd wedd.

Penodi J. Cyril Hughes yn Gyfarwyddwr.

Cynhadledd Genedlaethol yr Urdd yng Nghaerdydd o blaid sefydlu Comisiwn Iaith a Diwylliant i ddiogelu'r Gymraeg.

1974 Yr Urdd yn croesi'r nod o 50,000 o aelodau ac yn gweld cynnydd o 72 yn nifer yr Adrannau a'r Aelwydydd.

Cynnal 'Urdd 74'.

1975 Dangos y ffilm *Dyma'r Urdd* am y tro cyntaf, ffilm a gynhyrchwyd yn Gymraeg ac yn Saesneg gan Wil Aaron.

Cynnal Ras Falŵns Fwya'r Byd.

Sefydlu Cynllun Punt y Pen i annog aelodau i godi arian i'r mudiad.

1976 Cyflwyno cymeriad a chân Mistar Urdd am y tro cyntaf.

Ehangu gwasg yr Urdd i gynnwys peiriannau sgrin sidan i argraffu crysau-T Mistar Urdd.

Cyflwyno Fferm Pentre Ifan ger Felindre Farchog, Penfro i'r Urdd.

1977 Gwerth £5,000 o goncs, crysau-T, bathodynnau a nwyddau Mistar Urdd yn cael eu gwerthu yn Eisteddfod Genedlaethol y Barri.

Cyhoeddi rhifyn olaf y cylchgrawn *Blodau'r Ffair*.

Stormydd haf yn difrodi pebyll Llangrannog.

1978 Agor cronfa genedlaethol gyda'r nod o godi £100,000 i ehangu a datblygu gwersylloedd yr Urdd.

Agor Ffatri Mistar Urdd yn Llanbadarn Fawr a Siop Mistar Urdd yn Aberystwyth. Taith Mistar Urdd drwy Gymru.

Cynnal Penllanw Porthmeirion – diwrnod yng nghwmni Mistar Urdd yn y pentref hudolus.

Cystadlaethau Io-io Mistar Urdd â'r uchafbwynt yn Eisteddfod Genedlaethol Llanelwedd.

1979 Mistar Urdd yn ymddangos 'yn y cnawd' yng Ngerddi Sophia gan roi cychwyn i daith a sioeau ledled y wlad. Cyhoeddi record sengl o'r gân 'Y Fi a Mistar Urdd a'r Crysau Coch' gan Ray Gravell a chân newydd gan Mistar Urdd ar label Sain.

Dathlu hanner canmlwyddiant Eisteddfod yr Urdd gyda nifer o weithgareddau yng Nghorwen.

1980 Ffurfio cwmni annibynnol Copa Cymru i weinyddu Ffatri'r Urdd gan gynhyrchu nwyddau i Gwmni'r Urdd, Aelwydydd ac Adrannau a chwmnïau eraill.

Datblygu Gwersyll Glan-llyn i gynnwys pwll nofio, neuadd chwaraeon a stafelloedd cysgu.

Yr Urdd yn penodi Trefnydd Iaith am y tro cyntaf – Geraint Davies.

Y Swyddfa Gymreig yn cyhoeddi cymhorthdal o £285,000 i'r Urdd dros ddwy flynedd i godi adeiladau newydd a darparu cyfleusterau dysgu iaith yn Llangrannog.

1981 Dyled o £289,000 gan Gwmni'r Urdd erbyn mis Mawrth wedi gwariant ar ddatblygiadau.

Marwolaeth Eirys Edwards, gweddw Ifan ab Owen.

Cyhoeddi *Llyfr Campau Cymru '81* – dathliad o frwdfrydedd yr aelodau a'r canghennau a gyflawnodd filoedd o gampau noddedig, yn amrywio o gysgu mewn berfa dros nos a chadw ffured mewn trowsus am deirawr i gasglu enwau caeau a chwe awr o wers Gymraeg. Codi £12,345 i'r mudiad.

Storm eira enbyd drwy Gymru ar nos Sul, 13 Rhagfyr. Dros ddeugain o deithwyr yn cael eu dal mewn lluwchfeydd ac yn derbyn lloches dros nos yng Ngwersyll Glan-llyn.

**Cyfarwyddwr 1982–1995
– JOHN ERIC WILLIAMS**

1982   Penodi John Eric Williams yn Gyfarwyddwr newydd yr Urdd a Hywel P. Jones yn Bennaeth Glan-llyn; John Japheth yn olynu Geraint Davies fel Trefnydd Iaith.

Cyngor yr Urdd yn cefnogi Ymgyrch Ddiarfogi Niwclear Cymru.

Agor Gwersyll Llangrannog ar ei newydd wedd.

Sicrhau 25 o feiciau ysgafn arbenigol math 'Y Ddraig Goch' i Wersyll Glan-llyn.

Cynnal Mini Marathon yr Urdd o amgylch Llyn Tegid.

Dathlu rhan yr Urdd yn y frwydr i lansio Sianel 4 Cymru ar 1 Tachwedd.

1983   Lansio 'Urdd 2000' – cynllun i ymestyn gweithgareddau'r mudiad at y dyfodol, gan roi pwyslais ar gysylltiadau rhyngwladol ac ehangu gorwelion.

Ymgyrch 'Dŵr ynteu Dagrau' yr Urdd yn codi dros £12,000 i'w gyflwyno i UNESCO ar gyfer cloddio ffynhonnau yn Y Swdan.

Cyflwyno cerdyn mantais i aelodau'r Urdd.

Ymestyn Eisteddfod yr Urdd dros bum niwrnod gan greu mwy o gystadlaethau i Adrannau Pentref ac Aelwydydd.

Cyhoeddi'r gyfrol *Dathlu'r Deg* i olrhain hanes y cwmni.

Penodi Jim O'Rourke yn Bennaeth Gwersyll Llangrannog a Steffan Jenkins yn ddirprwy.

Ysgolion Arbennig yn cystadlu yn Eisteddfod yr Urdd am y tro cyntaf.

Cyhoeddi cynllun buddsoddi tair blynedd yng Ngwersyll Glan-llyn.

Dros 6,000 o aelodau'r flwyddyn yn mynychu'r Cyrsiau Iaith yng ngwersylloedd Glan-llyn a Llangrannog.

1984   Yr Urdd yn cefnogi'r egwyddor o sefydlu Corff Datblygu Addysg Gymraeg.

Pwyllgor Cyd-ddyn a Christ yn trefnu Pinacl '84 yng Nghorwen – 1,000 o aelodau'n casglu miloedd o deganau i Mencap.

Aelodau'r Urdd yn cydhwylio â Chymry dan anfantais ar fwrdd y *Soren Larsen* o Abertawe i Lerpwl.

Cyhoeddi'r cylchgrawn *Crochan* fel rhan o ymgyrch Urdd 2000.

1985   Blwyddyn Ryngwladol Ieuenctid – yr Urdd yn gwahodd dros 100 o bobl ifanc o wledydd ieithoedd lleiafrifol eraill Ewrop i Wersyll Glan-llyn.

Apêl yr Urdd yn codi £100,000 at gostau'r datblygiadau diweddar yn y gwersylloedd.

Recordio *Côr Cydwladol Ieuenctid Dros Heddwch* yn Llangrannog.

1986   Apêl Ariannol yr Urdd yn cyrraedd £256,845, yn cynnwys £13,484 o gyngerdd yn Eisteddfod Genedlaethol Abergwaun.

Gŵyl Ddrama Genedlaethol gyntaf yr Urdd ym Mrynaman.

1987   Cyhoeddi cylchgrawn newydd – *Cip* – gan gyfuno'r apêl at ddarllenwyr *Cymru'r Plant* a *Deryn*.

Aildroedio pererindod Ifan ab Owen i Genefa, gan gario neges o apêl am heddwch at arweinyddion gwledydd y byd.

Y niferoedd mwyaf erioed yn ymweld â gwersylloedd Llangrannog (10,581) a Glan-llyn (8,169).

1988   Gŵyl Ddrama'r Urdd yn Theatr Felinfach.

Cynllun Profion Medrusrwydd yr Urdd yn cynorthwyo a hyfforddi aelodau ar gyfer cael a chreu gwaith mewn cyfnod o ddiweithdra uchel.

1989   Agor Llethr Sgio a Phwll Nofio Gwersyll Llangrannog.

Gostyngiad sylweddol yng ngwerthiant cylchgronau'r Urdd o golli'r cynllun prynu canolog i ysgolion dan CBAC, wrth i awdurdodau lleol geisio arbed arian drwy gwtogi ar brynu adnoddau Cymraeg.

1990 Yr Urdd yn trefnu Cynhadledd Genedlaethol yn Aberystwyth i alw am Ddeddf Iaith newydd i Gymru ac yn mynd i gyflwyno'r neges i Fwrdd yr Iaith Gymraeg.

Cynnal pumed Ŵyl Ddrama'r Urdd yng Ngholeg y Drindod, Caerfyrddin ond penderfynu dychwelyd y cystadlaethau drama i gyfnod yr Eisteddfod ar ôl y flwyddyn hon.

Grŵp o Lithwania'n ymweld â Chymru a chanolfannau'r Urdd – gwnaed cysylltiadau allweddol ar drothwy cyfnod 'chwalu'r llen haearn'.

Cynhyrchu pecynnau addysg alcohol a smygu arbennig i Aelodau Urdd 2000 – *Hitio'r Botel* ac *I'r Bin â'r Baco*.

Sefydlu Gweithgareddau 2000 i roi cyfle i aelodau dros 17 oed brofi gwahanol weithgareddau fel bowlio deg, rafftio dŵr gwyllt, cwis, chwaraeon a barbeciw.

1991 Cwblhau'r gwaith adfer ac addasu yng Nghanolfan Pentre Ifan.

Gwella cegin a chaban bwyta Gwersyll Llangrannog – roedd y gegin bellach yn darparu 200,000 o brydau y flwyddyn.

Sefydlu Cyngor Ieuenctid Cymru a'r Urdd yn chwarae ei ran yn y cynlluniau gan sicrhau ei fod yn gorff dwyieithog ym mhob agwedd o'i waith.

Cyflwyno Tlws John a Ceridwen Hughes, Uwchaled am y tro cyntaf erioed – tlws i weithwyr gwirfoddol yng nghyd-destun y Gymraeg.

1992 Yr Urdd yn darparu cyfleoedd perthnasol i ofynion y Cwricwlwm Cenedlaethol newydd a gyflwynwyd i ysgolion.

Dathlu canmlwyddiant *Cymru'r Plant* drwy gyhoeddi'r gyfrol *Cant y Cant*, a thaith gan Gwmni Theatr Arad Goch gan berfformio *Cip, Coeden a Chant* mewn theatrau ar draws Cymru.

Agor Canolfan Bowlio Deg a Wal Ddringo newydd yng Ngwersyll Glan-llyn a phenodi Aled Siôn yn Bennaeth yno. Y gwersyll yn cael ei fabwysiadu gan Gymdeithas Hwylio Cymru fel canolfan ar gyfer hyfforddi timau cenedlaethol.

Torri'r cymorthdaliadau gan awdurdodau lleol yn cael effaith andwyol ar waith y mudiad, gan arwain at gydweithio agosach rhwng yr Urdd a Mudiad Ffermwyr Ifanc Cymru.

1993 Penodi Carol Owen yn Swyddog Datblygu Canolfan Pentre Ifan.

Cyplysu'r cylchgrawn i ddysgwyr *Mynd* gyda rhaglen *IAW* ('Iaith ar Waith') y BBC i ddysgu'r Gymraeg i'r oedran uwchradd drwy gyfrwng radio, teledu a'r cylchgrawn ei hun.

Agor Llethr Gwibgartiau wrth ochr y Llethr Sgio yng Ngwersyll Llangrannog. Ymweliadau gan grwpiau tramor o Lydaw, Iwerddon, Bwlgaria, Rwsia a dau grŵp o blant Bosnia.

Ymgyrch yr Urdd i gynorthwyo ffoaduriaid y rhyfel yn Bosnia.

1994 Cyhoeddi a dosbarthu map lliwgar gan Meirion Roberts yn dathlu canmlwyddiant geni Ifan ab Owen i bob cangen o'r mudiad.

Gwersyll Glan-llyn bellach wedi'i addasu ar gyfer pawb, yn dilyn buddsoddiad o £2 filiwn yn ystod pum mlynedd gyntaf y nawdegau. Cynnydd yn y defnydd o'r adnoddau gan grwpiau ag anghenion arbennig.

**Cyfarwyddwr/Prif Weithredwr
1995–2004
– JIM O'ROURKE**

1995 Artistiaid Paradwys Soweto yn canu ar lwyfan Eisteddfod Bro'r Preseli.

Eisteddfod yr Urdd bellach wedi'i gweddnewid o ran adnoddau ar y Maes – ffair, maes chwaraeon, llawer mwy o stondinau a'r ŵyl yn ymestyn dros chwe diwrnod.

Creu cysylltiad rhwng yr Urdd ac Adran Blant y Cenhedloedd Unedig, sef UNICEF, gan gefnogi gwaith mewn 150 o wledydd i ddathlu hanner canmlwyddiant y mudiad.

Sarah Williams, Dysgwraig y Flwyddyn 1994, yn priodi ym Mhentre Ifan – y briodas gyntaf yn y ganolfan.

Jim O'Rourke yn gadael Gwersyll Llangrannog i ddod yn Brif Weithredwr yr Urdd a phenodi Steffan Jenkins yn Bennaeth yn ei le.

1996 Cyhoeddi bod gan yr Urdd ganolfan yn natblygiad newydd Canolfan y Mileniwm, Bae Caerdydd.

Codi £10,000 i hybu gwaith UNICEF yng ngwlad Mali, a threfnu dwy gynhadledd ar y cyd ag UNICEF yng Nghaerdydd a Felin-fach ym mis Tachwedd.

1997 Blwyddyn 75 mlwyddiant yr Urdd.

130 o staff llawn-amser gan y mudiad bellach a throsiant o £3.5 miliwn y flwyddyn.

Penodi Mai Parry Roberts yn Gyfarwyddwr Busnes a Phersonél yr Urdd a Deian Creunant yn Gyfarwyddwr Eisteddfod yr Urdd a'r Celfyddydau.

Yr Urdd yn cydweithio â Cyfanfyd, sefydliad newydd ar gyfer prif asiantaethau cymorth a dyngarol Cymru.

Dros 10,000 o wersyllwyr a 25,000 o wersyllwyr unnos yng Ngwersyll Glan-llyn, ac 17,155 o wersyllwyr a 47,072 o wersyllwyr unnos yng Ngwersyll Llangrannog – y flwyddyn orau erioed.

Datblygu system gynadleddau fideo'r Urdd.

1998 Cyhoeddi papur dyddiol cyntaf Eisteddfod Genedlaethol yr Urdd, *Pigion Penyberth*, yn Eisteddfod Llŷn ac Eifionydd.

Dros 30,000 yn cymryd rhan yn Jamborîs a Dyddiau Hwyl yr Urdd.

Dros 30,000 yn cystadlu ar lefel Cylch a Rhanbarth yng nghystadlaethau chwaraeon cenedlaethol yr Urdd.

Agor stafell gerddoriaeth newydd yng Ngwersyll Glan-llyn, yn cynnwys drymiau a gitarau trydan at ddefnydd y gwersyllwyr.

Cyflwyno eirafyrddio i Lethr Sgio Gwersyll Llangrannog.

Cystadleuwyr dydd Sadwrn Eisteddfod yr Urdd yn cael eu gwahodd i ddisgo tan oriau mân y bore.

1999 Cynnydd cyffredinol yn aelodaeth yr Urdd a chynnydd o 23% yn yr aelodaeth dan 16.

Lansio cynllun Ffrindiau'r Urdd i gefnogwyr y mudiad ac Urddaholics i'r aelodau dros 16 oed yn Eisteddfod Llanbedr Pont Steffan, gyda chynlluniau mantais yn cynnig gwerth £100 o dalebau.

650 o aelodau'r Urdd yn perfformio yn seremonïau agor a chau Cwpan Rygbi'r Byd yn y stadiwm genedlaethol newydd yng Nghaerdydd.

Dros 40,000 yn cymryd rhan yn eisteddfodau cylch dechrau'r flwyddyn.

300 o aelodau'r Urdd yn mynd ar deithiau tramor – rhai cyn belled â Phatagonia a Tsieina.

2000 Lansio Sialens y Ganrif – partneriaeth yn cynnwys saith mudiad ieuenctid gwirfoddol – gan gynnig cyfleoedd newydd i ieuenctid 15–20 oed.

40% o dwf yn yr aelodaeth dros 16 oed.

Cwblhau gwaith Comisiwn y Mileniwm yng Ngwersyll Glan-llyn gyda phob stafell wedyn yn y gwersyll â chawod ynddi, a'r mwyafrif yn *en suite* hefyd.

Paratoi taflenni athrawon i gyd-fynd â'r cylchgronau *Bore Da* a *IAW*.

110,000 o ymwelwyr yn mynychu Eisteddfod Genedlaethol yr Urdd ym Mro Conwy.

Gwefan yr Urdd yn denu mwy o ymwelwyr – cynnydd o 150 i 350 y dydd.

Gwersyll Llangrannog yn sefydlu system ailgylchu ac yn cyflwyno cais i ymuno â'r cynllun 'Eco-Ganolfan'.

Yr Urdd yn un o'r partneriaid wrth ffurfio rôl Bardd Plant Cymru am y tro cyntaf.

2001 Taith yr Urdd yn yr hydref yn ymweld â 607 o ysgolion ac Adrannau Pentref (sioe Mistar Urdd) a 125 o ysgolion uwchradd (sioe *Annie*).

Ymgyrch Croeso Calcutta ar y cyd â Chymorth Cristnogol – nifer o weithgareddau drwy Gymru.

Clwy'r Traed a'r Genau'n atal y mwyafrif o weithgareddau'r mudiad yn y gwersylloedd, y canghennau a'r Eisteddfod, a'r Urdd yn wynebu colledion o bron i £500,000.

Trefnu Gŵyl yr Urdd gyda chydweithrediad S4C a Radio Cymru.

Wal ddringo symudol yn cyrraedd Gwersyll Glan-llyn.

9 aelod o'r Urddaholics a 2 aelod o staff yr Urdd yn teithio i weithio mewn cartref plant amddifad yng Ngwlad Pwyl ac yn codi £4,000 i'w wario ar adnoddau i'r plant.

2002 Cynnal Eisteddfod Genedlaethol yr Urdd yng Nghaerdydd a'r Fro y tu mewn i furiau'r castell.

Gwario £10 miliwn ar welliannau yng ngwersylloedd Llangrannog, Glan-llyn a Bae Caerdydd.

Cwmni teledu Cardinal yn darlledu cyfres 'pry ar y wal' am wersyll a gwersyllwyr Glan-llyn.

Cynnal Taith yr Urdd i ailgynnau fflam gweithgareddau'r mudiad – 607 o sioeau cynradd a 125 o ysgolion uwchradd.

Cyflwyno tri chwch catamarán i Wersyll Glan-llyn a chynnal cyrsiau Arweinydd Mynydd Cymraeg yno am y tro cyntaf. Penodi Swyddog Iaith i Lan-llyn am y tro cyntaf.

Ailosod llawr Llafnrolio Gwersyll Llangrannog.

2003 Caffi Mistar Urdd a rhagbrofion ar y Maes am y tro cyntaf yn yr Eisteddfod Genedlaethol ym Mharc Margam a llawer o weithgareddau ychwanegol gan staff chwaraeon newydd y mudiad.

Cyhoeddi bod 10,000 o wirfoddolwyr gan y mudiad mewn 1,300 o ganghennau.

Prif Weithredwr 2004–2014 – EFA GRUFFUDD JONES

2004 Jim O'Rourke yn gadael staff yr Urdd wedi chwarter canrif o wasanaeth ac Efa Gruffudd Jones yn ei ddilyn fel Prif Weithredwr.

Agor swyddfa i staff de Cymru yn safle newydd yr Urdd yng Nghanolfan y Mileniwm, Bae Caerdydd.

Agor y datblygiadau newydd yng Ngwersyll Llangrannog (canolfan hamdden, llety newydd *en suite* gyda gwres canolog tan y llawr, cae pob tywydd) ac yng Ngwersyll Glan-llyn (canolfan groeso, theatr ddarlithio, swyddfeydd canolog).

Agor Gwersyll yr Urdd, Caerdydd gyda lle i 153 aros yno, neuadd/theatr, lolfeydd, ffreutur a stafelloedd dosbarth.

Sefydlu aelwyd newydd, Aelwyd yr Ynys, yn sgil Eisteddfod Genedlaethol yr Urdd ym Môn.

CANRIF YR URDD 219

2005 Cynnal Eisteddfod Genedlaethol yr Urdd yng Nghanolfan y Mileniwm.

180 o staff gan yr Urdd a throsiant ariannol o £5 miliwn.

Cynnal cyfres o ddosbarthiadau meistr am y tro cyntaf ar gyfer wyth cystadleuydd Ysgoloriaeth Bryn Terfel.

5,000 o blant a phobl ifanc wedi aros yng Ngwersyll yr Urdd, Caerdydd yn ystod ei flwyddyn gyntaf.

Tîm yr Urdd yn ennill y twrnament rygbi 7 bob ochr dan 19 yn Dubai.

Pump o'r Urddaholics yn mynd ar daith arbennig i wersyll rhyfel Auschwitz a chael cyfle i baratoi a pherfformio darn o waith yng nghyngerdd mawr y Cofio yng Nghanolfan y Mileniwm.

Cystadleuaeth Aquathlon Genedlaethol gyntaf yr Urdd yn Aberystwyth gyda 400 o athletwyr yn cymryd rhan.

Agor y Ganolfan Treftadaeth yn Llangrannog gydag arddangosfa o waith a bywyd T. Llew Jones i ddathlu pen-blwydd yr awdur yn 90 oed.

Agor Cwrs Rhaffau Uchel yng Ngwersyll Glan-llyn.

Mistar Urdd yn cael siwt newydd!

2006 Cynnydd o 34% yn y niferoedd oedd yn mynychu Gwersyll Caerdydd.

Gwersyll Glan-llyn yn dechrau datblygu Llwybr Tegid i greu cyswllt cerdded a beicio rhwng y gwersyll, tref y Bala a phentref Llanuwchllyn.

Cwmni Theatr Ieuenctid yr Urdd bellach yn dair cangen ac yn creu tri pherfformiad: *Trip Ysgol Ni* gan Dalaith y Gogledd yn Theatr Gwynedd; *Breuddwyd Nos Ŵyl Ifan* gan Dalaith y De yng Nghanolfan Gartholwg; *Dan y Wenallt* gan Dalaith y Canolbarth yng Ngholeg y Drindod.

Sesiynau Bwyta'n Iach a datblygu sgiliau coginio CogUrdd yn gynllun arbrofol a llwyddiannus.

2007 Cystadleuaeth goginio CogUrdd yn yr Eisteddfod am y tro cyntaf erioed.

Urdd Gwyrdd yn rhoi pwyslais ar ailgylchu a chefnogi'r ymgyrch masnach deg.

Aelod o staff yr Urdd a chyn-aelod o'r staff yn mynd i Batagonia am flwyddyn i weithio ar ddatblygu'r Gymraeg ymysg ieuenctid y Wladfa.

2008 Dros 4,000 o aelodau'r Urdd yn cael cyfle i ymuno â phrosiect deuddydd chwaraeon a chelfyddydau Hwyl yr Haf ar y cyd ag Amgueddfa Werin Cymru, Sain Ffagan.

Taith i 24 o'r aelodau i Batagonia i ddatblygu'r Gymraeg yno drwy gydweithredu â Menter Patagonia.

Rimbojam yn esblygu o Jamborîs ugain mlynedd diwethaf yr Urdd – cynnal un anferth i 3,000 o aelodau cynradd y gogledd yn Venue Cymru, Llandudno.

Eisteddfod Gynradd Rhanbarth Ceredigion yn cael ei gwe-ddarlledu am y tro cyntaf – cyfle i 16 o bobl ifanc 16–18 oed gael hyfforddiant cyfryngol a thechnegol am ddiwrnod.

Datblygu safle Facebook Mistar Urdd.

Canolfan Ferlota newydd Gwersyll Llangrannog yn cael ei hagor gan Elin Jones AC.

Partneriaeth rhwng Gwersyll Glan-llyn a Phrifysgol Bangor yn arwain at ddarparu modiwl Awyr Agored a chwrs Lefel A Cymraeg.

2009 Agor Llwybr Natur ar dir fferm Cefn Cwrt, Gwersyll Llangrannog, a'r defnydd cymunedol lleol o'r adnoddau yno bellach yn cynnwys Clwb Sgio Plant, Clwb Sgio Anabl, Sesiynau Ioga, Fitball a Boxercise, Pêl-droed 40+, tîm Clwb Pêl-droed Crannog, a chlybiau Clip Clop (merlota i blant a staff).

Taith ceufadau dair wythnos tri o hyfforddwyr Gwersyll Glan-llyn o amgylch Cymru yn codi statws y gwersyll fel canolfan awyr agored yn sgil yr holl gyhoeddusrwydd.

Dechrau cynllun Llwybr i'r Brig – cydweithio â phobl ifanc 11–19 oed sydd angen cymorth.

2010   Cynnal dros 200 o eisteddfodau cylch a sir ynghyd ag arddangosfeydd celf a chrefft ac ymrysonau siarad cyhoeddus drwy Gymru – gyda thros 40,000 o aelodau'n cymryd rhan.

Sefydlu 12 Clwb Gymnasteg newydd a thwf o 20% yn y rhai oedd yn cystadlu yn y maes hwn.

Yr Urdd yn trefnu Gemau Cymru – gŵyl chwaraeon newydd gyda 1,000 o bobl ifanc yn cymryd rhan. 38% o'r rhai a holwyd yn dweud y byddent yn fwy tebygol o ddefnyddio'r Gymraeg ar ôl bod yn y digwyddiad.

2011   Agor Siop Mistar Urdd ar y we.

Penllanw cynllun tair blynedd y Cwmni Theatr Ieuenctid – cyflwyno'r ddrama gerdd *Sneb yn Becso Dam* yn Theatr y Lyric, Caerfyrddin, y Sherman, Caerdydd a Phafiliwn y Rhyl.

2012   Sefydlu Bwrdd Syr IfanC – fforwm i bobl ifanc yr Urdd, gyda chynrychiolydd o bob rhanbarth.

Lansio Ap Eisteddfod yr Urdd am y tro cyntaf – cael ei lawrlwytho 15,000 o weithiau.

Lansio Clwb *Cip* – clwb digidol i gyd-fynd â'r cylchgrawn.

7,293 o bobl ifanc yn gweithio ar gynllun Llwybrau i'r Brig.

251 o staff gan yr Urdd bellach a throsiant o dros £10.7 miliwn.

Prif Weithredwr 2014–2018 – SIONED HUGHES

2014   Penodi Sioned Hughes yn Brif Weithredwr newydd i'r Urdd.

Cynnal Cynhadledd Genedlaethol yng Nghaerdydd i fforwm Bwrdd Syr IfanC – rhan o ymgynghoriad cenedlaethol gan y Llywodraeth ar oedran pleidleisio dros 16.

Dros 5,000 yn cymryd rhan yng nghlybiau chwaraeon wythnosol yr Urdd.

Sefydlu Cynllun Llysgenhadon, gan benodi person ifanc i fod yn llysgennad i'r Urdd yn y rhan fwyaf o ysgolion uwchradd Cymraeg Cymru.

2015   Yr Urdd a Chwmni Clwyd Theatr Cymru yn creu'r sioe *Mimosa* – 16 o bobl ifanc o Gymru, 2 o Batagonia a 4 actor proffesiynol. Perfformio yng Nghymru a Phatagonia i ddathlu 150 mlwyddiant y fordaith gyntaf i'r Wladfa.

Lansio 'Sgwrs Urdd 2022' – i annog arloesi a chyfoesedd ar gyfer dathlu canmlwyddiant y mudiad.

Prosiect 'Cymraeg Bob Dydd' yn gweithio gyda 15 ysgol ail-iaith benodol.

Sefydlu cyfrif Trydar yr Urdd, gyda chyfanswm o 39.4 mil o ddilynwyr.

Gwersyll Llangrannog yn creu prosiect Calon y Gwersyll i ailddatblygu'r hen adeiladau pren ar y safle.

2016   Cynnal y gìg cyntaf ar faes yr Eisteddfod ar nos Sadwrn olaf Eisteddfod Genedlaethol Sir y Fflint.

Y flwyddyn brysuraf erioed yn hanes Gwersyll Glan-llyn – 312 cwrs a 13,732 o wersyllwyr.

Yr Urdd yn cydweithio â Trac Gwerin i gynnal cyrsiau offerynnau gwerin.

CANRIF YR URDD   221

Ffurfio partneriaeth newydd rhwng Gwersyll Caerdydd a'r Coleg Cymraeg Cenedlaethol i gynnig syniadau am ddarpariaeth arlwyo'r safle.

Cyrsiau JOIO llwyddiannus yng Ngwersyll Llangrannog – Joio Haf, Hydref, Pasg a Chwaraeon, gan gydweithio â chlybiau rygbi'r Sgarlets a Gleision Caerdydd.

Comisiynu Lois Prys i weithio ar ddelwedd a lliwiau'r Maes yn Eisteddfod yr Urdd.

2017 Ffurfio partneriaeth ag Undeb Rygbi Cymru i greu'r digwyddiad rygbi mwyaf i blant a phobl ifanc, twrnament saith bob ochr Urdd WRU 7, gyda 400 o dimau'n cystadlu.

Y daith gyntaf o Wersyll Glan-llyn i Wersyll yr Urdd yn Hwngari.

Uwchraddio Llethr Sgio Gwersyll Llangrannog i greu'r llethr Steil Rhydd cyntaf yng Nghymru, a thrawsnewid Ardal Antur y gwersyll i gynnwys weiren zip, gweithgaredd naid, wal ddringo, ac abseilio.

Prif Weithredwr 2018 – SIÂN LEWIS

2018 Penodi Siân Lewis yn Brif Weithredwr yr Urdd.

Cynllun Ionawr Iachus – 6,000 o blant de-ddwyrain Cymru yn cymryd rhan.

2019 Theatr Bara Caws yn cydweithio â Theatr Ieuenctid yr Urdd i lwyfannu sioe gerddorol gan dair awdures ifanc – Elan Grug Muse, Sara Anest a Mared Llywelyn – yn Galeri, Caernarfon a Chaerdydd fis Gorffennaf.

Dewis un o brentisiaid yr Urdd, Elen Jones, yn un o Lysgenhadon Prentisiaid y Coleg Cymraeg Cenedlaethol.

2020 Lansio partneriaeth newydd rhwng Mudiad Meithrin, y Coleg Cymraeg Cenedlaethol a'r Urdd er mwyn darparu Cynllun Prentisiaeth Gofal Plant cyfrwng Cymraeg i sicrhau cymwysterau addas i'r sector gofal plant.

Pandemig y Coronafeirws a'r clo mawr yn amharu ar raglen gweithgareddau a gwersylloedd yr Urdd. Gorfod diswyddo nifer o staff yn sgil hynny.

Cynnal Eisteddfod T dros y we yn lle'r eisteddfod arferol oherwydd y clo mawr.

2021 Gohirio llawer o ddigwyddiadau'r Urdd yn sgil pandemig y Coronafeirws.

Cynnal Eisteddfod T o Wersyll yr Urdd, Llangrannog.

Cynnig cyfleoedd prentisiaethau newydd i aelodau'r Urdd.

2022 Yr Urdd yn derbyn Gwobr Arbennig gan Mark Drakeford, Prif Weinidog Cymru, fel rhan o Wobrau Dewi Sant 2022 am gynnal yr iaith Gymraeg, gwasanaethu pobl ifanc a chynnig lloches i ffoaduriaid o Affganistan ac Wcráin.

Dathliadau canmlwyddiant yr Urdd yn eu hanterth.

Diolchiadau'r Awdur

Mae ugeiniau o unigolion ar hyd a lled Cymru wedi cyfrannu pytiau, straeon, gwybodaeth a lluniau – amhosib enwi pawb ac felly gwell enwi neb! Ond diolch o galon i chi i gyd – bu'n daith ddifyr a chymdeithasol er gwaethaf y cyfnodau clo.

O ran creu'r gyfrol ei hun, hoffwn ddiolch yn arbennig i:
- Eirlys yng Ngwasg Carreg Gwalch am deipio'r holl destun
- Alun Jones, Chwilog am sawl awgrym gwerthfawr
- Sioned Lleinau a fu'n golygu'r gyfrol ar ran yr Urdd
- gwmni Dylunio GraffEG am eu gwaith dylunio dawnus ac amyneddgar
- swyddogion a gweithwyr yr Urdd am gefnogaeth a gwybodaeth, gyda diolch arbennig i Catrin, Mali, Branwen a Lydia
- yr Urdd a'r Cyngor Llyfrau am y comisiwn.

Cydnabyddiaethau Lluniau

Eiddo'r Urdd yw hawlfraint y lluniau yn y gyfrol hon i gyd oni nodir yn wahanol. Gwnaed pob ymdrech i sicrhau hawlfraint pob llun, ond os oes gan unrhyw un unrhyw wybodaeth am y lluniau eraill, mae croeso i chi gysylltu â'r cyhoeddwyr. Mae casgliadau o luniau'r Urdd ar gael i'w gweld hefyd yn Llyfrgell Genedlaethol Cymru a Casgliad y Werin.

Allwedd: c – canol; g – gwaelod; t – top; ch – chwith; dd – dde.

23 (tch) Gordon Maclachlan; 57 (cdd) Mari Emlyn; 60 (cch) The Francis Frith Foundation; 63 (t, tc) Teulu'r Parch Tegryn Davies; 71 (tdd) Mari Emlyn; 72 (tch) Mari Emlyn; 74, (t, cch, gch) Ysgol Gymraeg Aberystwyth; 75 (tch) Ysgol Gymraeg Aberystwyth; 76 (t, gch) Ysgol Gymraeg Aberystwyth; 77 (gdd) Ysgol Gymraeg Aberystwyth; 79 (tdd) Geoff Charles; 80 (t) Geoff Charles; 81 (tdd) D.C. Harries; 85 (tch) Wrexham History; 108 (g) Huw Antur, Neuadd Llanuwchllyn; 110 (tdd) beIN Sports; 117 (tch) Prifysgol Aberystwyth; 123 (gdd) Adwaith; 124 (gch) BBC Cymru Fyw; 127 (t) Geoff Charles; 130 (t) Raymond Daniel; 139 (gdd) Western Telegraph; 140 (gch, gdd) Aelwyd Llangwm; 141 (c, gdd, gch) Aelwyd Llangwm; 162 (t) a 163-4 RDM Electrical & Mechanical Services; 203 (tdd) Wales Online; 208 (t) Huw Evans Agency.

Ffynonellau

1. *Cymru'r Plant,* Gwanwyn 1922, Rhifyn 361
2. Davies, Hazel Walford, *O.M. Cofiant Syr Owen Morgan Edwards,* Gwasg Gomer (2020); t.444
3. Jones, G. Arthur, *Bywyd a Gwaith Owen Morgan Edwards 1858–1920,* Cwmni Urdd Gobaith Cymru (1958); t.55
4. Isaac, Norah, *Ifan ab Owen Edwards 1895-1970,* Gwasg Prifysgol Cymru (1972); t.23
5. Jones, Iola, 'Yn y Dechreuad ...' *Byw efo'r Cof,* Cyfrol ddathlu 75 mlwyddiant yr Urdd, Urdd Gobaith Cymru (1997); t.11
6. Jones, Iola, 'Yn y Dechreuad ...' *Byw efo'r Cof,* Cyfrol ddathlu 75 mlwyddiant yr Urdd, Urdd Gobaith Cymru (1997); t.3
7. *Cymru'r Plant* a'r *Aelwyd,* 1943, dyfyniad 'Adran gynta'r Urdd', Marian Lloyd; t.5
8. Griffith, R.E., *Atgofion,* Cyfrol 2, Gwasg Tŷ ar y Graig (1972); t.108
9. *Llwybrau'r Cof,* dyfyniad gan Ivor Owen o'r gyfrol o atgofion am Eirlys Edwards, Cwmni Urdd Gobaith Cymru.
10. *Cymru'r Plant,* Mai 1928
11. *Cymru'r Plant,* Mai 1930
12. *Cronicl yr Urdd,* Gorffennaf 1931
13. *Cymru'r Plant,* Medi 1927
14. *Cymru'r Plant,* Hydref 1927
15. Ibid
16. *Cymru'r Plant,* Hydref 1928
17. *Yr Aelwyd,* 1949, 'Anghofia i byth', Hywel D. Roberts
18. Llythyrau teulu Morris ap Morris Jones, drwy garedigrwydd Penri Jones, Y Parc, Y Bala
19. Llyfryddiaeth A, t.107
20. Heulyn, Hywel, *Tân yn fy Nghalon,* Gwasg Gomer (2007)
21. E-bost gan Alaw Mai Edwards (2020)
22. *Yr Aelwyd,* Hydref 1946, 'Caneuon Actol yr Urdd'; t.152-3
23. Jones, Dic, *Os Hoffech Wybod,* Cyfres y Cewri 8, Gwasg Gwynedd (1989); t.139
24. *Cymru'r Plant,* Ionawr 1933
25. Ibid
26. Ibid
27. Llyfryddiaeth A; t.96
28. *Yr Wylan,* Cyf.42, Rhif 8, Ebrill 2019, Lloffa Lleol, 'Penrhyn ar y blaen?', Aled a Helen Ellis; t.11
29. Davies, Glan, *O'r Aman i'r Ystwyth,* Y Lolfa, Tal-y-bont (2021); t.89
30. Ibid
31. *Y Rhedegydd,* 18 Ionawr 1940
32. Jones, Dic, *Os hoffech wybod ...,* Gwasg Gwynedd, Caernarfon (1989); t.137-147
33. Ibid
34. *Heddiw,* 'Gwerthu Llenyddiaeth Gymraeg', Ifan ab Owen Edwards, 1938
35. Griffith, R.E., *Urdd Gobaith Cymru,* Cyfrol 1, 1922-1945, Cwmni Urdd Gobaith Cymru (1971); t.24
36. *Heddiw,* Cyfrol 1, Nadolig 1936, gol. Aneirin ap Talfan a Dafydd Jenkins, Gwasg Heddiw
37. *Heddiw,* Ion-Chwef 1939, 'Hanes Ymgyrch Lyfrau'r Urdd', R.E. Griffith
38. R.E. Griffith, *Urdd Gobaith Cymru,* Cyfrol 1, Cwmni Urdd Gobaith Cymru (1971); t.317
39. Sgwrs gyda Gwerfyl Pierce Jones (2021)
40. Llyfryddiaeth A; t.175
41. Ibid
42. Ibid
43. Williams, J. Ellis, *Inc yn fy ngwaed;* Llyfrau'r Dryw, Llandybïe (1964); t.92-96
44. Ibid
45. E-bost gan Ifor ap Glyn (2020)
46. Isaac, Norah, *Ifan ab Owen Edwards 1895-1970,* Gwasg Prifysgol Cymru, Caerdydd (1972); t.23
47. Ffynhonnell C; t.43
48. Isaac, Norah, *Ifan ab Owen Edwards 1895-1970,* Gwasg Prifysgol Cymru (1972); t.23
49. R.E. Griffith, *Urdd Gobaith Cymru,* Cyfrol 1, 1922-1945, Cwmni Urdd Gobaith Cymru (1971); t.280-281
50. R.E. Griffith, Ibid; t.248
51. R.E. Griffith, Ibid; t.346-47
52. *Yr Aelwyd,* Mai 1947, 'Ysgol Gymraeg Llanelli'
53. James, Meleri (gol.); *Goleudy dysg a dawn,* 75 mlynedd ers sefydlu Ysgol Gymraeg Aberystwyth, Y Lolfa, Tal-y-bont (2014)

54 R.E. Griffith, *Urdd Gobaith Cymru*, Cyfrol 1, 1922-1945, Cwmni Urdd Gobaith Cymru (1971); t.197 a t.241

55 *Seren y Dwyrain*, Gorffennaf 1944, 'Urdd Gobaith Cymru – Gair gan y Sefydlydd ei hun, Mr Ifan ab Owen Edwards'

56 *Yr Aelwyd*, Hydref 1946, 'Hen Wersyllwr a Ddaeth yn **ôl**'

57 Ibid

58 Morgan, Richard, *DJ James Ei Fywyd a'i Ddylanwad*, Ymddiriedolaeth James Pantyfedwen, Aberystwyth (2021); t.32

59 *Yr Aelwyd*, 'O'r Gwersyll Rhyngwladol', John Roberts, Warden Aelwyd Llanelli

60 Morgan, Richard, *DJ James Ei Fywyd a'i Ddylanwad*, Ymddiriedolaeth James Pantyfedwen, Aberystwyth (2021); t.51-52

6 *Yr Aelwyd*, 'O'r Gwersyll Rhyngwladol', John Roberts, Warden Aelwyd Llanelli

62 Llyfryddiaeth B, t.69

63 *Yr Aelwyd*, Mai 1950

64 *Yr Aelwyd*, Gorffennaf 1951

65 *Yr Aelwyd*, Mehefin 1949, 'Edrych yn ôl ar y Gwersyll Celtaidd', Gwennant Davies

66 *Yr Aelwyd*, Tachwedd 1949, 'Pythefnos Cofiadwy', Mary Thomas

67 *Yr Aelwyd*, Rhagfyr 1949, 'Taith Iwerddon', Lora Jones Williams

68 Atgofion Rhys Davies, Llangefni

69 *Yr Aelwyd*, Awst 1943, 'Mynydda'; t.43

70 Roberts, John; 'Antur y Saith-ar-Hugain', Awst 1943

71 Llyfryddiaeth A; t.324

72 *Yr Aelwyd*, Mawrth 1950, 'Mynydda', Teifryn G. Michael; t.26-27

73 Ibid

74 *Yr Aelwyd*, Medi 1951

75 Rees, Ioan Bowen, *Mynydda*, Gwasg Gomer, Llandysul (1976); t.66-67

76 ap Gwynn, Iolo, Pennod 'Clwb Mynydda Cymru', *Copaon Cymru*, Owain, Eryl (gol.), Gwasg Carreg Gwalch, Llanrwst (2016); t.8-11

77 E-bost gan Hedd Bleddyn (2021)

78 *Yr Aelwyd*, Medi 1951

79 E-bost gan Hedd Bleddyn (2021)

80 Ceredig, Huw, *Cofio Pwy Ydw I*, Gwasg y Dref Wen (2006); t.51

81 Morgan, Richard, *DJ James Ei Fywyd a'i Ddylanwad*, Ymddiriedolaeth James Pantyfedwen, Aberystwyth (2021); t. 55

82 Ceredig, Huw, *Cofio Pwy Ydw I*, Gwasg y Dref Wen (2006); t.52-53

83 McAllister, Laura, 'Opinion', cylchgrawn Sadwrn, *Western Mail*, 19 Chwefror (2022); t.10-11

84 E-bost gan Edward Morus Jones (2020)

85 Iwan, Dafydd, *Cân Dros Gymru*, Gwasg Gwynedd, Caernarfon (2022); t.21

86 Ibid

87 E-bost gan Edward Morus Jones (2020)

88 Iwan, Dafydd, *Cân Dros Gymru*, Gwasg Gwynedd, Caernarfon (2022); t.22-23

89 Jones, Huw, *Dwi isio bod yn …*, Y Lolfa, Tal-y-bont (2020); t.61

90 E-bost gan Edward Morus Jones (2020)

91 Morris, Dewi Pws, *Theleri Thŵp*, Gwasg Gwynedd, Caernarfon (2003); t.36-42

92 Gibbard, Gwennan, *Merched y Chwyldro*, Merched Pop Cymru'r 60au a'r 70au, Cyhoeddiadau Sain, Llandwrog (2019); t.14.

93 Llyfryddiaeth C; t.213

94 Davies, Glan, *O'r Aman i'r Ystwyth*, Y Lolfa, Tal-y-bont (2021); t.102

95 Jones, Huw, *Dwi isio bod yn …*, Y Lolfa, Tal-y-bont, Caernarfon (2022); t.134

96 *Y Cymro*, Mai 28, 1969, 'Aberystwyth gychwynnodd y cyffro newydd', Peter Hughes Griffiths

97 Hughes, Neville, *Hogia Llandegai: Y Llyfr*, Bethesda (1996); t.16

98 Harpwood, Cleif, *Breuddwyd Roc a Rôl – Hunangofiant Cleif Harpwood*, Y Lolfa, Tal-y-bont (2022); t.121-22

99 Davies, Geraint, *Diawl Bach Lwcus*, Atgofion drwy Ganeuon, Gwasg Carreg Gwalch, Llanrwst (2019); t.41

100 Wyn, Hefin, *Be Bop a Lula'r Delyn Aur, Hanes Canu Poblogaidd Cymraeg*, Y Lolfa, Tal-y-bont (2002); t.209

101 Wiliams, Gerwyn; *Cynan – Drama Bywyd Albert Evans Jones (1895-1970)*; Y Lolfa, Tal-y-bont (2020); t.307-315

102 Llythyr Ifan ab Owen Edwards at Thomas Jones, Mai 1941, H.O. 144/22915, Archifau Cenedlaethol, Kew

103 Herbert Morrison a Syr Alexander Hardinge, 10 Gorffennaf 1941

104 R.E. Griffith, *Urdd Gobaith Cymru*, Cyfrol 3, 1960-1972, Cwmni Urdd Gobaith Cymru (1973); t.226

105 Ibid

106 Ibid (t.234)

107 Ibid

108 Ibid

109 *Blodau'r Ffair*, Rhif 28, Nadolig 1968

110 *Y Cymro*, 12 Medi 1968; t.6

111 Hughes, J. Cyril, *O Flaenau Tywi i Lannau Taf*, Gwasg Carreg Gwalch, Llanrwst (2013); t.123

112 Iwan, Dafydd, *Cân dros Gymru*, Gwasg Gwynedd, Caernarfon (2002); t.52-55

113 *Tafod y Ddraig*, Gorffennaf 1969

114 Vittle, Arwel, *Dim Croeso '69, Gwrthsefyll yr Arwisgo*, Y Lolfa, Tal-y-bont (2019); t.13

115 Ibid

116 Griffith, R.E., *Urdd Gobaith Cymru*, Cyfrol 1, Cwmni Urdd Gobaith Cymru (1971); t.239

117 E-bost gan Wynne Melville Jones (2020)

118 Davies, Geraint, *Diawl Bach Lwcus*, Gwasg Carreg Gwalch, Llanrwst (2019); t.71

119 Bwrdd Golygyddol, *Y Llinyn Arian*, Cyhoeddiadau Urdd Gobaith Cymru, Aberystwyth (1947); tud.v

120 Atgofion Myfanwy Phillips (Vaughan)

121 Ibid

122 Ibid

123 Atgofion David Jones

124 Hughes, J. Cyril, *O Flaenau Tywi i Lannau Taf*; Gwasg Carreg Gwalch, Llanrwst (2013); t.128

125 Ibid t.246

126 Jones, Wynne Melville; *Wyn Mel – Y Fi a Mistar Urdd a'r Cwmni Da*, Y Lolfa, Tal-y-bont (2010); t.9-10

127 Ibid t.246

128 Ibid t.93

129 Davies, Geraint; *Diawl Bach Lwcus*; Gwasg Carreg Gwalch, Llanrwst (2019); t.77

130 Ibid t.77-78

131 Ibid

132 Jones, Wynne Melville, *Wyn Mel – Y Fi a Mistar Urdd a'r Cwmni Da*, Y Lolfa, Tal-y-bont (2010); t.125

133 E-bost gan Selwyn Jones (2020)

134 Ibid

135 Adroddiad Blynyddol 1971-1972

136 Ibid

137 *Y Cymro*, Awst 2020; t.2

138 Jenkins, Steff; *Llangrannog a Fi*, Gwasg Gomer, Llandysul (2016); t.41

139 Ibid

140 E-bost gan Jim O'Rourke (2020)

141 Ibid

142 Ibid

143 Adroddiad Blynyddol yr Urdd, 1990-91

144 Sgwrs gyda Huw Antur (2019)

145 Ibid

146 E-bost gan Jim O'Rourke (2020)

147 Ibid

148 Edwards, Emyr, *Dathlu 10*, Cwmni Theatr Ieuenctid Cenedlaethol yr Urdd; (1984)

149 Williams, Neil 'Maffia', *O'r Ochr Arall*, Gwasg Carreg Gwalch, Llanrwst (2012); t.95-99

150 Edwards, Emyr, *Dathlu 10* Cwmni Theatr Ieuenctid Cenedlaethol yr Urdd (1984), Rhagair Prys Edwards

151 *Heddiw*, Awst 1937, 'Yr Urdd a'r Iaith', Cassie Davies; t.27-30

152 Ibid

153 Williams, Gwyn A., 'Welsh and a Social Disease', *Fishers of Men: Stories towards an autobiography*, Gwasg Gomer, Llandysul (1996); t.97

154 *Y Cymro*, Chwefror 24, 1971, 'Gwladgarwch – dyna sy'n eu cymell', Ioan Roberts

155 Jones, Huw, *Dwi isio bod yn…*, Y Lolfa, Tal-y-bont (2020); t.61

156 Ibid

157 Ibid

158 *Blodau'r Ffair*, 'Portread o Gwilym Roberts', R. Cyril Hughes

159 E-bost gan Alun Jones (2020)

160 Ffynhonnell C; t.67

161 Adroddiad Blynyddol Urdd Gobaith Cymru 1980-81

162 E-bost gan Alun Jones (2020)

163 Ibid

164 E-bost gan Jim O'Rourke (2020)

[165] Ibid

[166] E-bost J. Cyril Hughes (2020)

[167] Ibid

[168] E-bost Wynne Melville Jones (2020)

[169] *Golwg*, 30 Mai 2019

[170] E-bost Siân Eirian (2021)

[171] *Golwg*, 30 Mai 2019

[172] E-bost Osian Wyn Owen (2020)

[173] Sgwrs gyda Sam Ebenezer (2021)

[174] Rhaglen 'Cymru, Alabama a'r Urdd', S4C, Mai 2022

[175] E-bost Dilwyn Price (2020)

[176] E-bost Eryl Williams (2021)

[177] Datganiad gan Gwenllian Grigg

[178] E-bost Aur Bleddyn (2020)

[179] Rhaglen 'Cymru, Alabama a'r Urdd', S4C, Mai 2022

[180] Ibid

[181] Ibid

[182] Ibid

[183] E-bost Wynne Melville Jones (2020)

[184] E-bost Siân Eirian (2021)

[185] Datganiad i'r wasg gan Siân Lewis (2021)

[186] Datganiad i'r wasg gan Frances Beecher (2021)

[187] *Golwg*, Cyfrol 34, Rhif 38, 2 Mehefin 2022, 'Gwell Urdd na Jiwbilî', Dylan Iorwerth; tud.10

[188] *Golwg*, Cyfrol 34, Rhif 38, 2 Mehefin 2022, 'Gwell Urdd na Jiwbilî', Dr Elin Jones; tud.10